普通高等教育应用创新系列规划教材·经管基础课程系列

证券投资学

主　编　刘　超
副主编　吴红良　钮小萌　马玉洁
李众宜　于晓红

科学出版社
北京

内 容 简 介

本书深入浅出地介绍了证券及证券市场的基本知识，证券投资过程中需要分析的各种因素以及此过程中所用的分析方法和存在的分析技巧，同时也介绍了证券市场的监督与管理工作的情况。本书还加入了金融理论新范式——“系统科学金融理论”作为对现有证券投资学内容的补充和完善。另外，作者在编写过程中，将实训内容和最新的经典案例充实于教材的各章节，体现了金融理论、操作、应用、案例为一体的教师精讲、学生多练、“能力本位”的新型教学方式需要。通过本教程的学习，学生能够掌握证券市场的基本知识，培养投资分析、决策和操作能力。

本书适用于高等院校经济管理类专业的学生，同时也可作为证券投资者和证券行业从业人员的参考用书，还可作为证券从业资格证考试人员的辅助教材。

图书在版编目(CIP)数据

证券投资学/刘超主编. —北京：科学出版社，2014. 8
普通高等教育应用创新系列规划教材. 经管基础课程系列
ISBN 978-7-03-041467-0

Ⅰ. ①证… Ⅱ. ①刘… Ⅲ. ①证券投资-高等学校-教材 Ⅳ. ①F830. 91

中国版本图书馆 CIP 数据核字（2014）第 169206 号

责任编辑：张　凯/责任校对：刘小梅
责任印制：徐晓晨/封面设计：蓝正设计

科学出版社出版
北京东黄城根北街 16 号
邮政编码：100717
http://www.sciencep.com
北京中石油彩色印刷有限责任公司 印刷
科学出版社发行　各地新华书店经销
*
2014 年 8 月第　一　版　　开本：787×1092　1/16
2019 年 5 月第五次印刷　　印张：21
字数：497 000

定价：52. 00 元

（如有印装质量问题，我社负责调换）

前　言

随着我国经济体制和金融市场的不断完善，在经历了30多年的跨越式发展之后，我国证券市场建设也取得了举世瞩目的成就。但是在全球经济日趋复杂、我国经济结构调整的新形势下，特别是当前新股上市注册制改革和试点、优先股的推行和试点、新三板市场的建立、沪港通的实行、IPO的重启以及我国证券市场发展实践中一系列重要政策推出与重大问题讨论的背景下，我国证券市场面临重要发展机遇的同时，其健康发展受到更多的挑战。因此，进一步研究和探讨证券投资的理论与实践问题具有十分重要的意义。

证券投资学作为经济金融学科的核心课程，同样也是经济与管理类各专业的重点课程。随着时代的进步，学科内容应当与时俱进。由于过去的金融理论（如资产组合理论、资本资产定价模型、期权定价模型等）大都是建立在线性理论的基础上，随着复杂性科学、系统科学等非线性科学的发展和进步，对传统的经济金融学提出了挑战。现有的国内同类教材已不能满足本课程教学的需要，迫切要求充实、提高、创新证券投资学的教学内容。

为了满足证券投资学相关理论和知识学习的需求，本教材坚持了编写体例的新颖性、内容的连续性和知识体系的完整性，增加了专业内容的实用性，突出了理论研究的系统性。本教材的编著特色可从内容和结构两个方面体现：从内容上来看，本教材在现有的证券投资学理论及方法研究的基础上，在最后一章加入了金融理论新范式——系统科学金融理论作为对现有教学内容的补充和完善；从结构上来看，本教材采用理论与实际相结合的方式，不仅在每章的开始部分以证券市场实际案例为引导，引出章节内容，而且在每章学习之后都有针对性地增加新的案例，有助于学生对每章所学内容的掌握和运用。

全书共分三篇十一章：第一篇共三章（第一章～第三章），为基础篇，主要介绍了证券投资中涉及的一些基本知识；第二篇共三章（第四章～第六章），为交易篇，主要研究了证券市场中的中介机构、证券交易的流程和证券市场的监管；第三篇共五章（第七章～第十一章），为证券投资分析方法与理论篇，主要研究了证券投资分析理论、技术分析指标、资本资产定价模型、证券市场效率与业绩评价以及系统科学金融理论在证券市场的应用等。

本教材由刘超任主编，钮小萌、马玉洁、于晓红任副主编。具体编写分工如下：刘超编写第一章和第十一章，赵秀编写第二章，马玉洁编写第三章，冯巍慧编写第四章，于晓红编写第五章和第六章，钮小萌编写第七章和第八章，田立振编写第九章，姜颉编写第十章。本教材由刘超负责总纂和定稿工作。在本教材的编写过程中，我们参考了大量的研究文献与资料，在此一并表示衷心的感谢。

由于编写时间较短，书中难免存在不足之处，我们欢迎各院校师生、证券业同仁和广大读者不吝赐教。

刘　超

2014年5月15日

目　　录

第一篇　基　础　篇

第二篇　交　易　篇

第三篇 证券投资分析方法与理论篇

第一篇

第一章　证券市场概述

本章提要

本章讲述了证券及证券市场的基本含义及种类，回顾了证券市场的产生与发展，并对证券市场的主要参与者进行了详细介绍。要求学生基本了解有价证券的基本概念、分类，把握有价证券在整个证券领域中的中心地位。证券市场中充满机会同样也充满风险，随着不断地学习，学生的理解和体会也会逐渐加深。

重点难点

- 掌握证券及证券市场的含义、种类及其特征。
- 了解证券市场的产生与发展。
- 重点掌握证券市场的筹资者、投资者以及中介机构。

引导案例

世界最早的股票和股票市场①

17 世纪初，随着资本主义工业化发展，企业生产经营规模不断扩大，资本不足和经营风险成为制约资本主义企业经营的重要因素。例如，荷兰著名的东印度公司，进行欧洲与亚洲之间的贸易往来，利润十分可观。但以当时的航海条件，仅凭一叶轻舟在海上航行数万千米，随时可能遇到风暴、海难、疾病等情况，一旦船只出事则人财两空，远洋贸易蕴含着巨大的风险。

一方面超额利润令人垂涎，另一方面巨大风险又是无法预期和逃避的，有没有办法既能够获得利润又能尽量降低风险呢?

于是便出现了以股份公司的形态，由股东共同出资经营的企业组织，投资者以股票的形式入股，并按出资额的大小享受一定的权益和承担一定的责任。股票面向社会公开发行，以吸纳分散在社会上的资金。这样当船只安全返回，所有投资人都能获得分红，而万一船只失事，大家分摊损失倒也不吃力。

1601 年，阿姆斯特丹有几个商人在小酒馆喝酒聊天，一位商人无意中提到马上要购一批香水到法国销售，但上个月买了不少东印度公司股票，手中资金不足，早知道就不买了。

“只要船一回来你就可以获得大笔分红啊。”朋友说。

“我在香水生意上能赚更多的钱。”商人沮丧地答道。

---

① 资料来源：朱晓翔 . 2008. 股市什么时候垮？北京：中信出版社 .

几个朋友商量了一下，提议说正好他们有些现金，如果愿意的话可以把股票转让出来，他们将以稍稍高出银行利息的价格买入。

商人欣然答应。就这样，几个商人做成了世界上第一笔股票交易。

后来商船安全返回，持有股票的人都获得丰厚的分红，而卖出股票的商人也在香水生意中赚了大钱。他们意识到买卖股票是一种不错的融资渠道，于是定期到小酒馆进行这种股票交易，而且加入的人越来越多，渐渐形成定期的交易模式。

这就是世界上第一个股票市场。

有了股票，世界变得更加热闹。

有了股票，平添许多喜怒哀乐、悲欢离合。

案例思考：

荷兰东印度公司为什么发行股票，世界上第一个股票交易所产生在哪里，人们为什么进行股票交易？

第一节　证券与证券市场

一、证券

（一）证券的概念

证券是各种权益凭证或财产所有权的统称，是用来证明证券持有人有权取得相应权益的凭证，有广义和狭义之分。广义上的证券包括商品证券、货币证券、资本证券。商品证券是证明有领取商品权利的证券，如提货单、运货单等。货币证券是对货币有请求权的证券，如本票、汇票、支票等。资本证券是指能按期从发行者处领取权益的证券，如股票、债券等。除此以外的有价证券，如土地、房产所有权证等，则属于其他证券。狭义上的证券主要指的是证券市场中的证券产品，其中包括产权市场产品（如股票）、债权市场产品（如债券）、衍生市场产品（如股票期货、期权、利率期货）等。本书所说的证券主要是指狭义上的证券。

股票作为一种所有权凭证，是股份公司为筹集资本金而发行给股东作为持股凭证并借以取得股息和红利的一种有价证券。每股股票都代表股东对企业拥有一个基本单位的所有权。股票持有者凭借股票参加股份发行企业的利润分配，以此获得一定的经济利益。此外，普通股票的持有者还可凭借股票证明自己的股东身份，参加股份公司的股东大会，对股份公司的经营决策发表意见等。

债券是政府、金融机构、公司等直接向社会借债筹措资金时，向投资者发行，并且承诺按既定利率支付利息并按约定条件偿还本金的债权债务凭证。与股票不同，债券不是一种所有权凭证，而是一种表明债权债务关系的债务凭证。对于出售者来说，它代表一种债务；对于债券持有者来说，它代表债权或一种资产。

基金则是指一种利益共享、风险共担的集合证券投资方式，即通过发行基金单位，集中投资者的资金，由基金托管人托管，基金管理人管理和运用资金，从事股票、债券等金融工具的投资，以获得投资收益和资本增值。基金与股票、债券一起构成有价证券的三大品种。但证券投资基金与股票、债券所反映的关系不同。证券投资基金反映的是一种信托关系，除公司型基金外，基金持有者并不能参与基金发行公司的经营权。

（二）证券的性质

证券虽然代表债权或所有权，但不是一种实在的资本，而是虚拟资本。资本证券是虚拟资本的存在形式，所谓虚拟资本，就是以有价证券的形式存在，并能够给持有者带来一定收益的资本。虚拟资本与厂房、原材料、机器设备等实际资本不同，后者在生产过程中发挥职能资本的作用，而虚拟资本则是独立于实际资本之外的一种资本存在形式，本身并不能在生产过程中发挥作用，它不是真实的资本，而是现实资本的纸制副本，间接地反映实际资本的运动状况。

虚拟资本与实际资本不仅在质上有区别，而且在量上也是不同的。虚拟资本的数量等于各种资本证券的价格总和，其变动取决于股票、债券等发行数量基期价格水平。在一般情况下，虚拟资本的价格总和大于实际资本额，其变化并不必然反映实际资本额的变化。虚拟资本作为现实资本、资本所有权或债权的代表，它的流通运动，可以促进现实财富的集中，有利于商品经济的发展。

资本证券作为虚拟资本，并不是劳动的产物，因而本身没有价值，只是资本投资入股的凭证或债权的书面证明。但它又是特殊的资本，是真实资本的代表，因而又具有价格。它能为持有者带来一定的收益，并可根据自己的需要随时转让一部分或全部。

（三）证券的特征

证券作为证券投资活动的主要对象，包括股票和债券。所以证券主要是以过渡性和流通性为主要特征的。证券的特征主要包括：具有一定票面金额，代表一定财产所有权或债权；能给持有者带来确定或不确定的收益；在一定条件下可以流通转让；价格的波动性等。一般来说，主要有以下四个特征。

1. 收益性

收益性是指证券能给持有者带来一定收益的特性。证券作为一定财产的证书，在正常情况下，都能给持有者带来一定的收益。对于投资者来说，其购买并持有证券的目的在于谋取利益，从而可以获取利息、股息或买卖证券的价差。对于筹资者来说，发行证券就是为了筹集资金，增强盈利能力或者改善财务状况。若舍弃这种利益，就不存在证券的发行与购买。所以说，获取收益是证券发行与购买的直接目的与动机，因而收益性是证券最基本的特征。

2. 流动性

流动性是指证券的变动性或兑换性，即证券持有者能够根据市场行情，自由、及时地把证券转让出去收回本金。股票与债券的发行都是以筹集长期资金为目的的，债券虽然有偿还年限，但是时间大多比较长；股票根本就没有偿还年限，除非股份公司破产进行清算或因其他原因进行清算。在证券不能流通转让的情况下当持有者需要资金时就很难变现，这样就会使证券丧失一部分吸引力，从而证券筹集资金的功能就不能得到有效发挥。解决这一问题的办法是开辟证券流通市场，使证券能够不断转让易手，兑换变现，在同样可以流通的情况下，不同证券的流动性是不同的。证券流动性的强弱一般受证券种类、期限长短、利率形式、信用级别、发行公司的知名度、市场活跃程度等多种因素影响。

3. 风险性

证券的风险性，表现为由于证券市场的变化及发行公司经营不善等原因，投资者不能获得预期收益甚至发生亏损乃至破产的可能性。在正常情况下，持有证券的投资者总体都能获取一定的收益，这部分收益来自于发行证券公司的利润分配。但是具体到某一证券持有者时，既有可能由于证券行市的上涨而获益，也有可能由于证券行市的下跌而发生亏损，或者由于证券发行者经营管理不善而不能获得预期投资收益，也可能由于发行者破产而无法收回本金。一般来说，没有任何风险的证券是不存在的，后面讲到的无风险证券，是不考虑通货膨胀等因素经过抽象化的证券。一般来说，证券投资的收益与风险是正相关的，风险大的证券，投资者要求补偿的收益也高；风险小的证券，投资者要求补偿的收益自然也就低。

4. 价格波动性

证券的价格波动性是指证券的价格不是固定不变的，而是处于经常性的变动之中。证券价格可分为下列几种：一是证券的票面价格；二是证券的发行价格；三是证券的市场价格。不同条件下，证券发行价格采用时价发行、中间价和折价发行等几种方式，因而证券的发行价格可能高于或低于票面价格。另外，由于受整个社会经济、政治、心理等因素的影响，证券的供求关系也处于经常性的变动之中，所以证券在流通过程中的市场价格往往相应发生变动。

二、证券市场

（一）证券市场的定义

证券市场是证券发行和交易的场所。从广义上讲，证券市场是指一切以证券为对象的交易关系的总和。从经济学的角度，可以将证券市场定义为：通过自由竞争的方式，根据供求关系来决定有价证券价格的一种交易机制。

在这个市场上，资金供求双方不需要通过中介就可直接接触，竞价和交易行为受市场法规的约束，具有很高的市场效率和很强的竞争性。这促使证券价格在价值规律的基础上形成，保证了资金的合理流向。证券作为一种书面证明，体现了一种经济关系，即资金供需双方通过证券买卖所形成的借贷关系，证券市场则可以表示为这类借贷经济关系的总和。各种经济机会得以在此创造出来，代表不同利益的各种力量和各方面因素得以在此汇集，证券所体现出来的经济关系借助证券市场获得了法律上的支持。综上所述，证券市场就是借助有效竞争机制发行和买卖证券的场所，是证券体现的各种经济关系的总和。

（二）证券市场的特征

证券市场是金融市场的重要组成部分，在金融市场体系中居主要地位。所谓金融市场是指融通资金的市场。广义的金融市场包括所有资金需求与供给的交易市场。不论哪种资金供求，也不论资金的长短期限或采用哪种融通形式，凡是资金融通性交易均属于广义金融市场范畴。一般意义上的金融市场包括货币市场和资本市场，而证券市场则是资本市场的核心和基础。

与一般商品市场比，证券市场具有如下基本特征。

(1) 证券市场的交易对象是股票、债券等有价证券，而一般商品市场的交易对象是各种具有不同使用价值的商品。有价证券属于金融资产，是一种无形资产。交易完成以后，持有证券的一方并没有得到一件具体的用于生活消费和生产消费的物品或服务，只是获得一种权利。这种权利可称之为权益要求权，要求权的内容随证券的品种不同而有所区别，主要包括：收回本金的要求权、利息要求权、红利要求权等。

(2) 证券市场上的股票、债券等具有多重市场职能，既可以用来筹措资金，解决资金短缺问题，又可以用来投资，为投资者带来收益；也可以用于保值，以避免和减少物价上涨带来的货币贬值损失；还可以通过投机等技术性操作来争取价差收益。而一般商品市场上的商品则只能用于满足人们的特定需要。

(3) 证券市场的证券价格，其实质是所有权让渡的市场评价，或者说是预期收益的市场货币价格，与市场利率关系密切。而一般商品市场的商品价格，其实质是商品价值的货币表现，取决于生产商品的社会必要劳动时间。

(4) 证券市场风险大，影响因素复杂，具有波动性和不可预期性。而一般商品市场风险很小，实行等价交换原则，波动较小，市场前景具有较大的可测性。

(三) 证券市场的地位和分类

1. 证券市场的地位

金融是现代经济的核心，在市场体系中处于主导和枢纽的地位，发挥着极为关键的作用。考察证券市场的地位，应从证券市场在金融体系中的地位开始。在一个有效率的金融市场上，金融资产的价格和资金的利率能及时、准确地反映所有的公开信息，资金在价格信号的引导下迅速、合理地流动。金融市场以其完整而灵敏的信号系统和灵活有力的调控引导着社会资源向着合理的方向流动，优化资源的配置，提高社会经济效率。

在金融市场体系中，货币市场的主要功能是满足经济主体的流动性需要，是基础的市场；资本市场是解决中长期资本的需要，是核心的市场。在资本市场中，以中长期信贷市场为主还是以证券市场为主，取决于不同国家的经济体制和金融体制，以及同一国家在不同时期的经济体制和金融体制。简单地说，若以间接融资为主，则中长期信贷市场居于核心地位；若以直接融资为主，则证券市场居于一国金融市场体系的核心地位。从世界金融市场的发展趋势看，融资证券化，特别是长期融资证券化已经成为一种潮流，证券市场化已成为世界各主要国家和地区金融市场体系的核心组成部分。我国证券市场的地位也日益提高。

从证券市场的运行看，金融市场体系的其他组成部分，都与证券市场密切相关。①证券市场虽主要属于资本市场，但与货币市场关系密切。证券市场上证券的发行通常要有证券经营机构的垫款，垫款所需要的资金常依赖货币市场的资金供给。资金在两个市场间频繁转移以谋求最大收益，从而使两个市场融为一体，不可分割。②长期信贷的资金来源依赖证券市场。在资本市场内部长期信贷市场的发展也必须依赖证券市场。作为金融机构的长期信贷资金，在很大程度上是通过证券市场来筹集的，如金融机构通过证券市场发行股票筹集资本金，通过证券发行市场发行金融债券筹集信贷资金等。③任何金融机构的业务都直接或间接与证券市场相关，而且证券金融机构与非证券金融机构在业务上有很多交叉，密切相关。

2. 证券市场的分类

证券市场按其职能、对象、交易场所等的不同，可分为不同的类型。

1）按职能划分

按职能，证券市场可以分为发行市场和流通市场。证券发行市场又称为一级市场或初级市场，是证券发行人为筹集经营活动或特定项目所需资金，按照一定的法律规定和发行程序，向投资者发售新证券的市场。证券流通市场又称为二级市场或次级市场，是已发行证券的合法交易场所。通过证券流通市场，各类证券得以顺利流通，并形成一个公平、合理的价格，以实现货币资本和证券资本的相互转化。

2）按交易对象划分

按交易对象，证券市场可以分为股票市场、债券市场、基金市场等。股票市场是以股票为发行和交易对象的市场，属于长期资本市场。股票市场还可以按功能划分为股票发行市场和股票流通市场。债券市场是发行和买卖债券的场所，可以根据期限长短划分为短期债券市场和长期债券市场。债券市场还可以按功能划分为债券发行市场和债券流通市场。基金市场是基金发行和流通的市场，属于长期资本市场。基金市场还可以按功能划分为基金发行市场和基金流通市场。

3）按交易场所划分

按交易场所，证券市场可以分为交易所交易市场、柜台交易市场、计算机交易市场等。交易所交易市场是最主要的证券交易场所，是指在证券交易所进行交易的交易市场。柜台交易市场是指证券交易所市场以外的证券交易市场，柜台交易一般通过证券商采用协议价格成交。计算机交易市场是指通过计算机终端进行证券交易的特殊市场，实质上是证券交易的一个电子计算机网络市场，在这一市场进行证券交易无需通过经纪人，投资者之间可直接进行买卖交易。

（四）证券市场的功能

1. 筹集资金的功能

现代经济体，既是一种以知识为本的经济，又是一种融化的经济。现代科学技术在产业群体中大规模的扩散效应和对产业结构升级换代的加速度催化作用，是知识经济的基本内核；具有强大杠杆功能的现代金融架构则是金融经济的重要标志。现代科学技术的发展及其在产业中的扩散，是现代经济增长的原动力，而现代金融则使这种原动力以乘数效应推动着经济的增长。作为推动现代经济增长的两个巨轮，现代科学技术和现代金融体系缺一不可。在一个开放的经济体系中，如果仅有发达的科学技术而没有一个功能强大的现代金融体系，科学技术的经济增长效应将严重萎缩，人类的知识资源就不可能得到优化配置；如果仅有一个发达的现代金融体系而没有强大的科学技术的支持，这种经济迟早会进入泡沫经济状态。所以，一个开放的经济体系，既要有深厚的科学技术基础，又要有发达而健全的现代金融体系。

2. 资本定价的功能

证券市场的第二个基本功能就是为资本决定价格。证券是资本的存在形式，所以，证券的价格实际上是证券所代表的资本的价格。证券的价格是资本市场上证券供求双方共同作用的结果。证券市场的运行形成了证券需求者和证券供给者之间的竞争关系，这种竞争的结果是：能首先获得高投资回报的资本，市场的需求就大，其相应的证券价格就高；反之，证券的价格就低。因此，证券市场具有资本的合理定价功能。

3. 优化资源配置的功能

证券市场拥有复杂的价格机制、广泛的信息来源和众多的各类投资者，某些有发展前景的企业能获得价格合理、数量充足的资本供给，而那些没有发展前途的企业则很难吸引人们对其进行投资，由于缺乏资金投入，这一类型企业规模不断收缩直至破产。可见，如果企业经营效益不好，就会为自身融资设置障碍。所以，证券市场不仅引导着社会资金的流向，使资金配置到效益好的企业中去，而且资金的流动又会带动生产要素在社会中的分配，企业必须合理有效地利用资源、发展生产才能吸引到更多的资金，从而提高国民经济的整体效益。

4. 分散投资风险的功能

从发行者来说，他们通过发行证券筹资实际上是将公司经营中可能出现的风险部分地转移给投资者。对投资者来说，他们承担了这种风险，但证券市场上存在着不同期限、不同性质、不同风险与收益的证券可供投资者选择，投资者可以实行投资组合或通过迅速买进卖出证券，达到转移和分散投资风险的目的。

5. 传递信息的功能

证券市场具有灵敏地反映社会经济动向的信息功能。证券市场上频繁的证券交易活动，首先反映的是社会资金的余缺。人们通过证券行市的变化可以分析产业结构和企业结构的变化，进而为研究调整企业经营方针提供依据。其次，由于证券买卖大部分集中在证券交易所进行，各种有关政治、经济和社会的信息都汇集于证券市场上，通过现代化的通信手段迅速扩散，传递到社会的各个角落。此外，证券交易所往往还设有强大的商情调研机构，及时提供经济信息。因此，证券市场及其提供的信息不仅能反映社会金融形势，也能反映整个社会的经济形势和前景。

第二节　证券市场的产生与发展

一、证券市场的产生

证券市场的产生和发展，同股份公司的出现与发展分不开。

中世纪的欧洲，地中海沿岸城市，商品贸易发达起来，出现了共同经营、共享盈利、共担风险的家族营业团体；在德国南部以及毗邻地区，出现了一些共同劳动、分享成果的采矿合伙社。这些被认为是股份公司形式的前身。16 世纪中期，随着新航道的开通，国际贸易中心逐渐由地中海转移到大西洋。这时，代表商业资产阶级利益的重商主义抬头，西欧各国资产阶级逐步掌握了国家政治、经济权力，纷纷采取重商主义政策和殖民扩张政策，由于对外贸易、殖民掠夺的发展，单个的私人投资已不适应，需要大规模长期使用的资本。那时的银行贷款数量小，期限短，也不适应需要，以组建股份公司的办法集资，成为了最有效的方式。

1600年，英国成立了著名的东印度公司，这是一所庞大的股份公司，是以海外贸易和开拓殖民地为目的的贸易公司。开始经营时，就有100个商人参加，采用股份形式集资。它组织远征队航行，获得利润按股份分配。1602年，荷兰也成立了东印度公司，率先在全国筹资，招募股东，成为第一个永久性公司。紧接着，法国、瑞典、丹麦等国也相继成立了开展海外贸易的公司。到18世纪初期，英国产业革命爆发，大机器生产逐步取代工场手工业，股份公司在工业中加快了步伐。

早期的股份公司基本上采用集资入股、合股经营的方式。后来有了发展，在公司中，个人资本作为股份为各人所有。股东在缴足所认购的股金后财产就与公司财产严格区别开来，股东对于公司债务只负“有限责任”，不再承担无限连带清偿责任。公司财产由股东共同选举指定的官员来管理。开始时，投资者处处干预公司的经营，后来发现，这样做对公司营业不利，就逐步退出经营管理，成为单纯的投资者。

19世纪以后，股份公司已普遍存在于各产业部门。股份公司有了多种形式，但其典型的、成熟的形态为股份有限公司。股份有限公司是一种发行股票、合资经营的企业组织形式，它把资本划分为若干以股票表现的股份，按照一定的章程和法律程序，通过发行和认购股票的方式，把分散的资本集聚起来，形成庞大的资本，以适应生产和经营大规模发展的需要。这种企业组织形式比独资企业、合伙企业的组织形式有更多的优越性，被各产业部门广泛采用。

20世纪初，西方各工业国家的股份公司和金融持股公司骤增，有价证券发行总额急剧上升，促使证券市场高速发展。美国在1909年股份公司总数已达26.2万家，英国在1930年90%的资本均为股份公司所掌握。全世界有价证券的发行额，1921～1930年的10年比1890～1900年的10年增加近5倍。更突出的是有价证券结构的重大变化，原先占有价证券主要地位的是政府发行的公债，而现在则是企业股票和公司债券。据统计，在1900～1903年全世界发行的有价证券总额中，政府公债占4成，而企业股票和公司债券已占6成。股份公司的发展使证券大量发行，证券的大量发行又促进了其转让流通。这就使证券市场在进入20世纪后蓬勃发展起来。

综上所述，由于股份公司的出现，才出现了股票，加上早期已有的债券，便构成了证券的主体。股票和债券既要向社会公开发行，又要有交易转让的场所，这样才有了证券市场。当然股份公司和证券市场一样，也是商品经济发展的产物。正是因为股份公司的出现，才为证券市场的产生提供了前提。特别是股份公司在当今世界中的发展，才使证券市场有了迅猛的发展，有了大量的、形形色色的发行和交易对象以及蓬蓬勃勃的交易活动。证券市场在现代经济中具有如此重要的地位和作用，是由股份公司来支撑和保证的。所以说，股份公司不仅为证券市场的产生，更为它的发展提供了前提条件。

二、证券市场的发展

证券市场的主体是证券交易所。现代证券交易所是高度组织化的证券市场。证券市场的发展，主要体现在证券交易所的发展上。下面，仅就各个时期的主要证券交易所的情况来说明证券市场的发展。

（一）早期的证券市场

早在资本原始积累时期，在利比亚的安特利普和法国的里昂就出现了证券交易活动。1611 年，荷兰的阿姆斯特丹证券交易大厦落成，在这里主要进行荷兰东印度公司的股票交易和政府债券交易。到 1613 年，阿姆斯特丹证券交易所正式成立，这是世界上最早的证券交易所。当时的股份公司还很少，股票不多，证券交易的主要对象是公债。后来，英国代替荷兰成为欧洲经济中心，伦敦的证券交易地位重要起来。

（二）英国的证券市场

18 世纪后半期，英国掀起产业革命，从而成为世界上最大的工业强国，在经济上具有垄断地位。英国积极推行自由贸易政策，并使英镑成为世界上最广泛使用的货币，各国商人大都在伦敦进行国际债务清算，因而伦敦就自然而然地成为欧洲国家证券交易中心。同时，随着商品经济的发展和生产社会化程度的不断提高，到 19 世纪，英国企业规模越来越大，开掘运河、修筑铁路、开发矿山等工程一项接一项，这些都需要巨额投资。而这些资本大都是股份公司通过发行股票和债券筹集的，加上政府债券，这就促使伦敦证券市场极大发展，证券交易空前兴盛起来。

英国的证券交易活动开始较早。1694 年英格兰银行成立，银行股票和公债出现，证券交易也逐渐兴起。当时英国政府为解决战争所发生的财政困难，发行被称为“金边债券”的政府债券，因其信用卓著，保证兑现，比较能吸引投资者，直到 19 世纪初，这种债券交易一直是英国证券交易的主体。英国正式组织的第一家证券交易所成立于 1773 年，是在伦敦柴思胡同的乔纳森咖啡馆内成立的，这就是现今的伦敦证券交易所的前身。1802 年 3 月，在英格兰银行旁边，伦敦证券交易所的新营业大厦开业，最初主要进行政府债券交易，后来公司债券、运河股票和矿山股票也进入交易所交易。到 1853 年，伦敦证券交易大厦重建，业务进一步扩大。这时，英国证券市场的发展已达到制度化和组织化的程度了。

第一次和第二次世界大战接连打击了英国，使英国的国际地位大大下降。一次又一次的经济危机使本已衰退的英国经济陷入混乱，加之英国证券交易所长期固守保守的、封闭的交易制度，因而其在国际证券交易中逐步落后，取而代之的，先是美国、后是日本的证券交易所。尽管如此，伦敦证券交易所仍是当今位居世界第三的证券交易所，是世界上最大的证券交易中心之一。

（三）美国的证券市场

美国建国的历史虽短，但其经济发展的速度却相当快，证券交易对美国经济发展起着促进和推动作用。18 世纪末开始的产业革命迅速席卷美国，工业中的股份公司大量涌现，股票交易量增加很快。美国先在开凿运河和修筑公路中发行股票，以后又掀起大规模的建筑铁路浪潮，蒸汽机、纺纱机和其他机器的使用，电报的发明等，都吸引了大量的证券投资者，使证券市场很快形成。美国证券市场首先是从费城、纽约开始的，继而在芝加哥、波士顿等大城市扩展开来。美国的第一家证券交易所是 1790 年成立的费城证券交易所。

南北战争后，美国经济迅速发展，到 1894 年，美国工业产值已赶上和超过英国，跃居世界首位。第一次世界大战后美国经济地位继续上升，各国对美国产品和资本的需求大量增加，利润滚滚流进美国，纽约于是取代伦敦成为世界主要金融中心，在这一背景下，纽约证券交易所便成为世界主要的国际证券市场。美国纽约证券市场是由纽约证券交易所和美国证券交易所为主组成的。纽约交易所是目前世界上最大的证券交易所，具有悠久的历史。1792 年 5 月 17 日，纽约的 94 名经纪人签订了著名的“梧桐树协议”，约定每天在华尔街的梧桐树下集体进行证券交易活动，为此还规定了公众委托交易收取手续费佣金的最低标准，以及经纪人之间进行交易的规则等。1793 年，他们迁往一家咖啡馆内进行交易，从此开始了室内交易活动。1817 年，他们通过了一个正式章程，并取名为纽约证券交易所。美国证券交易所是美国第二大证券交易所，起源于证券商在路边进行的场外交易。当时凡未能在纽约证券交易所上市的证券，场外经纪人就在路边买卖。1921 年迁入室内交易。1929 年取名为纽约路边交易所。1935 年改名为美国证券交易所。

（四）我国证券市场的发展

清朝末年，随着帝国主义的入侵，股份制度、股票和债券等也被带入中国。股份制最早出现于列强在中国开办的企业中，如 1862 年在上海开办的美国旗昌轮船公司。1873 年成立的上海轮船招商总局，是中国人自己创办的第一家股份公司。在此之前，在 1870 年，中国就有了买卖外商股票的经纪人。

在中国大地上出现的第一家证券交易所是外商于 1891 年成立的上海股份公所。1905 年，该所更名为上海外商股票交易所。由中国人自己开办的第一家证券交易所，是 1920 年 2 月 1 日创立的上海证券物品交易所。成立较早的还有 1921 年的天津证券物品交易所。在 1949 年以前，其他几个大城市也有证券交易活动。中国的证券市场，其中特别是上海证券市场，曾经在世界证券交易活动中占有重要地位。

中华人民共和国成立后，还保留着天津和北京两家证券交易所，短期进行过股票买卖活动。这种活动对吸收游资、稳定物价、打击投机曾起过积极作用。1952 年 7～8 月，两家交易所先后撤销。此后，中国实行高度集中的计划经济体制，证券交易所失去基础，完全消失了。

1978 年，中国实行改革开放政策，金融市场逐步放开。20 世纪 80 年代初一些企业为解决资金需求问题，出现了企业内部发行的债券，有些企业试行股份制，开始发行不规范股票。1984 年 11 月，上海飞乐音响公司率先试行向社会公开发行 50 万元不补偿的股票，这是新中国第一支规范的股票。新中国最早的证券市场是国债市场，国库券的发行标志着中国证券市场的发展进入新的历史阶段。从 1981 年起，中国由财政部每年发行国库券，主要用于弥补建设资金的不足。此外，还陆续发行了重点建设债券和重点企业建设债券，中央级的专业银行还发行金融债券。

中国证券流通市场始于 1986 年 8 月 5 日由沈阳信托投资公司开办的证券交易业务。同年 9 月 26 日，中国工商银行上海分行所属的信托投资公司静安分公司代理股票买卖业务开市，当时上市的只有飞乐音响和延中实业两种股票。全国性的证券交易业务以 1988 年 4 月 21 日部分国库券的上市开市。在 1990 年年末以前，中国的证券市场还处于试点阶段，发行和交易规模都很小。在此之后，中国证券市场的发展进入到一个新阶段。

1990 年 11 月 26 日，上海证券交易所正式成立，并于 12 月 19 日开张营业。紧接着，深圳证券交易所于 1991 年 7 月 3 日正式开业。这两家证券交易所是中国在深化经济体制改革的背景下设立的。1996 年中央关于“九五”规划与 2010 年远景目标中，提出要积极发展直接融资，这使我国证券市场进入发展阶段。2002 年 11 月，党的“十六大”再次提出要稳定发展资本市场。一系列举措促使了中国证券市场稳步地向前发展。

第三节 证券市场参与者

一、证券发行人

证券市场存在的前提条件是要有证券发行人的存在，证券发行人通过发行证券，为证券市场提供交易对象，因此，发行人的存在，是证券市场的基础。证券市场的发行人主要包括中央政府、地方政府、政府机构、金融机构、企业和公司。

证券发行市场是证券市场的重要组成部分，是发行人向投资者出售证券的市场，它由证券发行人、证券投资者和证券市场中介结构组成。在证券发行市场上，发行人可以根据自己的需要和可能来选择、确定发行合适的证券品种，并可依据市场的供求关系和股票价格行情来决定证券发行的数量和价格。从这种意义上讲，证券发行人为证券市场提供了证券商品，是证券市场的重要参与者。

（一）证券发行人的定义

证券发行人是指为筹措资金而发行证券、股票等有价证券的政府及其机构、金融机构、公司和企业。证券发行人是证券发行的主体，是资金的需求者和证券的供应者。在市场经济条件下，资金的需求者对外主要通过两条途径筹集资金：一是间接融资，即通过向银行等金融机构借款来获得需要的资金；二是直接融资，即通过在证券市场发行证券来募集资金。随着市场经济的发展，发行证券已成为资金需求者最基本的筹资手段。

（二）证券发行人的类型

证券发行人主要是政府、企业和金融机构。

1. 政府

政府的资金来源是税收，其次是发行公债。在现代社会中，发行政府债券已成为财政收入的重要来源之一。以证券债券发行主体不同，政府债券又可以分为中央政府债券和地方政府债券。中央政府发行的债券也可以称为国债。

2. 企业

企业是证券市场主要的发行人，为了满足经营活动中的资金需求，它们通常向社会发行股票和债券筹集资金。从上市公司形成角度考察我国目前发行股票并公开上市的发行人，可以分为以下五类。

（1）历史遗留问题企业。这类公司是指 1990 年年底以前改制并向社会公开发行股票的公司，其中，具备上市资格的只有在 1993 年年底前后经国家经济体制改革委员会确认的 90 家。这些公司经过重新规范，如果符合《公司法》《股票发行与交易管理暂行条例》中有关上市公司的有关规定，可申请在两个证券交易所挂牌上市。

(2) 1994年7月《公司法》生效前成立的定向募集公司。这类公司按《公司法》规范后，在所属省、自治区、直辖市政府或中央企业主管部门获得新股发行指标后，通过公开发行股票即可上市，其内部职工股待新股发行之日起满三年后，方可上市流通。

(3) 发起设立的股份有限公司。这类公司上市分为两种情况：①不论其股东所有制性质如何，如果该公司经营期满三年，增资公开发行股票后，即可申请公开发行的股票上市交易；②新发起设立、设立时间不满三年的股份有限公司，如其主发起人为国有大中型企业，经营业绩可连续计算，可发行股票并上市，否则，必须满三年方可公开发行股票并上市。

(4) 有限责任公司整体变更为股份有限公司后，其过去三年业绩可连续计算，通过股票转为上市公司。

(5) 国有大中型企业通过资产重组，募集设立并上市。

可见，发起设立的股份有限公司经营期满三年且盈利，即可申请公开发行股票；若设立时间不满三年的股份有限公司，如其主发起人为国有大中型企业，或有限责任公司整体变更的股份有限公司，其经营业绩可连续计算，也可申请发行股票并上市，否则，必须满三年方可申请公开发行股票并上市。

3. 金融机构

金融机构作为证券发行主体，通常有以下两种情形：①金融机构本身就是股份制企业，其经营资本是以发行股票方式募集的；②金融机构还以发行金融债券的方式募集资金、增加负债，借以扩大资产业务。

➢案例 1-1　百度上市一天　创造 7 名亿万富翁数百名千万富翁[①]

百度上市一天，创造了7名亿万富翁数百名千万富翁。一位于2000年做最粗浅工作的程序员8月6日惊讶地发现，一觉醒来之后，自己已成了千万富翁，缔造这场奇迹的是中国最大网络搜索公司百度。因为百度在美国上市，7名亿万富翁、上百名千万富翁与数量更多的百万富翁在当天诞生，他们中多数人1999年还是学生。

2000年8月6日，百度还成为“百元股”，不同的是，它的计价单位是美元。北京时间2005年8月5日晚11点40分，百度正式在美国纳斯达克挂牌上市，发行价27美元，开盘价66美元，不到3小时就突破了100美元，最高冲刺到151.21美元的天价。到交易首日收盘时，百度股价为122.54美元，市值达到39.58亿美元，股价涨幅达到了疯狂的353.85%!

按照2005年8月股价计算，百度公司创始人与CEO李彦宏的身价已超过9亿美元。按照2005年3月公布的内地富豪500强资产排名，李彦宏将有望进入中国内地富豪前5名。

二、证券投资者

证券投资者是指以取得利息、股息或资本收益为目的而买入证券的机构和个人，它是证券市场的资金供给者，也是金融工具的购买者。证券投资者类型甚多，投资的目的也各

① 资料来源：http://news.xinhuanet.com/newscenter/2005-08/07/content_3319494.html.

不相同。证券投资者可分为个人投资者和机构投资者，后者主要是证券公司、保险公司、商业银行、社保基金、证券投资基金、信托投资基金、企业单位、事业单位、社会团体等。

（一）个人投资者

个人投资者是指从事证券投资的居民，他们是证券市场最广泛的投资者。在收入水平较低的时期，居民储蓄主要采取银行储蓄存款形式。随着收入的增加，投资渠道的拓宽，居民越来越追求资金的盈利性，而证券投资以其高风险、高收益的特性越来越吸引个人投资者。

1. 个人投资者的资金来源

个人投资者是以个人的名义，将自己的合法财产投资于证券的投资者。其投资资金的主要来源是储蓄，即当年收入减去所必需的消费及其他必要费用后的部分。从宏观角度看，个人部门是净顺差部门（即收入大于支出，又称净储蓄部门）。个人部门将收入大于支出的净顺差通过储蓄活动转化为投资（这里的储蓄是广义的储蓄，包括银行储蓄、人寿保险、养老基金等），使消费基金转化为生产基金，满足企业部门和政府部门的需要，实现国民收入的流量平衡。这种投资有直接投资和间接投资之分，个人投资者将资金存入商业银行或其他金融机构，以储蓄存款的形式存在，是间接投资；个人投资者以购买股票、债券、商业票据等形式进行投资活动，是直接投资。股票、债券是直接投资最重要的形式。在国外，个人投资者的资金还可来自向证券公司、商业银行和人寿保险公司的贷款。这种融资投资有很大的投机性和风险性，我国证券管理部门不允许个人投资者进行融资投资。

2. 个人投资者的特点

个人投资者的证券投资活动具有以下特点。

（1）不创造新的金融资产。个人投资者既不发行也不能提供新的证券，他们是证券的净需求者。尽管他们在流通市场也出售证券，但并不增加证券的总量。

（2）更具有盲目性。由于个人投资者力量分散，资金数量有限，很难将资金分散投资于各种有价证券来分散风险，且个人投资者获取和处理投资信息的精力和能力有限，所以其投资活动的盲目性大，从而遭受损失的可能性要比机构投资者更大一些。

（3）投资目的在于追求利润。个人投资者不需要像机构投资者那样承担诸如稳定股市、补市、救市的社会责任，而是以追求自身利润为目的，尽可能实现个人收益最大化。

（4）投资活动的途径需借助中介机构。一般说来，个人投资者的资金规模有限，通常买卖频率较高，易追涨杀跌，在一定程度上加剧了证券市场的不稳定性。

（二）机构投资者

机构投资者是指相对于个人（中小）投资者而言拥有资金、信息、人力等优势，能影响某个证券价格波动的投资者，包括企业、商业银行、非银行金融机构（如养老基金、保险基金、证券投资基金）、政府部门等。各类金融机构的资金来源、投资目的、投资方向虽各不相同，但一般都具有投资的资金量大、收集和分析信息的能力强、注重投资的安全性、可通过有效的资产组合以分散投资风险、对市场影响大、需要专门的人员进行管理等特点。

1. 机构投资者的特征

机构投资者的特征主要表现在以下几个方面。

（1）投资的资金量大。机构投资者从社会吸收闲散资金或通过各种融资活动，可以聚集或控制大规模的资金进行证券投资活动。

（2）收集和分析信息的能力强。一般机构投资者都设有专门机构、部门负责收集、分析信息，并拥有一批证券投资分析的专家和管理人员，使其证券投资有条件建立在对经济形势和市场状况进行科学分析的基础上。

（3）可进行有效的资产组合、分散风险。机构投资者可利用其信息和分析预测条件，灵活运用资产组合理论，将庞大的资金分散投资到众多的证券种类上，建立起合理的资产组合，从而有效降低投资风险。

（4）证券投资注重资产的安全性。除了证券经营机构的自营业务外，机构投资者在证券市场上属于稳健投资者，其资金大部分来源于社会闲散资金（如居民储蓄存款、保险费、养老基金、信托基金等），与个人投资的资金相比属于负债。因而，其一般购买收益确定、风险小的投资性证券。

（5）其投资活动对市场的影响大。机构投资者资金雄厚，且又从事大宗交易，因此其投资活动和交易动向对证券市场的走向有重大影响。

2. 机构投资者的类型

在当代各国证券市场上，机构投资者的作用和影响日益扩大。从某种意义上说，一个国家证券市场的投资者结构反映了其市场的成熟程度。机构投资者主要由政府机构、企业、金融机构组成。

1）政府机构

政府机构是证券市场上机构投资者的重要组成部分，其参与证券投资的目的主要有以下几个方面。

第一，调剂资金余缺。在每一个会计年度，政府通常会出现收入（税收）的低谷与支出的高峰，从而面临财政周转困难，这时政府可以通过发行短期证券来筹措资金；相反，如果在税收高峰，支出不多的情况下，又会出现资金剩余，这时可以通过特定渠道将资金投入证券市场进行投资，以获取一定的收益。

第二，进行公开市场业务操作。中央银行作为政府的银行，它承担着通过调节货币供应量对宏观经济进行调控的任务，其调控的手段之一就是实行公开市场业务操作，即通过在证券市场上买卖有价证券，来调节市场的货币供应量。当市场货币供应量过多时，它就向证券市场抛售有价证券；反之，购进有价证券，增加货币供给。

第三，我国政府参与证券投资的特殊目的。我国是国有经济为基础的社会主义市场经济体制，国有资产的规模非常庞大，国有股为国有资产管理部门或其授权部门持有，它们的主要职责是保证国有资产的保值增值和通过国家参股控股来控制更多的社会资源，以实现对国民经济的控制。

2）企业

企业是证券市场机构投资者的重要组成部分。企业作为机构投资者一方面可以将自己闲置的资金或暂时不用的积累资金进行短、中、长期投资，以获取收益；另一方面企业可以通过股票投资实现参股、控股某上市公司的目的，以实现在获得股息收入的基础上，实现企业的战略性并购，拓展业务范围。企业投资有两个主要特点：①长期投资比较稳定。企业一般以参股或控股为目的购入另一家公司的股票或买入长期债券，不会在短期内转手出售，而是长期持有，以便享受股东或主要债权人的优厚权益，很少受短期性市场波动的影响。②短期投资交易量大。与个人投资者相比，公司的经济实力雄厚，其临时闲置资金规模较大，是短期投资工具交易中的主要资金来源，对市场影响较大。

3）金融机构

参加证券投资的金融机构可分为两类：一是证券经营机构和证券中介机构等；二是商业银行和其他各类银行、保险公司、信用合作社。

第一类，证券经营机构。证券经营机构是证券市场最大的投资者，它们以自有资本和营运资金建立规模大且又分散良好的资产组合，由专家进行管理。它们进行证券投资主要有两个目的：一是获取盈利；二是满足一般投资者需要，配合证券主管机构，稳定证券行情。它们既注重本金安全，又注重盈利性和流动性。投资对象较分散，股票、政府债券、公司债券都是投资目标，它们既可能长期持有证券，以期建立一定数量的库存，从而成为长期投资者，又可能看准机会短线操作，成为投机者。由于它们资金实力雄厚、信息灵通、操作方便、进出金额巨大，所以它们的投资活动对证券市场的影响颇大，是证券市场能否稳定的关键所在。

第二类，商业银行、保险公司。商业银行是以经营存贷款为主要业务，并以盈利为主要经营目的的信用机构。其证券投资业务具有以下特点：①它作为一个存贷款机构，保护存款人资金安全是其首要职责，因此它的盈利性资产必须具备高度的安全性和流动性，而把投资收入放在次要位置考虑。一般说来，证券投资的盈利性往往高于贷款的收益，但其风险也大。而证券作为一种金融资产，比较主动灵活，需要时可随时脱手变现，可满足银行资金流动性和风险分散的需要。②商业银行的贷款中往往长期贷款比例较高，若再长期持有证券，则风险会进一步提高，因此，它需要加大质量优、期限短的投资比例来降低风险，它通常将短期政府债券作为超额储备。③商业银行的投资活动受政府法令的制约，如一般都规定商业银行只能投资于各类政府债券和投资级企业债券，而不允许其购买普通股股票和投机级债券。④商业银行需要交纳所得税，一些免税的政府债券对其颇具吸引力。⑤商业银行按固定利率还本付息，无须注意通货膨胀风险。总之，商业银行的投资活动受其自身业务活动和政府法令的制约，使得其投资政策比较保守而较少风险，即首先注意安全性，其次才是盈利性。它一般以政府短期债券作为其投资对象选择。

人寿保险公司的投资活动同样受其自身业务性质和政府有关法令规定的制约，其业务具有以下特点：①保险公司收入的主要来源是保险费收入、投资收入、房地产抵押、定期贷款和债券到期收入本金，主要支出是公司的经营费用、支付赔偿金、公司准备金，因此公司的负债是长期的，可投资于期限长且收益较高的证券。②保险公司来自保险费、投资收益的收入稳定，足以应付其支付保险赔偿金等流动性需求，其中人寿保险金额在时间、数量上可预计，因此，对投资的流动性要求较低。③保险公司可免交所得税，因此不必考虑税赋负担，也不受通货膨胀影响。④各国政府对保险公司的证券投资都加以严格管理，一般对持有政府债券不加限制，但对地方政府债券、工商业贷款、公司债券均以高等级为限，不允许进行房地产投资，且通常限制和禁止购买股票或限制其在总资产中的比重。因此，其投资活动主要考虑：本金安全；收入充分、稳定，至少要等于或高于保险单上规定的准备金利率；对资产的流动性要求不高；可进行长期投资；不考虑纳税和通货膨胀因素。

第三类，各种基金性质的机构投资者。基金性质的机构投资者包括证券投资基金、社保基金和社会公益基金。

证券投资基金是指一种利益共享、风险共担的集合证券投资方式，即通过发行基金，集中投资者的资金，由基金托管人托管，由基金管理人管理和运用资金，从事股票、债券等金融工具投资，并将投资收益按基金投资者的投资比例进行分配的一种间接投资方式。

在一般国家，社保基金可分为两个层次：一是国家以社会保障税等形式征收的全国性基金；二是由企业定期向员工支付并委托基金公司管理的企业年金。由于资金来源不一样，且最终用途不一样，这两种形式的社保基金管理方式也完全不同。

社会公益基金是指将收益用于指定的社会公益事业的基金，如福利基金、科技发展基金、教育发展基金、文学奖励基金等。我国有关政策规定，各种社会公益基金可用于证券投资，以求保值增值。

三、证券市场中介机构

证券市场中介机构是指为证券的发行与交易提供服务的各类机构，包括证券公司和其他证券服务机构，通常把两者合称为证券中介机构。证券中介机构是连接证券投资者与筹资人的桥梁，证券市场功能的发挥，很大程度上取决于证券中介机构的活动。通过它们的经营服务活动，沟通了证券需求者与证券供应者之间的联系，不仅保证了各种证券的发行和交易，还起到维持证券市场秩序的作用。

（一）证券公司

在证券市场需要一个中介，其为资金需求者（上市公司）发行股票，并为资金盈余者（股票投资者）提供证券交易服务。这种中介可以是证券公司或投资银行。

证券公司是指依照《公司法》规定设立的并经国务院证券监督管理机构审查批准而成立的专门经营证券业务，具有独立法人地位的金融机构。从证券公司的功能划分，可分为证券经纪商、证券自营商和证券承销商。

（1）证券经纪商，即证券经纪公司，是指代理买卖证券的证券机构，它们接受投资人委托、代为买卖证券，并收取一定手续费（即佣金），如江海证券经纪公司。

（2）证券自营商，即综合型证券公司，是指除了拥有证券经纪公司的权限外，还可以自行买卖证券的证券机构，它们的资金雄厚，可直接进入交易所为自己买卖股票，如国泰君安证券。

（3）证券承销商，是指以包销或代销形式帮助发行人发售证券的机构。实际上，许多证券公司都是兼营这三种业务的。

（二）证券服务机构

证券服务机构是指依法设立的从事证券服务业务的法人机构，主要包括证券登记结算公司、证券投资咨询公司、会计师事务所、资产评估机构、律师事务所、信用评级机构等。

1. 证券服务机构的定义和特征

证券服务机构是指依法设立的从事证券服务业务的法人机构。它包括：证券投资咨询，证券发行、策划、财务顾问及其他配套服务，证券资信评估服务，证券集中保管，证券清算交割服务，证券登记过户服务及经证券管理部门认定的其他业务。根据我国有关法规的规定，证券服务机构的设立除了按照工商管理法规的要求办理外，还必须得到证券管理部门的批准。

2. 证券登记结算公司

证券登记结算公司是以安全、高效、低成本为原则，为证券的发行与交易提供集中的登记、存管与结算服务，即集中登记、集中存管和集中结算的中介结构，是不以盈利为目的的法人。证券登记结算业务是保障证券交易连续进行必不可少的环节，世界各国的证券交易所都有专门的登记结算系统。根据我国 1997 年颁布的《证券交易所管理办法》和 1998 年年底颁布的《证券法》规定，其业务范围包括：证券账户、结算账户的设立；证券的托管和过户；证券持有人名册登记；证券交易所上市证券交易的清算和交收；受发行人委托派发证券权益；办理与上述业务有关的查询；国务院证券监督管理机构批准的其他业务。

在 2001 年 10 月 1 日之前，我国的证券登记结算是由上海证券交易所成立的上海证券中央登记结算公司和深圳证券交易所成立的深圳证券登记结算公司及各自的地方证券登记结算公司完成的。2001 年 3 月 30 日，中国证券登记结算有限责任公司成立，其上海分公司和深圳分公司分别于 9 月 20 日和 9 月 21 日相继在两地组建，这标志着建立全国集中统一的证券登记结算体制的组织架构已经基本形成。这有利于减少资金占用、降低交易成本、提高市场结算效率、防范和控制风险。

3. 证券投资咨询公司

证券投资咨询公司是指对证券投资者和客户的融资活动、证券交易活动和资本运营提供咨询服务的专业机构。其最大特点是根据投资者的要求，运用基础分析和技术分析相结合的方法，通过收集大量信息资料并予以加工、整理，向投资者或客户提供分析报告，帮助其建立有效的投融资策略，选择最佳的投融资方案。它的产生与发展，一方面是基于证券市场专业化的要求；另一方面也符合证券市场的公开、公平、公正原则。目前，我国证券投资咨询公司主要有两种类型：一类是专门从事证券咨询业务的专营咨询机构；另一类是兼做证券投资咨询业务的兼营咨询机构。

证券投资咨询公司的业务范围包括：接受投资人或客户委托，提供证券投资咨询服务；举办有关证券投资咨询的讲座、报告会、分析会；在报刊上发表投资咨询的文章、评论、报告，以及通过电台、电视台等公众传播媒体提供投资咨询服务；通过电话、传真、计算机网络等电信设备系统，提供证券投资咨询服务。为了有效防范风险，对证券投资咨询机构进行严格管理，其业务人员必须具备证券专业知识和从事证券业务两年以上的经验，并通过从事证券业务资格考试方可。

4. 其他服务机构

1）律师事务所

律师事务所是以法律咨询的形式参与证券市场，向证券市场的主体提供法律帮助的专业机构。证券律师是指那些以其对法律的精通和对证券事务的特殊经验从而专门处理与证券业务有关的法律事务并对证券市场承担一定的监督责任的律师。律师事务所则是律师开展业务的工作机构。2002 年 11 月 1 日起，证监会和司法部取消了有关律师事务所从事证券业务资格审批、律师从事证券法律业务资格审批及外国律师事务所协助中国企业到境外发行股票和股票上市交易备案的有关管理办法。律师及律师事务所从事证券法律业务不再受资格的限制。

在我国，按照有关规定，证券法律业务主要包括以下内容：①为证券发行和上市活动出具法律意见书。法律意见书的具体内容包括申请人所附文件是否齐备、真实，股份公司的筹备是否符合要求，公司章程有无瑕疵，公司的股东结构及不同主体的持股比例是否符合法律要求，资产评估、盈利预测是否合理，公司重大涉讼案件、未了结的案件可能会出现什么判决结果等。律师及其所在事务所履行职责时，应当按照本行业公认的业务标准和道德规范，遵循独立、合法、勤勉尽责的原则，对所核查文件内容的合法性、完整性、规范性进行核查和验证，并且就其负有责任的部分承担连带责任。②审查、修改、制作与证券发行、上市和交易有关的法律文件，包括审查、修改和制作公司章程、招股说明书、债券募集办法、上市申请书、上市公告书、重大事件公告书、证券承销协议书及股东大会决议和董事会决议、为公司重组提供法律服务等。③为证券承销活动出具验证笔录。

2）会计师事务所

会计师事务所是指依法独立承办注册会计师业务，实行自收自支、独立核算、依法纳税的中介服务机构。它是注册会计师执行业务的工作机构，而注册会计师审计是会计师事务所最主要的职能。注册会计师是通过注册会计师资格考试，依法取得注册会计师证书并接受委托从事审计业务和会计咨询、会计服务业务的专业人员。注册会计师审计是指注册会计师以独立的第三者身份，客观、公正地审查企业的财务状况、经营成果和资金流动情况，并对企业会计报表的真实性、合法性提出报告。注册会计师作为一种专门职业，在世界范围内经过 100 多年的发展，已经成为现代社会经济监督体系中不可缺少的组成部分，也是证券市场形成“三公”的必要因素。

3）资产评估机构

资产评估机构是指组织专业人员依照国家有关规定和数据资料，按照特定的目的，遵循适当的原则、方法和计价标准，对资产价格进行评定估算的专门机构。在资本市场上进行股票发行、上市公司收购兼并及财务报告的披露，一般都要进行资产评估。根据国家国有资产管理局和中国证监会 1993 年 3 月 20 日发布的《关于从事证券业务的资产评估机构资格确认的规定》的要求，从事证券业务的资产评估机构必须是已取得省级以上国有资产管理部门（或受托的计划单列市国有资产管理部门）授予正式资产评估资格的评估机构。兼营评估业务的机构，必须设有独立的资产评估业务部门。从事证券业务资产评估机构资格取得的程序包括：①向所在省、自治区、直辖市（或受托的计划单列市）的国有资产管理部门提出申请，中央所属欲从事证券业务资产评估的机构，直接向国家国有资产管理局申请；②各省、自治区、直辖市（或受托的计划单列市）的国有资产管理部门审查同意盖章后，上报国家国有资产管理局审核；③国家国有资产管理局审核同意后，会同证监会对申请机构的证券评估资格进行联合确认，并由国家国有资产管理局和证监会联合颁发证券业务资产评估许可证，同时向社会公告。

4）信用评级机构

信用评级机构是金融市场上一个重要的服务性中介机构，它是由专门的经济、法律、财务专家组成的对证券发行人和证券信用进行等级评定的组织。证券信用评级的主要对象为各类公司债券和地方债券，有时也包括国际债券和优先股股票，对普通股票一般不作评级。另外，中央政府的债券一般也不作为评级对象，其原因在于中央政府拥有广泛的权力和各种资源，政府债券的发行通常也以一国的财政或国库作为后盾，所以，政府债券作为“金边债券”，在正常的情况下不存在不能偿还的问题。信用评级机构作为一个信息服务机构，在性质上具有独立性，即它既要独立于发行人、应募者之外，以保证评级结果的公正性，同时又要独立于政府及证券主管部门之外。信用评级机构的成立，是为了更好地促进我国信用评级工作，推动证券市场的健康发展，维护投资人的合法权益。

（三）证券监管机构

一个有效的证券市场是有序运行的市场，而有序的市场运行离不开对证券市场的监管，这种监管是保证证券市场公开、公平、公正运行，提高证券市场效率，发挥证券市场的各项功能必不可少的手段，也是每个市场参与者所必须遵循的游戏规则及进行市场分析的重要依据。为了有效防范和化解证券市场风险，促进证券市场健康发展，各国都致力建立全国统一的证券市场体系和与之相适应的集中统一监管体制。我国及时总结证券市场发展的经验教训，确立了指导证券市场健康发展的“法制、监管、自律、规范”的“八字方针”，初步形成了有中国特色的集中统一的监管体系。证券监管机构是指中国证券监督管理委员会及其派出机构。

1. 我国证券市场监管机构

我国的证券市场监管机构主要是国务院证券监管机构，由中国证券监督管理委员会和自律性管理机构组成。

1）中国证券监督管理委员会

中国证券监督管理委员会，是国务院直属机构，为全国证券期货市场的主管部门，按照国务院授权履行行政管理职能，依照法律、法规对全国证券期货业务进行集中统一监管，维护证券市场秩序，保障其合法运行。

证监会成立于1992年10月。目前设发行监管部、市场监管部、上市公司监管部、机构监管部、国际合作部等职能部门，并在北京、上海、深圳等地设立了9个地区性证券监管办公室，在上述城市之外的省会城市、计划单列市设立了35个证券监督专员办事处。

证监会的主要职责包括：①起草证券期货法律、法规，制定管理规则和实施细则，并依法行使审批或核准权；②统一管理证券期货市场，按规定对证券期货监管机构实行垂直领导；③对有价证券的发行、上市、交易、登记、托管、结算等进行监管；④依法对证券发行人、上市公司、证券交易所、证券公司、证券登记结算机构、证券投资基金管理机构、证券投资咨询机构、资信评估机构及从事证券业务活动的律师事务所、会计师事务所、资产评估机构的证券业务活动进行监督管理；⑤依法对证券业协会的业务活动进行指导和监管；⑥依法制定从事证券业务人员的资格标准和行为规则，并监督实施；⑦依法监督检查证券发行和交易的信息公开情况；⑧依法对境内企业直接或间接到境外发行股票、上市进行监管，监管境内机构到境外设立证券机构，监管境外机构到境内设立证券机构、从事证券业务；⑨依法（规）对证券期货违法违规行为进行查处；⑩会同有关部门管理证券、期货市场信息，对有关信息咨询进行监管；⑪法律、法规规定的其他职责。

证监会在上海、深圳等设立 9 个稽查局，在各省、自治区、直辖市、计划单列市共设 36 个证监局。其主要职责是：认真执行国家有关法律、法规和方针、政策，依据证监会的授权对辖区内的上市公司、证券期货经营机构、证券期货投资咨询机构和从事证券业务的律师事务所、会计师事务所、资产评估机构等中介机构的证券业务活动进行监督管理；依法查处辖区内前述监管范围的违法、违规案件，调解证券期货业务纠纷和争议，以及证监会授予的其他职责。

2）中国证券业协会

中国证券业协会是依据《中华人民共和国证券法》和《社会团体登记管理条例》的有关规定设立的证券业自律性组织，属于非营利性社会团体法人，接受中国证监会和国家民政部的业务指导和监督管理。依据《中华人民共和国证券法》的有关规定，行使下列职责：教育和组织会员遵守证券法律、行政法规；依法维护会员的合法权益，向中国证监会反映会员的建议和要求；收集整理证券信息，为会员提供服务；制定会员应遵守的规则，组织会员单位的从业人员的业务培训，开展会员间的业务交流；对会员之间、会员与客户之间发生的证券业务纠纷进行调解；组织会员就证券业的发展、运作及有关内容进行研究；监督、检查会员行为，对违反法律、行政法规或者协会章程的，按照规定给予纪律处分。

2. 证券市场监管的意义和原则

所谓证券市场监管是指证券管理机关运用法律的、经济的及必要的行政手段，对证券的募集、发行、交易等行为及证券投资中介机构的行为进行监督和管理。

1）证券市场监管的意义

由于证券市场上的证券发行与交易是一项相当复杂的融资、筹资活动，涉及面广、内容复杂、影响广泛。对任何国家而言，都会影响其资源的配置、产业结构的调整，会对国民经济起巨大促进作用和反作用。同时，证券市场价格剧烈波动，存在着许多牟取暴利的机会，很容易使市场参与者产生逆向选择和道德风险行为，诱导其偏离应有的行为规范。因此，尽管世界各国对证券市场监管的方法不同，但其共同的目的是加强证券市场监管，这对证券市场的健康发展意义重大。

（1）保护投资者利益。证券投资是高收益、高风险的投资，特别是普通股股票和企业债券的投资风险更大。证券市场的参与者除了机构投资者外，还有大量的个人投资者。为了使他们能够正确选择投资，减少因为对证券发行人经营状况和证券市场行情不够了解，以及缺乏投资知识带来的风险，国家通过立法和各种管理措施监督发行人的资信，公正地进行评级，严厉处罚弄虚作假的行为。另外，通过立法的形式确认和保护投资者的合法权益，制裁侵害投资者合法利益的行为，保障投资者在证券市场上各个环节的合法权益。

（2）维护证券市场正常秩序。发展证券市场，必然要建立竞争机制，由于市场供求规律和其他各方面因素的作用，市场价格经常会发生波动，难免会有少数投机者采用不正当手段进行蓄意欺诈、垄断行市、操纵交易和哄抬股价等行为牟取暴利；有些上市公司甚至伪造各种文件欺骗公众，骗取资金；有些证券从业人员与投机分子内外勾结进行内幕交易，操纵交易等。为此，国家必须加强证券市场的监管，对非法的证券交易活动严厉查处，以维护证券市场的正常秩序。

（3）健全证券市场体系。证券市场活动具有相当的复杂性，不仅参与的主体呈现多样化的特点，而且融资工具、交易方式、债权和债务关系的转换，都不尽相同。因此，需要国家根据它们的不同特点和运行规律、它们之间的客观内在联系，以及整个经济发展的需要，来统筹规划、建制立法、加强监督和管理，才能促进整个市场体系不断完善和协调发展，充分地发挥证券市场的作用。

（4）提高市场效率。及时、准确和全面的信息是证券市场参与者进行发行和交易决策的重要依据。一个发达高效的证券市场也必定是一个信息灵敏的市场。它既要有现代化的信息通信设备系统，又必须有组织严密的、科学的信息网络机构；既要有收集、分析、预测和交换信息的制度与技术，又要有与之相适应的、高质量的信息管理干部队伍，而这些都只有通过国家的统一组织管理才能实现。

2）证券市场的监管原则

证券市场监管应遵循以下原则。

（1）依法管理原则。这一原则是指证券市场监管部门必须加强法制建设，明确划分有关各方的权利和义务，保护市场参与者的合法权益，即证券市场管理必须有充分的法律依据和法律保障，这是证券市场规范管理的前提。依法管理包括两方面的含义：一是立法必须完备具体；二是执法必须严厉有力。

（2）保护投资者利益原则。由于大多数投资者缺乏证券投资的专业知识和技巧，只有在证券市场管理中采取相应措施，使投资者得到公平的对待，维护其合法权益，才能更有力地促使人们增加投资。

（3）公开、公平、公正原则。公开原则就是要求证券市场具有充分的透明度，要实现市场信息的公开化，使投资者在依据全面准确信息基础上，合理判断其投资价值并做出相应的投资决策。公平原则要求证券市场不存在歧视，参与市场的主体具有完全平等的权利。具体而言，无论是投资者还是筹资者，是监管者还是被监管者，也无论其投资规模与筹资规模的大小，只要是市场主体，则在进入与退出市场、投资机会、享受服务、获取信息等方面都享有完全平等的权利。公正是指证券监管机构必须秉公办事、秉公执法、秉公处理纠纷。这一原则要求证券监管部门在公开、公平原则的基础上，对一切被监管对象给予公正待遇。

（4）监督与自律相结合的原则。这一原则是指在加强政府、证券主管机构对证券市场监管的同时，也要加强从业者的自我约束、自我教育和自我管理。国家对证券市场的监管是管好证券市场的保证，而证券从业者的自我管理是管好证券市场的基础。这一原则是世界各国共同奉行的原则。

关键概念

证券　证券市场　证券发行人
证券投资人　证券中介机构

本章小结

(1) 证券是指用以证明或设定权利所做成的书面凭证，它表明证券持有人或第三者有权取得该证券拥有的特定权益，或证明其曾经发生过的行为。

(2) 证券市场是股票、债券、投资基金等有价证券发行和交易的场所。证券市场是市场经济发展到一定阶段的产物，是为解决资本供求矛盾和流动性而产生的市场。证券市场以证券发行与交易的方式实现了筹资与投资的对接，有效地化解了资本的供求矛盾和资本结构调整的难题。

(3) 证券市场中介机构是指为证券的发行、交易提供服务的各类机构。在证券市场起中介作用的机构是证券公司和其他证券服务机构，通常把两者合称为证券中介机构。

(4) 证券交易所是为证券集中交易提供场所和设施，组织和监督证券交易，实行自律管理的法人。其主要职责有：提供交易场所与设施；制定交易规则；监管在该交易所上市的证券以及会员交易行为的合规性、合法性，确保市场的公开、公平和公正。

(5) 中国证监会是国务院直属的证券监督管理机构，按照国务院授权和依照相关法律法规对证券市场进行集中、统一监管。它的主要职责是：依法制定有关证券市场监督管理的规章、规则，负责监督有关法律法规的执行，负责保护投资者的合法权益，对全国的证券发行、证券交易、中介机构的行为等依法实施全面监管，维持公平而有序的证券市场。

复习思考

(1) 简要回答证券的含义及其种类。
(2) 什么是证券市场，证券市场的作用有哪些?
(3) 证券发行人有哪些?
(4) 证券投资者包括哪几种?
(5) 简述证券中介机构的种类及其作用。

案例分析

“中国散户第一人”杨百万自述炒股经历：一年挣了50万[①]

我是1988年3月23日辞职的，此前，我在拥有6000名职工的上海铁合金厂当工人，文化程度是初中，辞职前每月工资60元。当时改革开放已经10年，外面的世界很精彩，我也想出去闯荡一番，但是做什么呢？当时心中并没有底。我虽然文化程度不

① 资料来源：http：//finance. sina. com. cn/o/48891. html.

高，却很喜欢看报读书，辞职前，我自己订了72份报纸，从报上看到中央将开放国债市场的消息。1988年4月21日，上海国债市场交易的第一天，我便携前几年帮部队企业推销产品攒下的2万元资本下海，第一天就挣了800元，相当于我在工厂一年的工资，自然高兴得很。后来全国共有8个城市开办国债市场，同样的国库券有不同的价格，我便学习"投机倒把"的手段，异地买卖国债，利用自己的2万元本钱加上借了一些钱，一年下来，居然挣了50万。

在做国债的同时，我也注意起股票。1988年7月1日，我买了10 000股电真空，一直到1989年6月，我共买进20万股电真空。由于当时银行储蓄保值贴补率很高，很多人都抛股票将钱存入银行，所以我买的电真空都在面值以下，最低时100元面值的电真空只花了89元。当时的股票和现在不一样，分红率在8%以上，一般都按15%分红。

我想，我用了不到19万元买的20万股电真空股票，每年有3万元的分红，每月2500元收入不是笃定？想不到1990年股票暴涨，我以每100股850元的价格抛掉手中的电真空。1990年年底，上海证券交易所成立，开业的第一天，电真空每100股以374元开盘，我又买回10万股，一直到每100股涨到2300元时又抛掉。我刚开始做国债时，由于买卖量比较大，就有不少人背后称我"杨百万"，实际上，做了股票后，"杨百万"才名副其实。

从1988年7月1日买电真空股票算起，我的"股龄"已10年有余，其间有许多人问我成功的经验，我的经验是人家不参与我参与，人家疯狂我退出。当然股票市场是一个综合智力的竞技场，我现在判断行情，就把基本面、消息面、技术面综合起来考虑，然后从盘面观察主力的进出。我的学历只是初中，但由于平常喜欢学习，加上有实战经验，所以，1993年3月沈阳财经学院请我去做兼职教授，讲了一段时间的课后，破格聘我为教授，从那以后，我每年去讲一次课，每次一星期，但我不拿工钱，工资委托学院捐给希望工程。

我现在每天8点起床听电台的财经新闻，9：15启动电脑看行情，11：30～13：00午饭、休息，13：00～15：00看行情，15：00后看电脑咨询，17：00看晚报，17：50看中央台财经报道、晚饭，20：00看书，22：00盘面复查。每天花在股市上的时间并不少于8小时。每个月出去旅游一趟，看看各地的风土人情。日子过得悠闲自得。做一个股民没有年龄限制，我想就这样一辈子做下去。

回顾我这10年的经历，我非常感谢改革开放出现了证券市场，否则，我现在很可能面临下岗的危险，或者已经在自由市场卖菜、卖鱼了。当年我辞职时，工厂里的同事都劝我不要去冒险，到后来，他们也去炒股票，但大多数人输多赢少，所以除了好政策外，有主见也必不可少。

思考：

杨百万是如何成为"中国散户第一人"的？

第二章　证券投资工具

本章提要

本章主要介绍证券市场上的各类投资工具。要求学生基本了解股票、债券、投资基金和金融衍生工具的基本概念和分类，掌握这些金融工具在金融市场上的核心作用。证券投资工具作为证券市场中的媒介主体，掌握其性质和特点是必要的，一定要把握其内在特性，掌握其运动规律。

重点难点

- 股票、债券及证券投资基金的特征和类型。
- 证券投资基金与股票、债券三者的区别。
- 金融衍生工具的概念、基本特征、分类和功能。

引导案例

股指期货推出进程[①]

（1）2010年4月16日：国内首份股指期货合约正式推出。

（2）2010年4月8日：4月8日下午4点，股指期货上市启动仪式在上海东郊宾馆举行。中国证监会主席尚福林宣布股指期货正式启动，并与中共中央政治局委员、上海市委书记俞正声共同推动启动手柄，共同启动股指期货。

（3）2010年3月26日：中国证监会发布“关于同意中国金融期货交易所上市沪深300股票指数期货合约的批复”。

（4）2010年2月20日：中国证监会有关部门负责人20日宣布，证监会已正式批复中国金融期货交易所沪深300股指期货合约和业务规则，至此股指期货市场的主要制度已全部发布。根据股指期货上市工作的总体安排，中国金融期货交易所定于2010年2月22日9时起正式受理客户开立股指期货交易编码申请。

案例思考：

（1）股指期货的推出对我国机构投资者会有哪些影响？

（2）股指期货的推出对我国资本市场的发展有哪些影响？

---

① 资料来源：http：//www. emoney. cn/EMONEYFEATURED/Template/Detail/37/1472. ASPX.

第一节 股 票

一、股票的定义、性质和特征

（一）股票的定义

股票是投资者向股份有限公司投资入股提供资金的权益合同凭证，是投资者借以取得股息红利收益的一种有价证券。股份有限公司发行股票进行融资，所筹集到的资金称为股本。公司的股本按相等金额划分成若干个单位，称为股份，然后以股票的形式为各股东所有。股票可以作为流通交易的对象进行买卖或抵押，是金融市场上主要的长期信用工具之一。

（二）股票的性质

股票以法律形式确定了股份有限公司的自有资本以及公司与股东之间的经济关系，具有法律意义，其法定性质主要表现在以下几个方面。

1. 股票是反映财产权的有价证券

有价证券是用以证明持券人有权按期取得一定收益的证书，体现的是持有人的财产权，而且，行使证券反映的财产权必须以持有该证券为条件。股票正是具有这一法律性质的有价证券，它代表着股东拥有获取公司按规定分配收益的请求权。虽然股票本身没有价值，但它代表的请求权可以用财产价值来衡量，因而可以在证券市场上流通转让。

2. 股票是证明股东权的法律凭证

股票持有者作为股份有限公司的股东，相对于公司及公司财产，享有独立的股东权。股东权是一种综合权利，包括出席股东大会、投票表决、选举公司管理人员等“共益权”，以及分取股息红利、认购新股、分配公司剩余财产等“自益权”，股票便是证明这些权利的法律凭证。法律确认并保护持有股票的投资者以股东的身份参与公司的经营管理决策，或者凭借手持的多数股票控制公司。公司必须依法服从股东权，执行股东大会的决策意志。

3. 股票是投资行为的法律凭证

对发行者来说，股票是筹措自有资本的手段；对认购者来说，购买股票则是一种投资行为，股票就是用来证明筹资和投资行为的法律凭证。随着经济的发展，企业的资金需求不断扩大，在自身积累和银行贷款都难以满足需要的情况下，便可组成股份有限公司，通过发行股票筹措自有资金，社会成员向公司投资，就可以购买其发行的股票，所投资金成为公司的法人财产，不能再要求公司返还。投资者购买股票后即成为公司股东，有权获取股息和红利，有权参加公司经营决策。股票便是这种投资和吸引投资的、具有法律效力的工具。

（三）股票的特征

股票作为一种有价证券，具有以下几个基本特征。

1. 权利性和责任性

股票所有者作为公司的股东，享有对公司的剩余索取权和剩余控制权。所谓剩余索取权，就是对公司净利润的要求权。此时，股东的权益在利润和资产分配上表现为索取公司对债务还本付息后的剩余收益。在经营状况良好时，公司有义务向股东分配股息和红利。但在公司破产的情况下股东一般将一无所得，股东应以当初投资入股的那部分资金对公司的债务进行清偿，即仅负有限责任，即使公司资产不足以清偿全部债务时，股东个人财产也不受追究。所谓剩余控制权，是指对公司经营决策的参与权。股东有权投票决定公司的重大经营决策，如选择经理、企业并购、大型项目投资等。每一份股票拥有的权利相等，拥有越多的公司股票意味着越多的公司控制权。实际上，只有股东持有的股票达到一定数量，才能真正影响公司的经营决策。总之，股东拥有剩余索取权与剩余控制权，这两者构成了公司的所有权。

2. 不可返还性

投资股票后，持有者就不能向公司要求退还股本。因为股票反映的不是债权债务关系，而是所有权关系。投资者可以在金融市场上出售股票，抽回资金，但这仅是投资者之间的股权转让，对公司而言只是股东的改变，并不减少公司的资本。

3. 流通性

在资本市场的各种金融工具之间，股票的流通性是较强的。在金融市场里，股票可以随时转让，换取现金，也可以进行抵押融资。这种高度的流通性使投资出现了集中风险分散化、长期投资短期化，吸引了大量闲散资金介入，故这一特征是股票市场繁荣发展的重要基础。

4. 收益性

人们投资股票的根本目的是获利。股票投资者的投资收益来自两个方面：一是公司派发的股息和红利；二是公司业绩上升，在二级市场股价上扬后获得的差价。

5. 风险性

股票投资的相对高收益也带来了相对高风险。由于经营管理不善，投资者往往不能获得预期的回报或者造成资本金的损失；也会因系统性风险等，使二级市场的投机者因股市波动而造成投资失误。

二、股票的种类

股票种类繁多，不同股票类别的设置主要是考虑到股份公司资本结构需要和投资者风险收益偏好的不同特点。常见的主要股票种类有以下几种。

（一）普通股与优先股

按照股东权利的不同，可将股票划分为普通股与优先股。

1. 普通股

一般来说，股份公司在设立的时候，最初公开发行的股票多为普通股，由其发行所筹集的资金成为了股份公司股本的基础，由于普通股最常见、最普遍、数量也最多，所以，普通股是最基本、最重要的股票种类。普通股的持有者是股份公司的基本股东股，平等享有股东的基本权利，并在权利义务上不附加任何条件，因此，它是一种标准股票。普通股持有者作为公司的股东和公司财产的所有者，有权要求分享公司的盈利。但是，普通股的股息收益在股票发行时是不确定的，它完全随股份公司的经营状况和盈利大小而变化。公司经营好，盈利多，普通股的股息收益就可能大；反之，公司经营差，盈利少，其股息收益就可能小。而且，在分配顺序上，普通股的股息收益排在各种类股票的最后，在公司偿付了其债务和债息及优先股股息之后才能分得，加之普通股的价格波动幅度较大，普通股股东的收益具有很大的不确定性和波动性，因此，普通股是风险最大的股票。

由于普通股股东持有的股票在各种类股票中风险最大，所以在其权利配置上就特别照顾了普通股股东对公司经营管理的这一特点。一般来说，普通股股东享有的权利有以下几种。

(1) 经营决策投票权。普通股股东是公司的所有者，而且承担了比其他种类股票股东更多的风险，因此，普通股股东对公司经营决策拥有最终控制权。在股份有限公司中，这种权利通过股东大会来行使。普通股股东有权出席或委托代理人出席股东大会，对公司的重大事务进行投票表决。

(2) 优先认股权。公司在增发新股时会给予普通股股东优先认股权。从理论上讲，在增发新股时公司的总市值不变，而股份数量增多，普通股股价会下跌，这实质上就是“稀释”了普通股股东持有股票的市值。为了保证公司所有者的利益不受损害，公司一般会以一个较低的价格让普通股股东优先认购新增发的股票，以此来弥补市场上股价下跌带来的损失。普通股股东若不愿意购进新股，也可以一定的价格出售转让优先认股权。同时，普通股股东行使优先认股权，可以确保在公司的股份比例以及相应的股东权益不发生变化。

(3) 公司盈利分配权。经董事会做出决定后，普通股股东有权从公司的净利润中享受分红派息。分红派息的数量完全取决于公司的经营状况和业绩表现。但是，由于普通股股东享有经营决策权和优先认股权，所以，在公司盈利分配顺序上就做出了在优先股股东先行分配后普通股股东再对剩余盈利进行分配的让步。正是这种盈利分配顺序的安排，有可能导致在公司经营状况一般的年份，公司盈利在满足了优先股股东的分配后不再有盈利剩余而出现普通股股东不能享受公司派息分红的情况发生。

(4) 剩余财产分配权。股份有限公司破产清算后，普通股股东有权参与公司剩余财产的分配，但是，同样由于普通股股东已经享有经营决策投票权和优先认股权，所以，普通股股东的剩余财产分配权的实现要在顺序上后于债权人的清偿权和优先股股东的剩余财产分配权。鉴于多数公司破产案源于公司严重资不抵债，对处于公司剩余财产分配顺序末端的普通股股东来说一般的情况都是颗粒无收。

2. 优先股

优先股是一种特殊股票，也可以说是在普通股基础上进行的一种创新。优先股的“优先”含义是指优先股股东在股份公司盈利分配和剩余财产分配上的权利优先于普通股股东，即优先股股东领取股息优先，且股息率一般事先预设、确定或固定，不随公司经营状况波动；优先股股东在股份公司破产清算时分配剩余财产优先，但排在债权人之后。正是优先股的权利设置存在以上明显优于普通股的方面，通常优先股股东在参与公司经营决策和公司新增发股票时的优先认股的权利方面受到严格的限制，也就是说，优先股优先权的取得是要付出一定代价的：通常情况下，优先股的表决权会被加以限制甚至剥夺，对公司经营决策不起实际作用；优先股的股利固定，当公司经营情况良好时股利不会因此而提高；优先股一般没有优先认股权。

优先股作为创新的股票种类对股份公司和投资者都有一定的意义。对公司来说，发行优先股既可以筹集到长期稳定的公司资本，又可以避免公司经营决策权的改变和稀释，这种股权融资方案对于公司的控股股东具有吸引力。对投资者来说，由于优先股的股息收益稳定可靠，而且在财产清偿时先于普通股股东，其风险相对较小，对优先规避风险的投资者具有较强的吸引力，不失为一种较有特色的投资对象。当然，正如上面提及的，持有优先股并不总是有利的，特别是在公司利润大幅增长的情况下，优先股的股息收益可能会大大低于普通股。从这个意义上讲，业绩稳定的公用事业类公司和非周期类公司的优先股可以作为优先股投资者的首选品种。

优先股的股息预设和固定，与债券相似，它们的不同点表现在股份公司对债权人利息的支付在顺序上先于优先股股东，而且，股份公司向债权人支付的利息作为公司的财务费用，可以列支成本而在税前支付；换言之，即使股份公司财务状况恶化到亏损的严重程度，只要账面的流动性允许，债权人的利息就必须支付，无非进一步加大成本和亏损而已；但当股份公司财务出现亏损时，尽管优先股的股息预设且固定，由于优先股股东是股份公司的所有者，鉴于股份公司没有净利润，优先股股东也不能获得任何股息回报。

股份公司为了更好地筹集资本，在发行优先股时往往附加一定的优惠条件以吸引投资者。根据优惠条件的不同，又可以进一步将优先股的类别做以下细分。

(1) 累积优先股与非累积优先股。累积优先股是指如果公司当年没有盈利或者盈利较少，不足以按规定支付优先股股息，公司可以将未付股息累积起来，在以后经营状况好转时一并补发并补足的一种优先股。非累积优先股是指只能在一个营业年度盈利之内分配，若公司无力支付，则不予累积计息。显然，对优先股股东来说，累积优先股较之非累积优先股更有优势。在实践中，累积优先股的发行较为广泛，而非累积优先股较少使用。

(2) 参与优先股与非参与优先股。参与优先股是指在公司对优先股股东按预先承诺的标准支付股息后，若还有剩余净利润，还可以与普通股股东一起参与对剩余净利润进行二次分配的优先股。非参与优先股则没有该项权利。可见，参与优先股不仅在公司经营情况良好时能像普通股一样分享高额股息，而且在公司经营情况一般时也能有保底的固定收入，因而较具吸引力。

(3) 可转换优先股与不可转换优先股。可转换优先股是指优先股股东按发行公司规定，可以在将来一定时期将优先股转换为普通股的一种优先股。不可转换优先股则不具备这种权利。很显然，当普通股的市场价格表现良好，或者公司经营转好、盈利大幅增长、普通股可分配的股利较高时，优先股股东把优先股转换为普通股，既可以在市场上抛售普通股而赚取差价，也可以持有普通股而分享更高的派息分红的收益，因此，可转换优先股更具有吸引力。需要提示的是，可转换优先股的转换权力属于可转换优先股的持有人。

(4) 可赎回优先股与不可赎回优先股。可赎回优先股是指在发行后一定时期可按特定的赎买价格由发行公司收回的一种优先股。不可赎回优先股则是永久性的。可赎回优先股又有两种类型：一是可强制赎回，即公司享有赎回与否的选择权，也就是当公司决定按规定条件赎回时，股东别无选择而只能缴回股票；二是任意赎回，即股东享有是否要求公司赎回的选择权，也就是当股东在规定的期限内不愿继续持有该股票时，公司不得拒绝按赎回条款购回。在实践中，大部分可赎回优先股属于前一类，赎回的主动权由公司掌握，而且，往往是在公司能够以股息较低的股票取代已发行的优先股时启动赎回机制。赎回价格一般事先约定，通常高于股票面值。

（二）有面额股票与无面额股票

按股票票面是否标明票面金额，可将股票划分为有面额股票与无面额股票。

1. 有面额股票

有面额股票是指股票票面上记载着一定金额的一种股票。股票持有者可以根据自己所持股票的面额总值和公司发行股票的面额总值来确定自己在该公司中所占的股份比例，以及所拥有的股权大小。另外，票面金额也限定了股票发行价格的最低底线，一般来说，股票发行价格原则上不得低于股票面额。

2. 无面额股票

无面额股票是指在股票票面上不载明金额，只记载其为多少股或占股本总额百分比的一种股票。因此，无面额股票也称为比例股票或份额股票。无面额股票最大的特点也是它的优点，就是其发行或转让价格较为灵活。无面额股票由于没有票面金额，可以不受发行价格不得低于票面金额的限制。在转让时，投资者也不易被票面金额所困惑，而更注重分析每股的实际价值。

可见，有面额股票与无面额股票对于其反映出的股东权利而言并无差别，由于股东权利的大小只取决于投资者的持股比例，而与股票是否有面额无关，所以这两种股票就其实质来说是完全一致的，其差别仅表现在形式上。

（三）记名股票与不记名股票

按股票和股东名册上是否登载股东姓名，可将股票划分为记名股票与不记名股票。

1. 记名股票

记名股票是指在股票上要记载股东姓名，且股东姓名相应登载于公司的股东名册上的一种股票。对记名股票来讲，只有在股票和股东名册上登记了姓名，才被认为股东，才能行使股东权利，因此，记名股票的转让比较复杂，其转让要采取背书的方式，同时还必须到公司办理过户手续，即将受让人的姓名、地址记载于股票和公司股东名册上。这样，受让人才能取得公司股东资格，才能合法行使股东权利。尽管记名股票转让比较复杂，但记名股票的安全性更高。由于记名股票登载有股东姓名，所以在遗失或损毁情况下一般可以挂失和补发，同时，记名股票便于公司掌握股东的身份及其变化情况。

2. 不记名股票

不记名股票是指无需在股票和股东名册上记载股东姓名的一种股票。对不记名股票来说，谁持有股票谁就取得股东资格并享有相应的股东权利。因此，其转让相当方便，无需转让人背书，只要股票转手，受让人即成为公司的股东，但它却有安全性较差的特点，股票一旦遗失或损毁，股票持有人便丧失股东资格并不能再享有相应的股东权利。

（四）表决权股票与无表决权股票

按照股东是否对股份有限公司的经营享有表决权，可将股票划分为表决权股票和无表决权股票。表决权股票指持有人对公司的经营管理享有表决权。具体又可分为：①普通表决权股票，即每股股票只享有一票表决权，也叫单权股股票，这类股票符合股东权一律平等的原则，各国公司法予以确认，故其适用范围广，发行量大。②多表决权股票，即每张股票享有若干表决权，也称多权股票。发行的目的是保护某些股东对公司的控制权，以限制公司外部股东或外国持有者对公司的控制。发行对象只是特殊股东如公司董事、监事等。现代公司制度中，这种股票的发行往往受到限制，有些国家甚至不允许发行这类股票。③限制表决权股票，即表决权受到法律和公司章程的限制。在股东持股数达到一定数量后，其享有的表决票数将受到限制，目的在于保护众多小股东的权利。无表决权股票是指根据法律和公司章程规定，不享有表决权的股票。相应地说，这类股东无权参与公司管理，多限于优先股股票，目的在于满足那些只为获取投资收益而不愿参与公司经营管理的投资者需要。

（五）我国现有的股票类型

我国股票市场的新兴加转轨性质以及我国独特的国情，决定了我国上市公司的股本结构较为复杂，现有的股票类型庞杂。目前，我国上市公司发行和上市流通的股票均为普通股。在这些普通股中，根据出资主体和上市地点的不同，又划分为国家股、法人股、个人股和人民币特种股。

国家股又称国有股，是指有权代表国家的政府部门或机构以国有资产投入股份公司而形成的股份。国家股大多是原国有企业改制为股份有限公司时，原企业中的国有资产折股而来，且在相当多的上市公司的股本结构中位列第一大股东，处于相对或绝对控股地位。

法人股是指企业法人以其依法可支配的资产投入股份公司形成的股份，或具有法人资格的事业单位和社会团体以国家允许用于经营的资产向股份公司投资所形成的股份。若法人股东为国有企业、事业单位，其持有的股份就是国有法人股，之外的其他法人股东持有的股份为一般法人股。

个人股也称社会公众股或称 A 股，它是社会公众以私有财产投入股份公司所持有的股份。它与国家股和法人股一样，都是以人民币标明面值，以人民币认购、计价、交易、结算的在境内法定交易场所交易转让的股份。

人民币特种股也称 B 股，它是以人民币标明面值，以外币认购、计价、交易、结算的在境内法定交易场所交易转让的外资股，或者叫境内上市外资股。其中，在上海证券交易所上市交易的 B 股，以美元认购、计价、交易、结算；在深圳证券交易所上市交易的 B 股以港元认购、计价、交易、结算。

此外，还有境外上市外资股的类型，即所谓的 H 股、N 股、S 股等。它们同样是用人民币标明面值，但是分别是以港元、美元、新加坡元认购、计价、交易、结算的在香港联合交易所、美国纽约和新加坡证券市场挂牌交易的股票。

三、股利分配与股票价值

（一）股份公司的收益分配

股利是公司盈利的一部分，公司获得利润后就可对股东分配股利。公司利润是股利分配的基础，但利润究竟如何分配，除了要根据股东大会做出有关决定外，各国均对公司股利分配有着统一规定。按我国目前的规定，公司税后利润应按以下顺序分配：①弥补亏损；②提取法定盈余公积金；③提取公益金；④支付优先股股息；⑤提取任意公积金；⑥支付普通股股息。在特殊情况下，当公司法定盈余公积金超过资本总额的一定比例如50%时，可将超过的部分用做股利分配。

（二）股票的股息和红利

以下从股票的股息和红利两个方面加深对股票的理解。

股息是指股份公司按期派发给股东的股票利息。通常情况下，股份公司每年发放两次，即每半年发放一次，每次发放该年股票利息的1/2。最常见的股息分配方法有两种形式：现金股利与股票股利。所谓现金股利，就是股份公司定期把现金汇入股东在银行账户的户头上，或股东直接到股份公司指定的银行领取现金，这种方式最常见，使用也较普遍；所谓股票股利，是指将该公司的股票作为股息支付给股东，其实质是公司盈余的资本化，其结果是公司盈余的减少，公司股票等比例的增加，从而保持公司的资本结构不发生变化。

红利是股东得到的超过股息部分的利润。股份企业支付股息之后，尚有盈余，把它再分给股东，叫分红，分得的利润部分就是红利。红利没有固定的利率，股东所得红利由企业利润决定。公司的盈利主要来自两个方面：一是由营业结果取得的收入，称为营业盈余；二是由非营业结果所获得的收入，如股票溢价出售、资产增值等，称为资本盈余。红利和股利一样，只能从利润中分派。公司只有在获得利润时才能分派红利，而不得以公司的财产作为红利分派给股东。否则，如公司连年亏损，公司的资本就有可能分光耗尽，而有倒闭的危险。为了巩固公司的财政基础，公司利润必须在弥补亏损及提存公积金之后分配股息，仍有盈余时才能作为红利分派给股东。

（三）股票价值

股票价值按照度量标准的不同，可以有不同的表现形式，主要是票面价值、账面价值、清算价值、市场价值和内在价值。

票面价值也称面值，是股票票面上所载明的股票的价值，是核定股票所代表的资产占总资产的比例大小及核算股票溢价和折价发行的依据。票面价值与股票发行总额的乘积就是公司的最低资本额。一般情况下，股票面值高，股票的市场价格也相应高。但在许多情况下，面值可以和股票市场价格毫无关系，这是由股票市场变化无常的特点决定的。正因为如此，才有了无面额股票的产生。

账面价值是指发行公司的资产总额减去负债总额的差值，再减去优先股价值，即为普通股价值。普通股价值与发行在外的普通股总数之比，即为账面价值，它反映股东对于公司所有权的价值，故又将其称为股东权益。含义为公司的无论哪种性质的公积金、提留的盈余或累积下来的盈余，只要未以股利的形式分配出去，其所有权仍属于股东。

从这一认识出发，股票账面价值较高的公司，股东享有的权益也就较高。

清算价值是指公司因故终止，需要清算公司财产时公司股票所拥有的价值。由于清算时公司所处的境况可能很坏，如公司破产时，需首先扣除清算费，其次清算各种债务，最后才是留给股东的价值，所以，每股所代表的资产可能微不足道。

市场价值是指股票在市场上买卖时所具有的价值。影响市场价值的因素很多，一般有市场供求关系、股利分配、人们对公司未来收益的预期等。市场价值可以和账面价值、票面价值、清算价值没有任何关系。特别是当股市上股票的供求关系起主要作用时，股票的价格则完全取决于供求双方的均衡。

内在价值也叫本质价值，是完全由股票的内在收益所确定的价值。作为投资者，内在价值应该是最具客观性的价值，它是股票未来的收益用市场收益率折成的现值。股票的市场价格是由供求关系决定的，是多变的、难以把握的。股票的内在价值由股票未来的收益决定，它较为稳定。

第二节　债　　券

一、债券的定义和性质

债券是政府、金融机构和公司企业等各类经济主体为筹集资金而向特定或非特定投资者发行的、约定在一定期限内还本付息的证券，是表明投资者与筹资者之间债权债务关系的书面债务凭证，债券持有人有权在约定的期限内要求发行人按照特定的条件还本付息。债券也是一种证权凭证，其债权人的权利并不产生于债券的制作行为，而产生于债权人对债务人的投资行为。

就债券的本质属性而言，具有以下性质。

(1) 债券是一种反映借贷关系的契约凭证。债券的发行者与投资者两者之间是一种借贷性质的关系，即债务人必须按规定偿还本息，所获得资金只是一种暂时让渡的使用权。债权人到期向债务人索取本息，他所转让的只是使用权而非所有权。

(2) 债券是一种固定收益凭证。债券利息率事先固定，因而债权人风险小，收益稳定。

(3) 债券是一种规定偿还期的凭证。因为债权人不参与企业的经营管理，不参与红利分配，没有转让所有权，所以债券一般是让渡资金使用权的期限，到期时债务人必须偿还。

二、债券的票面要素

作为一种债权债务凭证，债券通常包括以下几个基本要素。

1. 债券面值

债券面值包括两方面内容：一是面值的币种，即以何种货币作为债券面值的计量单位。币种选择主要依据发行对象和实际需要确定。一般地说，发行对象是国内经济主体，则选择本国货币作为债券面值的计量单位，若向国外发行，则选择债券发行地国家的货币或国际通用货币（如美元）作为计量单位。二是债券的票面金额。票面金额的大小，对于债券的发行成本、发行和持有者的分布具有不同影响。票面金额小，有利于小额投资者购买，但发行成本高，工作量大；票面金额大，有利于减少发行费用，减轻工作量，但可能减少发行量。

2. 债券价格

债券面值是债券价格形成的主要依据。一般地说，债券发行价格与债券面值是一致的，即平价发行。但在实践中，由于种种原因，也可能高于或低于面值。债券一旦进入交易市场，其价格则常常与其面值是不一致的。

3. 债券利率

债券利率即债券投资者每年获取的利息与债券面值的比率。债券利率的高低，主要受银行利率、发行者资信等级、偿还期限、利率计算方式和资本市场资金供求关系等因素的影响。

4. 债券发行者名称

这一要素指明了该债券的债务主体，也为债权人到期追索本金和利息提供了依据。

以上四个要素虽然是债券票面的基本要素，但并非一定在债券上印制出来。在许多情况下，债券发行者是以公布条例或公告形式向社会公开宣布某债券的期限与利率，只要发行人具备良好的信誉，投资者也会认可接受。此外，债券票面上有时还包含一些其他要素，如还本付息方式等。

三、债券的特征

债券既具有证券的共性，又具有自身的特点，以下是其主要表现特征。

(1) 偿还性。偿还性是指债券有规定的偿还期限，债务人必须按期向债权人支付利息和偿还本金。债券的偿还性使得资金筹措者不能无限期地占用债券购买者的资金。换言之，他们之间的借贷关系将随偿还期结束、还本手续完毕而消失。这一特征与股票的永久性有很大的区别。在历史上，债券的偿还性也有例外，英、美等国政府发行过无期公债或永久性公债。这种公债无固定偿还期，债券持有者不能要求政府清偿，只可按期取息，但这只是个别现象。

(2) 流动性。流动性是指债券持有人可按自己的需要和市场的实际状况，灵活地转让债券收回本金。流动性首先取决于市场对债券转让所提供的便利程度；其次，还表现为债券在迅速转变为货币时，是否在以货币计算的价值上蒙受损失。

(3) 安全性。安全性是指债券持有人的收益相对固定，不随发行者经营收益的变动而变动，并且可按期收回本金。与股票相比，债券的投资风险较小。一般说来，具有高度流动性的债券是较安全的，因为可以按一个较稳定的价格迅速地转换为货币。债券投资不能按时收回有两种情况：①债务人不履行债务，即债务人不能充分和按时履行约定的利息支付或者偿还本金，通常情况下，政府债券的风险低于金融债券和企业债券；②流通市场风险，即债券在市场上转让时因价格下跌而承受的损失。

(4) 收益性。收益性是指债券能为投资者带来一定的收入。这种收入主要表现为利息，即债券投资的报酬，表现为两种：一是债权人将债券一直持有到期满为止，这样，在持有债券的期限内按约定的条件分期分次取得利息或到期一次取得利息；二是债权人在债券期满之前将债券转让可能获得超过购入时债券价格的价差。但是，由于市场利率会不断变化，债券在市场上的转让价格将随着市场利率的升降而上下波动。一般当市场利率下降时，债券的市场价格便上涨；当利率上升时，债券的市场价格则下降。因此，债券持有者能否获得及获得多少资本利得要视市场情况而定。

四、债券与股票的联系与区别

债券与股票相比，两者既有联系又有区别。债券和股票都是有价证券，是资本证券的两大种类；都是虚拟资本，即经济运行中实际运用的真实资本的证书；投资者持有股票和债券都有权获得一定量的收入；都具有流通性；都是筹资的手段和投资的有效工具。但两者有着明显的区别，具体内容如下。

（1）从反映的关系看，债券是发行人与投资者之间借贷关系的反映，是一种债务债权证书；而股票则是持有者与公司之间的一种所有权关系的反映，是一种所有权证书。

（2）从发行主体看，债券的发行主体可以是政府、金融机构、公司；而股票发行主体只能是股份有限公司。

（3）从所筹资金的性质看，发行债券所筹措的资金列入公司负债；而股票所筹资金则列入所有者权益。

（4）从持有人的权利看，债券投资者不能参与发行单位的经营管理活动，只能到期要求发行者偿还本息；股票持有人作为股东，有权参与公司的经营管理和利润分配，但不能从公司抽回本金。

（5）从风险和收益看，债券利息固定，风险小；而股票收益随公司盈利变动而变动，风险较大。

（6）从利息或股息的支付看，债券利息是公司的成本费用支出，计入公司成本；而股票的股息红利则是公司利润的一部分。

五、债券的价格

债券的价格可分为发行价格与市场交易价格两类。

（一）发行价格

债券的发行价格是指在发行市场（一级市场）上，投资者在购买债券时实际支付的价格，通常有三种不同情况。

（1）按面值发行、面值收回，其间按期支付利息。

（2）按面值发行，按本息相加额到期一次偿还，我国目前发行债券大多数是这种形式。

（3）以低于面值的价格发行，到期按面值偿还，面值与发行价之间的差额，即为债券利息。

（二）市场交易价格

债券发行后，一部分可流通债券在流通市场（二级市场）上按不同的价格进行交易。交易价格的高低，取决于公众对该债券的评价、市场利率以及人们对通货膨胀率的预期等。一般来说，债券价格与到期收益率成反比。也就是说，债券价格越高，从二级市场上买入债券的投资者所得到的实际收益率越低，反之亦然。

不论票面利率与到期收益率的差别有多大，只要离债券到期日越远，其价格的变动越大。实行固定的票面利率的债券价格与市场利率及通货膨胀率呈反方向变化，但实行保值贴补的债券例外。

六、债券的种类

债券种类很多，在债券的历史发展过程中，曾经出现过许多不同品种的债券，各种债券共同构成了一个完整的债券体系。债券可以依据不同的标准进行分类。

（一）按发行主体分类

根据发行主体的不同，债券可以分为政府债券、金融债券和公司债券。

1. 政府债券

政府债券的发行主体是政府。中央政府发行的债券也可以称为国债，其主要目的是解决由政府投资的公共设施或重点建设项目的资金需要和弥补国家财政赤字。根据不同的发行目的，政府债券有不同的期限，从几个月至几十年。政府债券的发行和收入的安排使用是从整个国民经济的范围和发展来考虑的。政府债券的发行规模、期限结构、未清偿余额，关系着一国的社会政治经济发展的全局。除了政府部门直接发行的债券外，有些国家把政府担保的债券也划归为政府债券体系，称为政府保证债券。这种债券由一些与政府有直接关系的公司或金融机构发行，并由政府提供担保。

2. 金融债券

金融债券的发行主体是银行或非银行的金融机构。金融机构一般有雄厚的资金实力，信用度较高，因此，金融债券往往也有良好的信誉。银行和非银行金融机构是社会信用的中介，它们的资金来源主要靠吸收公众存款，发行债券的目的主要有两个：一是筹资用于某种特殊用途；二是改变本身的资产负债结构。对于金融机构来说，吸收存款和发行债券都是它的资金来源，构成了它的负债。但存款的主动性在存款户，金融机构只能通过提供服务来吸引存款，而不能完全控制存款。而发行债券则是金融机构的主动负债，金融机构具有更大的主动权和灵活性。金融债券的期限以中期较为多见。

3. 公司债券

公司债券是公司依照法定程序发行、约定在一定期限还本付息的有价证券。公司债券的发行主体是股份公司，但有些国家也允许非股份制企业发行债券，所以，归类时，可将公司债券和企业发行的债券合在一起，称为公司（企业）债券。公司发行债券的目的主要是经营需要。由于公司的情况千差万别，有些经营有方、实力雄厚、信誉高，也有一些经营较差，可能处于倒闭的边缘，所以，公司债券的风险性相对于政府债券和金融债券要大一些。公司债券有中长期的，也有短期的，视公司的需要而定。

（二）按计息与付息方式分类

承诺支付利息是债券发行者筹措资金的条件之一，但计算利息的方式可以不同。根据计算方式上的差异，有单利债券、附息债券、贴现债券、零息债券和累进利率债券等。在计算利息时一般以年为单位。

1. 单利债券

单利债券是指在计算利息时，不论期限长短，仅按本金计息，所生利息不再加入本金计算下期利息的债券。

2. 附息债券

附息债券又称息票债券，是按照债券票面载明的利率及支付方式定期分次付息的债券。

3. 贴现债券

贴现债券指在票面上不规定利率，发行时按某一折扣率，以低于票面金额的价格发行，到期时仍按面额偿还本金的债券。贴现债券是属于折价方式发行的债券，其发行价格与票面金额（即偿还价格）的差额，构成了实际的利息。

4. 零息债券

零息债券是指在存续期内不支付利息，投资者以低于面值的价格购买，购买价格是票面值的现值，投资者的收益是债券面值与购买价格的差额。由于零息债券的期限一般大于一年，所以实际上是一种以复利方式计息的债券。零息债券与贴现债券的区别在于：贴现债券期限通常短于一年，发行价格是债券面值扣除贴息后的差额；零息债券的期限一般长于一年，发行价格是债券面值按票面利率折现后的现值。零息债券于 20 世纪 80 年代初首次在美国债券市场上出现。

5. 累进利率债券

累进利率债券是指以利率逐年累进方法计息的债券。与单利债券或附息债券在偿付期内利率固定不变不同，累进利率债券的利率随着时间的推移而递增，后期利率比前期利率高，呈累进状态。这种债券的期限往往是浮动的，但有最短持有期和最长持有期的规定。

（三）按利率是否固定分类

根据债券票面利率固定与否，债券可分为固定利率债券和浮动利率债券。

1. 固定利率债券

固定利率债券就是在偿还期内利率固定的债券。在该偿还期内，无论市场利率如何变化，债券持有人只能按债券票面载明的利率获取债息。这种债券可能为债券持有人带来风险。当偿还期内的市场利率上升且超过债券票面利率时，债券持有人就要承担收益率相对降低的风险。当然，在偿还期内，如果利率下降且低于债券票面利率，债券持有人也就获得了由于利率下降而带来的额外收益。

2. 浮动利率债券

浮动利率债券是指利率可以变动的债券。这种债券的利率与基准利率挂钩，一般高于基准利率的一个百分点。当市场利率上升时，债券的利率也相应上浮；当市场利率下降时，债券的利率就相应下调。这样，浮动利率债券就可以避开因市场利率波动而产生的风险。

（四）按债券形态分类

债券有不同的形式，根据债券券面形态可以分为实物债券、凭证式债券和记账式债券。

1. 实物债券

实物债券是一种具有标准格式实物券面的债券。在标准格式的债券券面上，一般印有债券面额、债券利率、债券期限、债券发行人全称、还本付息方式等各种债券票面要素。有时债券利率、债券期限等要素也可以通过公告向社会公布而不再在债券券面上注明。无记名国债就属于这种实物债券，它以实物券的形式记录债权、面值等，不记名，不挂失，可上市流通。实物债券是一般意义上的债券，很多国家通过法律或者法规对实物债券的格式予以明确规定。

2. 凭证式债券

凭证式债券的形式是债权人认购债券的一种收款凭证，而不是债券发行人制定的标准格式的债券。我国近年通过银行系统发行的凭证式国债，券面上不印制票面金额，而是根据认购者的认购额填写实际的缴款金额，是一种国家储蓄债券，可记名、挂失，以“凭证式国债收款凭证”记录债权，不能上市流通，从购买之日起计息。在持有期内，持券人如遇特殊情况需要提取现金，可以到原购买网点提前兑取。提前兑取时，除偿还本金外，利息按实际持有天数及相应的利率档次计算，经办机构按兑付本金的2‰收取手续费。

3. 记账式债券

记账式债券是没有实物形态的票券，只在电脑账户中做记录。在我国，上海证券交易所和深圳证券交易所已为证券投资者建立了电脑证券账户，因此，可以利用证券交易所的交易系统来发行债券。我国近年来通过上海和深圳证券交易所的交易系统发行和交易的记账式国债就是这方面的实例。投资者进行记账式债券买卖，必须在证券交易所设立账户。由于记账式债券的发行和交易均无纸化，所以效率高、成本低、交易安全。

（五）按债券的偿还方式分类

（1）到期偿还、期中偿还和展期偿还。到期偿还也称为期满偿还，是指按发行债券时规定的还本时间，在债券到期时一次偿还本金的偿债方式；期中偿还称为中途偿还，是指在债券最终到期日之前，偿还部分或全部本金的偿债方式，包括部分偿还和全额偿还两种形式，又有定时偿还和随时偿还的区别；展期偿还是指在债券期满后又延长原规定的还本付息日期的偿还方式，属于延期偿还的一种情况。

（2）部分偿还和全额偿还。在期中偿还的情况下，视偿还本金的额度，有部分偿还和全额偿还两种：部分偿还是指从债券发行日起，经过一定债券宽限期后，按发行额的一定比例陆续偿还，到债券期满时全部还清；全额偿还是指在债权到期之前，偿还全部本金。

（3）定时偿还和随时偿还。定时偿还也称定期偿还，是指债券宽限期过后，分次在规定的日期，按一定的偿还率偿还本金；随时偿还也称任意偿还，是指债券宽限期过后，发行人可以自由决定偿还时间，任意偿还债券的一部分或全部。

（4）抽签偿还和买入注销。抽签偿还是指在期满前偿还一部分债券时，通过抽签方式决定应偿还债券的号码，可以分为一次性抽签和分次抽签两种；买入注销是指债券发行人在债券未到期前按照市场价格从二级市场中购回自己发行的债券而注销债务。

第三节　证券投资基金

一、证券投资基金的含义、特点及功能

（一）证券投资基金的含义

证券投资基金是一种金融信托，是指以追求投资收益回报为目标，由发起人以基金

股份的形式将不特定多数投资者资金汇集起来，交由专业投资机构，通过组合投资方式分散投入股票、债券、房地产或高科技等市场领域，以共享收益的一种投资方式或制度。投资基金又称为信托投资基金。

证券投资基金是指通过发行基金单位，集中投资者的资金，由基金托管人托管，由基金管理人管理和运用资金，从事股票、债券等工具投资，并将投资收益按基金投资者的投资比例进行分配的一种投资方式。在本章中，我们所讲的投资基金就是指证券投资基金，是一种利益共享、风险共担的集合证券投资方式。美国称之为“共同基金”或“互惠基金”；日本、韩国和我国的台湾地区称之为“证券投资信托基金”；英国和我国香港地区称之为“单位信托基金”。

证券投资基金的概念中包含有两种组合：一是投资者基金的组合；二是投资于各类资产的组合。这是投资基金的本质。投资基金的一系列特征和功能都源于“组合”效应。第一，资金组合的规模效益。由不特定多数的社会投资者，为了共同的目标，按照自愿的原则，以一定的组织形式，将各自分散的资金积聚起来，形成集合投资，以达到各自在分散条件下难以达到的规模经济效益。第二，投资的组合效益。资本的积聚使投资实现了过去零星资本条件下无法进行的投资组合。组合投资的目的是通过投资多元化，分散非系统性风险，保障收益。组合投资理论告诉我们，只要组合内资产之间的相关系数不等于 1，投资组合就会带来多元化效益。第三，管理集合效应。在分散投资条件下，委托专家经营无法实现投资组合，此外，委托经营的经济成本也使专家理财变得不那么现实。在集合投资条件，基金的大资本委托给一个具有专业知识和操作技能的专家群体——专业化的基金管理机构，不仅可以克服普通大众投资者在投资技术和投资战略上的欠缺，而且通过控制风险，实现稳定的较高的投资收益。因此，专家理财效应就是在资金集合基础上的管理集合所带来的效益。

（二）证券投资基金的特点

与各种金融投资方式比较，证券投资基金独具特色。

1. 投资基金与基金

基金通常是指通过国民收入分配与再分配所形成的具有专门用途的资金。根据用途不同，基金可分为企业生产发展基金、储备基金、财政后备基金、养老保险基金、社会救济基金、教育基金、国家管理基金等。这些基金不再直接运用于投资，而更多地强调“专门用途”，强调资金的安全性，强调资金购买力保障。投资基金是专门用于投资，特别是证券投资的，为了获得稳定收益的资金集合和投资集合。

2. 投资基金与信托

投资基金与信托两者既有联系又有区别。两者的联系表现在：第一，作为金融信托的一种形式，投资基金也是代理他人运用资产；第二，两者所涉及的当事人都有委托人、受托人和受益人；第三，投资基金的运作是建立在信托行为关系的基础上的。两者的区别表现在：第一，信托的业务范围更广，具体业务包括资金信托、动产信托、不动产信托和商务管理信托等。信托业务部门可运用代理、租赁、出售等形式进行财产运用，投资基金则主要从事证券投资。第二，投资基金涉及一些专门的法律规定，如投资基金的当事人中有一个重要角色——托管人，是投资基金不可或缺的当事人，这是为保护投资者利益，保障公开、公正和透明原则实施的一项重要机制设计。托管人和受托人都应该是法人，且不能由一个人承担。信托关系中的受托人可以是法人，也可以是自然人。第三，信托的“融通”作用范围更广。信托不仅融资，而且融物。信托机构在受托期间，可以按照受托人的意图，以财产所有者的身份，通过代理、租赁、出售等形式管理和处理信托财产，信托机构发挥了融通财物的中介功能。

3. 证券投资基金与股票、债券

证券投资基金本身属于有价证券的范畴。投资基金发行的基金与股票以及债券一起构筑了有价证券的三大品种。投资者购买股票、债券和基金的目的都是获得投资收益，就此而言，三者之间并无多大的差别，但是在收益-风险关系和资产权益关系上三者存在差异：第一，股票反映的是一种产权关系，股东权益不仅体现在收益分配上，还体现在投票权上。股票投资者不能撤回投资，只能通过转让变现；债券反映的是债权人与债务人之间的借贷关系；投资基金反映的一种信托关系，除公司型投资基金外，不涉及财产权利关系问题。股票资本是股份有限公司的永久资本，而封闭型基金期限届满后，通过清产核资，将基金的资产净值按出资比例分配给基金持有人；对于开放型基金，基金持有人可随时向基金公司赎回投资。第二，债券的债权债务关系双方事先约定了利息水平，而且利息作为财务成本在税前支付，很大程度上保证了债券投资者收益的实现，所以，投资债券的风险较小。股票投资者的收益实现在很大程度上取决于公司的市场表现和大盘走势，不确定因素较多，因此，投资风险较大。基金投资的多元化、规模化和专家理财的独特优势，使基金投资最低限度保有债券的投资收益，同时，极大地回避股票投资风险，因此，基金投资风险介于债券与股票之间。

可见，在众多证券投资品种中，投资基金独具优势，其表现在：第一，组合投资，风险分散；第二，专家理财，收益稳定；第三，提供不同收益-风险组合的多种投资选择，满足不同投资者的多元化投资需求；第四，流动性强，投资者可以在任何一个营业日以基金净值买进或赎回开放型基金，封闭型基金上市后投资者可以在交易所买卖，且不必缴纳证券交易税。

（三）证券投资基金的功能

证券投资基金的功能源于投资基金的特性和投资优势。1924 年美国出现了第一只开放式基金“马萨诸塞投资者信托”。第二次世界大战后，在美国经济的强大发展需要和健全的法律基础上，投资基金数量和资产规模迅速扩张，20 世纪 50 年代以后，投资基金在全球各地获得了巨大的发展。投资基金的规模效应、多样化的产品和服务、较强的市场渗透性和影响力对整个社会经济产生了积极的作用。

1. 拓宽投资渠道

从基金投资者角度讲，对于众多中小投资者而言，投资基金是十分理想的投资渠道，它为小资本进入大市场提供了路径。从基金经理和基金的经营来讲，巨额的基金资本使基金运用的领域扩展到国际资本市场，投资基金不仅为基金经理人提供了充分的多元化的产品组合，而且集专家理财、组合投资效应和投资环境规模效应与一身。

2. 促进证券市场的稳定和规范化发展

首先，投资基金的问世增加了投资者可选择的投资产品，扩大了证券市场的交易规模，活跃了证券市场的交易。其次，促进了上市公司的规范化发展，包括公司的上市信息披露和公司治理结构的改善。最后，有利于证券市场的稳定和有序发展。机构投资者的进入，一方面，使“用手投票”机制得到落实；另一方面，机构的战略性投资定位，淡化了证券市场的投机气氛，有助于证券市场的自我稳定性机制作用的发挥。

3. 推动金融产品的创新

进入20世纪60～70年代，投资基金的产品和服务趋于多样化。例如，美国，1970年以前，大多数投资基金是股票基金，有一些平衡型基金的组合中包括一部分债券。1972年以后，出现了大量债券和收入基金。1971年，第一只货币市场基金建立，它们提供比银行储蓄账户更高的利率和支票功能。1974年，雇员退休收入安全法（employee retirement income security act，ERISA）建立，个人退休账户（individual retirement account，IRA）开始出现。1978年，401（K）退休计划和自雇者个人退休计划出现。这些退休投资工具的出现极大地促进了对投资基金的需求。1976年，第一只免税政府债券基金出现，把货币市场基金的便利和政府债券基金的税收优惠结合起来。投资基金市场开始引入更多类型的股票、债券和货币市场基金。投资者基金提高了美国金融市场的运作效率，特别是随着货币市场基金的迅速成长，促使商业票据和银行承兑票据兴旺起来。投资基金品种的创新，不仅推动了资本市场和货币市场的发展，而且推动了金融市场的国际化。

我国证券市场起步较晚。1987年中国银行和中国国际信托投资公司就开始组建投资基金。1990年11月，法国东方汇理银行和亚洲投资有限公司牵头组建了一只中国概念投资基金——上海基金，12月在伦敦上市，属于封闭式基金，封闭期10年，筹措到的资金用于上海浦东开发，投资形式为在中国证券市场购买股票和债券、参股未上市的“三资”企业和组建新的合资企业。

自1991年起，我国投资基金业务获得了实质的进展。证券投资基金是伴随着我国投融资体制改革的深入、证券市场的发展而引入的投资工具。证券投资基金是证券市场有效地实现居民储蓄向投资转化和金融证券化的重要渠道。投资基金的发展推动了证券市场的规模扩大，促进证券市场的稳定发展。

二、证券投资基金的分类

（一）契约型基金与公司型基金

按基金的组织形式和法律地位不同，证券投资基金基本有两种类型：契约型基金和公司型基金。

1. 契约型基金

契约型基金，也称信托型投资基金，它是依据信托契约通过发行受益凭证而组建的投资基金。

该类基金一般由基金管理人、基金保管人及投资者三方当事人订立信托契约。基金管理人可以作为基金的发起人，通过发行受益凭证将资金筹集起来组成信托财产，并依据信托契约，由基金托管人负责保管信托财产，具体办理证券、现金管理及有关的代理业务等；投资者也是受益凭证的持有人，通过购买受益凭证，参与基金投资，享有投资受益。基金发行的受益凭证表明投资者对投资基金所享有的权益。

2. 公司型基金

公司型基金依公司法设立，通过发行基金股份将集中起来的资金投资于各种有价证券。公司型投资基金在组织形式上与股份有限公司类似，基金公司资产为投资者（股东）所有，由股东选举董事会，由董事会聘请基金管理人，基金管理人负责管理基金业务。

公司型基金的设立要在工商管理部门和证券交易委员会注册，同时还要在基金股票发行的交易所在地登记。公司型基金的组织结构主要有以下几方面的当事人：基金股东、基金公司、投资顾问或基金管理人、基金保管人、基金转换代理人、基金主承销商。

我国现有证券投资基金均为契约型基金。

3. 契约型基金与公司型基金的主要区别

（1）立法基础不同。契约型投资基金依照信托法组织和运作，公司型投资基金依照公司法组建。

（2）法人资格不同。契约型投资基金不具有法人资格，而公司型投资基金具有法人资格。

（3）投资者的地位不同。契约型投资基金中的投资者是信托契约中规定的受益人，公司型投资基金中的投资者是投资公司的股东。

（4）资本结构不同。契约型投资基金只向投资者发行收益凭证，公司型投资基金除向投资者发行普通股外，还可以发行公司债和优先股。

（5）融资渠道不同。契约型投资基金一般不向银行举债，公司型投资基金在资金运用状况良好，业务开展顺利，又需要增加投资组合的总资产时，可以向银行借款。

（6）投资顾问设置不同。契约型投资基金设投资顾问，通常情况下公司型投资基金投资顾问由本基金自身担任，不设投资顾问，自行操作运用。

（7）收益分配不同。契约型基金的资产是信托财产，按信托契约运用，按信托契约对受益人分配收益；公司型基金筹集的资金作为公司的财产，按公司章程进行投资运用，收益按股利分配给投资人。

（二）封闭式基金与开放式基金

1. 封闭式基金

封闭式基金是指基金的发起人在设立基金时，事先确定发行总额，筹集到这个总额的80%以上时，基金即宣告成立，并进行封闭，在封闭期内不再接受新的投资。例如，在深圳证券交易所上市的基金开元1998年设立，发行额为20亿基金份额，存续期限（封闭期）15年。也就是说，基金开元从1998年开始运作，存续期为15年，运作的额度为20亿，在此期限内，投资者不能要求退回资金，基金也不能增加新的份额。

尽管在封闭期限内不允许投资者要求退回资金，但是基金可以在市场上流通。投资者可以通过市场交易套现。我国封闭式基金单位的流通方式采取在证券交易所挂牌上市交易的办法，投资者买卖基金单位，都必须通过证券商在二级市场上进行竞价交易。

2. 开放式基金

开放式基金是指基金发行、总额不固定，基金单位总数随时增减，投资者可以按基金的报价在基金管理人确定的营业场所申购或者赎回基金单位的一种基金。

开放式基金可根据投资者的需求追加发行，也可按投资者的要求赎回。对投资者来说，既可以要求发行机构按基金的现期净资产值扣除手续费后赎回基金，也可再买入基金，增持基金单位份额。例如，我国首只开放式基金“华安创新”，首次发行50亿份基金单位，设立时间为2001年，没有存续期，而首次发行50亿的基金单位也会在“开放”后随时发生变动。例如，可能因为投资者赎回而减少，或者因为投资者申购或选择“分红再投资”而增加。

我国开放式基金单位的交易采取在基金管理公司直销网点或代销网点（主要是银行营业网点）通过申购与赎回的办法进行，投资者申购与赎回都要通过这些网点的柜台、电话或网站进行。

（三）债券基金与股票基金

按投资标的不同，证券投资基金可分为债券基金与股票基金。

1. 债券基金

从规模上看，债券基金是仅次于股票基金的另一类基金形式。这种基金是投资管理公司为广大稳健型投资者设计的。它以政府或公司发行的债券为投资标的物，由于债券的还本付息特性，所以它的收益稳定，风险较小，但回报率一般也比股票基金低。

债券基金属于收益型基金，投资者每年平均能收到一至四次派息，而且债券到期，还可收回本金，因而债券基金的回报率较为稳定，适合长期投资。但是，债券基金的回报率也不是固定的，它同股票基金一样，其价格也会有所波动，会受到利率、汇率、债券发行人的信誉等因素的影响。

2. 股票基金

股票基金在基金市场中规模最大，是深受投资者欢迎的最重要的投资对象。它以股票为投资标的物，因而风险较大，其回报率也较高。

股票基金品种多样，既有高风险品种，又有低风险品种，可以适应多种投资者的需要；同时，股票基金进行组合投资，投资回报率较为稳定，因而深受投资者的欢迎。

（四）成长型基金、收入型基金与平衡型基金

证券投资基金的投资目的不同，其运作、投资收益也不同，因而也就产生了经营目标不同的成长型与收入型证券投资基金。在这两种基本类型之下，又演变和派生出若干其他类型的基金，即积极成长型基金或长期收入型基金和平衡型基金等。

1. 成长型基金

成长型基金是基金中最常见的一种。这类基金的投资目标在于追求资本的长期成长性，故其投资对象多为股价长期稳定增值的绩优股。成长型基金以追求长期资本利得为主，股利分配占投资收益的一小部分，投资者期望的是基金股份价位能节节攀升。这种基金的净值波动较大，风险也较大。成长型基金又可分为积极成长型基金和新兴成长型基金。积极成长型基金是高成长型基金，它追求资本的最大增值，有时是短期内的最大增值；新兴成长型基金重点投资于新兴产业中成长潜力较高的个股。这种基金的净值波动较大，投资者要承担更高的风险。

2. 收入型基金

收入型基金以投资于可带来现金收入的有价证券为主，并以获取当期的最大收入为目的。其投资对象主要是能带来稳定收入的各种有价证券。收入型基金一方面使该基金保证了投资者投资目标的实现，降低遭受损失的风险；另一方面也使基金丧失了投资于高风险、高成长性的有价证券的机会。对于重视当前收入的投资者来说，为确保基金的稳妥收益，不妨将资本分散投资于收入型投资基金与货币市场基金。当市场利率降低时，银行储蓄利率也要降低，投资于收入型投资基金可以带来比储蓄高的收入；当利率上升、通货膨胀也高时，投资者若将大部分资本投资于货币市场基金，少量投资于收入型投资基金，既保本又有较高利息收入。收入型投资基金比较适合保守型投资者或退休人员。

收入型投资基金通常又可分为两类，即固定收入型基金和股票收入型基金。固定收入型基金的主要投资对象是债券和优先股股票，长期成长潜力较小，利率波动对净资产价值的影响较大。股票收入型投资基金的投资对象多是股利分配较优厚的普通股票。投资于该类基金的投资者在追求收益稳定的同时，还注重赚取资本利得，寻求资本成长潜力，但该类基金也面临较大的投资风险。在金融市场发达国家，成长型投资基金在整个金融市场居主导地位，而且该类基金发展也较快。

3. 平衡型基金

平衡型基金是指具有多重投资目标的投资基金。这类基金的投资目标主要有三个：确保投资本金、支付当期收入及追求资本和收入的长期成长。该类基金的优点是满足投资者的双重投资目标，既追求当期收入又注重资本成长，这就大大降低了损失本金的风险。平衡型基金适合于资金量小的中小投资者，属于保守型投资。在股市出现波动时，平衡型基金在多头股市上不如成长型投资基金收益增长快。在空头市场上，与成长型投资基金相比较少受市场行情波动的影响。

三、交易所交易基金和上市开放式基金

2004 年 10 月，南方基金管理公司成立了国内第一只上市开放式基金（listed open-ended funds，LOF）——南方基金配置基金。2004 年年底，华夏基金管理公司推出国内首只交易所交易基金（exchange traded funds，ETF）——华夏上证 50ETF。

1. 交易所交易基金

交易所交易基金是一种在交易所上市交易的，基金份额可变的一种基金运作方式。上海证券交易所将其定名为“交易型开放式指数基金”。

ETF 结合了封闭式基金与开放式基金的运作特点，投资者既可以像封闭式基金一样在交易所二级市场买卖，又可以像开放式基金一样申购、赎回。不同的是，它的申购是用一篮子股票换取 ETF 份额，赎回时则是换回一篮子股票而不是现金。这种交易制度使该类基金存在一二级市场之间的套利机制，可有效防止类似封闭式基金的大幅折价。

截至 2004 年 6 月 30 日，已有 304 只 ETF 在全球 28 个国家和地区上市交易，总值 2464 亿美元。目前，中国的 ETF 基金产品有 9 只，分别是易方达深证 100ETF、华夏中小板 ETF、深成 ETF、治理 ETF、超大 ETF、上证央企 50ETF、华安上证 180ETF、友邦华泰上证红利 ETF。

2. 上市开放式基金

上市开放式基金是一种可以同时在场外进行基金份额申购、赎回，在交易所进行基金份额交易并通过份额转托管机制将场外市场与场内市场有机联系在一起的一种新的基金运作方式。它是我国对证券投资基金的一种本土化创新。

LOF 的发售结合了银行等代销机构和交易所交易网络两者的销售优势，为开放式基金的发行开辟了新的渠道。LOF 场外市场与场内市场的基金份额分别被注册登记在场外系统与场内系统，但基金份额可以通过跨系统转托管（即跨系统转登记）实现在场外市场与场内市场的转换。LOF 获准交易后，投资者既可以在指定网点申购和赎回基金份额，也可以在挂牌的交易所买卖该基金。

转托管机制是 LOF 最核心的制定安排。一方面，它实现了场外、场内两个不同性质市场的有效分割；另一方面，也使得场外、场内两个市场有机结合在一起，通过内在套利机制会使 LOF 不会出现封闭式基金的大幅折价交易现象。

3. 交易所交易基金和上市开放式基金的区别

交易所交易基金和上市开放式基金都具备开放式基金场外申购、赎回和场内交易的特点，但两者存在本质区别，主要表现在以下几个方面。

(1) 申购、赎回的标的不同：LOF 的申购、赎回是基金份额与现金的交易；而 ETF 投资者交换的是基金份额和“一篮子”股票。

(2) 申购、赎回的场所不同：ETF 的申购、赎回通过交易所进行；LOF 的申购、赎回与开放式基金一样在代销网点进行。

(3) 对申购、赎回限制不同：只有大投资者（基金份额在 100 万份以上）才能参与 ETF 一级市场的申购、赎回交易；而 LOF 在申购、赎回上没有特别要求。

(4) 基金投资策略不同：ETF 通常采用完全被动式管理方法，以拟合某一指数为目标；而 LOF 则是普通的开放式基金，增加了交易所的交易方式，它可以是指数型基金，也可以是主动管理型基金。

(5) 在二级市场的净值报价上，ETF 每 15 秒钟提供一个基金净值报价；而 LOF 则在净值报价上频率要比 ETF 低，通常一天只提供一次或几次基金净值报价。

(6) 套利机制不同：ETF 可以实时套利；而 LOF 在跨市套利时受到转托管的限制，转托管需要两个工作日，无法随时套利，因此 LOF 在套利上没有 ETF 方便，需要承担较大的套利风险。

四、证券基金的管理和托管

1. 基金管理人

基金管理人是指凭借专门的知识与经验，运用所管理基金的资产，根据法律、法规及基金章程或基金契约的规定，按照科学的投资组合原理进行投资决策，谋求所管理的基金资产不断增值，并使基金持有人获取尽可能多收益的机构。根据我国相关法律法规的规定，基金管理人的职责主要有：①按照基金契约的规定，运用基金资产投资并管理基金资产；②及时、足额向基金持有人支付基金收益；③保存基金的会计账册、记录15年以上；④编制基金财务报告，及时公告，并向中国证监会报告；⑤计算并公告基金资产净值及每一基金单位资产净值；⑥基金契约规定的其他职责；⑦开放式基金的管理人还应当按照国家有关规定和基金契约的规定，及时、准确地办理基金的申购与赎回。

2. 基金托管人

基金托管人是投资人权益的代表，是基金资产的名义持有人或管理机构。为了保证基金资产的安全，基金应按照资产管理和保管分开的原则进行运作，并由专门的基金托管人保管基金资产。基金托管人的主要职责有：①安全保管基金的全部资产；②执行基金管理人的投资指令，并负责办理基金名下的资金往来；③监督基金管理人的投资运作，发现基金管理人的投资指令违法违规的，不予执行，并向中国证监会报告；④复核、审核基金管理人计算的基金资产净值及基金价格；⑤保存基金的会计账册、记录15年以上；⑥出具基金业绩报告，提供基金托管情况，并向中国证监会和中国人民银行报告；⑦基金章程或基金契约、托管协议规定的其他职责。

第四节　金融衍生工具

一、金融衍生工具的产生和发展

20世纪70年代，随着美元的不断贬值，布雷顿森林体系崩溃，国际货币制度由固定汇率制度走向浮动汇率制度。1973年和1978年两次石油危机使西方国家经济陷入滞胀，为应对通货膨胀，美国不得不运用利率工具，这又使金融市场的利率剧烈波动。利率的上升会引起证券价格的反方向变化，并直接影响投资者的收益。面对利市、汇市、债市、股市发生的前所未有的波动，市场风险急剧放大，迫使商业银行、投资机构、企业寻找可以规避市场风险、进行套期保值的金融工具，金融期货、期权等金融衍生工具便应运而生。从这个意义上讲，规避风险是金融衍生工具产生的最基本的原因。

20世纪80年代以来的金融自由化进一步推动了金融衍生工具的发展。金融自由化一方面使利率、汇率、股价的波动更加频繁、剧烈，使得投资者迫切需要可以避险的工具；另一方面，金融自由化促进了金融竞争，由于允许各金融机构业务交叉，相互渗透，多元化的金融机构纷纷出现，直接或迂回地夺走了银行业的大部分市场。再加上银行业本身业务向多功能、综合化方向发展，同业竞争激烈，存贷利差趋于缩小，不得不寻找新的收益来源，改变以存贷业务为主的传统经营方式，把金融衍生工具视作未来的新增长点。

金融机构通过金融衍生工具的设计开发，以及担任中介，显著地推进了金融衍生工具的发展。其原因有以下两个方面。一方面在金融机构所进行的资产负债管理背景下，金融衍生工具业务属于表外业务，既不影响资产负债状况，又能带来手续费等项收入。1988年国际清算银行（Bank for International Settlements，BIS）制定的《巴塞尔协议》规定：

开展国际业务的银行必须将其资产对风险资产的比率维持在8%以上，其中核心资本至少为4%。这一要求迫使各国银行大力拓展表外业务，相继开发了既能增进收益又不扩大资产的金融衍生工具，如期权、互换、远期利率协议等。另一方面金融机构可以利用自身在金融衍生工具方面的优势，直接进行自营交易，扩大利润来源，为此，金融衍生工具市场吸引了为数众多的金融机构。可以说，金融机构的利润驱动是金融衍生工具产生和迅速发展的又一个重要原因。

此外，新技术革命为金融衍生工具的产生与发展提供了物质基础与手段。国际金融业始终处于信息高速公路这一新技术的最前沿，由于计算机技术的突飞猛进，计算机网络、信息处理在国际金融市场的广泛应用，个人在机构从事金融衍生工具交易大为便利。从国际金融市场金融衍生工具发展的状况来看，发展极为迅速。据2005年国际清算银行的测算，截至2005年6月，全球商业银行持有的各类现货资产总数为231 136亿美元，而同期交易所交易的未平仓期货合金额达到206 969亿美元，发行在外的期权合约金额为375 845亿美元，场外交易市场的衍生品发行在外金额达到2 701 000亿美元，后三类之和达到商业银行现货资产数额的14.2倍。

二、金融衍生工具的定义和特征

金融衍生工具是在20世纪70～80年代全球金融创新浪潮中的高科技产品，经过短短几十年的发展，人们对金融衍生工具的认识更加深入。

1. 金融衍生工具的定义

金融衍生工具，又称金融衍生产品，是指建立在基础金融工具和基础金融变量之上，其价格取决于后者价格变动的派生产品。近年来，金融市场发展最重要、最显著的特征之一就是金融衍生工具的迅猛发展。

2. 金融衍生工具的基本特征

(1) 跨期交易。金融衍生工具是交易双方通过对利率、汇率、股价等因素变动趋势的预测，约定在未来某一时间按照一定条件进行交易或选择是否交易的合约。无论是哪一种金融衍生工具，都涉及未来某一时间金融资产的转移，跨期交易的特点十分突出。

(2) 杠杆效应。金融衍生工具交易一般只需要支付少量的保证金或权利金就可签订远期大额合约或互换不同的金融工具。例如，期货交易保证金通常是合约金额的5%，也就是说，期货投资者可以控制20倍于所投资金额的合约资产，实现以小搏大。金融衍生工具的杠杆效应在一定程度上决定了其高投机性和高风险性。

(3) 不确定性和高风险。金融衍生工具的成败有赖于投资者对未来市场价格的预测和判断，金融工具价格的变幻莫测，决定了其交易盈亏的不稳定性，也成为金融衍生工具高风险的重要诱因。除此之外，还伴随着以下几种风险：①交易中对方违约，没有履行所作承诺而造成损失的信用风险；②由资产或指数价格不合理变动而可能带来损失的市场风险；③由市场缺乏交易对手而导致投资者不能平仓或变现所带来的流动性风险；④由交易对手无法按时付款或交割而可能带来的结算风险；⑤由交易或管理人员的人为错误或系统故障、控制失灵而造成的运作风险；⑥由合约不符合所在国法律，无法履行或合约条款遗漏及模糊而导致的法律风险。

(4) 套期保值和套利共存。金融衍生工具产生的直接动因是规避风险、进行套期保值，然而，要求保值的交易者不可能都恰好相互达成协议。金融衍生工具在集中了社会经济各种风险之后，需要得以释放和分配，需要有大量活跃的参与者承担风险，即投机者的加入。金融衍生工具的杠杆效应正具备了吸引投机者的条件，这种低成本、高收益的交易使相当多的人甘愿冒高风险去一试高低。不论投机者的个人目的如何，他们确实成为金融衍生工具市场不可缺少的角色，他们类似赌博的行为承担并分散了市场所集中的风险，为市场注入了活力，提高了市场运作效率，使避险者能轻易地在这个市场上转移风险。正是套期保值和投机套利在金融衍生工具市场上的“相互利用”，使金融衍生工具轻易地得以生存和发展。

三、金融衍生工具的种类

(一) 金融期货

1. 金融期货的含义

金融期货，指以期货为基础的金融衍生工具。金融产品的传统交易方式为现货交易，也就是通常所说的“一手交钱，一手交货”，同时，传统交易的直接对象为金融产品本身而非金融产品有关的合同。而期货交易（包括期权交易）并不是马上直接涉及具体金融产品的交割，而只是就这些产品在未来一段时间内或某一时刻的买卖以合同形式所作的承诺。如果这种期货合同（包括期权合同）中所涉及的是一般商品，那么，这些合同便是一般的商品期货合同（或一般的商品期权合同）。如果期货合同（或期权合同）中涉及的是金融产品，那么这些合同便是金融期货合同（或金融期权合同），简称为金融期货（或金融期权）。

2. 金融期货合约的构成

期货合约是买卖双方就将来某一特定的时刻，按照某一特定的价格，买进或卖出某一特定数量的特定的金融产品所作的承诺。这里的“特定的时刻”被称为期货的期限，“特定的价格”被称为期货成交价格，“特定的数量”为期货合约所包含的金融产品数量，“特定的金融产品”为到期交割的金融产品，通常称为“标的物”。成交期限、成交价格、成交数量、成交标的物是一个期货合约必不可少的四个基本要素。显而易见，期货合约的存在以其标的金融产品的存在为前提。

3. 金融期货的种类

金融期货包括利率期货、外汇期货、股票价格指数期货、黄金期货等。

1) 利率期货

利率期货是为转移利率变动所引起的证券价格变动的风险而以金融证券为标的物的期货合同，交易对象有长期国债，中、短期国库券，利率，大额定期存单等。

2) 外汇期货

外汇期货是在外汇交易所内，交易双方通过公开竞价、买卖在未来某一日期，根据议定价格即汇率，交割标准数量外汇的期货合同。外汇期货交易的币种主要有美元、日元、英镑、加拿大元等。

3) 股票价格指数期货

股票价格指数期货是指以股票价格指数为标的物的期货合同。这是股市动荡的产物。股市大幅度波动，给股票投资者带来巨大风险，为转移这种风险，便产生了这种金融期货。

（二）金融期权

1. 金融期权的含义

金融期权，是指以期权为基础的金融衍生工具。在金融衍生工具的交易方式中，期权是最不被人们理解的一种。

2. 金融期权合约的构成

期权是在一段时间内有效的一种权利，这种权利的具体内容由期权合约规定。金融期权给予其持有者如下权利：在某一特定期限内或在将来某一特定时刻以某一特定的价格有权买进或卖出某一特定数量的特定的金融产品。这里的“特定期限”，为期权的期限，这是期权合同持有者的权利在时间上的限定。“特定价格”为期权持有者实施其权利时涉及的金融产品的价格，故称“施权价”。“特定数量”为实施期权时涉及的金融产品的数量，是期权的数量界限。“特定的金融产品”为实施期权的对象，通常称为期权“标的物”。期限、施权价、数量和标的产品构成一个期权合约的基本要素。

期权合约是拥有这种权利的凭证。合约的双方当事人分别称为期权的买主与卖主。需要强调的是，期权合约的买方所拥有的是一种权利，而没有任何义务；卖方则只有义务，没有权利，即以合约中规定的价格，在合约规定数量限度内，向买方出售（或买进）标的产品。可见，期权合约的特点是在合约的执行上，双方当事人在权利、义务上是不平等的。为了补偿卖方的单方面义务，期权买方要向卖方支付一笔报酬，这笔报酬则称为期权费，又称为期权价格。这样，期权价格与上述的期限、施权价、数量和标的产品便构成了一个期权合约的五大基本要素，五个要素缺一不可。

3. 金融期权的种类

根据期权合约标的物的不同，可分为以下两种。

1）外汇期权

外汇期权是指交易双方约定汇价，就将来是否买进或卖出某种外汇选择权而预先签订的合约。这种期权在 20 世纪 80 年代西方国家货币剧烈波动时期，成为一种防止外汇风险的重要手段。

2）股票期权

股票期权是指交易双方经协商以支付一笔约定的保险费为代价，取得一种在一定期限内按协定价格买进或卖出一定数量股票的权利。超过期限，买卖双方的合同义务自动解除。股票期权是在股票买卖基础上产生的，主要是买卖股票权利的一种合约。股票价格指数期权，是一种紧随股票市场，以股票价格指数为交易对象的期权，主要为股票的套期保值服务，其原理与股票期权交易相同。

（三）金融互换

1. 金融互换的含义

金融互换是两个或者两个以上当事人按照商定条件，在约定的时间内，交互一系列现金流的合约。金融互换也称掉期，是一种金融衍生产品，一种金融工具。字面上可以理解为交换、互换和掉换。

2. 金融互换产生的背景与要素

(1) 20 世纪 70 年代初，美国总统尼克松宣布实行新经济政策，停止以固定比例用美元兑换黄金，导致了第二次世界大战后以美元为中心的国际货币汇率的崩溃。美元和黄金之间的联系终止后，西方各国的货币开始浮动。美元在 1971 年 12 月贬值约 8%，1973 年 2 月又贬值 10%，汇率风险增加。1973～1985 年，西方主要货币每年平均变化幅度为 17%，变动最剧烈的一年曾高达 40%（1973 年的西德马克）。20 世纪 70 年代后期，利率变动的风险也加大了。

(2) 资本管制放松导致金融证券化并对银行信贷业务影响很大。商业银行为了应付这种变化，进行调整并开始把营业重点由传统的存放款业务，适当调整到以收取手续费为主的咨询、代理、中介服务的中间业务（表外业务）上来。

(3) 金融互换产生的基本要求是，存在两个或两个以上的经济实体，由中介机构沟通，在货币市场、资本市场或外汇市场上经过磋商达成交换或掉期协议，通过实施使交易双方各取所需而受益。由于有中介机构，尤其是信誉卓著的银行的存在，有时做成交易的双方不需要知道对方是谁。

3. 金融互换的分类

1) 货币互换

货币互换是指一种一定数量的货币与另一种相当数量的货币进行交换以控制汇率风险。它需要在货币品种、数量、期限上都有共同需求的两个平等的伙伴，在其利益相同而货币持有意向相反的情况下进行交换而成。

2) 利率互换

利率互换与货币互换不同的是，它不涉及资本额的交换，仅涉及双方之间的利息交换。利率互换时的计息基础有伦敦银行同业拆放利率（London interbank offered rate，LIBOR）。

LIBOR，是根据伦敦银行同业拆借市场上几十家主要银行之间拆放利率的加权平均值而得，每天通过国际金融市场网络公布。LIBOR 可表示为三个月、六个月和一年的美元利率、日元利率和欧元利率等。由于 LIBOR 是随着市场各种货币的供求而变化，所以，这种同业拆借利率又被称为浮动利率。国际贷款或债券发行主要以此为利率基准利率，此基础上，根据借款人的信誉和借款期限，增加一定幅度的加息率，如 LIBOR′+0.75%，即为贷款或债券发行利率。

A 借款人在国际市场上浮动利率贷款的利率为：3MLIBOR+0.75%，其中 3MLIBOR 是指三个月伦敦银行同业拆放利率（3months London interbank offerecl rate）。

A 借浮动利率贷款 100 美元，期限一年，约定三个月浮动。借款日三个月 LIBOR 年利率为 6%，执行利率为 6.75%，三个月后一个浮动期结束，支付利息：100×6.75%×3/12。

第二个浮动期开始日的三个月 LIBOR 为年利率 6.5%，执行利率为 7.25%，第二个浮动期结束支付利息：100×7.25%×3/12。以此类推。

3MLIBOR+0.75%意思是计息期为三个月，并按三个月浮动一次，也即借款期内三个月付息一次，每个浮动期的利息是根据当个浮动期初日的利率水平计算的。

3）负债互换与资产互换

负债互换旨在取得较低的资金成本，而资产互换旨在增加资产运用的收益。

四、金融衍生工具的功能

金融衍生工具具有以下几个方面的主要功能。

（1）转移价格风险。现货市场的价格常常是短促多变的，处于不断的波动之中，这给生产者和投资者带来了价格波动的风险。以期货交易为首的衍生工具的产生，就为投资者找到了一条比较理想的转移现货市场上价格风险的渠道。衍生工具的一个基本经济功能就是转移价格风险。这是通过“套期保值”来实现的，即利用现货市场和期货市场的价格差异，在现货市场上买进或卖出基础资产的同时或前后，在期货市场上卖出或买进相同数量的该商品的期货合约，从而在两个市场之间建立起一种互相冲抵的机制，进而达到保值的目的。正是衍生工具市场具有转移价格波动风险的功能，才吸引了越来越多的投资者，这也是其生命力之所在。

（2）形成权威性价格。在市场经济中，价格信号应当真实、准确，如果价格信号失真，必然影响经营者的主动性和决策的正确性，打击投资者的积极性。现货市场的价格真实度较低，如果仅根据现货市场价格进行决策，则很难把握价格变动的方向。期货市场的建立和完善，可形成一种比较优良的价格形成机制，这是因为期货交易是在专门的期货交易所进行的。期货交易所作为一种有组织的正规化的统一市场，它聚集了众多的买方和卖方，所有买方和卖方都能充分表达自己的愿望，所有的期货交易都是通过竞争的方式达成，从而使期货市场成为一个公开的自由竞争的商场，影响价格变化的各种因素都能在该市场上体现，由此形成的价格就能比较准确地反映基础资产的真实价格。

（3）调控价格水平。期货交易价格能准确地反映市场价格水平，对未来市场供求变动具有预警作用。如果某一工具价格下跌，则反映其在市场上需求疲软；反之，则反映该工具的市场需求旺盛。投资者可根据不同工具的市场价格水平变化，选择自己的投资策略；同时，管理部门也可根据期货市场价格的变化，选择自己的调控策略。

（4）提高资产管理质量。就投资者来讲，为了提高资产管理的质量，降低风险，提高收益，就必须进行资产组合管理。衍生工具的出现，为投资者提供了更多的选择机会和对象；同时，工商企业也可利用衍生工具达到优化资产组合的目的。

（5）提高资信度。在衍生市场的交易中，交易对方的资信状况是交易成败的关键之一。资信评级为AA或A的公司很难找到愿意与他们交易的机构。但是，并非只有少数大公司可以进入衍生工具市场，因为该市场提供了制造“复合资信”的机制，即由母公司对子公司的一切借款予以担保，子公司的资信级别就会得到提高。此外，有许多中小公司通过与大公司的互换等交易，无形中也提高了自己的信誉等级。

五、金融衍生工具的缺陷

金融衍生工具虽然是为规避投资风险和强化风险管理目的而设计并发展的，但由于发展时间较短和金融衍生工具自身具有的某些特性，金融衍生工具的大量运用对社会金融经济发展存在潜在的负面影响，有成为新的巨大风险源的可能性。

首先，金融衍生工具的杠杆效应对基础证券价格变动极为敏感，基础证券的轻微价格变动会在金融衍生工具上形成放大效应；其次，许多金融衍生工具设计上实用性较差，不完善特性明显，投资者难以理解和把握，存在操作失误的可能性；最后，金融衍生工具集中度过高，影响面较大，一旦某一环节出现危机会形成影响全局的“多米诺骨牌效应”。

关键概念

股票	债券	凭证式债券
投资基金	契约型基金	公司型基金
金融期货	货币互换	利率互换
股票价格指数期货		

本章小结

(1) 股票是股份有限公司经过一定的法定程序发行、证明股东对公司财产拥有所有权及其份额的凭证。股票具有风险性、收益性、流通性、不可返还性、权利性和责任性等特征。股票按股东权利不同，可分为普通股和优先股；按票面是否标注金额，可分为有面额股票与无面额股票；按记载方式差别，可分为记名股票与不记名股票。我国目前的股票种类有国家股、法人股、个人股和人民币特种股股票。

(2) 债券是表明债券债务关系的一种有价证券。债券投资作为证券市场投资的一个重要组成部分，是随着社会经济的发展而逐渐发展起来的。投资债券既要获得收益，又要控制风险，因此要遵循收益性、安全性、流动性和偿还性原则。投资者应该对各种债券的收益性、风险性进行比较分析，选择适合自己的债券品种。

(3) 投资基金是将大众手中的零散资金集中起来，委托具有专业知识和投资经验的专家进行管理和运作。集规模经济效益、多元化投资效应和专业化经营效益于一身。投资基金种类繁多，从组织形态看，有契约型基金和公司型基金；从表现方式上看，有封闭式基金和开放式基金；按投资标的划分，有债券基金和股票基金；从投资目标看，有成长型基金、收入型基金和平衡型基金。

(4) 金融期货交易具有期货交易的一般特征，但与商品期货相比，其合约标的物不是实物商品，而是金融商品，如外汇、债券、股票指数等。金融期权是指以金融商品或金融期货合约为标的物的期权交易。而利率互换业务的开展为市场参与者提供了有效的利率风险规避工具。

复习思考

(1) 股票的类型有哪些?

(2) 债券的类型有哪些?

(3) 证券投资基金的特征有哪些?

(4) 证券投资基金与股票、债券三者的区别是什么?

(5) 金融衍生工具的功能有哪些?

案例分析

"熊猫债券"的发行[①]

2005年10月12日，国际金融公司（International Finance Corporation，IFC）宣布，在中国市场首次发行的11.3亿元10年期"熊猫债券"认购完毕。10月13日，另一家国际开发机构——亚洲开发银行也公布了其总值10亿元的10年期"熊猫债券"的最终定价，当时的有效申购总额超过28.15亿元。

2005年10月18日，中国最大的水泥生产企业安徽海螺水泥股份有限公司与国际金融公司宣布，IFC为安徽海螺水泥股份有限公司贷款6.5亿元的拨付已经完成。该贷款的来源是IFC于10月10日发行的11.3亿元的"熊猫债券"的收益，占"熊猫债券"总筹资额的50%，IFC于10月10日宣布，将用在我国发行的11.3亿元"熊猫债券"收益，向包括上市公司海螺水泥等在内的三家公司提供人民币贷款。债券的票面利率为3.4%，按票面值发售。

"熊猫债券"，即外资机构在华发行的人民币债券，属于外国债券的一种。而外国债券，是指某一国借款人在本国以外的国家和地区发行以该国货币为面值的债券。此类债券往往以发行地的象征物命名，如美国的"扬基债券"、日本的"武士债券"、荷兰的"伦勃朗债券"等。这是中国债券市场首次引入外资机构发行人民币债券，具有重要的象征意义。

思考：

"熊猫债券"的发行对中国有什么样的意义?

---

① 资料来源：http：//news.qq.com/a/20091207/002374.htm.

第三章　证券市场的运行

本章提要

本章主要介绍证券发行市场（即一级市场）、证券交易市场（即二级市场），还有证券市场上的各种证券价格指数以及进行证券投资时的收益风险，以及证券发行市场和交易市场的概念和各自的功能、证券价格指数的用处、如何实现投资中风险和收益的匹配。

重点难点

- 证券市场的定义、结构与基本功能。
- 证券发行市场、证券交易市场各自的特点与作用。
- 资本市场的效率及其形式。

引导案例

询价制下的首只新股发行①

2005 年 1 月 20 日，询价制下首只新股华电国际的初步询价结果正式公告，最终确定的发行价格区间为每股 2.3～2.52 元。这一价格区间，与该日华电国际 H 股收盘价 2.30 港元较为接近。1 月 23 日，中金公司公布了华电国际网下累计投标询价配售结果，共有 84 家配售对象获得配售，获配比例为 3.11%，超额认购倍数为 32.15 倍。据统计，此次网下申购的总股数达到了 132.8577 亿股，共冻结资金 332.6 亿元。

公告显示，参与华电国际累计投标询价的配售对象共计 162 家（同一基金公司管理的不同基金作为不同配售对象计算），其中，有 2 家配售对象的订单不符合《网下发行公告》总的申购规定，其申购量共为 1682.06 万股。在余下 160 份订单中，达到发行价格 2.52 元并满足《网下发行公告》要求的有效申购总量为 914 590 万股。

可以看出，大部分配售对象将申购价格报在了定价区间上限 2.52 元上，占总申购数量的 68.8%。这显示机构投资者在决定是否获配的累计投标询价过程中表现出了较高的积极性。合格境外机构投资者在此次累计投标询价中则表现得相当谨慎，只有瑞银华宝银行一家获益，获配数量仅有 19.33 万股。

案例思考：

华电国际是我国证券市场实行询价制后发行的第一只股票，请结合实际说明，我国上市公司股票发行定价方法及其演进。

---

① 资料来源：http：//finance. sina. com. cn/stock/20050121/08221311611. shtml.

第一节　证券发行市场

证券发行市场是发行人以发行证券的方式筹集资金的场所，又称一级市场、初级市场。证券发行市场是交易市场的基础和前提，有了发行市场和证券供应，才有流通市场的证券交易，证券发行的种类、数量和发行方式决定着流通市场的规模和运行。

一、证券发行市场的定义和特征

证券发行市场是一个无形的市场，是证券发售的一种组织机制，由发行者、投资者和金融中介机构三类主体组成。

（一）证券发行市场的定义

证券发行是指证券的初次发行销售过程，即证券发行者为筹集资金向社会出售股票或债券，投资者用其资金购买所发行证券的金融交易活动的总称。证券发行市场又称为一级市场或初级市场，发行市场与证券流通市场相辅相成，构成统一的证券市场。

（二）证券发行市场的特征

证券发行市场的特征有以下三点。

（1）无固定场所。新发行证券认购和销售一般没有固定的交易场所，有的由发行者自行向投资者销售，有的由投资银行承购后再向投资者分销，有的由承销者进入证券交易所推销。

（2）无统一时间。证券发行者根据自己的需要和市场行情走势来决定何时发行，没有例行的发行时间。但每次具体的发行都有发行期限的限制，时间较集中，通常为 3～5 个月，且交易量较大。

（3）证券发行价格。证券发行价格与证券票面价格较为接近，尤其是债券常以票面价格发行。但我国目前股票的发行价格与票面价格相差较大。

二、证券发行市场的基本功能

证券发行市场的基本功能表现在以下两个方面。

1. *筹资功能*

一级市场的筹资功能表现在通过发行证券将闲散资金转化为生产资金。在市场经济运行过程中，货币在社会经济体系中的运动，实际上是货币在国民经济各部门之间的循环与流动。在这种循环与流动中，任何一个时期不同类型单位的货币收支，不可能都完全相等。在现实生活中，无论是企业、居民、部门，都常会发生资金闲置或资金不足的情况。在证券市场上，资金的需求者和供给者运用证券信用的方式，通过发行证券来筹资，以便将储蓄转化为投资。与二级市场相区别，一级市场的筹资是生产者向投资者直接筹资，将资金运用于生产，而二级市场则是投资者之间的相互融通资金。

2. *产权复合功能*

一级市场使货币转化为生产资本，将货币的所有者转化为资本的所有者，也即为生产资料的所有者提供了可能，这突出地表现在股票市场上。一级股票市场为产权的分割、融合与重组创造了条件。在没有证券市场的情况下，人们积累的货币资产向投资的转化，不可能导致产权的分割。一级股票市场使投资者通过购买股票，首先占有或取得金融资产，借以间接占有物质资产，以获取股息、红利等收益，形成股票所有者共同的复合产权结构，从而引起产权制度方面的深刻变化。与二级市场相区别，一级市场使产权分割的复合形式得以产生，二级市场则使产权复合不断重组，使得产权的复合得以持续。

三、股票发行市场

股票发行市场是新股票发行的市场，是股份公司筹集资金，将社会闲置资金转化为生产资金的场所。

（一）股票发行市场的功能

股票发行市场是股份有限公司通过向投资者出售普通股或优先股股票筹集资本的市场。它一方面为资金需求者提供筹资渠道，另一方面为资金供应者创造投资机会。股票发行市场具有筹集资金、转换企业经营机制、优化资源配置和分散风险等基本功能。

（1）筹集资金。企业通过在股票市场上发行股票，把分散在社会上的闲置资金集中起来，形成巨额的、可供长期使用的资本。所筹资金具有高度稳定性，股东一旦入股，就不能要求退股。在经营状况不佳时，企业可以减少分红或不分红，从而减轻企业的负担。通过增资发行可以实现连续筹资。

（2）转换企业经营机制。企业要成为上市公司，就必须先改制为规范的股份有限公司，建立科学的法人治理结构，完善激励约束机制和决策机制。

（3）优化资源配置。投资者为提高自身投资收益、降低投资风险，必定会选择成长性好、盈利潜力大的股票进行投资，抛弃业绩滑坡、收益差的股票。这就使资金逐渐流向效益好、发展前景好的企业，推动其股价逐步上扬；而产权含糊不清、业绩差、前景黯淡的企业股价下滑，难以继续筹集资金。这就是市场的力量在促使资金向最佳投资场所配置与集中。

（4）分散风险。从资金需求者来看，通过发行股票筹集了资金，同时将其经营风险部分地转移和分散给投资者。实现了风险的社会化。从投资者角度看，可以根据个人承担风险的能力和偏好，通过买卖多种股票和建立投资组合来转移和分散风险。

作为证券发行市场的重要组成部分，股票发行市场同样由证券发行人、证券投资人和证券中介机构构成。唯一不同的是，在股票发行市场上，发行人应为特定组织形态的企业——股份有限公司。其他组织形态的企业若要发行股票上市，必须首先经过改制，改造成规范的股份有限公司。

（二）股票发行方式

根据股份公司筹集资金的用途，可将股票发行方式分为初次发行和增资发行两种。

1. 初次发行

初次发行是指新组建股份公司时或原非股份制企业改制为股份公司时或原私人持股公司要转为公众持股公司时，公司首次发行股票。前两种情形又称为设立发行，后一种发行又称为首次公开发行（initial public offerings，IPO）。

2. 增资发行

增资发行是指随着公司的发展，业务的扩大，为达到增加资本金的目的而发行股票的行为。按取得股票时是否缴纳股金来划分，可分为以下三种。

（1）有偿增资发行。有偿增资发行是指股份公司通过增发股票吸引新股份的办法增资，认购者必须按股票的某种发行价格支付现款方能获得股票的发行方式。具体方式有以下三种：①股东配售，是公司按股东的持股比例向原股东分配该公司的新股认购权，准其优先认购增资的方式。这种方式可以保护原股东的权益及其对公司的控制权。②公募增资，是股份公司以向社会公开发售新股票办法而实现的增资方式。公募增资的股票价格大都以市场价格为基础，是最常用的增资方式。③私人配售，也称为第三者配股，是指股份公司向特定人员或第三者分摊新股购买权的增资方式。特定人员一般包括董事、职员、贸易伙伴及与公司业务有关的第三者——公司顾问、往来银行等。认购者可在特定的时间内，按规定的优惠价格优先购买一定数额的股票。

（2）无偿增资发行。无偿增资发行是指公司原股东不必缴纳现金就可以无代价地获得新股的发行方式，发行对象仅限于原股东。具体可分为以下三种类型：①公积金转增资，也称为累积转增资，无偿支付。它是将法定公积金转为资本金，按原股东持股比例转给原股东，使股东无偿取得新发行的股票。公积金转增资本应遵循国家的有关法律规定，公司的积累公积金应首先用于弥补历年的亏损，法定公积金的余额必须达到注册资本的50%，才可将其中不超过一半的数额转为增资，任意公积金则可由股东大会决定全部或部分转为增资。②红利增资，又称为股票分红、股票股息或送红股，即将应分派给股东的现金股息红利转为增资，用新发行的股票代替准备派发的股息红利。③股票分割，又称为股票拆细，即将原来的大面额股票细分为小面额股票。其目的在于降低股票的价格，便于小投资者购买，以利于广大股票的发行量和增强流动性。

（3）有偿和无偿混合增资发行。有偿和无偿混合增资发行是指公司对原股东发行股票按一定比例同时进行有偿无偿增资。具体分为两种情形：①有偿无偿并行发行，是按股东的持股比例同时进行股票的有偿发行和无偿发行，且有偿无偿两部分是相互独立的，股东即使放弃有偿新股的认购权，也能获得无偿新股的分配。通常既送又配，送配互不影响。②有偿无偿搭配发行，是按股东的持股比例同时进行股票的有偿发行和无偿发行，但有偿和无偿两部分不可分割，股东若不支付有偿部分的现金，就不能得到增发的新股，也就丧失了无偿发行部分的收益。通常是先配后送，因配股后持股数量增加，相应的可得到较多的送股。

3. 我国的股票发行方式

我国的股票发行市场，基本上采取公募间接发行方式。证券市场发展初期，股票市场采取定向募集的方式在企业内部发行。从1993年起采用无限量发行认购申请表的方式向全国公开发行。因其发行成本太高，后来又推出了与储蓄存单挂钩的发行方式，后者具有操作简便、时间短、成本低的优点。后来，为了确保股票发行审核过程中的公正性和质量，中国证监会还成立了股票发行审核委员会，对股票发行进行复审。1999年《证券法》实施后，中国证监会颁布《中国证监会股票发行核准程序》《新股发行定价报告指引》《关于进一步完善股票发行方式的通知》等一系列文件，实行了对一般投资者上网发行和法人投资者配售相结合的发行方式，确立了股票发行核准制的框架，市场化的发行制度趋于明朗。

2000 年 2 月 13 日，证监会颁布《关于向二级市场投资者配售新股有关问题的通知》，在新股发行中试行向二级市场投资者配售新股的办法。该方式是指在新股发行时，将一定比例的新股由上网公开发行改为向二级市场投资者配售，投资者根据其持有上市流通证券的市值和折算的申购限量，自愿申购新股。

2001 年，证监会先后颁布了《中国证监会股票发行审核委员会关于上市公司新股发行审核工作的指导意见》《新股发行上网竞价方式指导意见》《上市公司新股发行管理办法》等，对企业发行新股的过程与环节做出明确规定。在总结以往股票发行方式经验教训的基础上，2001 年形成了“上网定价发行”“网下询价、网上定价发行”和“网上、网下询价发行”三种主要的发行方式。

(三) 股票发行价格

股票发行的定价方式主要有协商定价法、一般的询价方式、累计投标询价方式、上网竞价方式等，但不论何种定价方式，都受到公司净资产、盈利水平、发展潜力、行业特点、发行数量、股票市场的状态及其趋势的影响。在通常情况下时价发行是主要的方式。我国公司法规定，股票发行价格不得低于票面金额。

1. 股票发行价格的类型

设股票发行价格可分为面额发行、时价发行和中间价发行三种。

(1) 面额发行。面额发行又称平价发行、等价发行，是以票面金额为发行价格发行股票。票面价格并不代表股票的实际价值，也不表示公司每股实际资产的价值。

(2) 时价发行。时价发行是以股票在流通市场上的价格为基础而确定的发行价格。时价发行的价格一般不等于市价，而是接近股票流通市场上该种已发行股票或同类股票的近期买卖价格。时价发行一般高于股票面额，两者的差价称为溢价，溢价带来的收益计入公司资本公积金，该方式通常在公募发行或第三者配售时采用，是成熟市场最基本、最常用的发行方式。

(3) 中间价发行。中间价发行是指介于面额与市价之间的价格发行。中间价发行通常是在股东配售时使用。

2. 股票发行的定价方法

股票发行的定价方法有议价法、竞价法、市盈率法及净资产倍率法四种。

(1) 议价法。议价法是指股票发行人直接与股票承销商议定承销价格和公开发行价格。承销价格和公开发行价格的差额即为承销商的报酬。定价依据主要采取同类上市公司比较法。

(2) 竞价法。竞价法是指股票发行人将其股票发行计划和招标文件向社会公众或股票承销商公告，投资者或股票承销商根据各自拟定的标书，以投标方式相互竞争股票承销业务，中标标书中的价格就是股票的发行价格。

(3) 市盈率法。市盈率又称为本益比，是指股票市场价格与每股收益的比率。通常有两种方法计算每股净利润：一种是完全摊薄法，另一种是加权平均法。如果事先有注册会计师事务所的盈利预测审核报告，那么，完全摊薄法就是用发行当年预测全部净利润除以总股本，直接得出每股净利润。

(4) 净资产倍率法。净资产倍率法又称资产现值法，是指通过资产评估和相关会计手段确定发行人拟募股资产的净现值和每股净资产，然后根据证券市场的状况将每股净资产值乘以一定倍率或折扣，以此确定股票发行价格的方法。发行价的计算公式为

$$发行价=每股净资产\times溢价倍率（或折扣率）$$

2005 年 1 月 1 日试行首次公开发行股票询价制度。按照中国证监会的规定，首次公开发行股票的公司及其保荐机构应通过向询价对象询价的方式确定股票发行价格，这标志着我国首次公开发行股票市场化定价机制的初步建立。

四、债券发行市场

债券发行市场由债券发行市场主体、债券市场工具和债券发行市场的组织形式构成，是债券发行人初次出售新债券的市场。

(一) 债券发行的目的

债券发行的目的多种多样。一般说来，中央政府和地方政府发行债券的目的主要是弥补财政赤字和扩大公共投资。金融机构发行债券的目的主要是扩大信贷规模和投资。公司发行债券的目的比较复杂，主要有以下几种。

(1) 筹集长期稳定的、低成本的投资。

(2) 灵活地运用资金，可以使资金的使用时间与债券的期限一致，避免出现资金剩余或不足的现象。

(3) 转移通货膨胀的风险。在发生通货膨胀时，因债券利息固定，不会增加公司的压力和负担，从而将风险转移给投资者。

(4) 维持对公司的控制。债券的发行者和持有者之间只是债权债务关系，不对公司的控制权形成冲击。

(5) 满足公司多种方式筹集资金的需求，降低筹资风险。

(二) 债券发行的价格

债券的发行价格是指债券投资者认购新发行的债券时实际支付的价格。它也是债券发行的重要条件。债券的发行价格可以分为以下三种。

(1) 平价发行。平价发行是债券的发行价格与面值相等。一般是在债券票面利率与市场利率相同情况下采用。

(2) 折价发行。折价发行又称贴水发行，即债券以低于面值的价格发行。一般是在债券票面利率低于市场利率的情况下采用。

(3) 溢价发行。溢价发行是指债券以高于面值的价格发行。一般是在债券票面利率高于市场利率的情况下采用。

第二节　证券交易市场

一、证券交易市场的概念

证券交易市场是已经发行的证券按时价进行转让、买卖和流通的市场。由于它是建

立在发行证券的初级市场的基础上，所以又称为二级市场。证券交易市场和证券发行市场一起共同构成了证券市场这个不可分割的整体。

就两者的关系而言，证券发行市场和证券交易市场既互相区别又互相联系，互为条件，相辅相成。两者区别在于：①证券发行市场是通过一种纵向关系将发行者和投资者联系起来；而证券交易市场则是通过一种横向关系，将同是投资者的证券买卖双方联系起来。②证券发行市场的扩张代表社会资本存量的增加，而证券交易市场的交易量只代表现有证券所有权的转移，不代表社会资本存量的变动。

两者的关联主要表现在以下两个方面：①证券发行市场是证券流通市场的前提和基础，没有发行市场，就不会有交易市场。发行市场通过新证券的创造，为交易市场提供买卖交易的对象。发行市场的规模和品种决定了交易市场的规模与交易品种，有时还会影响流通市场的交易价格。②证券交易市场是证券发行市场得以存在和发展的条件，对发行市场有着重要的促进和推动作用。通过交易市场可以使证券投资具有流动性，可以使风险分散化、长期投资短期化，保证投资者能够随时出售所持有的证券，从而使有价证券成为投资者愿意选择的金融资产，使证券发行市场对投资者更有吸引力。

二、证券交易市场的主要经济功能

证券交易市场的功能主要表现在以下五个方面。

1. 为证券的投资者提供变现和转移投资的条件，提高证券的流动性

当持有证券的投资者需要将手中的证券转换为另外一种金融资产时，首先要在证券市场卖出手中的证券，然后用获得的资金投资所选中的某种金融资产。当投资者需要卖出证券收回投资，将资金用于消费或其他用途时，也要通过证券交易市场完成卖出证券的交易。因此，证券交易市场为投资者变现提供了场所和条件。

如果没有证券交易市场，证券的流动性很低，证券持有者不能顺利卖出证券，这直接损害了持券人的利益，削弱了人们持有证券的意愿，也对证券发行人造成潜在的损害。

2. 促进短期闲散资金转化成长期资金

资本市场的特点就是提供长期资金。在投资者手中，存在许多短期闲置资金，而在市场上发行证券以筹集资金的公司或企业需要长期占用资金。购买证券的投资者出于各种原因并不希望他的资金长期成为“死钱”。这样，一部分资金的短期供给与资本市场的长期资金需求形成矛盾。交易市场的存在使证券的随时变现成为可能。证券在不同的投资者之间不断地转让，需要变现的投资者持币退出市场，同时，新的投资者投入资金、持有证券。而证券发行时首批投资者投入的资金得以长期留在筹资者手中。通过证券交易市场，实际上完成了短期资金向长期投资的转化。

3. 维持证券的合理价格

交易市场为证券买卖双方提供交易条件和各种服务，使买卖双方在同一市场公开竞价，直到双方都得到认为满意合理的价格才成交。正是买卖双方的公平竞价，才使最终的成交价体现出合理性，最大限度地保证双方的利益。

4. 调节资金供求，引导资金流向

二级市场上证券价格的变化受许多因素的影响，在一定时期内证券的供求数量是重

要的影响因素之一。当证券供大于求时，其价格会下跌，这对筹资者在一级市场的证券发行行为产生抑制作用，势必减少一级市场上证券的发行数量。反之，当证券供不应求时，证券价格上升，这时一级市场发行新证券的欲望就比较强烈，势必增发证券。通过价格信息的反馈，借助市场的力量社会资金供求趋于平衡。此外，在交易市场上随时公布交易行情，定期公布其他相关信息，使投资者了解发行者的经营状况和获利能力，促使投资者做出正确的投资决策，以引导资金在不同的企业或不同行业之间合理流动，提高了资金的使用效率。

5. 宏观调控功能

在效率较高的证券交易市场中，证券交易行情和价格指数能较好地反映整个国民经济的人们称之为国民经济的“晴雨表”。当价格指数在一定时期内呈持续上升或持续下降趋势时，相应地反映国民经济持续发展或步入衰退；政治、经济方面的重大事件或金融危机可能引起证券交易行情在短期内出现剧烈波动。对此，政府可以直接或间接介入证券交易市场，采取相应的政策或措施，配合其他政策工具和行政手段，调节社会资金供求，影响利率和汇率，达到宏观调控的目的。

三、证券交易所

证券交易所是一种有形市场，它必须经政府许可成立，具有严密管理、组织健全、设备完善等特征。

（一）证券交易所的特征与功能

证券交易所又称为场内交易市场，是指有组织、有固定地点的集中买卖证券的场所。证券交易所本身不参加证券交易，也不决定证券价格，仅为证券交易提供场所、设备和服务，以便证券交易顺利进行，同时也兼有管理证券交易的职能。它与证券公司、信托投资公司等非银行金融机构不同，是非金融性的组织机构。

1. 证券交易所的特征

证券交易所是证券交易市场的核心。它具有以下特征。

(1) 证券交易所是有组织的市场。证券交易所必须是经政府许可成立的，具有严密管理、组织健全、设备完善的独立的组织机构。

(2) 证券交易所是有形、集中的市场。证券交易所的交易一般都集中在交易所大厅交易室进行。

(3) 证券交易所只进行上市证券的交易。上市证券是一级市场所发行证券中的一部分，一般都是由规模大、影响大的机构或公司发行的证券。其他非上市证券在场外市场交易或暂不交易。

(4) 证券交易的交易是间接交易。投资者不能自行和其他投资者直接进行交易，而必须委托证券经纪人在交易所进行交易。交易所内交易大部分是在买方经纪人和卖方经纪人之间达成的。

(5) 证券交易所具有较高的成交速度和成交率，但交易费用较高。

2. 证券交易所的功能

具体来看，证券交易所的基本职能包括：提供证券交易场所和设施；制定业务规则，如上市、清算、交割、过户等各项规则；接受上市申请，审查、筛选并安排证券上市；组织、监督证券交易，并对会员和上市公司进行监管；搜集编制和公布市场信息。

通过执行上述基本功能，证券交易所实现以下重要功能。

（1）提供持续性的证券交易的场所。证券交易所交易时间的固定性及大量交易者的集中，使证券买卖随时可以成交，保证证券交易持续不断地进行。证券交易所交易规则的统一性有利于最好地发挥供求机制、竞争机制和价格机制的自动调节作用，使价格充分反映供求关系。证券交易所内的证券交易成交量大、买卖频繁、进出报价差距小、价格波动小、交易完成迅速，创造了一个具有高度流动性、高效率和连续性的市场。

（2）形成较为合理的价格。证券交易所和交易所的会员都无权决定交易价格。交易所内的证券交易价格是在充分竞争的条件下，由买卖双方集中公开竞价形成的，它不仅是交易厅内双方公开竞价的结果，而且也是通信网络连接各委托交易网点综合报道市场行情的结果。由于是公开竞价而形成的价格，所以它既能反映供求关系，也能体现证券的真实投资价值，是在市场机制调节下所产生的均衡价格。

（3）引导社会资金合理流动，优化资源配置。证券交易的价格和成交量实际上体现了市场对某一证券的评价。交易所每天公布其行情变化，投资者可以据此选择和调整投资方向。交易所交易行情变化由此可以自动调节社会资金流向，促使社会资金向高效率的方向流动。

（4）预测反映经济动态。证券价格的变动受企业的利润前景等多种因素的影响，而交易行情的好坏又从侧面反映了这些因素的变化。由于股价循环一般先于商业循环而发生，所以证券价格波动往往成为经济周期变化的先兆，成为社会经济活动的晴雨表。通过证券价格的变动，可以预测企业及生产部门的经济动态和整个社会经济的发展状况。

（二）证券交易所的组织形式

证券交易所有公司制和会员制两种组织形式。

公司制证券交易所是以股份有限公司形式组织并以盈利为目的的法人团体，一般由金融机构及各类民营公司组建。交易所章程中规定了作为股东的证券经纪商和证券自营商的名额、资格和公司的存续期限。它必须遵守本国公司法的规定，在政府证券主管机构的管理和监督下，吸收各类证券挂牌上市，但它本身的股票不得在交易所上市交易。同时，任何成员公司的股东、高级雇员、雇员都不能担任证券交易所高级职员，以保证交易的公正性。

会员制证券交易所是一个由会员自愿组成的、不以营利为目的的社会法人团体。交易所设会员大会、理事会和监察委员会。会员制证券交易所规定，只有会员才能进入交易所大厅进行证券交易，其他人要买卖在证券交易所上市的证券，必须通过会员进行。它注重会员自律，对于违反法令及交易所规章制度的会员，由交易所给予惩罚。

我国目前有两家证券交易所——上海证券交易所和深圳证券交易所。上海证券交易所于1990年11月26日成立，同年12月19日正式营业。深圳证券交易所于1989年11月15日筹建，1991年4月11日经中国人民银行总行批准成立，7月3日正式营业。两家证券交易所均采用会员制方式组成，是非营利性的事业法人。组织机构由会员大会、理事会、监事会、总经理及其他职能部门组成。

（三）证券交易所的交易原则和交易规则

为了保证证券交易的公开、公平和公正，使其高效有序地进行，证券交易所制定了交易原则和交易规则。

1. 交易原则

证券交易通常都必须遵循价格优先原则和时间优先原则。

（1）价格优先原则。价格最高的买方报价与价格最低的卖方报价优先于其他一切报价成交。

（2）时间优先原则。在买卖一方报价相同时，在时间序列上，按报价先后顺序依次成交。

另外，如果交易所内有专业经纪人或有经纪商兼自营商，应遵循客户优先原则，即优先执行客户的委托指令，再进行自营交易。特别是在价格有利的情况下，更要防止经纪人先己后人侵害客户利益。

2. 交易规则

证券交易所的交易规则组织起每天巨额的证券交易，保证了证券交易的高效有序进行。

（1）交易时间。交易所有严格的交易时间，在规定的时间内开始和结束集中交易活动。有的交易所开前后两市，午前营业时间称为前市，午后营业时间称为后市，有的交易所则只开一市。

（2）交易单位。交易所规定每次申报和成交的交易数量单位，一个交易单位俗称“一手”，委托买卖的数量通常为一手或一手的整数倍，数量不足一手的称为零股。我国上海、深圳证券交易所规定A股、B股、基金单位为每100股或100基金单位为一手，债券（含国债、企业债券、国债回购）以100元面值为一张，10张即1000元面值为一手；零股可一次性卖出，但不得买入。不同的交易所对交易单位和零股交易有不同的规定。

（3）价位。价位是指证券交易所规定的每次报价的价格最小变动单位。各证券交易所的价位规定不尽相同，我国上海、深圳证券交易所规定，A股、债券、基金的价格变化为0.001元人民币，上海证券交易所的B股价位变化为0.001美元，深圳证券交易所为0.01港元，国债回购为0.01%。

（4）报价方式。传统的证券交易所用口头叫价方式并辅之以手势作为补充。澳大利亚及东南亚一些国家和地区的证券交易所曾采用牌板报价方式。现代证券交易所大多采用计算机报价方式，即证券经纪商将委托指令输入计算机终端，再通过通信网络将指令传送到交易所撮合主机参与交易。

（5）价格决定。证券交易所按连续、公开竞价方式形成证券价格，当买卖双方在价格和数量上一致时便立即成交并形成成交价格。我国上海、深圳证券交易所的价格决定采取集合竞价和连续竞价的方式。

一是集合竞价。每个交易日开市前，计算机撮合系统对接受的全部有效委托进行一次集中撮合处理的过程。其价格形成过程如下：首先，系统对所有买入有效委托按照委托限价由高到低的顺序排列，限价相同者按照进入系统的时间先后排列，所有卖出有效委托按照委托限价由低到高的顺序排列，限价相同者按照进入系统的先后排列；其次，系统根据竞价规则自动确定集合竞价的成交价；最后，系统依次逐步将排在前面的买入委托与卖出委托配对成交，即按照价格优先，同等价格下时间优先的成交顺序依次成交，直到不能成交为止，即所有买入委托的限价均低于卖出委托的现价。

二是连续竞价。在集合竞价后，计算机撮合系统对投资者的申报委托进行逐笔撮合处理的过程。它是按以下规则确定成交价的：对新进入的一个买进有效委托，若不能成交，按价格优先、时间优先原则进入买入委托队列等待成交；若能成交，即其委托买入限价高于或等于卖出委托队列的最低卖出限价，则与卖出委托队列顺序成交，其成交价格取卖方叫价。对新进入的一个卖出有效委托，若不能成交，则进入卖出委托队列按价格优先、时间优先原则排队等待成交；若能成交，即其委托卖出限价低于或等于买入委托队列的最高买入限价，则与买入委托队列顺序成交，其成交价格取买方叫价。这样循环往复，直至收市。

（四）证券交易所的参与者

在证券交易所中，只有具备会员资格的证券商或注册合格的证券商才能在交易所内直接从事交易活动，而一般投资者只能委托证券商办理交易。证券商就是从事证券业务的中介机构，包括证券承销商、证券经纪商、证券自营商和证券做市商。其中证券承销商在发行市场上从事证券活动，后三者在交易所市场上开展交易活动，是证券交易所的主要参与者。

1. 证券经纪商

证券经纪商就是通常所说的经纪人，它是专门接受客户委托代理证券买卖业务以获得佣金收入的金融服务机构。证券经纪商自己不直接买卖证券，而只是接受、传递和执行投资者的委托单，交易佣金是其主要利润来源。证券经纪商是交易所的中坚力量，对证券交易市场的繁荣和发展有着十分重要的作用。

在证券经纪商中，接受一般投资者委托买卖证券的称为佣金经纪商，主要是证券公司和其他金融机构证券部在各地开设的证券营业部及它们选派的证券交易所的会员。专门接受其他佣金经纪商的委托从事证券交易的人（即经纪商的经纪商）称为交易所经纪商，也称场内经纪人。这类经纪商自己不能单独接受证券交易所以外投资者的买卖委托，其佣金由佣金经纪商支付。另有一种专营经纪商，特指兼有证券经纪商和证券做市商双重身份的专营某些证券的交易商，他既可以为证券交易所内的佣金经纪商或自营商代理买卖证券，从中收取佣金，也可以运用自有资金自行买卖证券，发挥调节供求、稳定证券价格的作用，并从买卖证券中获取利润。

2. 证券自营商

证券自营商是指在证券交易所内以投资者身份直接为自己买进或卖出证券的证券商。证券自营收入不是佣金而是证券价格差价。他们不接受他人委托，自行买卖、自担风险、自负盈亏，承担较大的风险。

证券自营商又可分为直接自营商和零股自营商两种。直接自营商是在交易所内注册的直接在交易大厅内买卖证券的自营商。他们随时根据证券价格变动不失时机地买进或卖出证券，从中获取差价利润。零股自营商是专门从事不足一个交易单位的证券买卖的证券自营商。当佣金经纪商接受零股交易委托时就再委托给零股自营商。零股自营商将接受委托的零股凑足一手后卖出或买进一手化整为零再卖给他人。零股自营商的存在使小额投资者也有资格参加证券买卖。

3. 证券做市商

证券做市商是指运用自己的账户从事证券买卖，通过不断地买卖报价维持证券价格的稳定性和市场的流动性，并从买卖报价的差额中获取利润的金融服务机构。由于做市商是用自己的资金进行证券交易，所以承担了一定的价格风险。例如，他所持有的证券价格可能在卖出之前下跌。与经纪商不同，做市商不依靠佣金收入，而是靠买卖差价获取利润。

（五）深圳中小板块

2004 年 5 月经国务院批准，中国证监会批复同意深圳证券交易所在主板市场内设立中小企业板块，并核准了《深圳证券交易所设立中小企业板块实施方案》。在该方案中包括四项基本原则，即审慎推进、统分结合、从严监管、统筹兼顾的原则。

针对中小企业板块的特点，设立初期做出相应的制度安排。

1. 发行制度

中小企业板块主要安排主板市场拟发行上市企业中流通股本规模相对较小的公司在该板块上市，并根据市场需求，确定适当的发行规模和发行方式。

2. 交易及监察制度

针对中小企业板块的风险特征，在交易和监察制度上做出有别于主板市场的特别安排：一是改进开盘集合竞价制度和收盘价的确定方式，进一步提高市场透明度，遏制市场操纵行为；二是完善交易信息公开制度，引入涨跌幅、振幅及换手率的偏离值等监控指标，并将异常波动股票纳入信息披露范围，按主要成交席位分别披露买卖情况，提高信息披露的有效性；三是完善交易异常波动停牌制度，优化股票价量异常判定指标，及时提示市场风险，减少信息披露滞后或提前泄漏的影响。同时，根据市场发展需要，持续推进交易和监察制度的改革创新。

3. 公司监管制度

针对中小企业板块上市公司股本较小的共性特征，实行比主板市场更为严格的信息披露制度：①建立募集资金使用定期审计制度；②建立涉及公司发展战略、生产经营、新产品开发、经营业绩和财务状况等内容的年度报告说明会制度；③建立定期报告披露上市公司股东持股分布制度；④建立上市公司及中介机构诚信管理系统；⑤建立退市公司股票有序快捷地转移至股份代办转让系统交易的机制。

四、场外交易市场

场外交易市场是指在证券交易所外进行证券买卖的市场。在证券市场体系中，除了交易所外，还有一些其他交易市场，这些市场因为没有集中的统一交易制度和场所，因而把它们通称为场外交易市场。

（一）场外交易市场的定义和特征

场外交易市场也称店头市场或柜台交易市场。它是指经纪人或自营商不通过有组织的证券交易所，而直接在证券公司开设的柜台上同顾客进行证券买卖的场所。场外证券交易市场是一个广泛而复杂的市场，其证券交易成交量远远超过证券交易所的成交量。

场外交易市场与证券交易所市场相比具有以下特点。

(1) 交易的分散性。场外交易市场是自然形成的无形市场。它没有固定的场所，是一个广泛的分散的市场，其交易主要通过电话、电报、电传等现代手段进行证券买卖。

(2) 交易的多样性。场外交易市场所交易的证券品种多样化。场外交易市场所交易的证券主要是未上市的证券，以及各种债券的大部分种类。此外，各种上市证券也有一部分在场外交易，主要是那些零股交易。场外证券交易额没有起点和交易单位的限制。

(3) 交易的直接性。场外交易市场的交易是直接议价交易，无须通过中介人进行，也不像证券交易所那样集中竞价交易。市场参与者没有限制，价格中不含佣金，通常是按净价交易。

(4) 交易的协议性。场外交易市场上的证券买卖，是在证券公司和投资人之间通过协商议价实现。每笔交易的参加双方都只能是证券公司和一个投资人，其价格的形成一般都由证券公司出，然后根据投资者是否接受来进行协商调控。因此，这种价格形成机制被称为“议价制”。

(二) 场外交易市场的交易者和交易对象

1. 场外交易市场的交易者

在国外，场外交易市场的参加者主要是证券商和投资者。参加场外交易的证券商包括以下四个。

(1) 会员证券商，即证券交易所会员设立机构经营场外交易业务。

(2) 非会员证券商，或称柜台证券商，他们不是证券交易所会员，但他们是经批准设立的证券营业机构，以买卖未上市证券及债券为主要业务。

(3) 证券承销商，即专门承销新发行证券的金融机构，有的国家新发行的证券主要在场外市场销售。

(4) 专职买卖政府债券或地方债券及地方公共团体债券的证券商等。

2. 场外交易市场的交易对象

场外交易市场交易的证券很多，交易量很大，主要有以下五种。

(1) 债券，包括国债、政府债券、公司债券等各类债券。由于证券种类多、发行量大、替代性大、投机性小、有的期限很短，所以没有必要、也不可能全部在证券交易所上市交易。

(2) 新发行的各类证券主要在场外市场承销、代销。

(3) 符合证券交易所上市标准而没有上市的证券，主要有金融机构或大公司的零股股票和债券、上市交易后因故停牌的股票。

(4) 不符合证券交易所上市标准的证券，主要有规模较小的小公司股票、具有发展潜力的新公司的股票（通常先在场外交易后再进人证券交易所），因业绩不佳而不符合上市标准的风险大、流动性差的股票等。

(5) 开放型投资基金的股份或收益凭证。

（三）场外交易市场的功能

场外交易市场与证券交易所共同组成证券交易市场，主要具备以下功能。

（1）场外交易市场是证券发行的主要场所。新证券的发行时间集中，数量大，需要众多的销售网点和灵活的交易时间，场外交易市场是一个广泛的无形市场，能满足证券发行的要求。

（2）场外交易市场为政府债券、金融债券及按照有关法律公开发行而又不能或一时不能到证券交易所上市交易的股票提供了流通转让的场所，为这些证券提供了流动的必要条件，为投资者提供了兑现及投资的机会。

（3）场外交易市场是证券交易所的必要补充。场外交易市场是一个“开放”的市场，投资者可以与证券商当面直接成交，不仅交易时间灵活分散，而且交易手续简单方便，价格又可协商。这种交易方式可以满足部分投资者的需要，因而成为证券交易所的卫星市场。

（四）场外交易市场的类型

场外交易市场通常仅指店头交易市场。但有些国家在店头交易市场以外，又形成了其他形式的场外交易市场。不同的场外交易市场具有不同的特点和功能。

1. 店头交易市场

店头交易市场又称证券商柜台交易市场，是指在证券公司开设的柜台上进行交易活动的场所。店头交易市场上交易的证券主要是按照《证券交易法》公开发行但未在证券交易所上市的证券，一些地方政府债券、市政债券和公司债券等也是店头市场交易的对象。在美国，店头市场分布十分广泛，是由数以千计的证券商为中心联结组成，证券商大多同时兼有自营商和经纪商的双重身份，在店头交易市场中发挥着市场制造功能和经纪商功能。市场制造功能是指证券商直接买卖证券，维持证券存量，获取交易差价和承担交易风险。由于这种功能是证券商以交易商身份参与交易活动而产生的，也称为交易商功能。在发挥这种功能时，证券商被称为市场的创造者（market maker），以这些市场创造者为中心组织起来的店头市场组织形式也被称为做市商制度。

2. 第三市场

第三市场又称三级市场，是指那些已经在证券交易所上市交易的证券却在证券交易所以外进行交易而形成的市场。它实际是上市证券的场外交易市场，是场外交易市场的一部分。第三市场是从 20 世纪 60 年代起最早在美国兴起的市场，近些年来发展很快。其形成的原因主要有两个：一是场内市场通过证券商进行交易活动，使投资者和筹资者在证券交易中的选择机会和买卖行为受到限制，随行就市的要求常常得不到充分满足，因而要求有一种比场内二级市场更自由的三级市场存在，以满足其交易的需要；二是场内市场由于有最低佣金的规定，一些投资者和筹资者认为场内交易费用过高，他们自发地寻求第三市场这种交易费用更低廉的交易场所。其主要客户是机构投资者，如银行信托部、投资基金、养老基金会、保险公司和其他投资机构，也有少数个人投资者。其交易特点是佣金便宜、成本较低、手续简便和成交迅速。

3. 第四市场

第四市场又称四级市场，是指由机构投资者与筹资者直接进行证券买卖所形成的市场。该市场主要形成于20世纪60年代以后，世界各国证券市场上投资公司、保险公司、证券投资基金等机构投资的比重明显上升，单笔交易的金额急剧扩大，若这些交易仍然委托证券商来交易，不但交易费用高昂，而且存在诸多不便。因此，一些机构投资者和筹资者利用电子自动报价系统提供的联络便利，选择了直接交易的方式。

第四市场这种交易形式的特点在于其交易成本低、价格满意、成交迅速，且可以保守交易秘密，并不对证券市场产生冲击。但也有其不利的一面，即会给金融监管带来很大的困难，连买卖交易的统计资料都很难获得，更不易对这类交易进行管理监督或制定行为规范。所以，第四市场的存在和发展也对证券市场的管理提出了挑战。

近年来，我国定向募集公司法人股的转让，就其交易方式而言，与第四市场有相似之处，但就其产生的原因而言则不尽相同。

第三节　证券价格指数

一、股票价格指数的定义和作用

股票价格指数（简称股价指数）是用来表示多种股票平均价格水平及其变动并且衡量股市行情的指标。由于股票价格变幻无常，投资者必然面临市场价格风险。对于单个股票的价格变化，投资者可以在股市交易行情表上得到，而对于多种股票的价格变化，要逐一了解，既不容易，也不胜其烦。为了能够反映股票市场的总体变化，一些金融服务机构就利用自己的业务知识和熟悉市场的优势，编制出股票价格指数，公开发布，作为市场价格变动的指标。

股价指数是一种价格平均数指标，用这种指标来衡量整个市场总的价格水平，可以比较正确地反映股票市场的行情变化和股票市场的发展趋势，从而有利于投资者进行投资选择。同时，股票市场的变化趋势往往能从一个侧面反映国家整体宏观经济运行情况及发展趋势，为政府管理部门提供信息。

股价指数按编制方法通常可以分为两大类：平均股价指数和综合股价指数。平均股价指数是股价的简单平均或加权平均，反映股市价格总水平的高低。比较有名的是道琼斯指数和日经指数。综合股价指数是采用综合加权平均数编制的，反映不同时期的股价变动情况的相对指标。具体的做法是选定一个基日，以基日股价总水平作为基准，用即日股价总水平与基日股价总水平相对比，反映即日股价总水平相对于基日股价总水平而言的高低和变动程度。

二、股价指数的分类

按不同的标准，股价指数具有不同的分类。

1. 按指数的形式划分

（1）股票价格平均数。股票价格平均数是用货币单位表示的股票指数。道琼斯股票价格平均数、日经股票价格平均数都属于这一类。

（2）股票价格指数。股票价格指数是用“点”为单位表示的股票指数，如标准-普尔指数，我国的上证指数和深证指数都属于这一类。

这两种指数的含义和编制方法差别很大，将分别在后面专门进行介绍。

2. 按指数基期的确定方法划分

(1) 定基指数。定基指数是各个时期都用某一固定的时期作为基期而编制的股价指数。世界上绝大多数股价指数都采用定基指数。

(2) 环比指数。环比指数是各期都依次用前一时期作基期所编制的股价指数。例如，我国深圳证券交易所编制的综合股价指数，就是采用的环比指数，总是以上一个交易日作基期。股价指数使用环比指数的情况并不多见。环比指数与定基指数的原理是相同的，使用环比指数并不影响股价指数的真实性。

3. 按指数的截止时间划分

股价指数还可以分为年度指数、半年指数、季度指数、月份指数、周指数、日指数、小时指数和分钟指数。

此外，按指数的计算货币可划分 A 股指数和 B 股指数；按指数计算时间和变化情况还可分为开盘指数、收盘指数、最高指数和最低指数。

三、股价指数的计算方法

编制股价指数时要考虑以下四点：①样本股票必须具有典型性、普遍性。为此，选择样本对应综合考虑其行业分布、市场影响力、股票等级、适当数量等因素。②计算方法应具有高度的适应性，能对不断变化的股市行情做出相应的调整或修正，使股票指数或平均数有较好的敏感性。③计算依据的口径必须统一，一般均以交易所的收盘价为计算依据，但随着计算频率的增加，有的以每小时价格甚至更短的时间价格计算。④基期应有较好的均衡性和代表性。基期只有定得合适才具有可比性，才能使股价指数如实反映股市的变动情况。

股价指数的计算方法有以下几种。

1. 简单算术平均法

简单算术平均法是计算出样本股票报告期价格的算术平均值，得到该时期的价格水平，然后将各个时期的价格水平相比求出股票指数。计算公式为

$$\text{股价平均数} = \frac{1}{n}\sum_{i=1}^{n} P_{mi}$$

式中，P_{mi} 为第 m 期第 i 种股票的价格；n 是组成股票指数的股票种类数。

例如，从股票市场上选择 4 个股票组成股价指数，在报告期每股价格分别为 15、20、25、30 元，则股价的平均数为

$$\text{股价平均数} = (15+20+25+30) \div 4 = 22.5\ (\text{元})$$

每股平均数只是报告期的股票价格平均数，将各个时期的价格水平相对比可以得到简单算术平均数的股价指数，计算公式为

$$\text{股票价格指数}\ I = \frac{1}{n}\sum_{i=1}^{n} \frac{P_{mi}}{P_{0i}}$$

式中，P_{mi} 为第 m 报告期第 i 种股票的价格；P_{0i} 为基期第 i 种股票的价格；n 是组成股票指数的股票种类数。

如果上例中，若基期的价格分别为 5、15、20、40，则可得

$$I=\frac{1}{4}\left(\frac{15}{5}+\frac{20}{10}+\frac{25}{20}+\frac{30}{40}\right)=1.75$$

这个计算结果表明，报告期的股价是基期股价的 1.75 倍，即股价上升了 75%。

由于该方法未考虑到各种采样股票的发行量和交易量是不相同的，而这对整个股市股价的影响会不一样，所以，计算出来的指数也不够准确。为使股票指数计算精确，则需要加入权数，这个权数可以是交易量，也可以是发行量。

2. *加权平均法*

加权平均法按照样本股票在市场上的不同地位赋予不同的权数，对股市影响大的股票的权数较大，影响较小的股票的权数小。将各样本股票的价格及其权数相乘后求和，就是加权平均后的股票价格指数。这里的权数，可以是股票的成交量、发行量或者其他可以反映股票地位的数字。

加权平均法的计算公式为

$$P=\frac{\sum_{i=1}^{n}W_iP_i}{\sum_{i=1}^{n}W_i}$$

式中，P 为股票的平均价格；W_i 是第 i 种股票的权数；P_i 为第 i 种股票的价格。

若基期平均价格为 P_0，则加权平均价格指数 I 为

$$I=(P/P_0)\times 100$$

例如，选择两个样本股票 A 和 B，具体数据如表 3-1 所示。

表 3-1 样本股票 A 和 B 的具体数据

股票种类	基期价格/元	报告期价格/元	发行量/股
A	25	30	200
B	100	90	50

按发行量加权平均来看：

基期平均价格 $P_0=\frac{25\times 200+100\times 50}{200+50}=40$

报告期平均价格 $P=\frac{30\times 200+90\times 50}{200+50}=42$

加权平均价格指数 $I=P/P_0\times 100=\frac{42}{40}\times 100=105$

这个例子中，样本股票的发行量并没有发生改变，如果在基期和报告期内股票的发行量发生变化，则会使权数发生变化，采用不同时期的发行量作为权数，会得出不同的股价指数。如果以基期发行量作为权数，则

$$I=\frac{\sum PQ_0}{\sum Q_0}\bigg/\frac{\sum P_0Q_0}{\sum Q_0}$$

如果以报告期发行量作为权数，则

$$I = \frac{\sum PQ}{\sum Q} \bigg/ \frac{\sum P_0 Q}{\sum Q}$$

3. 调整算术平均法

股票市场上，上市公司经常会有增资和股票分割的行为，使股票的数量增加，股票的价格通常也会降低。如果用简单算术平均法计算股票价格指标，股价指数会发生很大变化，但却不能真实反映股票价格水平的变动情况。为了解决这一问题，需要对简单算术平均数的指数作必要的调整，一般使用除数修正法。

除数修正法就是将原来分母调整为一个新的分母。具体做法是：用增资或拆股后各种股票的价格总和除以增资或拆股前一天的平均价格作为新的分母。公式如下：

$$新分母 = \frac{增资或拆股后各种股票价格总和}{增资或拆股前一天的价格平均数}$$

例如，市场上有四个样本股票 A、B、C、D，报告期每股价格分别为 15 元、20 元、25 元、30 元，则股价的平均数为

$$股价平均数 = \frac{15+20+25+30}{4} = 22.5\ (元)$$

如果 B 股票发生了一股变两股的拆分行为，则股价下降为 10 元，按简单算术平均法计算平均价格变为（15＋10＋25＋30）/4＝20（元），这种股价指数的变化并不是股市的真实情况。如果采用除数修正法，则新分母为（15＋10＋25＋30）/22.5≈3.56（元），平均价格变为（15＋10＋25＋30）/3.56≈22.5（元），不受拆股的影响。

四、我国几种主要的股价指数

（一）上海证券交易所的股价指数

1. 上海证券交易所股票价格综合指数

上海证券交易所股票价格综合指数（简称上证综合指数）。该指数的前身为上海静安指数，是由中国工商银行上海市分行信托投资公司静安证券业务部于 1987 年 11 月 2 日开始编制和公布的。而上证综合指数则是上海证券交易所于 1991 年 7 月 15 日开始编制和公布的，以 1990 年 12 月 19 日为基期，基期指数设定为 100，以全部的上市股票为样本，以股票发行量为权数进行计算。其计算公式为

本日股价指数＝本日股票市价总值＋基期股票市价总值×基期指数

如果有新股上市，则在上市一月后纳入指数计算，后来改变为上市的第二天纳入指数计算，现在为上市当日即纳入指数计算。如果有增资扩股的情况，则按上述方法调整计算。

随着上市品种的逐步丰富，上海证券交易所在这一综合指数的基础上，从 1992 年 2 月起，分别公布 A 股指数和 B 股指数，1993 年 5 月 3 日起正式公布工业、商业、地产、公用事业和综合五大类的分类指数。

2. 上证 30 指数

上证 30 指数是上海证券交易所在 1996 年编制和公布的一个新指数，编制方法是仿照世界通行的采取样本股票的方法进行编制，在所有上市股票中，选取 30 家公司的股票作样本，其中，工业股 16 家、商业股 4 家、房地产股 2 家、公用事业股 4 家、综合股 4 家。以样本股票的流通量作为权数，以 1996 年 1 月至 1996 年 3 月的平均流通市值为指数的基期市值，基期指数定为 1000 点，1996 年 7 月 1 日正式发布启用。经检验 30 指数与 A 股综合指数的相关度为 0.97。

样本股票的选择标准为：股票的市值较大；公司在其行业中有一定的代表性；效益好，具有高成长性；股票的市场交易较活跃，并允许在条件发生变化后，对样本股票进行调整。

3. 上证 180 指数

上证 180 指数是对上证 30 指数进行调整和更名后产生的指数。上证 180 指数的编制方案，是结合中国证券市场的发展现状，借鉴国际经验，在上证 30 指数编制方案的基础上进一步完善后形成的，目的在于通过科学客观的方法挑选出最具代表性的样本股票，建立一个反映上海证券市场的概貌和运行状况、能够作为投资评价尺度及金融衍生产品基础的基准指数。

1）成分股的选择

（1）样本空间是剔除下列股票后的所有上海 A 股股票：上市时间不足一个季度的股票；暂停上市股票；经营状况异常或最近财务报告严重亏损的股票；股价波动较大、市场表现明显受到操纵的股票；其他经专家委员会认定的应该剔除的股票。

（2）样本数量：180 只股票。

（3）选样标准：行业内的代表性；规模；流动性。

（4）行业分类即以摩根斯坦利和标准普尔公司联合发布的全球行业分类标准（global industry classification standard，GICS）为基础，结合我国上市公司实际特点进行调整，可将上市公司分为 10 大行业：10 能源（energy）；15 材料（materials）；20 工业（industry）；25 可选消费（consumer discretionary）；30 主要消费（consumer staples）；35 健康护理（health care）；40 金融（financials）；45 信息技术（information technology）；50 通信服务（telecommunication services）；55 公用（utilities）。

（5）选样方法：在确定样本空间的基础上，上证 180 指数根据以下四个步骤进行选样。根据总市值、流通市值、成交金额和换手率对股票进行综合排名。具体方法是：根据过去一年的日平均数据，先对各指标分别排名，然后将各指标的排名结果相加，所得的排名作为股票的综合排名。按照各行业的流通市值比例分配样本只数。

2）样本股的调整

上证 180 指数依据样本稳定性和动态跟踪相结合的原则，每半年调整一次成分股，每次调整比例一般不超过 10%。特殊情况时也可能对样本进行临时调整。

3）指数的权数及计算公式

上证 180 指数采用派许加权综合价格指数公式计算，以样本股的调整股本数为权数。公式为

报告期指数＝报告期成分股的调整市值/基日成分股的调整市值×1000

式中，调整市值＝$\sum$(市价×调整股本数)，基日成分股的调整市值也称为除数，调整股本数采用分级靠档的方法对成分股股本进行调整。例如，某股票流通股比例（流通股本/总股本）为7%，低于10%，则采用流通股本为权数；某股票流通比例为35%，落在区间（30，40］内，对应的加权比例为40%，则将总股本的40%作为权数。

4）指数的修正

当样本股名单发生变化或样本股的股本结构发生变化或股价出现非交易因素的变动时，采用“除数修正法”修正原固定除数，以维护指数的连续性。

（二）深圳证券交易所的股价指数

1. 深圳证券交易所股票价格综合指数

深圳证券交易所股票价格综合指数（简称深证综合指数），由深圳证券交易所于1991年4月4日开始编制发布。以1991年4月3日为基期，基期指数设定为100，以所有上市股票为样本，以发行量为权数编制计算。若股票的股本结构有所变动，则改用变动之日为新基日，并以新基数计算。同时，用连锁的方法将计算得到的指数溯源至原基日，以维持股指的连续性。其计算公式为

今日指数＝上一营业日股市指数×今日现时总市值/上一营业日股市总市值

按此公式连锁计算，可以保证指数的连续性。

2. 深圳成分股指数

深圳成分股指数是深圳证券交易所于1995年1月3日开始编制并于同年2月20日对外公布的股价指数，其编制方法为：选取40家公司的股票作为样本股票，以其可流通量作为权数，以1994年7月20日为基期，将基期指数设定为1000来编制计算的。

成分股指数安装股票种类A股指数和B股指数，A股指数又可按所属行业分为工业分类指数、商业分类指数、金融分类指数、地产分类指数、公用事业分类指数、综合企业分类指数。每个分类指数至少选用三家成分股编制。

五、世界主要的股价指数

（一）道琼斯股票价格平均指数

道琼斯股票指数是世界上历史最为悠久，也是最具影响力、使用最广泛的股票指数，它是在1884年由道琼斯公司的创始人查理斯・道开始编制的。其实质是股票价格平均数。它采用算术平均法进行计算编制而成的，其计算公式为

股票价格平均数＝入选股票的价格之和/入选股票的数量

其最初的股票价格平均指数是根据11种具有代表性的铁路公司的股票计算得出。1897年，道琼斯股票价格平均数开始分成工业与运输业两大类，其中工业股票价格平均指数包括12种股票，运输业平均指数则包括20种股票，并且开始在道琼斯公司出版的《华尔街日报》上公布。到1928年，工业平均指数增加为30种，1929年又增加了公用事业类的股票15种。到1938年组成这个平均数指数的股票共有65种，并一直延续至今。

现在的道琼斯股票价格平均指数是以 1928 年 10 月 1 日为基数，因为这一天收盘时的道琼斯股票价格平均指数约为 100 美元，所以就将其定为基准日。而以后股票价格同基期相比计算出的百分数，就成为各期的股票价格指数，所以现在的股票指数普遍用点作为单位，而股票指数每一点的涨跌就是相对于基数日的涨跌百分数。

现在的道琼斯股票价格平均指数共分为四组：①工业平均股价指数。它由埃克森石油公司、通用汽车公司、美国钢铁公司等 30 种有代表性的大工业公司的股票组成，大致上反映了各个时期美国整个工商业股票的价格水平，是道琼斯股价指数中最重要的一种。②运输业平均股价指数。它是最早产生的股价指数，刚开始发表时只有 11 种铁路公司的股票，称为铁路业股价平均数。1897 年发展为 20 种有代表性的运输业公司的股票，即 8 家铁路运输公司、8 家航空公司和 4 家公路货运公司，如泛美航空公司、环球航空公司的股票。③公用事业平均股价指数，由代表着美国公用事业的 15 家煤气公司和电力公司的股票所组成，如美国电力公司、煤气公司等的股票。④综合股价指数。它是综合前三组股票价格平均指数所选用的共 65 种股票而得出的综合指数。在上述四组股票价格指数中，现在通常引用的是第一组——工业股票价格平均指数。

道琼斯股价指数最初的计算方法是用简单算术平均法求得，后来由于遇到股票的除权除息、公司兼并等，股票指数会发生不连续的现象，无法反映股价的真实变化。为了使道琼斯股价指数能够反映股市的实际情况，就需要对一些股票进行调整，用一些更具有活力、更有代表性的公司股票代替那些失去代表性的公司股票。同时，从 1928 年后，道琼斯股价指数采用了新的计算方法，即采用除数修正法，以保证股票指数的连续，从而使股票指数计算方法得到了完善。

道琼斯平均股价指数之所以能够成为目前世界上影响最大、最有权威性的一种股票价格指数，是因为道琼斯股票价格平均指数所选用的股票都是有代表性，这些股票的发行公司都是在本行业中具有重要影响的著名公司，而且这一股票价格平均指数自编制以来从未间断，可以用来比较不同时期的股票行情和经济发展情况，是反映美国股市行情变化、政治、经济和社会行情最敏感的股票价格平均指数之一，因此成为了观察市场动态和从事股票投资的投资者的主要参考。

但是，它也存在着不足之处。由于道琼斯股票价格指数是一种成分股指数，它包括的公司仅占目前 2500 多家上市公司的极少部分，且未将近年来发展迅速的服务性行业和金融业的公司包括在内，所以它的代表性受到质疑。同时平均数的计算没有加权，使少数几种股价的大幅变动对指数产生较大的影响。

（二）标准·普尔股票价格指数

除了道琼斯股票价格指数外，标准·普尔股票价格指数在美国也很有影响。它是由美国的最大的证券研究机构——标准·普尔公司从 1923 年开始编制发表的一种加权综合指数。

最初选择了 233 种上市的工业、铁路和公用事业等公司的股票，后来编制两种股票价格指数，第一种是包括 90 种股票，每天计算和发表一次；第二种包括 480 种股票，每周计算和发表一次。到 1957 年，这一股票价格指数的范围扩大到 500 种股票，包括工业股票 400 种、运输业股票 20 种、公用小业股票 40 种和金融业股票 40 种。多年来，虽然股市中的样本股票有更迭，但始终保持为500种。

标准·普尔股价指数以1941～1943年抽样股票的平均市价为基期，以上市股票数为权数，按基期进行加权计算。以目前的股票市场价格乘以基期股票数为分母，相除之数再乘以10就是股票价格指数。

由于这样计算出来的股价指数包括的股票有500种之多，同时也考虑了发行量的影响，信息较为全面，比起道琼斯股价指数，更能近似地反映股市的变化。所以美国联邦银行和商业部都曾采用过标准·普尔股价指数。

（三）纽约证券交易所股票价格指数

纽约证券交易所股票价格指数是纽约证券交易所于1966年6月开始编制的股票价格相数。它是把纽约证券交易所内交易的1570种股票按价格高低分开排列，计算出股价综合指数的。纽约股票价格指数是以1965年12月31日确定的50点为基数，采用的是综合指数形式，纽约证券交易所每半个小时公布一次指数的变动情况。

纽约证券交易所股价综合指数由以下四部分组成：工业股票、金融业股票、公用事业股票、运输业股票的价格指数。工业股票价格指数是最大和最广泛的，由1093种股票组成；金融业股票价格指数包括投资公司、储蓄贷款协会、分期付款融资公司、商业银行、保险公司和不动产公司的223种股票；运输业股票价格指数包括铁路、航空、轮船、汽车等公司的65种股票；公用事业股票价格指数包括电话电报公司、煤气公司、电力公司和邮电公司的189种股票。

（四）伦敦《金融时报》股票价格指数

《金融时报》股票价格指数的全称是“伦敦《金融时报》工商业普通股股票价格指数”，是由英国《金融时报》编制发表的。该指数包括三个股价指数：第一种指数包括30种股票；第二种指数包括100种股票；第三种指数包括500种股票。通常所说的《金融时报》股票价格指数是指第一种指数，该股票价格指数包括从英国工商业中挑选出来的具有代表性的30家公开挂牌的普通股股票。它以1935年7月1日作为基期，其基点为100点。在交易所营业时，每小时计算一次，下午5时再计算一次。

（五）日经·道琼斯股票指数

日经·道琼斯股票指数（简称日经指数），又称日本经济新闻道氏股价指数，是日本股票市场上最具代表性的股价指数。该指数从1950年9月开始编制。最初根据东京证券交易所上市的225家公司的股票算出修正平均股价，当时称为“东证修正平均股价”。1975年5月1日，日本经济新闻社向道琼斯公司买进商标，采用美国道琼斯公司的修正法计算，这种股票指数也就改称为“日经道琼斯平均股价”。1985年5月1日在合同期满10年时，经两家商议，将名称改为“日经平均股价”。

用日经平均225种股价指数观察股价的长期性变动极为便利，但由于其完全不考虑资本部价格的暴跌暴涨会使平均值发生大幅的变动，不能真实反映股市的变动情况。

为了弥补这个不足，日本经济新闻社又采用了日经500种股票平均价格指数，并从1982年1月4日起每天公布。这种方法把选用的股票数扩大到500种，约占东京证券交易所上市股票的一半，并且在每年的4月份，根据过去3年的成交量、买卖金额、市价总额为基准，对所选用的股票进行更换和调整。

（六）中国香港恒生指数

中国香港恒生指数是香港股票市场上历史最悠久、影响最大的股票价格指数，由中国香港恒生银行于 1969 年 11 月 24 日开始编制发布。恒生指数包括从中国香港 500 多家上市公司中挑选出来的 33 家有代表性且经济实力雄厚的大公司股票作为成分股，分别为 4 种金融业股票、6 种公用事业股票、9 种房地产业股票和 14 种其他工商业（包括航空和酒店）股票。这些股票涉及中国香港的各个行业，并占中国香港股票市值的 68.8%，具有较强的代表性。

恒生股票价格指数的编制是以 1964 年 7 月 31 日为基期，基点确立为 100 点。其计算方法是将 33 种股票按每天的收盘价乘以各自的发行股数为计算日的市值，在与基数的市值相比较，乘以 100 就得出当天的股票价格指数。

（七）上证综合股票指数

上证综合股票指数是由上海证券交易所编制的股票指数，1990 年 12 月 19 日正式开始发布。该股票指数的样本为所有在上海证券交易所挂牌上市的股票，其中新上市的股票在挂牌的第二天纳入股票指数的计算范围，同时以报告期股票发行量为权数进行编制。

其计算公式为

$$今日股价指数=\frac{今日市价总值}{基日市价总值}\times 100$$

如果遇上增资扩股或新增股票时，要进行调整。其调整公式为

$$本日股价指数=\frac{本日市价总值}{新基准市价总值}\times 100$$

$$新基准市价总值=\frac{修正前市价总值+市价总值变动额总值}{修正前市价总值}\times 修正前基准市价$$

由于该股票指数编制时把所有在证券交易所上市的股票都包含在内，所以具有广泛的代表性。但是，该股票指数的权数为上市公司的总股本。由于我国上市公司的股票有流通股和非流通股之分，其流通量与总股本并不一致，所以总股本较大的股票对股票指数的影响就较大，上证指数常常就成为机构大户造市的工具，使股票指数的走势与大部分股票的涨跌相悖离。

鉴于这个缺点，又编制了上证 30 指数。上证 30 指数是以在上海证券交易所上市的所有 A 股股票中抽取最具有市场代表性的 30 种样本股票为计算对象，并以这 30 家流通股数作为权数的加权综合股价指数，选取 1996 年 1 月至同年 3 月的平均流通市值为基期，基期指数定为 1000 点。

第四节　证券投资收益和风险

一、证券投资收益

证券投资收益由两部分组成：①债息、股息及红利收入，又称经常性收入；②证券价格变动带来的损益，又称资本利得（可以为负值）。但是，对投资的效果进行衡量和比较时，并不能以收益的绝对值为准，因为初始投资量未必相同，因此要引入一个相对

指标投资收益率。

所谓投资收益率，是指在持有期内证券投资总收益与证券购买价格的比率，一般以百分数形式表示。不过，这个定义并不能给出收益率的精确的计算方法，下面将集中讨论收益率的计算问题。

首先把收益率区分为历史的收益率和未来的（预期的）收益率两种。历史收益率的计算是以过去发生的事实为根据的，它是一个确定值；但未来收益率的计算加入了不确定因素，要运用概率统计工具才能较为准确地计量。

（一）历史收益率的计算

1. 期间收益率

期间收益率是最简单、最基本的收益率形式，其计算方法是：把投资期间全部收益简单加总之后除以初始投资额。用代数公式表达就是

$$R=\frac{P_t-P_{t-1}+I_t}{P_{t-1}} \tag{3-1}$$

式中，P_t 是证券 t 时期的价格；P_{t-1}是证券 $t-1$ 期的价格；I_t 是整个时期内获得的经常性收入。习惯上，还要在该式后面乘以 100%。

2. 时间权重收益率

时间权重收益率对期间收益率的上述缺点进行了纠正，它假定在投资期间得到的任何收入都立即再次投资到同一证券上，其代数表达式如下：

$$\mathrm{TWR}=(1+R_1)(1+R_2)\cdots(1+R_n)-1 \tag{3-2}$$

式中，TWR 即时间权重收益率；R_1，R_2，…，R_n 是第 1，2，…，n 个投资期的期间收益率。

（二）预期收益率的计算

历史的收益率提供了某个证券或证券组合过去的信息，但是进行投资决策时人们更关注有价证券的未来走势，这就要用到预期收益率。

在计算预期收益率时，尽管初始投资额和证券买入价是可知的，但证券的卖出价以及在未来持有期内的股息或利息收入都是不确定的，因此计算结果未必与实际相符。但是，借助数理统计知识，投资者可以避免出现系统性偏差（指一直高估或低估投资收益率）。事实上，当知道未来价格或收入变动的每一种可能结果的概率时，就可以根据下式计算出证券投资的期望收益率：

$$E(R)=P_1R_1+P_2R_2+\cdots+P_nR_n=\sum_{t=1}^{n}P_iR_i$$

式中，$E(R)$ 是证券投资的期望收益率；R_i 是各种可能的收益率；P_i 是各种可能的收益率发生的概率。

由上式可见，证券的期望收益等于证券的各种可能收益率的加权平均数，权数是各种可能收益的概率。期望收益率指标的优越之处有两点：第一，它反映了证券各种可能的收益率，涵盖了全部信息；第二，单一证券的期望收益率与证券组合的期望收益率存在线性关系。

下式即给出了证券组合的期望收益率：

$$E(R_p)=X_1E(R_1)+X_2E(R_2)+\cdots+X_nE(R_n)=\sum_{i=1}^{n}X_iE(R_i)$$

式中，X_i 为证券 i 占证券组合 P 的投资比重；$E(R_i)$ 为证券 i 的期望收益；n 为证券组合 P 包含的证券种数。

二、证券投资风险

（一）证券投资风险的定义和特性

1. 证券投资风险的定义

如何定义风险，目前还存在不少分歧，综合各家各派的共识，本书把风险定义为：由于人类对自然和社会的认知能力的有限，在经济和社会活动中存在的、令活动参与者无法控制的损失或收益。

在证券投资活动中，绝对没有风险的情况是很少的。有很多的证券，它们的一些或全部支付在数量和时间安排上具有不确定性。例如，一家面临财务困难的公司可能会推迟债务的支付时间，而破产的公司则只能对其净值在债权人之间分配，债权人的一部分甚至全部本息将不能兑现。除了公司的信用程度、经营状况之外，证券发行者经济活动的成败、通货膨胀、经济周期、证券市场价格波动等因素都会影响证券投资的收益。因此，投资者必须考虑所有诸如此类的不确定性事件，并估计这些事件对公司及其证券的影响。

人们对证券投资风险的理解随着时间推移不断加深。在 20 世纪初，人们根据上市公司的资产负债表来判断风险的大小，认为资产负债率越高，风险越大。1962 年，格雷厄姆（B. Graham）等在《证券分析》一书中提出“安全边界”的概念，并以此来衡量投资风险的大小；而“安全边界”是由资产的市场价格与其内在价值的差异决定的——当资产价值被高估时，投资风险便加大了。而现代意义上的证券投资风险的定义是由马柯维茨（H. Markovitz）等给出的，即把风险界定为投资收益率的可能值偏离其期望值的可能性和幅度。

2. 证券投资风险的特性

一般来说，证券投资的风险是较大的，它有如下特性。

1）风险的客观性、不可避免性

证券市场作为金融市场的一个重要组成部分，由于不断循环的经济周期及受到政治、经济、自然界的众多因素的影响，变数很多，风险几乎是不可避免的。美国经济学家威雷特（A. H. Willett）博士说过：“风险是不愿发生的事件发生的不确定性的客观体现。”这实际上是在强调风险是不随人们的主观意志而消失的。在博大无垠的客观世界面前，人类的认识是非常有限的。因此，风险的客观性是由人类认识世界的有限理性所决定的。它永远不会被人们消灭，但人类可以利用自身的理性对风险进行防范、规避、限制、分散和转移。

2）风险的二重性

证券市场风险虽然使投资的结果具有不确定性，可能给投资者带来损失；但是如果不利的后果没有出现，则承担风险的投资者就能获得较高的回报。所以，损失和回报构成风险相互矛盾而又相互依存的两个方面，从而使风险具有二重性特征。证券投资风险的二重性与证券投资活动所反映的实体经济有关，如果证券投资不是以实体经济为基础的，风险的二重性就会消失，从而蜕变为冒险和赌博。

3）多数风险的可测性

尽管有的风险是很难预测的，如自然灾害、突发事件等，但在证券投资中多数风险是可测的。风险的可测性包括两层含义：一方面，由于风险符合一定的统计规律，可以通过概率来表示风险的大小；另一方面，用概率表示的风险大小可以跟证券投资活动的预期收益挂钩，依次作为人们投资决策的依据。在现代投资学中，一般用证券收益率波动的方差（或标准差）以及某一证券收益率对市场平均收益率的敏感性指标 β 值来表示。

4）风险后果的可控性

控制风险并非是指直接对风险本身的控制，而是指对风险所产生的后果采取种种方法加以控制。在证券投资领域，已经发展出两大类型的风险控制技术：第一类是止损控制法，指投资者通过制定止损法则来约束自身的投资行为，将风险控制在自己能够承受的范围内，这一点极为重要，是投资者资本年年增长、永保平安的关键环节；第二类是分散转移法，即通过证券组合把非系统性风险分散化解或运用金融衍生工具把系统性风险加以转移。

（二）证券投资风险的分类

现代投资学一般把证券投资风险分为系统性风险和非系统性风险。例如，当股市大盘上涨时，大部分股票的价格也上涨；当股市大盘下跌时，大部分股票的价格也随之下跌，这表明市场上存在着一些影响所有证券的共同因素。对个股来说，有时候并不跟随其他股票的波动而同向波动，或者虽然波动但是波幅的大小却很不一致，这主要是由个股自身的因素引起的。由共同因素引起股票指数波动而带来的个股价格变化引发的个股收益率的不确定性，叫做系统性风险。对于纯粹由个股自身因素引起的个股价格波动带来的个股收益率不确定性，则称之为非系统性风险。可以证明：若组建一个证券组合，则随着组合分散化程度的提高（也即组合中包含的证券种类越来越多），个别证券的非系统性风险彼此抵消，其净值趋向于零；但分散化只能导致系统性风险的平均化，而无法消除系统性风险。因此，系统性风险又叫不可分散风险，非系统性风险又叫可分散风险。表 3-2 概括了系统性风险与非系统性风险的区别。

表 3-2　系统性风险与非系统性风险比较表

项目	系统性风险	非系统性风险
风险来源	由于共同因素引起	由于特殊因素引起
影响范围	影响所有证券收益	影响特定证券收益
防范措施	无法通过证券多样化来消除或回避	可以通过证券多样化来消除或回避

下面介绍几种常见的系统性风险和非系统性风险。

1. 常见的系统性风险

（1）市场风险。市场风险指证券市场价格波动给投资者带来的风险，这种风险孕育于市场行情的变化之中，是投资者接触到的最直接、最明显的一种风险。市场风险的形成是由多种因素共同作用的结果，其中既包括基本面的因素（如国家货币政策、行业状况、上市公司经营业绩等），也包括投资大众心理状态的变化。

(2) 利率风险。利率风险指市场利率的变动影响了证券的市场价格，从而给投资者带来损失的风险。一般地，利率与证券价格呈反向变化：当市场利率上涨时，证券价格必然下跌：当市场利率下跌时，证券价格必然回升。受利率影响最大的证券品种是债券，如利率上升，证券价格下跌时，投资者出售已购债券会带来价格上的损失，不出售要承受利息上的损失。

(3) 货币风险。狭义的货币风险是指通货膨胀风险，它主要是指由物价上涨、货币贬值使投资者遭受损失的可能性。若考虑购买力因素，就必须区分名义收益率和实际收益率。名义收益率是指证券投资的货币收益率，而实际利率等于名义收益率减去通货膨胀率。假如某债券的票面利率是5%，但债券到期日的物价指数与发行日相比已经上升了3%，那么实际的投资收益率仅有2%。广义的货币风险还应包括汇率风险，进行国际投资时，投资收益以外币计值，若投资回收期本币突然贬值，实际的投资收益也将大打折扣。

(4) 制度风险。无论是欧美证券市场还是中国证券市场，在其创立的几十年中均有一些明显的制度性缺陷。例如，至今仍存在于中国股市的股权分裂、国有股侵犯流通股权益的现象，以及多次酝酿的国有股减持方案实施，都会导致股市剧烈波动，造成巨大的投资风险。这种制度性风险对于任何国家，尤其是新兴市场影响极大。

(5) 政策风险。在证券市场形成发展过程中，管理层往往会一次次调整政策与相关规定：它们虽然不是法律，但对证券市场的影响仍相当大。例如，为了抑止泡沫经济，中国多次修改股票交易印花税，增加上市额度等，政策变动导致证券市场价格大起大落。

2. 常见的非系统性风险

(1) 经营风险。企业经营活动的收益率不确定，指企业销售收入和经营费用的不确定。少部分企业把上市当成圈钱的机会，本身效益不佳，管理很差，从而造成企业亏损，甚至歇业破产。

(2) 财务风险。这种风险主要与企业的资产负债率有关。一般上市公司的资本中除普通股外，还有一部分负债或优先股，后者是企业经营的财务杠杆。财务杠杆会放大股东净收入的变化幅度，若企业经营不佳，在应付利息或固定股息的压力下，企业可能陷入财务困境。

(3) 违约风险。违约风险指部分或全部初始投资不能收回的不确定性。违约风险的大小与发行公司的财务状况及破产清算时证券的清偿要求的优先次序紧密相关，对财务状况差的企业的投资或清偿顺序靠后的投资的违约风险较大。例如，在企业破产时，债权人（包括债券持有者）对资产清偿的要求要比普通股股东优先。

(4) 流动性风险。流动性风险是指投资不能马上变现带来的不确定性。这种不确定性有两层含义：一是资产的成交价格；二是成交所需时间的长短。一般来说，政府债券是流动性很强的资产。

关键概念

证券交易所　　股票发行　　历史收益率

预期收益率　　证券投资风险　　股票价格指数

本章小结

(1) 证券发行是指证券的初次发行销售过程。也就是，证券发行者为筹集资金向社会出售股票或债券，投资者用其资金购买所发行证券的金融交易活动的总称。证券发行市场是一个无形的市场，是证券发售的一种组织机制，由发行者、投资者和金融中介机构三类主体组成。

(2) 证券交易市场是已经发行的证券按时价进行转让、买卖和流通的市场。证券发行市场和交易市场既互相区别又互相联系，互为条件，相辅相成。区别在于：证券发行市场是通过一种纵向关系将发行者和投资者联系起来；而证券交易市场则是通过一种横向关系，将同是投资者的证券买卖双方联系起来。

(3) 股票价格指数是用来表示多种股票平均价格水平及其变动并且衡量股市行情的指标。股票价格指数是一种价格平均数指标，用这种指标来衡量整个市场总的价格水平，可以比较正确地反映股票市场的行情变化和股票市场的发展趋势，从而有利于投资者进行投资选择。

(4) 证券投资收益由两部分组成：债息、股息及红利收入，又称经常性收入和证券价格变动带来的损益，还可称为资本利得（可以为负值）。投资收益率是指在持有期内证券投资总收益与证券购买价格的比率，一般以百分数形式表示。

(5) 证券投资风险是指由于人类对自然和社会的认知能力有限，在经济和社会活动中存在的、令活动参与者无法控制的损失或收益。

复习思考

(1) 什么是股票价格指数？
(2) 证券市场的功能有哪些？
(3) 证券发行市场的特点是什么？
(4) 证券交易市场有哪些作用？
(5) 资本市场有哪些形式？
(6) 证券投资风险的类型有哪些？

案例分析

证券是天使，证券是魔鬼①

语言的威力是无限的，水可载舟，亦可覆舟。千夫所指，无疾而终。谬误重复十遍就是真理……

卡尔·马克思说：“金融是对内的掠夺，战争则是对外的掠夺。”

张劲夫说：“我多年思索公有制是怎么个公有法，现在全民不如大集体，要改革财产所有权的问题，用什么方式解决，股份制本身是核心问题，要探讨，我报名做一个志愿兵。”

姚依林说：“社会主义优越性问题是不是实行股份制可以解决，也可能股份制是解

① 资料来源：证券是天使，证券是魔鬼．证券市场周刊，2007年第8期。

决因素之一，我对股份制一直支持。”

宫著铭对朱镕基说：“抓紧建立证券市场，有了交易所钱就来了。”

朱镕基对李祥瑞和龚浩成说：“你们两位不用害怕，（建交易所）出了事我和刘鸿儒负责。你们两位还在第二线呢。”

弗里德曼问：“国营控股的股份制是否能真正发挥股份制的作用？中小私人股东有没有话事权？利益能否得到保证？你们股票设计得很漂亮，但是像货币，不像股票。”

李灏说：“12 月 1 日开业。此事（深交所开业）今天就拍板定了，以后不再开会研究！”

禹国刚说：“深市这个婴儿当时只有 10 个月大，没有很强的免疫力，必须用一下特效药，救活股市比什么都重要。”

刘鸿儒说：“证监会犹如坐在火山口，股票价格猛涨上面会有意见，担心出事；股票价格猛跌，下面会有意见，老百姓不干；不涨不跌，所有人都会有意见，因为你搞的就不是市场了。”

邓小平说：“证券、股市，这些东西究竟好不好，有没有危险，是不是资本主义独有的东西，社会主义能不能用？允许看，但要坚决地试。看对了，搞一两年对了。放开，错了，纠正，关了就是了。关，也可以快点，也可以慢点，也可以有一点尾巴。怕什么，坚持这种态度就不要紧，就不会犯大错误。”

高西庆说：“起草国务院《股票发行与交易管理暂行条例》，不是应该是什么，而是怎么能够通过。”

张维迎说：“西方的股票市场是老百姓发展起来的，然后才有政府介入；中国股票市场从一生下来就是政府催生的，甚至是政府生出来的。到目前为止，我们发展股票市场的指导思想仍然是帮国有企业解困，那我想是不是还是应该换个说法，说帮助国有企业实现民营化比帮助国有企业解困好一点。”

君安事件中，张国庆对证监会南下代表说：“既然你们发话了，就是一盘臭狗屎让我吃，我也把它咽下去。”管金生说：“我在前面走呀走，回过头来看看，怎么后边没有一个人跟上来？”

327 事件中，汤仁荣说：“告诉尉总，把主机关了，停掉交易！别问为什么！”

尉文渊说：“你们谁也别说了，就听我的，撤单，必须撤单！”

戴园晨说：“我们是不是因为万国是亲儿子是国企就一定要保护？如果这样，老百姓会得出这样的结论，社会主义的中国不如资本主义的英国。”

阚治东说：“我在南方证券任总裁 1 年多的时间内，日常只能看到持股总量变化情况表，并且相关数据与监管部门后来掌握的情况严重不符。”

《人民日报》评论员说：“他们众口一词，说明年香港要回归，十五大要召开，政府一定要把经济搞好，绝对不会让股市掉下来。这一种对股市的估计是十分糊涂的看法。政府要把经济搞好是真，但绝对不会在股市暴跌时去托市，也托不起市。投资者对此不能抱有任何幻想。”

股民高喊：“下定牛心，不怕跌停，排除抛盘，去争取利润。”

曾荫权说：“今次政府在股票和期指市场有所行动，是迫不得已的决定。但我和我的同事，却因这政策决定被判上了破坏自由经济的罪名。”

周小川说：“证监部门不调控股票指数的涨落，更不能将调控股票指数作为工作目标或工作方针。”

吕仍自称：“我是善庄。”

吴敬琏表示：“中国股市像赌场。”

许小年认为：“当指数跌到较干净的程度——或许是1000点，政府再引入做空机制等一系列的重建手段，塑造一个健康、完美的市场。”

刘姝威问法官：“你们怎么能够拿着蓝田窃取的国家机密作为证据来立案呢？你们怎么能够受理这个案子呢？”

仰融说：“虽然华晨发展过程中得到政府政策的支持，但华晨资产中肯定应有属于他个人的资产。”

私募者钟健民自杀前给妻子留言：“我要到杭州一趟，手机没电了，不要给我打电话。”

周正毅说：“（我的资产）不止这么少！我家族在上海总资产近150亿元人民币，我投资了一些公路项目，数十亿元……”

中国人寿在一份说明书中说：“应该注意，本公司乃一家中国公司，所处的法律和监管环境在若干方面和其他国家不同。”

郎咸平表示：“我绝对而且充分地尊重媒体的知情权与报道权，媒体只要对任何人的演讲有着最大程度的理解并公正地报道就是负责任的报道，因此绝对不会要求媒体向顾雏军做任何形式的道歉。”

李曙光认为：“我们必须从中国20多年改革的整体视角来分析。这20年已经证明了以国企和产权改革为核心的经济改革体现了这种全民利益的最大化，这一点正是国企改革和产权改革的实质性合法基础。”

业内人士问：“是先救命还是先治病？”

华生说：“股市最深层的病根是圈钱，与国际接轨的最大障碍是股权分裂。”

唐万新说：“只要保我一条命，10年以后出来还是一条好汉！”

桂敏杰警告基金：“不要砸盘。”

尚福林说：“开弓没有回头箭。”

李青原提出：“两三百家公司股改推出后，只要市值完成60%即可实行新老划断。不以股价论成败。”

史美伦说：“从工作层面来说，我对市场指数并不关心。评价证监会工作的好坏也不应该是指数，而是应该看整个市场整体监管、改革的力度。如果我在的时候股指翻了一番，你能说那是我的功劳吗？不可能。”

《参考消息》的通栏标题是：《中国股市影响世界，这似乎还是第一次》。

上帝说：“哥们儿快炒股去，要不明天就剩你一个穷人了……”

证券市场是天堂，证券市场是地狱。

思考：

通过对以上材料的阅读，你对证券有什么新的认识或看法？

第二篇

第四章　证券市场媒体

本章提要

本章主要介绍证券市场中的媒体，所谓证券市场媒体即连接发现证券的资金需求者和进行证券投资的资金盈余者。其中证券公司、证券交易所和评级机构都是证券市场媒体中的主要参与者。它们在证券市场中各自扮演着不同角色，担任着不同的职能，要重点掌握这些媒体即证券中介结构在证券市场中的作用和地位。

重点难点

- 掌握证券公司、证券交易所、证券评级机构和其他证券市场媒体的组织结构。
- 了解证券市场媒体的作用。
- 重点掌握证券市场媒体是如何在证券交易过程中发挥自身作用的。

引导案例

世界十大证券交易所[①]

根据《世界商业评论》所作的排名，全球十大证券交易所分别为：纳斯达克证券交易市场、纽约证券交易所、伦敦证券交易所、东京证券交易所、德国证券交易所、巴黎证券交易所、多伦多证券交易所、香港证券交易所、澳大利亚证券交易所和圣保罗证券交易所。

前五大证券交易所简介如下。

1. 纳斯达克证券交易市场

纳斯达克证券交易市场的英文直译名为“全美证券交易商协会自动报价系统”(The National Association of Securities Dealers Automated Quotations)，它是全球第一个电子化的股票市场。作为以扶植处于成长期的高科技企业为己任的创业板市场，纳斯达克不仅上市标准低于主板市场，而且其本身的运作模式和效率就是高科技成果的充分体现。如果说长期以来居于世界证券市场同业霸主地位的纽约证券交易所是对应于工业文明的金融时代的杰出代表的话，那么纳斯达克证券交易所无疑是应知识经济和创新的召唤应运而生的。

纳斯达克证券交易市场起源于场外交易的自动化发展，逐步演变为与纽约证券交易市场和全美证券市场并立的三大证券市场之一。纳斯达克证券交易市场的主要职能是操作并维持纳斯达克证券交易市场的运转，并为公司提供各种金融服务，如股票上市和信

---

① 资料来源：http：//www.chinadaily.com.cn/hqph/2006-04/05/content _ 560975.htm.

息服务。在纳斯达克内部上市的公司要根据其规模大小，业绩状况和规则严格与否进行分类：一类为纳斯达克全美市场体系，大约有4400种股票；另一类为纳斯达克小额市值，大约有1700种股票，它一旦达到前一类的规模与要求，便可跻身于前一类行列，可见其灵活性程度之高。

纳斯达克证券交易市场还编制了纳斯达克综合指数。该指数涵盖了其所有上市公司，并以各只股票的市值大小为权数，按其最新的出售价与股票数额进行加权，计数出该指数的具体值。此外，它还制定纳斯达克100指数，其构成为该市场内100家最大的上市公司的股票。

2. 纽约证券交易所

纽约证券交易所是美国历史最长、最大且最有名气的证券市场，至今已有200多年的历史，上市股票超过3600种。

纽约证券交易所约有3000家总市值高达1700万亿美元的大企业挂牌进行买卖，辖下共有400家左右的会员企业，每天约有3000人在交易场地工作，20个交易地点合共400多个交易位。

纽约证券交易所的交易方式也跟传统市场一样，是采取议价方式，股票经纪人会依客户所开出的买卖条件，在交易大堂内公开寻找买主卖主，然后讨价还价后完成交易。纽约证券交易所上市条件较为严格，还没赚钱就想上市集资的公司无法进入纽约证券交易所。

3. 伦敦证券交易所

作为世界上最国际化的金融中心，伦敦不仅是欧洲债券及外汇交易领域的全球领先者，还受理超过2/3的国际股票承销业务。伦敦的规模与位置，意味着它为世界各地的公司及投资者提供了一个通往欧洲的理想门户。

在保持伦敦的领先地位方面，伦敦证券交易所扮演着中心角色。伦敦证券交易所运作世界上国际最强的股票市场，其外国股票的交易超过其他任何证券交易所。

来自63个国家和地区的大约500家外国公司在伦敦上市和交易。2000年，伦敦的外国证券交易总额达到约5亿美元。世界上没有其他证券交易所可与此等数字媲美亦或在为国际发行者服务方面有如此悠久的历史。

超过550家外国银行和170家全球证券公司在伦敦设有办事处，为来自世界各地的发行者提供它们的专业技术服务——成为又一项伦敦可向外国公司提供的优越性。

4. 东京证券交易所

东京证券交易所的前身是1879年5月成立的东京证券交易株式会社。由于当时日本经济发展缓慢，证券交易不兴旺，1943年6月，日本政府合并所有证券交易所，成立了半官方的日本证券交易所，但成立不到四年就解体了。第二次世界大战前，日本的资本主义虽有一定的发展，但由于军国主义向外侵略，重工业、兵器工业均由国家垄断经营，纺织、海运等行业也由国家控制，这是一种战争经济体制并带有浓厚的军国主义色彩。那时，即使企业发行股票，往往也被同一财阀内部的企业所消化。因此，证券业务难以发展。日本战败后，1946年在美军占领下交易所解散。1949年1月美国同意东京证券交易所重新开业。随着日本战后经济的恢复和发展，东京证券交易所也发展繁荣起来。

东京证券交易所对于买卖交易制定了许多详细的规则。其中，最基本的是交易市场的集中原则和竞争买卖的原则。市场集中交易原则，即把尽可能多的有价证券买卖集中于证券交易所交易（部分债券例外），旨在形成公正价格；现货交易原则，即只进行现货交易，不准进行期货交易。在东京交易市场上交易和买卖的有价证券，事先要经过东京证券交易所的上市资格审查。经审查认为符合上市标准的，呈报大藏大臣认可，方能上市。对于上市的有价证券，还要不断地进行严密监督和审查，以决定其是否继续上市。

5. 德国证券交易所

德国证券交易所是欧洲最活跃的证券交易市场。它的每日交易仅次于伦敦证券交易所等。德国证券交易所的上市费用在整个欧洲是最为低廉的，从5000～10000欧元不等。德国证券交易所有多层次的上市标准，它可根据企业的生命周期选择：初级、一般、高级三种不同透明度的标准上市，以符合不同市场的需求。与此同时，公司上市时还可选择：高级市场、初级市场、一般市场、公开市场四个信息披露和监管层次不同的上市板块。

案例思考：

证券交易所是证券市场的主要媒体，世界前十大证券交易所是哪些，前五大证券交易所各自有什么特点？

第一节 证券公司

证券公司是指依法设立的可经营证券业务的、具有法人资格的金融机构。证券公司的主要业务有承销、经纪、自营、投资咨询、购并、受托资产管理、基金管理等。证券公司一般分为综合类证券公司和经纪类证券公司。

一、证券公司的定义

证券公司是指专门从事与证券经营有关的各项业务的金融机构，也就是证券经营机构。世界各国对证券经营机构的划分和叫法不尽相同，美国称投资银行，英国则称商人银行。虽然这些机构也称“银行”，但它们与一般的商业银行不同，不能办理存贷款业务。以德国为代表的一些国家实行银行与证券业混业经营，没有专门的证券经营机构；日本等一些国家和我国一样，把专营证券业务的金融机构称为证券公司。

在我国，证券公司是指依照《公司法》规定，经国务院证券监督管理机构批准设立的从事证券经营业务的有限责任公司或股份有限公司。证券公司不仅是证券市场上最重要的中介机构，也是证券市场的主要参与者。它承担着证券代理发行、证券自营买卖、资产管理及证券投资咨询等重要职能。

二、证券公司的功能

证券公司是一国金融体系的重要组成部分，是证券市场重要的组织者、参与者。它是连接证券市场上资金供求双方的桥梁和纽带，并为之提供适合各自所需的金融工具；

同时，它对实现一国资源的有效配置和促进产业发展也起了十分重要的作用。

1. 资金供需媒介

证券公司作为沟通资金盈余者和资金短缺者的桥梁，它一方面使资金盈余者能够充分利用多余资金来获取收益；另一方面又帮助资金短缺者获得所需的资金以求发展。但是，在发挥媒介资金供需双方桥梁作用时，证券公司与商业银行有根本不同。主要表现为以下两点：①商业银行对于资金盈余者（存款人）来说是资金需求方（债务人），而对于资金短缺者（贷款人）而言又是资金供给方（债权人），资金供需双方并不相互承担任何权利和义务，仅与商业银行发生关系。证券公司正好相反，它并不介入投资者和筹资者之间的权利和义务之中，投资者和筹资者互相接触，并且相互拥有权利和承担相应的义务。因此，一般把商业银行媒介资金供需的活动称为间接融资方式，而把证券公司媒介资金供需的活动称为直接融资方式。②侧重点不同。一般来说，商业银行因其自身性质和业务特点而侧重于短期资金市场；证券公司媒介资金则侧重于中、长期资本市场。两者在媒介资金期限上互为补充。

2. 优化资源配置

证券公司通过其资金媒介作用，引导社会剩余资金通过发行股票和债券等方式流向效益好的产业和企业，促进优势企业生产规模的扩大，促进生产的社会化向更高层次发展，通过资源的合理配置来提高国家整体的经济效益。同时，证券公司帮助企业发行股票和债券，不仅使企业获得了发展急需的资金，并且将企业的经营管理置于广大股东和债权人的监督约束之下，有利于企业管理水平的提高和法人治理结构的完善，从而有利于整个社会经济形成科学的激励机制、约束机制，促进经济效益的提高，推动企业的发展，实现社会资源的优化配置。

3. 维系证券市场有序发展

在证券市场上，证券公司起着联系不同主体、构造证券市场的作用。上市公司的质量高低是市场发展的基石，而证券公司作为上市公司的推荐人，如何把高质量的上市公司推荐给投资者，将从根本上影响市场发展的秩序。同时，证券公司以自营商、经纪商、做市商等身份参与交易市场，对提高交易效率、维持场内秩序、稳定证券价格、保障交易活动的顺利进行都发挥着重要作用。再者，证券公司还是证券市场重要的信息服务机构，它通过收集资料、调查研究和提供咨询服务等活动，促进了各种信息在证券市场中的传播，提高了证券市场透明度，维护了市场公开性原则。

三、证券公司的主要业务

证券公司往往同时从事多项业务，不同类型的证券公司其主要业务范围不同。一个综合类的证券公司一般都设有若干业务部门，分别从事证券的承销业务、经纪业务、自营业务，而且现在的业务范围已扩展到研究开发、兼并收购、基金管理、项目融资、风险投资、资产管理、管理咨询等。证券公司的主要业务包括以下七个方面。

1. 承销业务

证券承销是指证券公司代理证券发行人发行证券的行为。它是综合类证券公司的一项重要业务。证券的承销发行由以下三个步骤构成：①证券公司就证券发行的种类、时间、条件等对发行公司提出建议。证券公司不仅要向证券发行人提出最佳的发行条件和方案，同时还应向发行人揭示该发行方案的利弊、风险和市场预测等信息。②当证券发行人确定证券的种类和发行条件并且报请证券管理机关批准之后，证券公司将与之签订证券承销协议，明确双方的权利、义务和责任。一般情况下，证券公司的承销方式可分为包销和代销两种。③证券公司着手进行证券的销售工作。通过证券承销，证券经营机构不仅帮助发行人筹措了所需的资金，同时也获得了应得的报酬。承销费是综合类证券公司的主要业务收入之一。

2. 经纪业务

证券经纪业务又称代理买卖证券业务，是指证券公司接受客户委托代客户买卖有价证券的行为，它是证券公司最基本的一项业务。证券公司作为中介人，代为办理证券买卖，它只是根据委托人对证券品种、价格和交易数量的委托办理证券交易。客户委托证券公司代理买卖证券，从开始到结束，大致有办理股东账户、开户、委托、交割四步。在代理买卖业务中，证券公司应遵循代理原则、效率原则和“三公”原则。

3. 自营业务

证券自营业务是指证券公司为本机构买卖证券、赚取差价并承担相应风险的行为。在证券公司自营业务中，一方面是证券买入者，以自有资金和自身账户买进证券；另一方面又充当证券卖出者，卖出归自己所有的证券，并获取价差收益。由于证券市场的高收益性和高风险性，证券公司的自营业务具有一定的投机性，业务风险较大。再加之，其在交易成本、资金实力、信息及交易中便利条件等方面都比一般公众投资者占有优势，所以，在自营业务中容易存在操纵市场、内幕交易等不正当行为。为此许多国家都对证券经营机构的自营业务制定法律法规，进行严格管理，但其自营活动有利于活跃市场、维护交易的连续性。

4. 受托资产管理

受托资产管理是指证券公司作为受托投资管理人根据有关法律、法规和投资委托人的投资意愿，与委托人签订受托投资管理合同，把委托人委托的资产在证券市场上从事股票、债券等金融工具的组合投资，以实现委托资产收益最大化的行为。证券公司从事该项业务应当获取中国证监会批准的受托投资管理业务资格。随着机构投资者的不断增加，法律、监管等市场环境的逐渐完善，该项业务将成为证券公司的核心业务之一。

5. 投资咨询业务

综合类证券公司还可以为客户提供有关资产管理、负债管理、风险管理、流动性管理、投资组合设计、估价等多种咨询服务。有时候，证券经营机构提供的咨询服务也包含在证券承销、经纪、基金管理业务中。

6. 购并业务

兼并收购是证券公司核心业务之一，它被视为证券公司业务中“财力和智力的高级组合”。证券公司作为公司的购并顾问，要辅助客户物色目标公司，设计购并方案，代表客户接洽目标公司；并可以帮助购并双方进行价值评估，确定公正价格；帮助融资安排，落实并购所需资金，甚至提供过桥贷款等。证券公司也可以帮助目标公司设计防卫措施，抵御敌意收购。

7. 基金管理业务

证券公司与基金业务有密切关系。证券公司拥有高水平的金融投资专家、迅捷的信息渠道、广泛的金融服务网络，因此在基金管理上有得天独厚的优势。证券公司可以作为基金的发起人，发起和建立基金；可以作为基金管理者管理自己发行的基金；可以作为基金的承销人，帮助其他基金发行人向投资者发售基金受益凭证；还可以接受基金发起人的委托作为基金的管理人，帮助管理基金，并据此获得一定的佣金。

四、证券公司、投资银行、商人银行

投资银行既是证券市场主体，又是证券市场媒体，它们对证券市场的发展和完善起了非常重要的推动作用。

其实，从业务分类的角度来看，投资银行、证券公司和商人银行所从事的业务类型基本上都是相同的。它们之所以有不同的称呼，主要是因为各国的历史习惯不一样。例如，美国及欧洲一些国家称之为投资银行，英国则称之为商人银行，中国和日本称之为证券公司。虽然称呼不同，它们所从事的业务基本上都有相同的几个特点：第一，它们的业务属于金融服务业，区别于一般的咨询、中介服务业；第二，它们主要服务于资本市场，区别于传统的商业银行；第三，它们所从事的是智力密集型行业，区别于其他专业性金融服务机构。因此，为了分析的方便，也为了不造成理解的混乱，在本节中将投资银行、证券公司、商人银行并称为投资银行进行介绍。

投资银行是指专门对工商企业办理投资和长期信贷业务的银行，它是证券市场上的主要金融中介。从狭义上来说，投资银行所从事的业务是指投资银行作为证券承销商在证券发行市场上的承销业务和作为证券经纪商在证券市场上的经纪业务。从广义上来说，投资银行的业务还涉及公司并购、项目融资、资产管理、投资咨询、创业资本融资等。因此，投资银行是与商业银行相对而言的一个概念，是现代金融业为了适应现代经济发展形成的一个新兴行业。

当前世界的投资银行主要有以下四种类型。

1. 独立的专业性投资银行

这种形式的投资银行在全世界范围内最为广泛。例如，美国的高盛公司、美林公司、所罗门兄弟公司、摩根·斯坦利公司、第一波士顿公司，日本的野村证券、大和证券、日兴证券、山一证券，英国的华宝公司、宝源公司，以及中国的银河证券、联合证券、申银万国证券等均属于此种类型，并且，它们都有各自擅长的专业方向。

2. 商业银行拥有的投资银行（商人银行）

这种形式的投资银行主要是商业银行对现存的投资银行通过兼并、收购、参股或建立自己的附属公司形式从事商人银行及投资银行业务。这种形式的投资银行在英、德等国非常典型。

3. 全能性银行直接经营投资银行业务

这种类型的投资银行主要在欧洲大陆，它们在从事投资银行业务的同时也从事一般的商业银行业务。

4. 一些大型跨国公司兴办的财务公司

随着 2008 年金融危机的暴发，一些大型的跨国公司开始控股金融公司，如通用电气财务公司、通用汽车财务公司。

第二节 证券交易所

一、证券交易所的定义与功能

当证券市场发展到一定程度的时候，证券交易所也就随之产生了。它是集中交易制度下证券市场的组织者和最前沿的监管者。

证券交易所是专门的、有组织的市场，又称场内交易市场，是指在一定的场所、一定的时间，按一定的规则，集中买卖已发行证券而形成的市场。与证券公司等证券经营机构不同的是，证券交易所本身并不持有证券，也不进行证券的买卖业务，当然更不能决定证券交易的价格，它只是为证券交易提供一个公开、公平、公正的交易场所，同时也履行对证券交易的监管职能。证券交易所的形成必须具备两个条件：足够的交易主体（即买卖双方）与足够的交易客体（即有价证券）。

其实，早在 1698 年，英国的一家咖啡馆里就出现了挂牌的证券交易，但是当时的证券交易还是小规模的、不规范的，没有足够的交易主体与交易客体。直到 1792 年，证券市场发展到了一定规模，证券交易所才真正成立。美国最早的证券交易场所是在一棵大榕树下，也是在 1792 年，有了相当多的交易者和有价证券后，才真正建立起来的。

证券交易所作为一个证券买卖的场所，它具有以下功能。

1. 提供证券交易场所

在这个集中的交易市场中，证券买卖的双方可以随时把其所持有的证券流通变现。这一点也保证了证券市场的连续性，即实现了买卖立即履行、买价与卖价之间的差距不大等连续交易市场的职能。

2. 形成价格与公告价格

由于证券买卖是公开、集中进行的，即采用双边竞价的方式来达成交易，所以它的价格是比较公平和合理的。证券交易所及时向社会公告此价格，这样对交易双方都较公平，同时这也为各种相关经济活动提供了重要的依据。

3. 便利投资与筹资

随着交易所的规模不断扩大，上市的股票不断增加，各类证券的不断流通，成交的数量也随之增加，这样有利于将社会上闲置的资金吸引到股票市场上来，为企业的筹资提供了更多的条件，有利于企业的进一步发展。

4. 引导投资的合理流向

证券交易所每天都会详细地公布当日行情和各家上市公司的信息，以此来反映证券发行公司及其所在行业的获利能力与发展前景。证券价格的变化会引导社会资金的流向。投资者会根据各类信息与价格浮动选择自己的投资方向，保证社会资金向最需要和有利的方向流动。

二、证券交易所的组织形式

按国际上通行的分类方法，证券交易所可分为会员制证券交易所和公司制证券交易所两种。

（一）会员制证券交易所

会员制证券交易所是以会员协会形式成立，由会员自愿出资共同组成的，它是不以营利为目的的法人团体。交易所会员主要由证券商组成，只有出资的会员以及享有特许权的经纪人，才能参与股票交易中的股票买卖与交割。目前大多数国家的证券交易所均采用会员制，中国也不例外。根据中国《证券交易所管理办法》规定，中国的证券交易所是指依法设立的，不以营利为目的，为证券的集中与有组织的交易提供场所、设施，履行国家有关法律、法规、规章、政策规定的职责，实行自律性管理的会员制事业法人。由此可见，中国的两大证券交易所（上海证券交易所与深圳证券交易所）都实行会员制。会员制证券交易所由会员自治、自律、自我管理、互相约束，这点与公司制证券交易所明显不同。会员制证券交易所的最高权力机构是会员大会，执行机构是理事会。理事会是由会员大会选举产生的，由理事长及理事若干名组成。会员大会的主要职责是：制定证券交易所章程；选举和罢免理事；审议理事会和总经理的工作报告以及交易所的财务预算等。理事会的职责主要有：执行会员大会的决议；决定政策，并由总经理负责编制预算，送请成员大会审定；维持会员纪律，对违反规章的会员给予罚款、停止营业与除名处分；批准新会员进人；核定新股票上市；决定如何将上市股票分配到交易厅专柜等。

会员制证券交易所又可分为法人型和非法人型。法人型证券交易所是不以营利为目的的社团法人，其主要的会员有证券商和证券经纪人。而非法人型证券交易所是自愿结合的非法人团体，它的章程中有明确的会员人会、惩戒、开除等条款，会员一旦人会必须遵守，会员的权利与义务也是由该组织赋予的。

会员制的证券交易所有众多的优点。首先，会员制交易所的佣金和上市费用较低。这样有利于吸引更多的交易者进场。其次，会员制交易所在交易上所发生的一切损失，均由买卖双方自己负责。因此，会员往往严于律己，互相监督，防止违法行为的发生。最后，在会员制交易所会员只能进场交易，不能进行场外交易，在一定程度上杜绝了幕后操作，限制了垄断交易与价格操纵。

当然，会员制证券交易所也有自身的缺点，其最大的缺点在于风险较大。由于买卖双方自己承担投资与融资中一切损失，所以交易中存在着很大的风险，这就要求理性投资以及合理融资。另外，会员制证券交易所还存在着与政府的经济政策配合较差的问题。最后，由于该交易所是由会员一起经营，会员又都可参与证券买卖，而该种交易所的会员理事中普通投资者（个人与企业等）的代表很少，甚至没有，所以会员们存在着一起做出一些不利于投资者的规定的可能。

（二）公司制证券交易所

公司制证券交易所是以营利为目的，提供交易场所和服务人员，以便利证券商的交易与交割的证券交易所。它是由各类出资人共同投资人股建立起来的公司法人。目前瑞士的日内瓦证券交易所采用的就是公司制证券交易所。由于公司制证券交易所对证券交易负有担保责任，所以必须设立赔偿基金。公司制证券交易所的最高权力机构是股东大会，最高决策机构是董事会。董事会与监事会均由股东大会选举产生，但是证券商及其股东不得担任证券交易所的董事、监事、经理。总经理对董事会负责，负责证券交易所的日常事务。董事的职责是核定重要章程及业务、财务方针；拟定预算决算及盈余分配计划；核定投资；核定参加股票交易的证券商名单；核定证券商应缴纳营业保证金、买卖经手费及其他款项的数额；核议上市股票的登记、变更、撤销、停业及上市费的征收；审定向股东大会提出的议案及报告；决定经理人员和评价委员会成员的选聘、解聘及核定其他项目。监事的职责包括审查年度决算报告及监察业务，检查一切账目等。

公司制证券交易所的优点主要有：①经营公司制证券交易所的人员不能参与证券买卖，从而在一定程度上可以保证交易的公平，有利于在社会上确立诚信度，吸引更多交易者参与；②公司制证券交易所与政府的经济政策容易配合，便于国家进行一定的管理。

同样，公司制证券交易所也有一些缺点。首先，它收取的费用比会员制证券交易所要高。这也是由其以营利为目的的性质决定的。在一定程度上，较高的费用会降低交易主体进入的热情。其次，若证券交易所经营不力，则会导致破产。一旦破产将严重影响社会金融形势的稳定，从而波及整个社会的稳定。

三、证券交易所的监管模式

对证券交易所的管理直接涉及正常有序的市场交易关系的确立，无论是会员制还是公司制的证券交易所，都要受到证券交易主管机关和证券交易自律组织的双重管理。一般来说，会员制证券交易所比较强调自律管理，公司制证券交易所则重视政府的行政管理。

证券交易所的成立必须取得行政主管机关的批准。证券交易所主管机关有权审查证券交易所的各项文件及活动的合法性，证券交易所的活动也必须接受主管机关和自律组织的监管，行政主管机关虽然不得直接干预证券交易所的业务，但却有权对证券交易所进行定期和不定期的检查，并要求其定期汇报规定的营业和财务报告；自律组织也有权根据自律组织的规范来监督证券交易所的活动。

证券交易所作为自律性的机构，必须规定适当的行为准则和职业道德守则，以督促其成员自我管理、自我约束，促进成员公司的规范、稳健运作。制定完善的行为准则和职业道德守则，可以在证券业内形成严格自律的行业风尚，树立证券业良好的社会形象，提高证券业的信誉，增强广大投资者的投资信心。此外，证券交易所也要设立一些可行、高效的监察系统和风险防范系统，监督其成员遵守有关法律法规和交易所的规则，对市场上不正常、违规的交易行为及时给予处罚，以有效地防范和化解市场运行风险。同时，交易所还应对在该所上市公司实行监管，要求公司严格遵守交易所制定的各项市场规则，建立信息披露制度，强化信息披露力度。通过充分的信息披露，增加公司运作的透明度，以切实维护广大中小投资者的合法权益，促进公司运作的规范化和制度化。事实上，从国际上来看，证券交易所一般有以下三种监管模式。

（一）综合型监管模式

这种监管模式既重视政府对证券交易所的监管，也充分发挥证券交易所的自律管理功能，美国、日本、加拿大、韩国等国家主要采取这种模式。由于这种模式以美国为代表，所以又称“美国体制”。根据美国《证券交易法》的规定，美国联邦政府成立了统一管理全国证券活动的最高管理机构——证券交易管理委员会。该委员会下设联邦证券交易所，它作为一个半管理和半经营的机构，执行证券交易所行政监管的同时，也为各种自律性组织，如证券商同业公会等保留了相当大的自治权。

（二）自律型监管模式

这种监管模式特别强调证券交易所的自我管理、自我约束。该模式以英国为代表，此外还有英联邦的一些国家。英国早期的证券业自律型管理体系是由证券商协会、收购与合并问题专门小组以及证券业理事会三个机构组成。其中，证券商协会由证券交易所内的自营商和经纪商组成，主要管理伦敦和其他证券交易所内的业务，它所制定的《证券交易所管理条例和规则》是各种证券交易活动的主要依据。收购与合并问题专门小组是一个非立法机构，由参加伦敦工作小组的 9 个专门协会发起组成，它所制定的《伦敦市场收购与合并准则》也不是立法文件，但该专门小组所从事的有关公司、企业收购与合并问题的管理，对上市公司的股权收购行为十分重要，而且受到证券交易所、贸易部、英格兰银行以及专业机构的支持。证券业理事会是 1978 年由英格兰银行提议成立的新自律型组织，由 10 人以上专业协会的代表组成，它虽然是一种非官方组织，但却在修改及执行若干重要的证券交易规则中起到极其重要的作用。英国的这三个自律机构是与政府监管机构相互独立的，但在查处证券交易违法活动方面却与政府密切配合，相互协作，从而形成了一种政府指导下的自律型监管模式。

（三）行政型监管模式

该模式的最大特点是强调政府权力对证券交易所的外部管理。目前，欧洲大陆的多数国家采取这种管理模式，故又称“欧陆模式”。法国是这一管理模式的重要代表之一。法国政府对证券交易所的管理主要通过证券交易所管理委员会来进行，该管理委员会成立于 1967 年，是法国政府的一个公共机构，接受财政部长的监督，由其任命管理委员会的成员，但财政部长一般不干预管理委员会的业务决策。该管理委员会的主要职责是：提出修改各种有关证券规章制度的议案；负责监督证券市场的营业活动；审查证券交易所的不公正行为；决定证券交易所的交易程序，决定报价和撤销，核定佣金的标准和比率；确保上市公司及时公布有关信息并审核其准确性。

四、世界主要的证券交易所

世界各国尤其是成熟市场都有一些重要的证券交易所，如美国有 18 家，其中纽约证券交易所为世界第一大证券交易所；英国有 7 家证券交易所，最著名的是伦敦证券交易所；日本有 8 家证券交易所，东京、大阪、名古屋是最主要的三大证券交易所；法国有 7 家证券交易所，最著名的是巴黎和里昂证券交易所；中国香港联合交易所是远东证券交易中心之一；中国大陆有上海和深圳两家证券交易所，承担了全国大量的证券交易，这两家交易所均实行会员制。

第三节　证券评级机构

证券评级机构是专门从事有价证券评级业务的机构，一般为独立的非官方机构。它的出现，与证券这一商品的特性有关。证券的特性就是收益和风险紧密相关，追求高收益，承担高风险；反之，承担的风险较小。因此，一方面，投资者要做出最佳的投资组合，必然要对各种证券进行比较、分析；另一方面，证券发行后能否被批准上市，已上市证券的继续发行对投资者是否有吸引力等，都与证券的等级评定有着千丝万缕的联系。

一、证券评级的主要作用

承销商可以依据证券级别的高低来决定发行价格、发行方式、承销费用及采取何种促销手段。自营商可以根据各种证券的信用等级来评定其经营风险的大小，调整证券投资组合，这样，有利于其自身的风险管理，也有利于内部管理部门对其经营的监管，防止因风险过大而危及自身安全。经纪商在从事信用交易时对不同的证券给出不同的证券代用率。因而，证券质量的评定对发行者、投资者和证券商都是十分重要的。

二、国际上较著名的证券评级机构

国际上较著名的证券评级机构包括美国的穆迪投资服务公司、标准普尔公司；日本的债券评级研究所；英国的国际银行业和信贷分析公司等。这些公司评出的证券等级，比较客观地反映了证券发行者与证券本身的资信程度。它们一般是完全独立的，不受政府和任何机构干预，但又同证券管理机构有着密切的联系，评级机构的业务活动本身就形成了对不同级别的证券发行人在证券市场上的活动范围进行了不同的限制，能够取得最高级别的发行者一般可以较低的成本发行证券、募集资金，其在证券市场上也较受欢迎。我国有中国诚信评级有限公司、大公评级有限公司等。

对证券的评级由两部分构成：一是债券的评级。除了信誉特别高的国债外，公司债券发行者、外国政府债券的发行者等都自愿向专门从事证券评级业务的评级机构申请级别评定。评级公司在评级过程中主要考虑四个内容：证券发行公司的偿债能力、证券发行公司的资信、投资者承担的风险和公司债务的法律性质。各国对债券评级的方法与债券级别的划分大致相同。二是股票的评级。严格地讲，股票评级是对股票进行编类排列，即按照各类股票的股息和股东分红水平、股票的盈利与风险、股票的涨跌前景等，对股票进行分类排列，作为股东调整经营决策的参考信息和依据，因此与债券评级不同。

2003 年 10 月，惠誉国际和穆迪公司等著名的国际评级机构将我国的外债评级由原来的 A－调升至 A，原因是我国经济持续稳定发展，我国的外汇储备超过 4000 亿美元，偿债能力大大加强。

证券评级机构对证券的评级结果只承担道义上的义务，而无法律上的责任。对某些债券评级较高并非向投资者推荐这些债券，只是评价该债券的发行质量、发行者资信、投资者承担的风险，对股票的评级更不具备“定性”作用，归根到底还是由投资者做出投资选择。

第四节　其他金融市场媒体

一、信托投资公司

信托投资公司是以盈利为目的，并以委托人身份经营信托业务的金融机构。它是依照法律程序设立的经营信托业务的金融机构。

中国信托业只有短短的 20 多年，但中国实行信托制度却已有近一个世纪的历史。1979 年 7 月筹备成立的中国国际信托投资公司是全国第一家信托投资机构。中国的信托投资机构大体上有两种类型：第一类是直属国务院和地方政府的，如中国国际信托投资公司、光大信托投资公司等隶属于国务院。第二类是各经济主体和部门设立的专业信托投资公司，如挂靠国家民族事务委员会的民族信托投资公司、国家体育运动总局的科材信托投资公司、国家旅游局的中国旅游信托投资公司和国家电力总公司的中国电力信托投资公司等。

与国际上许多从事单一信托业务的信托投资公司不同，中国的信托业务主要包括信托业务、委托业务、代理业务、兼营业务、外汇业务等。不少信托投资公司不仅获得了通过国内外各种渠道的融资权，还相继获得了进出口贸易、房地产开发、租赁等多项投资经营权，并可以向企业、政府提供贷款。于是，从字面上来看只是从事信托、委托业务的信托投资公司变成了“金融百货公司”。这样做的后果是给金融市场带来了不必要的风险。于是，从 1999 年开始，国家对信托投资公司进行了整顿和清理。随后，全国人民代表大会常务委员会审议通过了《信托法》，明确了信托公司的主营业务是信托业务，这为中国信托公司的发展指明了方向。2002 年 6 月 5 日中国人民银行又发布了修订后的《信托投资公司管理办法》，使其与《信托法》的有关内容表述一致。此举进一步加强了对信托投资公司的监督管理，规范了信托投资公司的经营行为，促进了信托业的健康发展。

二、基金公司

基金公司是极重要的证券市场媒体。基金分为封闭式基金和开放式基金。

封闭式基金是指基金的发起人在设立基金时，限定了基金单位的发行总额，筹足总额后，基金即宣告成立，并进行封闭，在一定时期内不再接受新的投资。基金单位的流通采取在证券交易所上市的办法，投资者日后买卖基金单位，都必须通过证券经纪商在二级市场上进行竞价交易。

开放式基金是指基金发起人在设立基金时，基金单位的总数是不固定的，可视投资者的需求追加发行。投资者也可根据市场状况和各自的投资决策，或要求发行机构按现期净资产值扣除手续费后赎回股份或收益凭证，或再买入股份或受益凭证，增持基金单位份额。

基金公司就是负责这些基金具体投资操作和日常管理的公司。基金公司通常由证券公司、信托投资公司发起成立，具有独立的法人地位。

在中国，证监会于 2001 年 5 月在《关于申请设立基金管理公司若干问题的通知》

中明确：证券公司或信托投资公司可申请成为基金管理公司的主要发起人，其他市场信誉较好、运作规范的机构也可作为发起人参与设立；申请人应当参照证监会对证券投资基金交易行为的要求向交易所提交自律承诺书，严格规范其证券投资活动。同时规定：依法设立的证券公司、信托投资公司以及市场信誉较好、运作规范的其他机构，实收资本在3亿元人民币以上的，其自愿提交的自律备案申请均可受理。无论是封闭式基金还是开放式基金都在证券一级市场的证券发行和二级市场的证券流通中起了重要的中介作用。在中国，基金公司的作用主要表现在证券经纪业务上，如聘请专家，代客买卖企业债券、股票等。近年来，相当一部分基金成效甚好，基金业也得到了公众投资者的关注和青睐。

三、证券投资咨询公司

证券投资咨询公司在西方国家中称为投资顾问，是证券投资者的职业性指导者，包括机构和个人。主要是向顾客提供参考性的证券市场统计分析资料，对证券买卖提出建议，代拟某种形式的证券投资计划等。证券投资咨询公司最大的特点，就是根据客户的要求，收集大量的基础信息资料，进行系统的研究分析、向客户提供分析报告和操作建议，帮助客户确立投资策略，确定投资方向。此类公司的咨询业务主要包括以下内容：①接受政府、证券管理机关和有关业务部门的委托，提供宏观经济及证券市场方面的研究分析报告和对策咨询；②接受证券投资者的委托，提供证券投资、市场法规等方面的业务咨询；③接受公司委托，策划公司证券的发行与上市方案；④接受证券经营机构的委托，策划有关的证券事务方案，担任顾问；⑤编辑出版证券市场方面的资料、刊物和书籍等；⑥举办有关证券投资咨询的讲座、报告会、分析会等；⑦发表证券投资咨询的文章、评论、报告，以及通过公众传播媒体和电信设备系统提供证券投资咨询服务。

证券投资咨询机构的出现，一方面适应了证券市场专业化的要求，另一方面也符合证券市场的公开、公平、公正原则。其作用是：①咨询人员运用自身专业知识和丰富经验，通过对证券市场各相关因素的系统分析和研究，形成报告公布给投资者，从而有利于提高证券市场的透明度；②咨询机构可以为市场上的发行人、投资人出谋划策，帮助他们选择筹资、投资的最佳方案，从而有利于减少投资者的盲目性，提高资金运作效率；③咨询机构结合宏观经济因素，运用大量的事实数据对上市公司经营情况进行分析研究，引导投资者理性投资，从而有利于证券市场稳定发展；④咨询机构通过对上市公司的深入研究，并在有关媒体发表分析报告文章，对规范上市公司经营运作也起到一定的监督和促进作用。

四、证券信息公司

证券信息公司，是依法设立的，对证券信息进行搜集、加工、整理、存储、分析、传递，以及从事信息产品、信息技术的开发，为客户提供各类证券信息服务的专业性中介机构。

证券信息公司所从事的业务主要有以下四个方面。

1. 证券信息资源建设

证券信息资源建设主要指对各类证券信息进行搜集、整理、加工、存储。信息资源一般包括国家宏观经济政策、相关法律法规、上市公司基础资料（包括年度及中期报告、重大信息披露等）、证券经营机构基础资料、证券交易行情信息以及其他与证券市场相关的各类信息资料。证券信息公司通过搜集和整理大量的基础证券信息资料，建立一套完整的处理、考核和市场反馈体系，对基础信息进行分析、加工并形成可供客户使用的最终信息产品。证券信息资源建设是证券信息公司从事信息服务的基础工作。

2. 证券信息产品开发

证券信息产品开发是指对原始信息资源提炼加工、分析研究，形成客户所需的最终信息产品。信息产品主要有书面文字资料和电子数据资料两种形式。目前常见的证券信息产品有：证券信息电脑查询系统、声讯台信息系统、图文电视信息系统、实时行情无线接收系统和各类证券报纸杂志出版物等。单纯的信息产品往往与信息传播技术和信息应用软件技术相互结合，形成综合性的信息服务产品。

3. 证券信息传播服务

由于证券市场具有风险高、变化快、专业性强等特点，人们对证券信息的准确性、及时性和专业性的要求也日益提高。目前，证券信息传播方式主要有电子数据传播和书面文字数据传播两种方式。随着计算机和通信技术的迅猛发展，电子数据传播方式已成为证券信息传播最主要的方式。证券信息公司可以利用现有的通信网络，准确及时地将信息传递到客户手中。常见的通信网络主要有：国际互联网、卫星通信网络、电脑局域网络、图文电视及无线发射接收系统等。通信技术的革命，极大地开拓了证券信息传播渠道的广度和深度。

4. 证券信息技术的开发、应用、推广

证券信息技术，主要指证券信息处理技术、信息传播技术和信息应用技术等。信息处理技术是信息加工整理的基础技术，信息传播技术是实现证券信息服务的基本手段，信息应用技术是证券信息公司最终向客户提供信息服务的技术。证券信息公司通过研究开发或者引进推广国外先进技术，推动了信息技术不断发展。

全球最大的两家财经新闻信息传播机构是路透社和道琼斯德利财经。它们是综合性的财经信息服务机构，所开发的信息产品路透财经资讯系统和德利财经资讯系统在全球范围内享有盛誉，用户几乎遍及全世界各个角落。目前，我国的证券信息服务行业才刚刚起步，专业性证券信息服务公司还不多，规模实力较小，只能从事上述主要业务中的一项或几项工作。

五、证券金融公司

证券金融公司，也称证券融资公司，源于信用交易制度，是一种较为特殊的中介机构。证券金融公司主要吸收证券公司、交易所或其他证券机构的存款和存券，向证券经营机构借出信用交易所需的资金和证券。在成熟的市场中，证券金融公司的融资融券活动可提高证券市场交易的活跃程度，这一机构主要存在于日本和我国的台湾。美国的融资融券业务，是通过交易双方的借贷行为完成的。我国目前的法规不允许此类业务，也不存在专门的证券金融公司。

关键概念

证券市场媒体　　证券公司
证券交易所　　证券评级机构

本章小结

（1）证券公司是指专门从事与证券经营有关的各项业务的金融机构，也就是证券经营机构。它是一国金融体系的重要组成部分，是证券市场重要的组织者、参与者。

（2）证券交易所是专门的、有组织的市场，又称场内交易市场，是指在一定的场所、一定的时间，按一定的规则，集中买卖已发行证券而形成的市场。证券交易所的组织形式主要有会员制证券交易所和公司制证券交易所两种。

（3）证券评级机构一般是完全独立的，不受政府和任何机构干预，但又同证券管理机构有着密切的联系。评级机构的业务活动本身就对不同级别的证券发行人在证券市场上的活动范围进行了不同的限制，能够取得最高级别的发行者一般可以较低的成本发行证券、募集资金。

（4）其他金融市场媒体还包括：信托投资公司、基金公司证券、投资咨询公司、证券信息公司和证券金融公司等，它们各自发挥着不同的作用。

复习思考

（1）简要回答证券公司的功能及业务。

（2）证券交易所的功能是什么？

（3）证券交易所的监管模式有哪几种？

（4）目前世界上著名的证券评级机构有哪些？

案例分析

审计整整16载　安然倒闭　安达信遭遇诚信危机①

美国最大的能源公司安然（Enron）的倒闭使安达信（Andersen）——世界第五大会计师事务所——遇到了难题。

安达信自安然公司成立伊始就为它做审计，已经做了整整16年。除了单纯的审计外，安达信还提供内部审计和咨询服务。但是尽管有如此得天独厚的条件，安达信仍然没有发现安然公司公布了错误的财务报表。因为没有尽责，安达信现在正面对几千名员工、股东和债权人的愤怒和合法索赔，这些人将因为安然公司的倒闭而损失几十亿美元。

在2001年11月份，安然公司重新公布了1997～2000年的年度财务报表，结果与以往相比，累积利润减少了5.91亿美元，而债务却增加了6.28亿。该公司称，原因在于公司在股权交易中，公司发行股权换取了应收票据。这些应收票据在公司的账本上记

---

① 资料来源：http：//news. eastday. com/epublish/gb/paper139/54/dass013900018/hwz578886. htm.

录为资产，发行的股票记录为股东权益。按照会计原理，在没有收到现金前不能记录权益的增加，而安达信却这样做了。

在国会的一次听证会上，安达信的首席执行官布鲁迪诺承认，他的公司犯了一个判断错误，但是他同时指出，安然公司并未提供有关这笔股权交易的信息，而且安达信曾经警告过安然公司的审计委员会，该公司存在“可能的非法行为”。安然公司对此进行了反驳，称其不仅发现和汇报了有关信息，而且安达信在同一时刻还参与了所有主要财务票据的审计程序。如果安达信真的提出过什么建议，作为一家专业的会计师事务所，它是很难对存在的问题避而不谈的。

美国证券交易委员会正在调查安达信在安然的审计工作，同时也在提出针对安达信的诉讼。但是已经有观察家质疑，在目前这种情况下，安达信能否过关。2001 年，证券交易委员会对安达信曾罚款 700 万美元，因为它在处理一家废品管理公司的账务中所使用的结算方法误导了投资者。在 2001 年春天，安达信因为替一家即将破产的公司做假账，被罚了 1.1 亿美元。因此，证券交易委员会很可能会禁止安达信在一段时间内接受新的审计客户。至于现在正在提出的诉讼，如果原告胜诉，安达信将赔偿相当多的一笔钱。

不管安然公司是否隐瞒了信息，这个事件的影响远比事件本身更重要，因为它揭示了一点：职业会计服务并不一定靠得住，其他诸如信用等级机构、投资银行等也是如此。五大会计师事务所中的其余四家的老总纷纷发表了评论，他们认为标准制定者的行动太慢，对不平衡的报表未能制定出相适应的规则，财务报表模式已经过时了，应该有更严格的规范和纪律，应该做出更大的改进来提高审计效率。

这些话都是实话，但关键要看美国的职业会计公司对变化的接受度有多大。目前，审计师们靠长期的自律来保持诚实。大公司采用“同事检查”的方法来相互审核审计结果，而审计监督委员会则缺乏必要的独立性，其资金和人员都是来自会计公司，因此无法对不诚实的审计师加以惩罚。

思考：

职业会计服务一定靠得住吗？安然事件带给我们怎样的启示。

第五章 证券交易

本章提要

证券市场是一个复杂的市场但却是一个有序的市场，它有着自己的规则和流程。本章主要介绍了证券交易程序以及证券交易的委托方式，证券交易规则，证券投资过程中的税收和佣金。学生要重点掌握证券交易的程序及其主要操作步骤，以及在证券交易中一些需要注意的问题。

重点难点

- 熟悉证券交易的程序。
- 了解证券交易的委托方式。
- 掌握证券交易规则。
- 重点掌握证券投资过程中的税收和佣金。

引导案例

印花税对股市的影响①

为进一步促进证券市场的健康发展，经国务院批准，财政部、国家税务总局决定，从2008年4月24号起，调整证券（股票）交易印花税率，由现行3‰调整为1‰。据财政部介绍，新的规定意味着对买卖、继承、赠与所书立的A股、B股股权转让书据，由立据双方当事人分别按1‰的税率缴纳证券（股票）交易印花税。自中国股票市场设立14年来，曾多次调整印花税税率。迄今为止，国家已经累计征收印花税逾千亿元人民币。

印花税作为投资者交易成本的重要组成部分，如果进行下调，意味着投资者交易成本的下降。从利益分配的角度看，实际上是国家给市场一定幅度的让利。以2007年全年4万亿元的交易量来说，印花税降至1‰将为投资者节省80亿元的交易成本。

中国股市成立至今，曾9次调整印花税率。历史上的印花税调整对市场的影响也是大小有别。其中3次减征印花税都形成了一轮上升行情。而1998年6月和2001年11月的印花税率下调对市场的影响就较为有限。虽然印花税下调对市场形成实质性利好，但仅仅依靠印花税调整难以改变市场总的运行趋势。

案例思考：

结合实际谈谈投资者在进行证券（股票）买卖的过程中要支付哪些费用，财政部降低印花税对我国股市会产生哪些影响。

---

① 资料来源：http：//finance. sina. com. cn/focus/taxandmarket/index. shtml.

第一节　证券交易程序

一、证券交易程序简介

在证券交易活动中，投资者在证券市场上买卖已发行的证券要按照一定的程序进行，所谓证券交易程序，就是指投资者在二级市场上买进或卖出已上市证券所应遵循的规定过程。在现行的技术条件下，许多国家的证券交易已采用电子化形式。在电子化交易情况下，证券交易一般要经过开户、委托、竞价成交、结算、过户登记等程序（图5-1）。

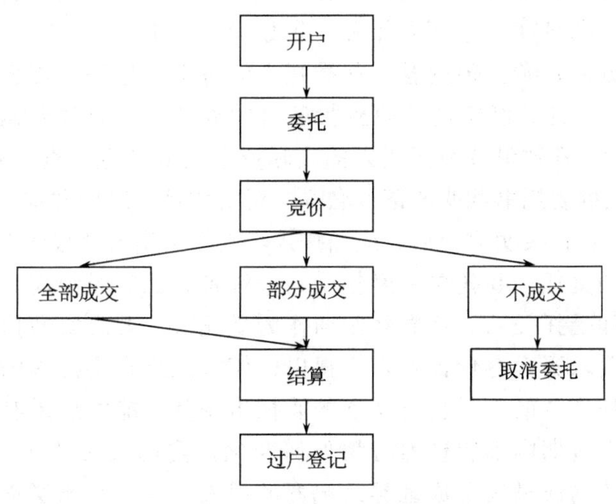

图 5-1　证券交易流程图

（一）开户

投资者在证券交易所买卖股票，首先要到证券登记结算公司或其代理点办理开户手续。所谓开户，一般包括两层含义：一是开立证券账户，作为投资者买卖证券、实行清算交割的专户；二是开立资金账户。

（1）开立证券账户。证券账户是指证券登记结算机构为投资者设立的，用于准确记载投资者所持有的证券种类、名称、数量及相应权益和变动情况的一种账册。证券账户是认定股东身份的重要凭证，具有证明股东身份的法律效力，同时也是投资者进行证券交易的先决条件。

根据我国法律、法规对自然人和法人开立证券账户和买卖证券品种的限制，按目前上市证券品种和证券账户的用途，证券账户主要分为三种，即股票账户、债券账户和基金账户。

开立证券账户应坚持合法性和真实性的原则。

（2）开立资金账户。资金账户是证券经纪商为投资者设立的账户，用于投资者证券交易的资金清算，记录证券交易的币种、余额和变动情况。

投资者在证券营业部的资金存取目前主要有以下三种方式：①证券营业部自办资金存取；②委托银行代理资金存取；③银证联网转账存取。

（二）委托

投资者开户后，就可以在证券经纪商营业部办理委托买卖。所谓委托买卖是指证券经纪商接受投资者委托，代理投资者买卖证券，从中收取佣金的交易行为。

（1）委托指令的形式。投资者发出委托指令的形式有柜台委托和非柜台委托两种形式。其中非柜台委托包括：电话委托、传真委托和函电委托、自助终端委托及网上委托。

（2）委托指令的内容。委托指令的内容有多项，正确填写委托单或输入委托指令是投资决策得以实施和保护投资者权益的重要环节。以委托单为例，委托指令的基本要素包括：①证券账号；②日期；③证券品种；④数量；⑤价格；⑥时间；⑦有效期；⑧签名；⑨委托买卖的方向；⑩其他内容，如委托人的身份证号码、资金账号等。

（3）委托的执行。证券经纪商在收到投资者的委托后，应对委托人的身份、委托内容、委托卖出的实际证券数量及委托买入的实际资金余额进行审查，经审查符合要求后，才能接受委托，并根据委托书载明的证券名称、买卖数量、出价方式、价格幅度等，按照交易规则代理买卖证券；买卖成交后，应当按规定制作买卖成交报告单交付客户。

（4）委托双方的责任。委托单一经接受，投资者和证券经纪商之间就建立起受法律约束和保护的委托和受托关系。证券经纪商作为受托人，要忠实地执行委托指令，在委托有效期内按指令要求买卖有价证券，不得以任何方式损害委托人的利益。投资者作为委托人，在发出委托指令前应对自己所下的委托指令及可能的后果有足够的认识，委托指令一旦执行，在有效期内不管证券行情如何变化，委托人必须履行交割清算的责任。如果因为委托人的违约或过失造成证券经纪商的损失，也须负赔偿责任。

（三）竞价成交

证券市场的市场属性集中体现在竞价成交环节上，特别是在高度组织化的证券交易所内，会员经纪商代表众多的卖方和买方按照一定规则和程序公开竞价，达成交易。正是这种竞价成交机制使证券市场成为最接近充分竞争的、高效的和公开、公平、公正的市场，也使市场成交价成为合理公正的价格。

1. 竞价原则

一般情况下，证券交易所内的证券交易按“价格优先、时间优先”的原则竞价成交。

（1）价格优先。价格优先的原则表现为：价格较高的买进申报优先于价格较低的买进申报，价格较低的卖出申报优先于价格较高的卖出申报。

（2）时间优先。时间优先原则表现为：同价位申报，依照申报时序决定优先顺序，即买卖方向、价格相同的，先申报者优先于后申报者。先后顺序按证券交易所交易主机接受申报的时间确定。

除此之外，还有市价优先原则、客户优先原则和数量优先原则。市价优先原则是指市价申报比限价申报优先，客户优先原则是指客户的申报比证券商自营买卖申报优先满足，数量优先原则是指申报买卖数量大的比数量较小的优先满足。

2. 竞价方式

目前证券交易所一般采用两种竞价方式，即在每日开盘时采用集合竞价方式，在日常交易中采用连续竞价方式。我国的上海、深圳证券交易所均采用这种方式。

(1) 集合竞价。所谓集合竞价是指在每个交易日开盘前，证券经纪商将接受的客户开盘竞价指令统一输入证券交易所计算机主机，由计算机主机将接受的全部有效委托进行一次集中撮合处理的过程。

(2) 连续竞价。集合竞价结束、交易时间开始时，即进入连续竞价，直至收市。连续竞价阶段的特点是，每一笔买卖委托输入计算机自动撮合系统后，当即判断并进行不同的处理：能成交者予以成交；不能成交者等待机会成交；部分成交者则让剩余部分继续等待。按照我国目前的有关规定，在无撤单的情况下，委托当日有效。

竞价的结果有三种：全部成交、部分成交、不成交。

(四) 结算

结算是指一笔证券交易成交后，买卖双方结清价款和交收证券的过程，即买方付出价款收取证券、卖方付出证券并收取价款的过程。证券结算包括证券清算和交割、交收两个过程。

1. 结算原则

证券结算主要遵循以下两条原则。

(1) 净额清算原则。净额清算原则又称差额结算，是指在一个清算期内，对每个证券公司价款的清算只计其各笔应收应付款项相抵后的净额，对证券的清算只计每一种证券应收应付相抵后的净额（有的清算机构采用逐笔交收)。差额清算方式的主要优点是可以简化操作手续，提高清算效率。应该注意，清算价款时，同一清算期内发生的不同种类证券的买卖价款可以合并计算，但不同清算期发生的价款不能合并计算；清算证券时，只有在同一清算期内同种证券才能合并计算。

(2) 钱货两讫原则。钱货两讫原则是指在办理资金交收的同时完成证券的交割，这是清算交收业务的基本原则。钱货两讫的主要目的是防止买空卖空行为的发生，维护交易双方的正当权益，保护市场正常运行。

2. 结算模式

我国证券市场采用的是法人结算模式。法人结算模式是指由证券公司以法人名义集中在证券登记结算公司开立资金清算交收账户，其所属证券营业部的证券交易的清算、交收均通过此账户办理。但深圳、上海证券交易所在具体操作上有一定的差异。

3. 交收清算办法

交收清算办法随证券流通形式的发展而发展。目前，主要包括以下三种。

(1) 实物交收。在实物证券流通情况下，投资者对证券的所有权以其对证券的持有和证券上记载的姓名为依据，相应地以实物交收办法进行交收清算。买方必须在规定的时间内向证券经纪商交出全部价款，卖方则必须在规定时间内向证券经纪商交出全部证券，如果交易的是记名证券，还需附加过户申请书或转让背书。

(2) 动款不动账。在证券集中保管的情况下，投资者的证券由某一金融机构或证券交易所集中保管，并由代保管机构建立证券库存分户账。证券交易通过库存分户账的划转解决，投资者无须交收证券，价款则可通过资金账户划转清算。

(3) 自动交收清算。在实行股票无纸化交易的情况下，交易过程中并无实物证券流通，相应地实行一整套计算机自动交易、自动交收清算、自动过户制度，买卖双方凭股票账户和资金账户进行交易，投资者对证券的所有权不再凭持有证券和证券上的记名，而是以结算机构的计算机记载为依据。

4. 交收的种类

按交收日期安排，有会计日交收和滚动交收两种。

(1) 会计日交收。会计日交收是指一个时期发生的所有交易在交易所规定日期交收。这种交收方式不利于提高市场效率，容易发生结算风险，已很少使用。

(2) 滚动交收。滚动交收是指所有交易的交收安排于交易日后固定天数内完成，又称例行日交收。我国目前对 A 股、基金、投资基金、国债、国债回购、债券等实行的是（T+1）交收，对 B 股实行（T+3）交收。所谓（T+1）交收，是指达成交易以后相应的资金交收与证券交割在成交日的下一个营业日完成。

(五) 过户登记

证券登记是指通过一定的记录形式确定当事人对证券的所有权及相关权益产生、变更、消失的法律行为。过户是买入证券的投资者到证券发行人或其指定的代理金融机构办理变更持有者名簿登记的手续，它分为股权与债权的过户。过户是证券交易的最后一个环节。

1. 证券登记

在我国目前由证券登记结算公司集中办理证券登记业务。证券登记结算公司作为证券交易所及发行人认定的市场唯一的证券登记机构，向发行人提供发行登记服务，为发行人提供有效的持有人名册，并确保持有人名册的合法性、真实性与完整性。

通常情况下，有三种情况需要进行证券登记：一是托管登记，即原有的少量实物证券经过托管后进行登记；二是发行登记，即结算机构对投资者认购的新发行证券进行登记；三是过户登记，即当证券所有权从一个证券账户名下转移到另一个证券账户名下时进行的登记。

2. 股权与债券过户

依据过户的目的不同，股权和债权的过户分为以下三种。

(1) 交易性过户，是指由于记名证券的交易使股权（或债权）从出让人转移到受让人从而完成股权（债权）过户。

(2) 非交易性过户，是指符合法律规定和程序的因继承、赠与、财产分割或法院判决等原因而发生的股票、基金、无纸化国债等记名证券的股权（或债权）在出让人、受让人之间的变更。受让人需凭法院、公证处等机关出具的文书到证券登记结算公司或其代理机构申办非交易过户，并根据受让总数按当天收盘价缴纳规定标准的印花税。

(3) 账户挂失转户，由于实行无纸化流通，证券账户一旦遗失，即可按规定办理挂失手续。在约定的转户中，证券登记结算公司主动办理转户手续。

我国上海、深圳证券交易所采取无纸化登记方式，实行计算机自动过户办法，投资者无须再另外办理过户手续。股东（或债权人）在享受其应得权益时，证券交易所计算机会打印出股东名册提供给股票发行公司作为股东（或债权人）的收益证明。

办理完过户手续，整个证券交易过程就全部结束了。

二、证券交易程序要点

（一）办理开户

投资者如需入市，应先开立证券账户卡。可开立上海证券账户卡或深圳证券账户卡。证券账户卡是证券登记机构发出的，证明投资者开立了某个证券账户的有效凭证。投资者可凭证券账户卡和本人有效身份证到指定的证券交易营业部门办理证券的交易、分红、派息、登记过户等事宜。股票过户登记随着股票交易成功而自动被证券交易所记录，投资者并不需要在完成交易后专门向股票登记机构声称自己已拥有股权。

1. 开立证券账户卡

个人：投资者可以通过所在地的证券营业部或证券登记机构办理，在交易时间内前往证券公司营业部填写《自然人证券账户注册申请表》，并提交本人身份证及复印件。委托他人代办业务，还需提供委托代办书公证件及代办人身份证原件和复印件。

法人：填写《机构证券账户注册申请表》，并提交企业法人营业执照及复印件，法定代表人证明书、法定代表人身份证复印件、法定代表人授权委托书和经办人身份证及复印件。

证券投资基金、保险公司：开设账户卡则需到深圳证券交易所直接办理。

开户费用：个人每个账户 50 元；机构每个账户 500 元。

2. 开立资金账户

投资者开立上海、深圳证券账户后，需在证券营业部开立资金账户，然后才可以买卖证券，如图 5-2 所示。

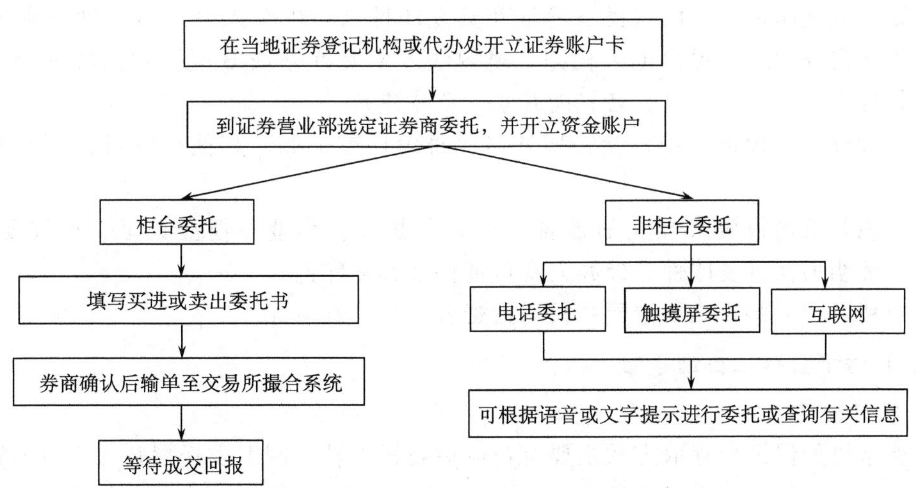

图 5-2　深圳证券交易所交易流程图

（1）个人：投资者需提供本人身份证及复印件，上海、深圳证券账户卡及复印件。委托他人代办的，还需提供委托代办书公证件及代办人身份证原件和复印件。若是代理人，还需与委托人同时临柜签署《授权委托书》，并提供代理人的身份证及复印件。

法人：应提供企业法人营业执照及复印件、法定代表人证明书、证券账户卡及复印件，法定代表人授权委托书和被授权人身份证及复印件、单位预留印鉴以及预留企业同名银行回款账号。

(2) 填写开户资料，并与证券营业部签署《证券买卖合同》。

(3) 证券营业部为投资者开设资金账户。

(4) 需开通证券营业部银证转账业务功能的投资者，注意查阅证券营业部有关此类业务功能的使用说明。

3. B股开户一般程序

第一步，凭本人有效身份证明文件到其原外汇存款银行将其现汇存款和外币现钞存款划入证券商在同城、同行的B股保证金账户。境内商业银行应当向境内居民个人出具进账凭证单，并向证券经营机构出具对账单。第二步，凭本人有效身份证明和本人进账凭证单到证券经营机构开立B股资金账户，开立B股资金账户的最低金额为等值1000美元。第三步，凭刚开立的B股资金账户，到该证券经营机构申请开立B股股票账户。

中国证券登记结算公司深圳分公司作为深圳B股的法定登记机构，负责B股投资者开户业务。同时授权给一些证券营业部、一些银行或其他代理开户点开立B股账户。目前网上实时B股开户允许境内外个人和境外代理人、境外一般法人开户。一些证券营业部作为深圳B股开户代理证券商，也可代办B股开户业务。投资者可到具备从事深圳证券交易所B股业务资格的证券营业部、深圳证券交易所委托的开户代理机构办理B股证券账户。账户开立情况如下。

(1) 境内个人投资者需提交：金额7800港元（相当于1000美元）以上的外汇资金进账凭证及其复印件；境内居民身份证及其复印件（境内个人投资者办理B股开户必须是本人亲自办理，不得由他人代办，境内法人不允许办理B股开户。境外个人投资者可委托他人代办，每个投资者只能开立一个账户）。

(2) 境外个人投资者需提交：境外居民身份证或护照、其他有效身份证件及其复印件。

(3) 境外机构投资者开立B股证券账户须提供：商业注册登记证、授权委托书、董事身份证明书及其复印件、经办人身份证件及其复印件。

开户费：个人每户120港元；机构投资者每户580港元。

（二）保证金存取办理手续

1. 保证金存入

目前常见的保证金存取方式主要有：电话委托划转、网上委托划转、柜台划转。个人可通过证券公司电话委托系统、网上交易系统以及电话银行、网上银行等方法，以银证转账的方式，在资金账户与银行存款账户之间划转。法人存入常见方式有网银、银行柜台转账或营业部柜台支票存取等。

2. 保证金提取

个人可通过证券公司电话委托系统、网上交易系统以及电话银行、网上银行等方法，以银证转账的方式，在资金账户与银行存款账户之间划转。法人，机构客户取款时，委托代理人需亲临营业部柜台并出示该机构的“资金划出委托书”和相关证明材料。

3. B股保证金存取

保证金划入：凭本人有效证件到其外汇存款银行将其现汇存款或外币现钞存款划入拟开户的证券经营机构在同城、同行的B股保证金账户，暂时不允许跨行或异地划转外汇资金。保证金划出：凭本人有效身份证明文件与B股证券账户卡至营业部柜台，填写取款单和外汇划款委托书，通过柜台支取，然后由财务汇入客户对应银行的外币活期存折。

（三）查询与挂失

1. 账户查询

投资者日常交易要查询的内容有：委托成交查询；股票余额查询；资金余额查询；分红股份、息款入账查询等事项。一般情况下投资者可通过证券营业网、电话交易系统、密码系统或营业部窗口查询。

2. 账户挂失

证券账户卡毁坏或丢失的应尽快到公司营业部申请办理证券账户挂失与补办手续。本人持有效身份证明文件办理，如证件遗失的可持公安机关出具的身份证遗失证明书办理。

第二节　证券交易运行规则

一、证券交易所规则

证券交易所制定交易规则，目的在于建立和维护正常的交易秩序，避免交易纠纷，保证证券交易有序地进行。交易规则主要是对证券市场和各种交易行为进行规范。以下是交易规则的主要内容。

1. 入市人员

只有交易所会员或会员指派的出市人员与交易所的工作人员才有资格进入场内交易市场，入场人员必须携带证件并在显著部位佩戴识别标志。

2. 交易对象

证券交易所的交易对象，必须是按国家有关规定公开发行在该交易所上市的有关证券。交割证券须为成交协议所规定的证券。

3. 交易时间

交易所实行集中交易，集中交易的时间由各交易所根据证券交易情况具体规定。各种证券的交易可以在同一时间进行，也可分开进行。我国上海、深圳证券交易所交易时间均为上午9：30～11：30，下午13：00～15：00。

4. 交易单位

证券的交易单位是交易所规定买卖证券的标准计量单位，通常为一定数量的整数证券。股票以若干股为一个交易单位。例如，我国深圳证券交易所规定股票以100股为一个交易单位，债券以面额 1000 元为一个交易单位，将一个交易单位称为“一手”。每次交易必须是交易单位的倍数，最少必须买卖一个交易单位。不够一个交易单位的证券再通过零股经纪人或零股市场及柜台市场买卖。

5. 挂牌、摘牌、停牌与复牌

证券交易所对上市证券实施挂牌交易。上市首日证券行情显示的前收盘价为其发行价。证券上市期届满或依法不再具备上市条件的，证券交易所要终止其上市，予以摘牌。对于连续三天以上达到涨跌幅限制的证券，交易所要对其实行停牌交易半天，并予以公告。另外，根据中国证监会和证券交易所业务规则的规定，交易所可以对其他上市证券实行停牌或复牌。证券停牌时，证券交易所发布的行情中包括该证券的信息；证券摘牌后，行情信息中无该证券的信息。

6. 除权与除息

如果上市证券发生权益分派、公积金转增股本、配股等事项，就要进行除息与除权。我国证券交易所是在股权（债权）登记日（B 股为最后交易日）的次一交易日对该证券作除权、除息处理。

7. 大宗交易

大宗交易针对的是一笔数额较大的证券买卖。我国现行有关交易制度规定，如果证券单笔买卖申报达到一定数额的，证券交易所可以采用大宗交易方式进行交易。按照规定，证券交易所可以根据市场情况调整大宗交易的最低限额。大宗交易在证券交易所正常交易日的 15：00～15：30 进行。

8. 回转交易

回转交易是指当日买入的证券，依照证券交易所的交易规则，在交收日之前卖出的交易。目前，B 股的回转交易制度已经取消。根据我国现行有关交易制度，只有债券可以进行回转交易，即投资者买入的债券经证券交易所交易主机确认成交后，可以在当日全部或部分卖出。

二、证券交易的委托方式

（一）市价委托指令

市价委托指令是指证券投资者向证券经纪商发出买卖某种证券的委托指令时，要求证券经纪商按证券交易所内当时的市场价格买进或卖出证券。证券经纪商在接到市价委托指令后应立即以最快的速度并尽可能以当时市场上最有利的价格执行这一指令。

市价委托指令是证券市场上最常见指令之一。它的优点是：没有价格上的限制，证券经纪商执行委托指令比较容易，成交迅速且成交率高。其缺点是：只有在委托执行后才知道实际的执行价格。尽管场内交易员有义务以最有利的价格为投资者买进或卖出证券，但成交价格有时会不尽如人意，尤其是当市场上市价委托买入多而卖出少时，卖出报价会较高；当市价委托买入少而卖出多时，买入报价会较低。因此，投资者使用这种委托方式可避免或减少因价格急剧下跌带来的损失或因价格急剧上升而错失的投资良机。

（二）限价委托指令

限价委托指令是指投资者要求证券经纪商在执行委托指令时，必须按限定的价格或比限定价格更有利的价格买卖证券，即必须以限价或低于限价买进证券，以限价或高于限价卖出证券。如果投资者提出的限定价格与当时的市场价格不一致，证券经纪商必须等待限价出现时才能执行委托。

1. 限定委托指令的特点

限价委托的特点：一是委托价格固定化：二是要有一定的委托有效期限制，超过限定时间，委托指令自动作废。限价委托的优点是：股票可以以投资者预期的价格或更有利的价格成交，有利于投资者实现预期的投资计划，谋求更大的利益。但是，采用限价委托时，由于限价与市价之间可能有一定的距离，所以必须等市价与限价一致时才能成交。此时，如果市价委托指令出现，市价委托指令将优先成交。因此，限价委托成交速度慢，有时甚至无法成交。在证券价格变动较大时，投资者采用限价委托容易坐失良机，遭受损失。

限价委托指令是证券市场上使用得最多的一种委托方式，它的难点在于委托人如何确定合适的限定价格：限价过于接近现有市价，投资者没有明显的利益，并不一定比市价委托指令优越；与市价相差过大，又不易被执行。因为限价是以市价为基础的，投资者可以根据某一股票的最新成交价，考虑股价变动的方向和变动速度、变动范围，确定限价。通常，在股票价格波动不大时，限价委托指令容易被执行。在股价大幅飙升或狂跌时，限价委托指令容易落空，此时市价委托可帮助投资者捕获投资良机。

2. 限价委托指令的范围

限价委托指令应用范围广泛且变化很多。一是投资者可在预计股票价格将下跌或上涨前使用限价委托指令，委托经纪人在市价达到限定的理想价格时买卖证券，这样可以得到时间优先的好处。二是投资者可用限价委托指令对股市的近期变化作探底或摸高。如果股市已在某一低价位盘整多日，投资者可发出一个比目前市价还要低一些的限价委托买入指令，如能成交，说明近日内股价还有可能下降，如果不能成交，则说明股市有可能止跌回稳。三是投资者也可以用限价委托指令的多少作为分析股市变动趋势的依据之一，如果市场上买入委托单大多数是市价委托，而卖出委托单多为限价委托，股市上涨的可能性较大，反之，则下跌的可能性大。

（三）停止损失委托指令

停止损失委托指令是一种特殊的限制性的市价委托，它是指投资者委托证券经纪商在证券市场价格上升到或超过指定价格时按照市场价格买进证券，或是在证券市场价格下降到或低于指定价格时按照市场价格卖出证券。前者称为停止损失购买委托，后者称为停止损失出售委托。

1. 停止损失委托指令的优点

（1）保住既得利益。投资者为保住已经取得的账面收益，可用停止损失卖出指令将卖出价格锁定，以防止因价格下跌而使其失去账面收益。例如，某一投资者预期某种股票价格还会上涨，准备再持股等待一段时间，但又担心股价一旦下跌会使他失去已得到的账面收益，此时他可向证券经纪商发出一个略低于某一价格的停止损失卖出委托指令。如果股价不涨反跌，当跌至他发出停止损失委托指令价位时，该指令就自动变成市价指令，证券经纪商将按接近于停止损失委托价格的市场价格卖出证券，使投资者能保住一部分投资收益。如果股价继续上涨，指令不会被执行，他可随时以市价委托卖出股票，也可以通知证券经纪商提高其停止损失的委托价格，以保障更多收益，而投资者则可继续持有股票，以期扩大投资成果。

（2）限制可能遭受的损失。当投资者分析证券行情将上涨，但又担心判断失误，在委托证券经纪商以某一价格买入证券的同时，可发出一个比买入价价位略低的停止损失卖出指令。如果股价如他所料，停止损失指令将不被执行；若股价跌至停止损失卖出指令，则该指令立即变成市价指令并被执行，达到限制损失的目的。当投资者判断证券价格将下跌，并准备在比目前价位更低的水平买进而又担心价格不跌反涨时，可向证券经纪商发出一个比目前价格水平略高的停止损失买入指令。如果证券价格下跌，可在低价位发出市价买入委托指令，停止损失买入指令自动作废；如果证券价格上升，停止损失买入指令变为市价指令并被执行，从而达到锁定买入价格、限制损失的目的。

2. 停止损失委托指令的缺点

（1）停止损失委托指令实质上不是单纯的买入或卖出证券的指令，而是一种与市价或限价买卖指令配套使用的保值或避险手段。但停止损失指令基本上不能弥补投资决策的失误，使用不当，甚至会消除投资者良好的投资地位，尤其是当投资者持有证券又担心价格下跌而发出停止损失卖出指令时，如果停止损失委托价格太接近市价，会由于证券价格的波动而使投资者过早失去持有证券的多头地位，一旦证券短暂下跌后立即回升，将失去获利机会。而停止损失委托价格过于远离市场价格，对保值避险的意义又不明显。这是停止损失委托指令的一个不足之处。

（2）当市场价格达到投资者指定的价位水平时，停止损失委托立即变为市价委托，由证券经纪商根据市价变动情况择机执行，而实际执行价格可能与投资者预期的价格不一致，甚至相去甚远。所以，是否使用停止损失委托指令及指令的委托价格定在什么水平，需要投资者根据市场行情变化趋势并以自己的投资经验来判断决定。在股票市场上，停止损失委托指令很少使用，而在期货市场上使用很频繁。

3. 停止损失委托指令与限价委托指令的区别

（1）限价买入委托价格一般在当时的市场价格以下，限价卖出委托价格一般在当时的市场价格以上；而停止损失买入价格一般在当时的市场价格以上，停止损失委托卖出价格一般在当时的市场价格以下。

（2）限价委托的实际执行价格必须等于或优于限价，而停止损失委托指令只规定指令在什么价位时开始执行，其实际执行价可能等于，也可能优于或劣于指定价格。

（四）停止损失限价委托指令

停止损失限价委托指令是将停止损失委托与限价委托结合运用的一种指令。投资者实际发出两个指定价格——停止损失价格和限制性价格，如果证券市场价格达到或突破停止损失价格，限价指令便开始生效。这种指令指定当证券价格到达什么价位时执行指令，又限定成交价格必须等于或优于指令定价，这样投资者可预先限定成交价格的变动范围，克服停止损失指令执行价格不确定的缺点，更明确地保障既得利益或限制可能的损失。但这一委托方式也有缺点，如果证券经纪商无法在投资者指定的范围内执行委托指令，投资人的损失可能更为惨重。

除此之外，证券交易委托方式还有定价即时委托、定价即时全额委托、开市和收市委托等。

第三节 证券投资佣金与税收

理想状态的证券市场是完全“无摩擦”运行的，然而现实中的证券流通存在种种交易成本，包括：①经纪人收取的佣金；②自营商收取的买卖差价；③指令处理及清算费用；④税收（主要是资本利得税）以及政府征收的转让费；⑤获取金融资产有关信息的费用；⑥交易限制（如交易所对买方或卖方所持金融资产头寸大小的限制）；⑦管理层做出的金融资产在交易场所停盘的决定。本书主要介绍佣金与税收。

一、证券投资佣金

佣金是投资者支付给经纪人买卖证券的费用，它分为固定佣金和协议性佣金两种。

固定佣金有着悠久的历史。早在 1792 年 5 月，美国纽约的 24 名证券经纪人签订的“梧桐树协定”即声明：“从即日起不再以低于 2.5‰的佣金为任何人买卖任何一种公开股票，我们在谈判中彼此互惠。”纽约股票交易所直到 1968 年，一直要求其会员对客户收取固定佣金，“不能以任何直接或间接的方式部分减免、退还、打折或补贴”。很显然，这是一种用固定价格来限制竞争的卡特尔行为，但却作为特例在《反托拉斯法》中予以豁免。即使 1934 年证券交易委员会成立后，仍然允许固定佣金制度的存在。

然而，固定佣金制度在纽约股票交易所的反复冲击下终于被 1975 证券法修正案废除。1975 年 5 月 1 日起，经纪人可自由确定佣金率或就某一特别交易与客户协商收费标准，前者通常在为小投资者执行零星交易时采用，后者适用于处理机构投资者的大额交易。协议佣金制度鼓励经纪商之间的竞争，这大大降低了客户的交易成本，据格林尼治联合会进行的一份调查，普通股票每股平均佣金以美元计已从 1977 年的 0.136 美元降至 1989 年的 0.087 美元，此外，1985 年法国开始对大额交易实行协议佣金制；在 1986 年的“大震”(BigBang)，改革中，伦敦证券交易所取消了固定佣金；自 2002 年 5 月 1 日起，中国的证券交易实行最高上限向下浮动的佣金收费标准，规定券商收取佣金的上限是交易金额的 3‰，下限不得低于代收的证券交易监管费和证券交易所手续费。

二、证券投资税收

证券投资中另一项重要的交易成本是税收，在证券发行和交易中都存在税收，但证券税收的范围不限于发行和交易环节。

（一）证券税制概述

证券税制是与证券的收益和转移等有关的税收制度，它是国家调控证券市场的一种重要的经济杠杆和手段，也是证券投资各方必须考虑的重要因素。证券税制涵盖的范围很广，从税种上看，主要有证券所得税、证券交易税和证券财产税三种，在此分别予以介绍。

1. 证券所得税

证券所得税是对证券收益的课税。证券收益包括股票的股息和红利收益、债券的利息收益（证券投资所得）和证券买卖的价差增益（证券交易所得）两部分，从而证券所得税又可分为证券投资所得税和证券交易所得税两大类。

从证券所得税的课征方式看，有的国家将证券收益纳入公司或个人所得一并征收；有的国家对证券所得单独征税；有的国家又采用预提税的方式，先预征，后抵免。因此，证券所得税的税种设计也就比较复杂。下面分别进行介绍。

1）公司证券所得税

公司证券所得税是一种将公司的证券收益纳入公司全部应税所得额一并课征的课税方式。公司所得税率有比例税率和累进税率两种形式。例如，德国采用比例税率，其标准税率为50%（1990年以前为56%）。美国自1987年7月以来实行三级超额累进税率，应税所得额在5万美元以下的，税率为15%；5万～7.5万美元部分，税率为25%；超过7.5万美元的部分，税率为34%；但对10万～33.5万美元的部分加征5%的附加税，从而使税率达39%；应税额超过33.5万美元的，则按34%的比例税率全额课税。

2）个人证券所得税

个人证券所得税是将个人的证券收益纳入个人全部应税所得额一并课征的课税方式。个人所得税一般采用超额累进税率。例如，日本采用五级超额累进税率（表5-1），美国使用三级超额累进税率（表5-2）。

表5-1 日本的个人证券所得税率

项目	税率/%
0～300万日元	10
300万～600万日元	20
600万～1000万日元	30
1000万～2000万日元	40
2000万日元以上	50

表5-2 美国的个人证券所得税率

项目		税率%
夫妇合并申报应税所得	0～34 000美元	15
	34 000～82 150美元	28
	82 150美元以上	31
夫妇分开申报应税所得	0～17 000美元	15
	17 000～41 075美元	28
	41 075美元以上	31

续表

项目		税率%
单身申报应税所得	0～20 350 美元	15
	20 350～49 300 美元	28
	49 300 美元以上	31
户主申报全家应税所得	0～17 300 美元	15
	17 300～70 450 美元	28
	70 450 美元以上	31

3）预提税

预提税是一种在支付环节扣缴的所得税。它以应税收入为课税对象，一般使用比例税率计征。例如，荷兰对股息征收 25%的预提税，由支付股息的公司预扣，称为源泉扣税，居民通常可用已扣的股息预提税抵免其个人所得税。加拿大预提税的课征范围则包括股息、利息、租金、特许权使用费和管理费等，税率一般为 25%，课税对象为非居民，如果与非居民所在国签有税收协定，则按协定税率执行。

4）股息、利息和资本利得税

如前所述，股息、利息和资本利得，有的合并于公司或个人所得总额中一并课征，有的采用预提方式课征。但是，当居民的应税所得达不到所得税的起征点，或规定股息、利息等预提税不能用于抵免所得税，而其预扣的税款又不能退还时，股息所得税、利息所得税就成了独立的税收。此外，还有国家对股息、利息和资本利得进行单独课税。

2. 证券交易税

证券交易税是对有价证券流通的课税。除非免税，有价证券从发行到流通，每一次转让都要课税。在课征方式上，有向交易的一方课征的，也有向买卖双方同时课征的。以各种有价证券的销售额为课征对象，一般采用比例税率从价计征。

对证券发行（第一次转让）的课税，有的纳入登记税（如法国），有的纳入印花税（如智利），有的纳入资本税（如荷兰），也有为此设立专门税种的（如瑞士）；对证券流通的课税，大部分国家纳入印花税部分国家设立了专门的证券交易税，还有少数国家纳入资本转让税（如荷兰和法国）。下面分别加以介绍。

1）登记税

有些国家对申请发行并已许可登记的证券要课征登记税，凡实行证券登记的国家都征收证券登记税，该税以注册登记财产等权利的数额为课税，要求发行公司在办理许可登记时交纳，日本对新办公司按实缴资本的 0.1%～0.5%征收，法国按 1%课征增资登记税。

2）资本税

一般是指对资本的占有、资本的增减变动及转让的课税。英国、爱尔兰、比利时向股票发行公司课征 1%的资本税。荷兰对公司发行股票所得到的资本征收的资本税，对公司合并与重组则免征资本税。法国对股票的出售征收 4.8%的财产转让税（即资本转让税），纳税人为股票的购买者。

3）股票税

瑞士设有这一税种，其纳税人为公开发行股票的公司，课税对象包括股份资本和公积金，征税范围包括新、老公司。例如，对新成立的公众公司一次性课征3%的联邦股票税；企业重建和业务合并时新发行的股票按1%的税率征收；老公司也要就资本的增值部分交纳股票税。

4）证券交易税

证券交易税是专门对证券交易行为的课税。目前专设此税种的国家和地区不多，欧洲有荷兰、瑞典、法国和丹麦，亚洲有日本、韩国、印度尼西亚和中国台湾等。中国目前仍以印花税代替证券交易税。此外，南非也曾开征过债券上市交易税，但已于1995年完全取消。在英、美两国，证券交易税已被取消，理由是开征此税有损于资本流动。不过应该看到，在不发达的证券市场上，征收证券交易税有利于抑止过度投机行为。

5）印花税

印花税是国家对因商事、产权等行为书立或使用的凭证的课税。股票、债券等有价证券的转让，一般均纳入印花税的内容。由于印花税具有税源广、税负轻、纳税方法简便等特点，所以成为世界各国证券交易的主要税种。证券交易印花税一般采用比例税率，按交易金额从价计征，各国的税率高低不一，从0.1%～1.2%不等。

3. 证券财产税

有价证券作为一种信用凭证，代表一定的财产。所有者可以长期持有，也可以赠与他人，并可在去世后作为遗产留给继承人。目前，世界上多数国家把有价证券列入财产课税的范围，对其征收财产税、赠与税和遗产税。

财产税是对纳税人财产课征的税。多数国家只对个人课征，也有对个人和公司都征收的（如德国）。财产税是从价税，课税时有按财产价值总额计征的，也有按财产净值计征的。有的国家使用累进税率，有的则使用比例税率，税率一般在2%以下。

遗产税又称继承税，是对财产所有人去世后的遗留财产课征的税。遗产税分为总遗产税和分遗产税两种。美国实行总遗产税制，将证券纳入死亡人的遗产总额，对超过免税限额的部分征税。日本、法国等实行分遗产税制，按各继承人分得的遗产分别计征，所用税率依继承人与遗产人的亲疏关系而不同。一般采用超额累进税率，最高可达70%。

赠与税是对赠送给他人的财产课征的税。在开征遗产税的国家，为了防止财产的所有者在生前以赠与形式逃避税收，故同时开征赠与税，因此是一种辅助税。赠与税的纳税人，分为赠与人和受赠人，因国别有所不同，其课税制度一般与遗产税大体相同，并规定有免除及扣除项目。

（二）中国的证券税收制度

由于中国证券业的发展处于初级阶段，整个税收体制也不够健全，所以证券税收制度也很不完善，目前主要包括股票交易印花税、证券投资所得税和证券营业税三种。

1. 股票交易印花税

股票交易印花税是股票转移书据的书立行为的课税。征税对象是企业股权转让书据和股份转让书据；纳税义务人是股份转让双方，并由证券交易所代扣代缴；计税依据是双方持有的成交过户交割单；为加强征收管理和防止税款流失，股份转让书据由证券交易所在办理成交过户交割单时代扣代缴印花；对有关印花税的违章行为，按照《中华人民共和国税收征收管理法》有关规定办理。

股票交易印花税自 1990 年 7 月 1 日在深圳开征，当时主要是为了稳定初创的股市及适度调节炒股收益，试行税率 0.6%，仅对卖方征收。同年的 11 月 23 日改为向买卖双方各征 0.6%，不久又调整为买卖双方各征 0.3%。在此基础上，上海于 1991 年年底也开征了股票交易印花税，税率也是 0.3%。1992 年 6 月，国家税务总局和国家经济体制改革委员会联合下发《股份制试点企业有关税收问题的暂行规定》，明确对股票交易双方按成交金额各征 0.3%的印花税。为了抑制 1996 年以来的过度短线炒作，1997 年 5 月 10 日调整为 0.5%。1998 年以来为了活跃市场，又三次下调印花税税率，目前 0.2%的税率是 2001 年 11 月下调的结果，如表 5-3 所示。

表 5-3 中国股票交易印花税税率的历次调整（1990—2001 年）

股票交易印花税税率调整起始日期	上海		深圳	
	税率/%	备注	税率/%	备注
1990 年 7 月	—		0.6	仅对卖方从价征收
1990 年 11 月	—		0.6	对买卖双方从价征收
1991 年 10 月	0.3	对买卖双方征收	0.3	为活跃市场而调低税率，仍对双方征收
1997 年 5 月	0.5	为抑制过度投机，调高税率	0.5	为抑制过度投机，调高税率
1998 年 6 月	0.4	为活跃市场，调低税率	0.4	为活跃市场，调低税率
1999 年 6 月	0.3	为活跃 B 股市，将 B 股税率降为 0.3%	0.3	为活跃 B 股市，将 B 股税率降为 0.3%
2001 年 11 月	0.2	大盘持续暴跌后下调	0.2	大盘持续暴跌后下调

2. 证券投资所得税

我国从证券交易之初即开征了证券投资所得税，但至今尚未开征证券交易所得税。证券投资所得税是对从事证券投资所获得的利息、股息、红利收入的课税，按纳税人的不同，可分为个人证券投资所得税和企业证券投资所得税。

个人证券投资所得税实行 20%的比例税率，计税依据为每次所得的利息、股息和红利收入。为合理税负，从 1991 年起，计税依据改为每年股息、利息及红利收入超过银行定期存款利息的部分；此税也由证券交易所代扣代缴；对投资于国债、金融债券及重点企业债券均免征证券投资所得税。

企业证券投资所得税实行 33%的比例税率。对于外国企业，对其证券投资所得按 30%（另行规定的除外）的税率征税，并附征 3%的地方所得税。所谓外国企业是指在中国境内设有机构场所、从事生产经营活动的外国企业。对于另一类不在中国境内设立机构但有来源于中国境内的证券投资收入的外国企业，或虽设有机构但上述所得与其机构没有实际联系的外国企业，按 20%税率缴纳所得税。

3. 证券营业税

证券营业税是指对从事证券发行、交易活动的证券公司、证券交易机构就其营业收入征收的税种。证券营业税的纳税人是我国境内从事证券业务的法人，税率为 5%，对自然人不课税。1993 年 11 月 26 日国务院颁布了《中华人民共和国营业税暂行条例》，于 1994 年 1 月 1 日起实施。

我国以印花税为主体的证券税收为国家财政做出了重大贡献，截止到 2004 年 4 月底，上海、深圳两市提供的印花税总额达 1788.5 亿元，印花税占税收总额的比重 2000 年达到 3.78%（2002 年回落为 0.66%）。但我国证券税收制度的主要问题是税负较高且结构不合理，尤其是较高的印花税总额中事实上包含了减征资本利得税等问题需要解决。在总体交易成本未能降下来之前，在中国股市股本结构分裂、股市系统风险甚大的情况下，如果贸然开征资本利得税可能将带来十分严重的后果。例如，中国台湾在 1988 年 9 月 24 日宣布于 1989 年 1 月 1 日起恢复课征证券交易所得税，次日指数重挫 175 点，第三天又大跌 210 点，到 1988 年 10 月 21 日已跌掉 36%，引起当地投资者一再向其有关部门示威抗议，要求免征所得税这个教训值得我们吸取。

关键概念

委托指令　　交易性过户　　非交易性过户　　市价委托指令
限价委托指令　　证券交易税　　股票交易印花税　　证券营业税

本章小结

（1）证券交易一般要经过开户、委托、竞价成交、清算交割、过户登记等程序。

（2）证券交易的委托方式主要有市价委托指令、限价委托指令、停止损失委托指令和停止损失限价委托指令。

（3）证券投资佣金是投资者支付给经纪人买卖证券的费用，它分为固定佣金和竞争性佣金两种。

（4）券税制是与证券的收益和转移等有关的税收制度，它是国家调控证券市场的一种重要的经济杠杆和手段，也是证券投资各方必须考虑的重要因素。证券税制涵盖的范围很广，从税种上看，主要有证券所得税、交易税和财产税三种。

复习思考

（1）简述证券交易的基本程序。

（2）简述停止损失委托令与限价指令的区别。

（3）简述证券税的种类。

案例分析

35 家公司被暂停上市 回归之路依旧渺茫[①]

据 Wind 资讯统计，截至 2010 年 5 月 18 日，A 股市场暂停上市的公司数量已达到 35 家。根据现行的交易规则，有四种情形可以导致公司股票暂停上市：一是公司股本总额、股权分布等发生变化不再具备上市条件；二是公司不按规定公开其财务状况，或者对财务会计报告作虚假记载；三是公司有重大违法行为；四是公司最近三年连续亏损。

在当前 35 家暂停上市公司中，暂停上市的原因都是公司近三年连续亏损，其中 ST 张铜更是因业绩持续亏损而成为被暂停交易的第一家中小板公司。ST 张铜 2006 年 4 月 25 日上市，上市三年半即被暂停交易，“沦落速度”之快令人咋舌。

在暂停上市的公司中，并非没有退市的先例，其中 ST 本实 B 就因违规而退市。自 2005 年起，ST 本实 B 多次未在规定期限内披露年报，公司及其相关当事人被深圳证券交易所多次公开谴责，2009 年 11 月 30 日，公司被深圳证券交易所暂停上市，当年 12 月 4 日公司最终被交易所终止上市。

思考：

在 A 股市场的舞台上，根据以上四种情形被暂停上市的 35 家公司如何能重返舞台？

案例讨论：

根据交易规则，因上述第一～第三项的情形，股票被暂停上市的公司申请恢复上市的，交易所依据中国证监会的有关决定恢复该公司股票上市。因第四项情形股票被暂停上市的，在股票暂停上市期间，上市公司在法定期限内披露暂停上市后的第一个半年度报告，且经审计的半年度财务报告显示公司已经盈利，上市公司可以向交易所提出恢复上市申请。

这些被暂停上市的 ST 公司如果想要在一年内“扭转乾坤”，靠自身的努力改善业绩似乎不太现实。在此局面下，重组就成了大多数被暂停上市的 ST 公司的不二选择。事实上，当前 35 家暂停上市的公司无一不在为资产重组而奋斗。

ST 白猫在暂停上市之前，就与重组方新洲集团展开谈判，拟将房地产资产注入上市公司，以挽救公司的“壳”资源。ST 三联、ST 中农、ST 鲁北等公司也均在暂停上市前几番计划资产重组，可惜均未能获得成功。

不过，屋漏偏逢连夜雨，上天似乎不太垂青这些被暂停上市的 ST 公司，在给这些公司关上一扇门的同时，却可能并未准备为其开启另外一扇窗。新闻报道之日之前，证监会正在酝酿出台新规，提升 ST 公司重组门槛接近 IPO 标准。诚如其然，当前被暂停上市的 ST 公司试图通过重组返回 A 股舞台的道路可能平添许多波折。

---

① 资料来源：http：//www. cnstock. com/index/golbb/201005/546814. html.

第六章　证券市场监管

本章提要

证券市场像现实中的大多数市场一样，存在着许多的市场失灵问题，需要政府对金融市场实施监管，这也成为政府提供监管的理论基础。本章主要介绍证券市场监管的基础理论，使学生了解证券监管的基本内容以及进行证券监管的必要性、证券监管的意义和原则，掌握证券监管在整个证券领域中的核心地位。

重点难点

- 熟悉证券监管的必要性、监管目标与监管职责。
- 了解证券市场监管的内容。
- 掌握证券监管的对象。
- 重点掌握证券监管的手段及证券监管的体制。

引导案例

枪口下的黄光裕内幕交易案①

2011 年，中国证监会主席郭树清对内幕交易撂下“零容忍”的狠话，“中国证监会对内幕交易和证券期货犯罪始终坚持零容忍的态度，发现一起坚决查处一起，严惩操纵市场、欺诈上市、利益输送、虚假披露等违法违规行为”。证监会严打内幕交易的信号灯亮起。

据司法认定，黄光裕的内幕交易行为发生在 2007 年 4 月至 6 月 28 日和 2007 年 8 月 13 日至 9 月 28 日，黄光裕作为中关村科技实际控制人、董事，在中关村科技两次重组资产信息公告之前，均指令他人使用其实际控制交易股票账户累计购入中关村科技股票 1 亿余股，共获利 3 亿多元。

1. 开股票账户直接控制

2007 年 4 月，中关村上市公司拟与鹏泰公司进行资产置换，黄光裕参与了该项重大资产置换的运作和决策。在该信息公告前，黄光裕指令他人借用别人的身份证，开立个人股票账户并由其直接控制。2007 年 4 月 27 日至 6 月 27 日，黄光裕累计购入中关村股票 976 万余股，成交额共计 9310 万余元，账面收益 348 万余元。

2. 用 79 人身份证开户

2007 年 7 月至 8 月，中关村上市公司拟收购鹏润控股公司全部股权进行重组。在该信息公告前，黄光裕指使他人以曹楚娟等 79 人的身份证开立相关个人股票账户，并

---

① 资料来源：http：//finance. sina. com. cn.

安排其妻杜鹃协助管理以上股票账户。2007 年 8 月 13 日至 9 月 28 日，黄光裕指使杜薇等使用上述账户累计购入中关村股票 1.04 亿余股，成交额共计 13.22 亿余元，账面收益 3.06 亿余元。

3. 指使他人进行内幕交易

在上述事件期间，原北京中关村科技发展（控股）股份有限公司董事长、总裁许钟民明知黄光裕利用上述内幕信息进行中关村股票交易，仍接受黄光裕的指令，指使许伟铭在广东借用他人身份证开立个人股票账户或直接借用他人股票账户，于同年 8 月 13 日至 9 月 28 日，累计购入中关村股票 3166 万余股，成交额共计 4.14 亿余元，账面收益 9021 万余元。许钟民还将中关村上市公司拟重组的内幕信息故意泄露给其妻李善娟及相怀珠等。同年 9 月 21 日至 25 日，李善娟买入中关村股票 12 万余股，成交额共计 181 万余元。

案例思考：

（1）结合实际谈谈证券市场监管的重要性。

（2）证券市场监管的手段与措施。

第一节　证券市场监管理论与原则

一、证券市场监管的理论基础

（一）金融监管理论的演化

众所周知，金融市场各功能的发挥有赖于一个完善而有效的市场环境，但现实中的市场（包括金融市场在内）却存在着大量的市场失灵问题，这就为政府对金融市场实施监管提供了理论基础。

1. 古典经济学和新古典经济学的“自然秩序”说

20 世纪 30 年代以前，古典经济学和新古典经济学理论占主流地位。在早期的自由资本主义时期，重农学派的奠基人、法国经济学家魁奈接受了“自然秩序”“自然法”的思想，论证了理想化的资本主义社会秩序，首次提出了“看不见的手”的“自然秩序”学说。亚当·斯密《国富论》的出版，标志着将自然秩序学说进行了完整的表述，其主要观点如下。

（1）市场机制是市场秩序创立和完善的核心力量。在市场机制这只“看不见的手”的作用下，市场交易主体“在自由安全地向前努力时，每个人改善着自己境遇的自然努力，是一个如此强大的力量，以致没有任何帮助，就能单独地使社会富裕繁荣，而且还能克服无数顽固的障碍，即妨害其作用的人为的愚蠢法律，而这些法律或多或少地侵害了这种努力的自由或减少了这种努力的安全”。

（2）政府在市场经济中仅起到一个“守夜人”的作用。市场秩序的创造与维护力量完全取决于市场机制与个人利益的协调作用，并对政府创造与维护市场秩序的必要性与可行性给予了猛烈的抨击和贬低。

（3）作为市场经济中的每一个人，都是符合理性的经济人，其行为动机和愿望就是追求自我利益的最大化，而在价格机制和竞争机制的综合作用下，会自动地将多元的个人利益转化为公共利益。

2. 凯恩斯主义的“国家干预理论”

20 世纪 30～70 年代，凯恩斯主义经济学被广泛接受，凯恩斯在 1936 年出版的《就业、利息和货币通论》中，主张国家干预经济以缓解经济危机。凯恩斯认为，资本主义通常是处于不充分就业的。在资本主义社会经济发展中，新古典经济学派的充分就业前提只是一个特例。因此，尽管自由市场机制从整体上讲是有效的，它可以保证个人的自由并激发其创造性，但市场本身固有的缺陷只有靠政府扩大干预才能纠正，以保证市场经济的正常和高效运转。

3. 新自由主义的“自由放任”主张

20 世纪 70 年代西方国家“滞胀”现象的出现，表明国家干预经济的需求管理政策已不能稳定资本主义经济。从此，以哈耶克为代表的自由放任经济思潮开始回归。哈耶克主张取消政府干预，对“自然秩序”学说进行改进和复兴。哈耶克认为自由竞争既是市场经济区别于计划经济的主要特征，也是市场经济保持持续增长的源泉和动力。他提出在竞争过程中的不规范行为不仅不会造成市场秩序的混乱，相反，会带来市场秩序和制度的创造与改善。同时，他还认为，计划体制和公共管制不会创造出完全和谐、高效与稳定化的社会经济运行，自然秩序应当主要借助于社会自愿力量来维护，尽可能减少国家强制力量的干预。

4. 罗纳德·麦金农和爱德华·肖的“金融压抑”理论

罗纳德·麦金农和爱德华·肖认为：发展中国家经济落后，人均国内生产总值较低，市场发育程度不高并具有政府催生的特点，存在不完全性。要使本国经济在这种不利的环境下迅速增长，以金融压制为核心的政府干预战略应运而生，即“一个丧失了边际相对价格灵活性的经济，必定要求助于人为的干预政策去平衡市场，但这是行政机构不可能胜任的任务，并且还要为之付出高昂的低效率和贪污腐化的代价”。所以，对于发展中国家的政府来说，金融深化的核心是放松金融管制，开放金融市场，提高实际利率水平，减少对金融业的干预，尤其应取消阻碍金融体系有效竞争的政府管制行为。

5. 斯蒂格利茨和伯克曼的“金融深化”理论

以斯蒂格利茨、伯克曼等为代表的新凯恩斯主义学派在“金融压抑”理论的基础上对金融深化理论提出了新见解。他们强调有效需求和政府的作用，认为市场并不必然地在充分就业水平上自动趋于均衡，金融自由化后的投资水平将比压抑状态时更低。其基本理念是金融市场上的市场失灵比其他市场更为普遍，政府的适当干预能使市场功能更好的发挥，政府监管失灵问题的存在是因为这些监管没能被恰当的设计，而不应归咎于政府干预本身。

（二）证券市场监管的主要理论

“政府监管”在经济学文献中可以用来特指市场经济国家的政府为克服“市场失灵”而采取的种种有法律依据的管理或制约经济活动的行为。从理论上看，经济学中关于政府监管的理由有公共利益理论和集团利益理论的解释。证券市场作为市场体系的重要组成，同样适用这一理论。

1. 公共利益理论

公共利益理论认为市场存在失灵，监管的目的是增加公众的福利，即弥补市场缺陷带来的效率损失，并得到社会更为认可的收入分配状况。该理论脱胎并得益于福利经济学的发展。福利经济学认为，由于垄断和外在性的存在、社会成本（收益）与私人成本（收益）的差异以及货币边际效用递减规律的作用，市场机制往往不能实现资源的最佳配置和社会整体福利的最大化。只有政府积极干预市场的资源配置过程，上述缺陷才能被逐步纠正。为此，该理论认为政府可以利用监管手段矫正市场缺陷，改进收入分配，从而实现帕累托最优。

通常情况下，在矫正市场失灵时，政府的确具备一些特殊的优势，主要表现在：①政府具有征税能力；②政府具有禁止力，能够禁止某些经济行为；③政府具有惩罚力；④政府更能节约交易成本。政府在处理市场失灵时之所以具有这些优势，是因为它具备两个突出特征，即成员的普遍同质性和强制性权力。市场的运行——事实上，日常生活也依赖于政治制度中各种强制性权力。国家运用这些权力，建立并保障市场上的权力，直接提供某些基本的服务，并间接地创造出信任。有安全保障的环境对于企业的日常生产是生死攸关的。

总之，公共利益学说是一种监管的规范分析框架，主要解决应该怎么监管的问题。因此，它在一个很长的时期内一直以正统的理论而在政府监管经济学中居于统治地位。

2. 利益集团理论

与上述学派截然对立的学派认为，监管的产生是为了满足利益集团的利益，而不是公众的福利。由此得到监管的实证理论，它主要回答监管在实际中是什么样的问题。在经济学中，这种理论常常被称为利益集团理论或俘获理论。

该理论建立在实证分析的基础上，同时将视角扩展到监管的制定过程中，对政府的强制力假设进行了怀疑，对监管的目标取向及监管的政治决策过程进行了深入的分析。该理论强调指出，监管不仅是一个经济过程，更重要的是政治决策对经济资源重新分配的过程。它认为监管的目标不是为了公共利益，而是取悦于特殊的利益集团。这一理论的最大贡献者斯蒂格勒于 1971 年在其《经济管制理论》中指出："经济监管的中心任务是解释谁是监管的受益者或受害者，政府监管采取什么形式和政府监管对资源分配的影响。"他通过实证研究得出了受监管产业并不比无监管产业具有更高的效率和更低的价格。1976 年，佩兹曼（Peltzman）在对市场失灵、对政府监管结果的预测以及进而推断政府在经济监管上的有效性三个层次上更全面地阐述了该理论，他认为无论监管者是否获得利益，被监管产业的产量和价格并没有多大的差异，其主要差别只是收入在各利益集团之间的分配。

总之，利益集团理论在国家控制资源、各利益主体具有自己最大化效用的理性前提下，指出监管是为利益集团最大化自己收入的要求而产生的。由于立法总是对那些组织良好的利益集团有利，所以这些利益集团能够从监管立法中受益较多。并且，由于"搭便车效应"，监管立法总是对小利益集团更为有利。

二、证券市场监管的必要性

（一）证券产品的特性与证券监管

与一般商品不同，证券产品是一种非常特殊的商品。证券产品的特殊性主要表现在：①这类产品具有价值上的预期性，即产品的价值与其未来的状况有关；②这类产品具有价值上的不确定性，即产品的价值可能会与人们的预期价值不一样，会随着某些因素的变化而变化；③从某种意义上讲，证券产品具有公共产品的某些特性，其成本的决定和效用的实现都具有一定的社会性；④证券产品基本上是一种信息产品，消费者完全是按照产品所发出的各种信息来判断其价值，产品的物理形态与产品价值之间没有直接的联系，有些证券产品可能只是以概念的方式存在，不存在物理形态。

证券产品的特殊性主要是由其特殊的价值决定方式所决定的。证券产品的价值决定与普通的商品有所不同，普通的商品都是劳动的结果，它的价值来自于生产该商品所投入的劳动，包括物化劳动的转移和活劳动的固化。因此，其价值的大小取决于生产该商品所花费的社会必要劳动时间。证券产品或者证券是根据法律规定发行的代表对财产所有权和收益权的一种法律凭证，因此，有价证券是资本（资金）所有权的凭证，是一种资本证券，即资本的证券化。

但有价证券本身并没有价值，不是真正的资本，而是虚拟资本。投资者用货币购买证券，货币的使用权就转为证券的发售者所掌握，投资者持有证券只是证明有一定金额的资产或资本价值为他所有，凭此券可以定期（或不定期）取得一定收入，并且可以通过出卖证券把证券还原为一定数额的货币。

虽然证券属于虚拟资本，本身并没有价值，但它代表了对一定数量的现实资本的占有权，可以用来买卖，因而具有交换价值。另外，由于它还代表了对所占有的这部分现实资本收益的所有权，所以其交换价值不仅取决于它所代表的这部分现实资本的大小，而且还与这部分现实资本的收益能力有关，它是现实资本和收益能力两者的综合结果。

证券的交易价值不仅表现为它所代表的现实资本的多少上，而且更多地表现在其投资价值的高低上，也就是它所具有的为投资者带来收益的能力上，这种收益能力相当于商品的使用价值。投资价值的大小，取决于它给投资者所带来收益的高低。证券给投资者带来的收益越高，其投资价值也就越大；反之，投资价值越小。

根据收入资本化定价法的基本原理，任何资产的“真实的”或者“内在的”价值是该资产的所有者或投资者在持有该资产期间所能收到的现金流量。由于现金流量属于投资者对该资产在未来持有期内表现的一种预期值，它们必须经过贴现还原为现值，以反映货币的时间价值。根据这一原理，证券产品的投资价值基本上是受两个方面因素的影响：一是贴现率的高低；二是投资该证券的预期回报。

贴现率与投资者购买证券时的市场利率以及其他投资品的回报率有着密切的关系，它主要反映了货币资本的时间价值，是投资者比较难以控制的带有公共成分的因素。在贴现率一定的条件下，证券的投资价值主要取决于其预期回报，即预期现金流量及其风险程度。以股票投资为例，投资股票的预期回报包括两个部分：第一部分是预期股利；第二部分是预期资本利得。股利分配是股份公司股东权利的最基本内容，如果股票不提供股利，公司的股票失去了价值依托，投资者就不会投资购买。

预期股利的大小取决于两个方面：一是公司未来的预期盈利状况；二是公司未来的股利分配政策。公司未来的预期盈利状况除了与公司现在的财务状况有关之外，主要取决于预期经营业绩，而公司的预期经营业绩又与公司的经营环境和经营决策密切相关，经营环境和经营决策的任何改变，都会导致投资者对公司未来经营业绩预期的变化。公司的股利分配政策直接决定了投资者获得现金流量的多寡，它的改变会直接导致投资者对未来现金流量预期的变化。投资股票回报的另一部分是资本利得（或损失），它是由于股票价格上升而带来的投资增值（或亏损）。资本利得的高低主要由股票价格的升降决定，它一方面取决于预期净资产回报率，而这又与公司的预期经营业绩有关；另一方面则取决于股票市场的供求状况。由于证券产品价值的主观预期性，产品的交换价值几乎完全取决于交易双方对各种信息的掌握程度以及在此基础上所做出的判断，所以可以说证券产品是一种信息决定产品，而上市公司或者证券产品的发行者本身则是该信息产品的一个主要信息源。同时，由于上市公司处于一种持续的经营状态，又面对着一个连续不断变化着的经营环境，公司的经营决策就会不断进行调整，对公司经营业绩的预期也会随之不断调整。所以，上市公司不仅是一个信息源，而且是一个不断发布新信息的动态信息源，而任何新信息的出现都有可能导致人们改变旧的判断，形成新的判断，从而导致证券交易价格的调整。可见，一个比较公平和合理的证券价格应该是一个能够随时比较完整地反映影响人们预期因素的价格。而各种影响人们预期的因素能否被及时地反映到证券价格中以及它们被反映的程度，虽然取决于多个方面的环节和各种不同的因素，但上市公司或者证券产品的发行者能否实现彻底的信息披露却是决定这一切的基础。

（二）证券业的特殊性与证券监管

虽然目前还没有形成一致的结论，但是大部分经济学家都认为证券业属于资本和知识密集型行业，容易造成自然垄断。统计数据也表明，证券业的垄断程度是相当高的，这种高垄断很有可能导致证券产品和金融服务的消费者付出额外的代价。因此，政府从证券产品的定价和金融业的利润水平方面对证券业实施监管应该是有理由的。

另外，由于证券产品的信息特性，证券产品的交易双方极有可能出现严重的信息不对称，从而影响证券市场的效率。所以，上市公司或者证券产品发行者的信息披露制度就成为证券监管和金融监管不可或缺的组成部分，成为证券监管制度的核心。世界上任何一个国家的证券法规都赋予上市公司某种持续性信息披露的义务，即上市后的股份有限公司负有公开、公平、及时地向全体股东披露一切有关其公司重要信息的持续性责任。

最后，虽然个别证券产品的消费效用为购买该证券产品的个别消费者所享用，是一种私人产品，但由全部证券产品的集合所构成的综合效用，却具有强烈的外部性，会影响到每一个证券产品或证券产品消费者（即投资者）的利益，因此可以把证券产品的综合效用看成是一种公共产品。例如，在证券市场上，个别股票的投资回报率只会影响购买该股票的投资者的效用，但通过计算有关成分股而得到的股票价格指数却会影响整个股市的走势，从而影响全体股市参与者的利益。可见，股票价格指数带有强烈的公共产品的特性。因此，对这种带有公共产品特性的证券产品实施必要的政府监管是符合经济学原理的。

(三) 证券市场监管的现实必要性

可以看出，证券市场所交易的是一种特殊的商品——证券产品，证券产品除了具有普通商品的一般性质之外，还具有一般商品所没有的特殊性。正是因为交易的是证券产品这种特殊的商品，证券市场的交易方式也与一般商品市场有所不同，它往往采取集中交易的方式，而且在交易中大量使用信用手段。这就使得证券市场既具有一般市场的共性，又带有自己的个性。

作为整个市场体系的一部分，与商品市场一样，证券市场也无法避免市场失灵的影响，也存在垄断、经济外部性、信息不对称、过度竞争等造成市场失灵、价格扭曲的共同因素。因此，证券市场本身并不能自发实现高效、平稳、有序运行，证券市场的资本有效配置功能并不能完全实现。

不仅如此，由于证券产品所特有的性质和证券市场自身的结构特点，市场失灵的负面效应在证券市场上会获得更加明显的体现。与商品市场相比，证券市场价格的不确定性更大，价格变化的幅度和频度更大，出现价格扭曲的可能性也更大，从而使得证券市场具有内在的高投机性和高风险性。

证券市场所固有的高投机性和高风险性，不仅不利于证券市场本身运行效率的正常发挥和市场总体功能的实现，而且如果风险突然暴发，还有可能出现市场崩溃，使投资者蒙受巨大损失，使国民经济遭受巨大创伤。

证券市场在现代市场体系中有着不可替代的重要地位，如果它的运行效率下降、功能不能充分发挥，那么资本的有效配置就不能顺利实现，就会影响整个经济的运行效率。如果对证券市场的各种风险因素不加以控制，听其任意积累，一旦风险暴发，后果就不堪设想。

因此，通过政府干预（包括监管等手段)，对证券市场实施必要的组织、规划、协调、管理、监督和控制，以消除或尽可能减少因市场机制失灵而带来的证券产品和证券服务价格扭曲以及由此引起的资本配置效率下降，实现证券市场的高效、平稳、有序运行，是一个不可避免的现实选择。

证券监管就是指证券监管部门为了消除因市场机制失灵而带来的证券产品和证券服务价格扭曲以及由此引起的资本配置效率下降，确保证券市场的高效、平稳、有序运行，通过法律、行政和经济的手段，而对证券市场运行的各个环节和各个方面所进行的组织、规划、协调、监督和控制的活动及过程。

首先，对证券市场实施必要的监管，是实现证券市场各项功能的需要。一个良好的证券市场除了具有充当资本供求双方之间的桥梁、发挥融资媒介这一基本功能之外，还具有进行产权复合与重组、引导资金流向、优化资源配置、配合宏观调控的实施等一系列重要的国民经济服务功能。如果证券市场能够健康发展，那么它的融资功能和国民经济服务功能就能得到正常的发挥，就能促进资本的有效配置，进而促进整个国民经济的健康发展。相反，如果证券市场由于缺乏监管而混乱无序，则不仅不能发挥它的融资功能和国民经济服务功能，而且可能会对国民经济发展起相反的作用，造成资源配置失误、信息传递失误及整个宏观经济的混乱甚至崩溃。特别地，当证券市场发展到一定程度以后，社会融资结构发生重大改变，实现了金融证券化，此时的许多宏观经济指标，如经济增长、投资规模、物价指数、收入分配等，都与证券市场发生了密切的关系。在这种情况下，如果不对证券市场实施必要的监管，那么后果将是不堪设想的。

其次，证券监管是保护证券市场所有参与者正当权益的需要。证券市场的参与者包括证券筹资者、投资者及中介机构。他们之所以参与证券市场的发行、交易和投资活动，其共同目的是获得经济利益。如果证券市场因缺乏监管而混乱无序、投机过度、价格信号严重扭曲，则广大投资者的正当权益就得不到保障；如果对证券发行、交易和投资行为缺乏必要的监管，那么不仅投资者的利益得不到保障，而且发行公司及证券商的利益也得不到保障。例如，如果不加强对收购控股的监管，则发行公司的正常利益得不到保障；如果没有一定的佣金制度和保证金制度，则证券商的利益就缺乏保障。因此，对证券市场进行系统规范的管理，是保障证券市场参与者正当权益的需要。

再次，证券监管是防范证券市场特有的高风险的需要。由于证券产品本身的价格波动性和预期性，证券产品具有内在的高投机性和高风险性，再加上证券交易中普遍使用的信用手段，证券市场的投机性更加强烈，证券市场的风险性也进一步提高，其投机性和风险性都远远超过了商品市场。如果不对其实施必要的监管，由投机所导致的风险就会迅速积累并快速向外扩散，很快就会超过市场所能承受的限制，从而酿成危机。因此，对证券市场实施必要的监管，可以及时发现风险因素并将其控制在可以承受的范围内，以避免证券市场发生危机。

最后，证券监管是证券市场自身健康发展的需要。证券监管遵循公开、公平、公正的原则。公开原则保证证券行情信息及发行者有关信息及时、全面地公开，减少内幕交易和防止舞弊行为；公平原则保证大小投资者在投资竞争中的公平环境，能够尽量减少操纵、欺诈行为；公正原则使得在证券领域的一些违纪行为能得到及时的制止和公正处理。公开、公平、公正原则能为整个证券市场的发展提供一个良好的环境，以促进证券市场的健康发展。

三、证券市场监管的意义和原则

（一）证券市场监管的意义

证券市场因其高收益和高风险的特性，自诞生之日就备受广大投资者青睐，又因其对国民经济的重大影响而为政府所关注，对证券市场的监管成了一国金融监管的必然内容之一。证券市场监管的意义主要体现在以下五个方面。

1. 有助于保护投资者权益

投资者是证券市场的支撑者，没有投资者的积极参与，证券市场就无法实现繁荣。证券市场除了企事业单位、银行及其他金融机构外，广大中小投资者更是市场的中坚力量，它们决定了市场竞争的存在。但是中小投资者普遍资金较少，信息不灵，缺乏专业知识，因而对筹资者经营状况和证券市场行情不够了解，充当了价格接受者的角色，所受风险较大。只有加强对证券市场的监管，才便于投资者充分了解金融产品发行人的资信、价值和风险状况，从而使投资者能够较正确地选择投资对象。

2. 保护正当交易，维护证券市场正常秩序

在证券市场中，由于供求规律的作用，市场价格经常会发生波动，所以可能存在少数投资者采用不正当手段哄抬价格、买空卖空、牟取暴利，有些证券商和融资方可能相互勾结，产生蓄意欺诈、信息披露不完全与不及时、操纵股价、内幕交易等弊端。为此，必须对证券市场活动进行监管，对非法证券市场交易活动进行严厉查处，以保护正当交易，维护证券市场的正常秩序，促进证券市场的健康发展。

3. 健全证券市场体系，促进证券市场功能发挥

证券市场的根本作用在于实现资源合理、有效的配置，它充当资本供求双方之间桥梁、发挥融资媒介的功能。但由于证券市场中存在不正当交易，阻碍了其基本功能的发挥。通过证券市场的监管，完善与健全市场体系，促进其功能的发挥，有利于稳定证券市场，增强社会投资信心，促进资本合理流动，从而增进社会福利。

4. 及时提供信息，提高证券市场效率

及时、准确、可靠、全面的信息是证券市场参与者进行发行与交易决策的重要依据。因此，一个发达的高效率的证券市场必须是一个信息通畅的市场，它既要有现代化的信息通信设备系统，又必须有一个组织严密科学的信息网络机构，必须有一整套收集、分析、交换信息的制度、技术和相应的管理人员。这些人员只有通过国家的统一组织和管理才能实现。

5. 控制金融风险，促进经济健康稳定发展

证券市场是一个高风险的市场，既有证券本身无法消除的系统风险，又有非系统风险的存在。其中有证券投机行为所带来的风险最为恶劣，如果不进行有效的监控，将会对经济的发展产生不利的影响。在证券市场的发展历史上，由证券投机行为造成金融市场动荡，从而造成整个经济崩溃的现象屡见不鲜，1997 年的亚洲金融风暴就是很好的明证。因此，加强对证类市场的监管，从而实现减少证券市场动荡、促进经济健康稳定发展是十分重要的。

（二）证券市场监管原则

基于证券市场监管的上述意义，可以认为证券市场监管的根本任务在于维护公开、公平、公正的市场环境，规范各种投融资主体按照市场经济原则行事。具体地说，证券市场监管的原则有以下三个方面。

1. 公开原则

公开原则又称信息公开原则，其核心是要求市场信息公开化，具有充分的透明度。信息公开原则要求信息披露应及时、完整、真实、准确。根据公开原则，筹资者必须公开与证券及其价格有关的各种信息，包括首次发行时的“信息的初期披露”和证券发行后的“信息的持续披露”，供投资者参考。

应当说，公开性是对证券市场监管活动的基本要求，从深层次看，公开性还表现为法律与政策的公开，市场管理与司法活动的公开等。因而监管者也应当公开有关监管程序、监管身份以及对证券市场的违规处罚，并努力营建一个投资信息系统，为投资者创造一个信息畅通的投资环境。

2. 公平原则

公平原则要求参与市场的各方都具有平等的法律地位，证券市场的参与者具有均等的交易机会，具有获取接触信息的平等机会，遵循相同的交易规则，各自合法权益都能得到公平的保障。监管机构有责任营造公平的市场气氛，禁止直接经手人员及有关人士利用职务之便从幕后交易中谋利。

3. 公正原则

公正原则要求监管部门在公开、公平原则的基础上，对一切被监管对象给予公正待遇，根据公正原则，金融立法机构应当制定体现公平精神的法律、法规和政策；证券市场监管部门应当根据法律授予的权限履行监管职责，要在法律的基础上，对一切证券市场参与者给予公正的待遇；对证券市场违法行为的处罚，对纠纷或争议事件的处理，都应当公正进行。

四、证券市场监管的手段

用于证券监管的工具是实现证券监管目标的手段，也是证券监管主体行使其职责的手段。由于证券监管的权力是来自国家的政治权力或者公众所认可的某种权力，所以从原则上说，证券监管的手段和工具几乎是不受限制的。但是，如果考虑到证券监管的效果和成本，考虑到证券产品和证券市场的特殊性，考虑到各国证券市场的发展水平和具体的监管环境，就必然会涉及不同监管手段和工具的选择问题。对于证券监管来说，在选择监管手段和监管工具时，除了要考虑一般市场监管所必须考虑的监管成本和效果，更为重要的一点是要考虑到证券监管的特殊要求和不同证券市场的监管条件和监管环境。

从一般的市场管理手段来考虑，为了消除市场失灵的负面作用，政府可以采取法律、经济、行政三个方面的手段，并辅以自律管理。

1. 法律手段

法律手段是指国家通过立法和执法，将证券市场运行中的各种行为纳入法制轨道，证券发行与交易过程中的各参与主体按法律要求规范其行为。运用法律手段管理证券市场，主要是通过立法和执法抑制和消除欺诈、垄断、操纵、内幕交易和恶性投机现象等，以维护证券市场的良好运行秩序。

涉及证券市场管理的法律法规范围很广，大致可分两类：一类是证券监管的直接法规，除《证券管理法》《证券交易法》等基本法律外，还包括各国在上市审查、会计准则、证券投资信托、证券金融事业、证券保管和代理买卖、证券清算与交割、证券贴现、证券交易所管理、证券税收、证券管理机构、证券自律组织、外国人投资证券等方面的专门法规，几乎遍及证券市场的所有领域。另一类是涉及证券管理，与证券市场密切相关的其他法律，如《公司法》《银行法》《票据法》《破产法》《财政法》《反托拉斯法》等。这样，就形成一个以证券基本法为核心，以专门证券管理法规或规则为补充，以其他相关法律为配套的证券法律体系。

2. 经济手段

经济手段是指政府以管理和调控证券市场（而不是其他经济目标）为主要目的，采用间接调控方式影响证券市场运行和参与主体的行为。在证券监管实践中，常见的有以下两种经济调控手段。

（1）金融信贷手段。金融货币政策对证券市场的影响颇为显著。在股市低迷之际放松银根、降低贴现率和存款准备金率，可增加市场货币供应量，从而刺激股市回升；反之，则可抑制股市暴涨。运用“平准基金”开展证券市场上的公开操作可直接调节证券供求与价格。金融货币手段可以有效地平抑股市的非理性波动和过度投机，有助于实现稳定证券市场的预期管理目标。

（2）税收政策。由于以证券所得税和证券交易税（即印花税）为主的证券市场税收直接计入交易成本，税率和税收结构的调整会直接造成交易成本的增减，从而产生抑制或刺激市场的效应，并为监管者利用。

3. 行政手段

行政手段是指政府监管部门采用计划、政策、制度、办法等对证券市场进行直接的行政干预和管理。与经济手段相比较，运用行政手段对证券市场的监管具有强制性和直接性的特点。例如，在证券发行方面采取上市审批制度，通过行政手段控制上市种类和市场规模；对证券交易所、证券经营机构、证券咨询机构、证券清算和托管机构等实行严格的市场准入和许可制度；交易过程中的紧急闭市等。

行政手段存在于任何国家证券市场的监管历史之中，只是在市场发育早期使用行政方式管理得多些，在成熟阶段行政方式用得少些。早期证券市场受社会经济诸方面条件制约，往往是法律手段不健全而经济手段低效率，造成监管不足的局面，故需采用行政手段作为补充。然而，证券市场毕竟是市场经济高度发达的伴生物，完善的市场经济特性必然要求伴随市场的成熟与完善，逐步减少行政干预，因为过多的不恰当的行政干预容易形成监管过度，扭曲市场机制。

4. 自律管理

一般证券市场监管均采取政府管理与自律管理相结合的形式。自律管理之所以在证券市场管理中占有重要一席，相当程度上是西方证券市场发展的历史结果。从市场出现到政府全面介入前的历史演变中，自律管理为市场管理的主要形式。此外，证券交易的高专业化程度和证券业者之间的利益相关性与证券市场运作本身的庞杂性决定了对自律管理的客观需要。应该看到，政府监管与自律管理之间存在主从关系，自律管理是政府监管的有效补充，自律管理机构本身也是政府监管框架中的一个监管对象。近年来，集中化证券监管和强化政府监管地位正成为各国，尤其是西方国家证券市场管理的发展趋势。

然而，无论采取什么样的证券监管手段，都必须遵循以下原则。

（1）合法原则。证券市场的一切活动和行为都必须合法进行，一切证券监管都必须依法实施。

（2）公正原则。证券监管部门在实施监管的过程中，必须站在公正的立场上，秉公办事，以保证证券市场的正常秩序，保护各个方面的合法权益。

（3）公开原则。证券监管的实施过程和实施结果都必须向有关当事人公开，必须保证有关当事人对证券监管过程和监管结果方面信息的知情权。

(4) 公平原则。证券监管的实施要考虑到证券市场全部参与者的利益，保证交易各方在交易过程中的平等地位，不得有任何偏袒。

(5) 系统风险控制原则。证券业属于高风险行业，其风险主要表现在两个方面：单个产品所特有的个别风险和整个证券市场都面临的系统风险。个别风险应当由证券产品购买者或持有者自己承担，证券监管主要是控制证券市场的系统风险。

五、证券市场监管的主体

从总体上看，证券市场监管属于政府管制的范畴，是政府行为。但从各国具体实践看，实施监管的主体是多元化的，有的是中央银行，有的是财政部，也有的是其他独立政府机构，更多的是几个部门分别对不同的或同一金融机构实行监管，这些都是以政府为主体进行的监管；也有些监管活动是非政府机构的金融行业组织甚至某个企业来完成。例如，自律性监管主体证券商协会对券商的自律监管，证券交易所对上市公司的监管等。各国由于其证券市场发育程度不同、管理理念不同、法律及文化传统不同，在长期的证券市场监管实践中形成了各种不同的监管主体。在大多数国家政府、证券交易所、证券业协会都同时起着监管作用，只是三者的重要地位不同而已。

我国目前证券监管主体包括：①国务院证券监督管理机构，包括中国证监会及其派出机构，中国证监会是国务院直属机构，为全国证券期货市场的主管部门，按照国务院的授权履行行政管理职能，依照法律、法规对全国证券期货市场进行监管，维护证券市场秩序，保障其合法运行。②自律性管理机构，包括证券交易所和证券业协会，证券交易所的监管职能包括对证券交易活动监管，对会员进行管理以及对上市公司进行管理。中国证券业的自律性组织是中国证券业协会，正式成立于1991年8月28日，它是实行会员制的社会团体法人，凡是依法设立并经批准可以从事证券业务的证券经营机构，承认协会章程，遵守协会各项规章，均可申请加入协会。《证券法》规定，证券公司必须加入证券业协会。证券业协会的职责是，协助证券监管机构教育和组织会员执行证券法规，依法维护会员的合法权益以及监管、检查会员行为等。

第二节　证券市场监管的对象和主要内容

证券市场监管的对象和主要内容是监管的核心。目前，人们对这个问题的认识仍存在较大分歧。较一致的观点是政府应该对那些明显损害他人利益和共同利益的犯罪行为实施干预，但是对诸如证券市场中供求关系及价格波动、证券中介的各种活动等方面是否实施干预，经济学家们的看法往往不一致。部分学者认为政府对此必须进行干预，但也有学者认为这些问题应留给市场本身去决定。

政府和市场的边界在哪里？在涉及市场的全部活动和行为中，哪些是必须受到监管的活动和行为？具体的监管内容包括哪些？对这些问题的回答，首先，取决于证券市场活动的特点、性质；其次，取决于人们对监管目标的认识；再次，取决于所使用的监管手段及监管成本。因此，在确定监管的对象与范围时，必须根据具体的情况进行具体的分析，从市场机制本身的缺陷、交易工具和市场的特殊性、证券市场的发育程度以及监管者所面临的特殊环境和条件等各个方面的条件进行具体分析。

从各国证券市场监管的实践来看，绝大多数国家普遍采用两个角度来划分证券市场监管的主要内容。一是按照证券市场的构成划分为证券发行市场的监管和证券交易市场的监管；二是按照监管要素划分为上市公司的监管、证券交易所的监管、证券经营机构的监管、证券从业人员的监管和证券投资者的监管。此外，证券违法行为将直接影响证券市场的稳定和投资者利益，所以各国均对此进行独立监管。下面将从八个方面对证券市场监管的主要内容加以介绍。

一、对证券发行市场的监管

世界各国对证券发行市场的调控都是通过审核制度完成的。证券发行审核的方式主要有两种：注册制和核准制。

1. 证券发行的注册制

注册制实行公开管理的原则，即要求发行人在准备发行证券时，必须将证券发行本身以及同证券发行有关的一切信息及各种资料，完全，准确地向证券主管机关呈报，并申请注册。证券主管机关仅对申报文件的全面性、真实性、准确性和及时性做出形式审查。实施注册制的代表国家是美国。

注册制使得股票具有很高的流动性，可以避免过度监管，反映了市场经济的自由性、主体活动的自主性和政府管理经济的规范性与效率性。它的好处是可以在短期内筹集到大量资金，对中小企业的发展相对有利，并且通过限制监管者手中权力避免腐败。不足之处在于承销和推销很大程度依靠承销商的协助，发行成本高，而且它并不禁止质量差、高风险的股票上市。因而比较适用于证券市场成熟和投资者素质较高的国家和地区。

2. 证券发行的核准制

核准制实行实质管理的原则，指发行人在发行证券时，不仅要充分公开企业的真实状况，而且还必须符合有关法律和证券管理机关规定的必备条件，证券主管机关有权否决不符合规定条件的股票发行申请。这种制度以法、德等欧洲国家为代表，以维护公共利益和社会安全为本位。

核准发行的运作程序主要包括四个步骤：①发行人提出申请；②主管机关的审核和检查；③主管机关下发许可发行文件；④发行人按要求向社会公布发行说明书和相关资料。核准制的好处是，如果投资者不太成熟，核准制有可能帮助避免证券市场中信息不对称的问题，从而使投资者利益获得保障。它的不足在于：第一，与效率原则相悖。第二，由于事先核准机制的存在，极易使投资者在判断证券品质等方面产生依赖心理，一旦审核有误或发行人以欺诈手段获取核准，投资者极易受损。同时也使得投资者将投资风险转嫁于政府，甚至诱发非经济行为的发生。

3. 中国证券发行的审核制度

中国的证券发行长期以来实行行政审批制。在 1999 年 7 月 1 日颁布的《证券法》规定：从 2001 年 4 月 1 日起，中国股票发行实行新的核准制度。

新的核准制的最大特点在于取消了额度和所有制的界限以及政府的行政分配权，企业可以估计自己的需要提出股票发行的申请，由证券商尽职调查后进行推荐，最后由证监会发行审核委员会对强制性信息披露进行核准。其强调各参与机构各司其职，各负其责，即企业工作的重心是其核心能力的提高；证券公司在发行中的权利和责任同时增加，会计师事务所、律师事务所等中介机构的责任也加大，因为它们需要承担连带责任；中国证监会角色发生变化，从前台退回后台，主要负责对强制性信息披露的审核，并不对企业的质量好坏提供保证。

二、对证券交易市场的监管

对交易市场实施监管，主要分为证券上市管理和证券买卖管理。我国以《证券法》《股票发行与交易管理暂行条例》《证券交易所管理办法》等国家有关法律、法规、规章为依据进行监管。

（一）证券上市管理

证券上市指发行人发行的有价证券，依法定条件和程序，在证券交易所公开挂牌交易，是继证券发行之后的延伸行为。在证券流通市场上，既有进行证券集中交易的证券交易所，又有各种场外交易市场。其中，证券交易所有权对在证券交易所上市的企业进行审核，证券上市就在于确定哪些有价证券可以进入证券交易所并公开挂牌买卖。

证券上市按照上市程序不同，可以划分为授权上市和认可上市两种。授权上市是指由证券发行公司申请并由证券交易所依照规定程序批准的证券上市。上市发行者主要是股份有限公司，上市债券则是由股份有限公司发行的各种股票和债券。授权上市的条件和程序非常严格，证券交易所有权对上市证券进行审核、终止。认可上市是指直接经证券交易所认可后就可以上市。认可上市的证券仅限于各种政府债券，常见的有国库券。这种证券可以豁免申请而直接成为证券交易所的交易对象，证券交易所也无权拒绝或终止这种证券的上市。

这里讨论的证券上市主要指证券的授权上市。一般来说，证券上市管理包括上市标准、上市程序以及上市的暂停、恢复和终止三方面内容。

1. 上市标准

在证券发行市场经注册或核准的公司可向证券交易所申请上市。各国证券交易所确定的上市标准不完全相同。根据本国证券市场的具体情况，上市标准一般包括资本额、盈利能力、资本结构、偿债能力、股权分散程度、上市公司的开业时间等方面的规定。

1）上市公司的股权分散状况

股权分散状况表现为持有公司证券的人数和社会公众持有公司证券的总额。股权分散必须达到一定的比例或数值，这对于保证证券的流通性、避免直接影响或操纵证券价格有着十分重要的作用。纽约证券交易所规定，公司最少应由公众持有 100 万股股票，且最少有 2000 名股东没人持有 100 股以上。

2）上市公司的成立时间

刚成立的公司往往将主要精力放在如何开展业务方面，其盈利能力、偿债能力都无法充分地反映出来。为了保证投资者利益，促进公司健康发展，各国证券交易所都有关于公司开业时间的规定。例如，日本东京证券交易所规定，申请上市公司的开业时间应在五年以上；我国《公司法》规定申请上市的公司成立时间应超过三年。

2. 上市程序

上市程序由各国《证券法》或《证券交易法》做出基本规定，同时由各证券交易所根据具体情况加以补充规定，但是证券交易所的补充规定不得与法律规定相抵触。

1）提出证券上市申请

提出证券上市申请的企业必须根据相关法律规定和证券交易所规定以书面形式呈交申请书和各种附件，并由公司盖章。

2）上市申请审查

证券交易所在发行方提交上市申请材料后，根据证券上市审查准则的规定，确认文件的完整性，有关内容的真实性。上市审查准则是由证券交易所制定、由主管机关批准的规范性文件。凡经证券交易审查合格的上市申请，即可获得批准。

3）证券上市合同的订立和核准

在证券上市申请审查合格后，证券交易所应当与获准上市的证券发行公司订立证券上市合同。

3. 上市的暂停、恢复和终止

如果上市公司的证券已期满或违反交易所的禁令，证券交易所有权对上市公司的证券上市予以暂停或终止。

1）暂停上市

上市暂停有三种形式：①法定暂停上市。即发生《证券法》或证券交易所规定的暂停上市原因，证券交易所暂时停止该证券在交易所集中交易的情形。②申请暂停上市。只由上市公司向证券交易所请求暂停上市交易的行为。③自动暂停上市。即遇到法定情形时，上市证券免除申请或其他法定程序，自动暂停上市交易。自动暂停上市一般只适用于上市公司增发证券或发放股息红利期间。

我国根据《公司法》第157条的规定，暂停上市包括以下四种情形：①上市公司股本总额、股权分布等发生变化不再具备上市条件；②上市公司不按规定公开其财务状况，或者对财务会计报告作虚假记载；③上市公司有重大违法行为；④上市公司最近三年连续亏损。

在股票暂停上市期间，公司应当继续履行上市公司的有关义务，并至少在每月前五个交易日内披露一次为恢复上市所采取的措施及有关工作进展情况。公司如没有采取重大措施或者有关计划没有相应进展的，也应当披露并说明具体原因。被暂停上市的证券在暂停原因消除后，可以恢复上市。上市公司首先要向证券交易所提出恢复上市申请，经由证券交易所审核后出具恢复上市通知书，并报政府主管机关备案后方可恢复。

2）终止上市

终止上市也称停牌，是指上市公司被取消上市资格。证券发行公司终止上市后可以在终止上市原因消除后重新申请上市。上市终止一般分三种情况：①法定终止上市。如果法定暂停上市情形造成严重后果，在暂停上市期间未能消除被暂停原因，公司解散或破产清算，证券交易所或主管机关可依法决定证券终止上市。②自动终止上市。债权于本息兑付日前一定期间自动终止上市。③申请终止上市。由企业股东会做出决议申请终止上市。

我国规定证券上市终止的原因主要有以下几方面：①证券上市的暂停原因持续时间较长，并已造成严重后果或暂停期间内未消除被暂停原因；②公司未能在法定披露期限内披露其经审计的暂停上市后第一个半年度报告或者恢复上市后的第一个年度报告的；③在法定披露期限内披露暂停上市后第一个半年度报告，但公司未能在披露后五个交易日内提出恢复上市申请的；④股票恢复上市申请未被本所受理的；⑤股票恢复上市申请被受理后未被本所核准的；⑥在法定披露期限内披露了恢复上市后的第一个年度报告，但公司出现亏损的。

（二）证券买卖管理

证券买卖管理主要根据价格优先和时间优先的原则，对投资者的委托、券商的受托、清算公司的清算与交割等环节加以管理；同时，也对买卖过程中的交易制度、委托方式加以规定。我国《证券法》对证券买卖做出一般性规定。

此外，各证券交易所还对证券的交易规则做出更细致的规定。例如，对证券价格波动进行监测，并采取有关制度如涨跌停板制度等避免证券市场过于频繁的大幅波动等。

三、对上市公司的监管

上市公司的监管包括上市公司的证券发行、上市和信息披露等方面。证券发行和证券上市已在前文说明，这里着重说明上市公司的信息披露问题。

各国对上市公司的信息披露制度都有严格和详细的规定，以保证投资人的权益和证券市场的稳定。理论上，信息披露的法律标准应符合下列原则：全面性、真实性、时效性、易得性、易解性和适法性。其中，所谓易得性是指公开资料容易为一般公众投资者所获得；易解性就是要求发行公司公开的资料容易被投资者认识、理解和掌握；适法性就是要求公开资料的形式要符合法律规定。按照证券交易环节，可将信息披露分为证券上市信息披露制度和持续性披露制度两种。

（一）证券发行信息披露制度

证券发行信息披露制度是指发行人在公开发行证券时，以维护公司股东或债权人合法权益为宗旨，根据法律、法规的规定，公开与证券发行有关的重大事实的材料的一种法律制度。

证券发行信息披露制度具有非常重要的意义，它可以帮助投资者做出正确的价值判断、防止信息滥用，是一种强制性的信息公开制度。美国 1933 年《证券法》规定的证券上市公开制度，可以说是证券发行信息披露制度的典范。美国的《证券法》不仅规定了发行人信息披露的义务，还规定了违反该义务的法律责任。美国对于在注册报告书中“有意制造对任何重大事实的不真实陈述或漏报情况其中应报的或为使该报告书中的陈述不致被误解所必要的重大事实上的任何人，一经确认便应被罚以不超过 10 000 美元的罚金或不超过五年的监禁或二者兼有”。

我国《证券法》规定：经国务院证券监督管理机构核准依法发行股票，或者经国务院授权的部门批准依法发行公司债券，依照公司法的规定，应当公告招股说明书、公司债券募集办法。依法发行新股或者公司债券的，还应当公告财务会计报告。

（二）持续性信息披露制度

持续性信息披露制度分为两类：定期报告披露制度，要求公司中期披露和年终披露其业绩和营运情况。临时报告披露制度，公司应对本公司发生的重大事件（如高层人事变动、重大项目投资等情况）、关联交易等及时向公众进行公告。

1. 定期报告披露制度

定期报告披露包括证券发行公司的年度报告、中期报告和季度报告。

2. 临时报告披露制度

定期报告制度的缺陷是不能及时满足公司信息公开及时性的要求，尤其在公司发生对证券投资判断有影响的特别事项时，定期报告难以适应证券市场变化。为此，各个国家基本都实行临时报告制度，以利于将临时发生的重大事项传递给投资者。我国规定：发生可能对上市公司股票交易价格产生较大影响、而投资者尚未得知的重大事件时，上市公司应当立即将有关该重大事件的情况向国务院证券监督管理机构和证券交易所提交临时报告，并予公告，说明事件的实质。

1）重大事件的范围界定

对于何谓重大事件，各国《证券法》和证券交易所都有相关规定。

我国《证券法》对需要提交临时报告的重大事件做出如下界定：①公司的经营方针和经营范围的重大变化；②公司的重大投资行为和重大的购置财产的决定；③公司订立重要合同，而该合同可能对公司的资产、负债、权益和经营成果产生重要影响；④公司发生重大债务和未能清偿到期重大债务的违约情况；⑤公司发生重大亏损或者遭受超过净资产10%以上的重大损失；⑥公司生产经营的外部条件发生的重大变化；⑦公司的董事长，1/3以上的董事，或者经理发生变动；⑧持有公司5%以上股份的股东，其持有股份情况发生较大变化；⑨公司减资、合并、分立、解散及申请破产的决定；⑩涉及公司的重大诉讼，法院依法撤销股东大会、董事会决议及法律、行政法规规定的其他事项。

2）临时报告提交的时间

美国规定，临时报告应在重大事件发生后的第2个月的10日前提交；日本要求在事实发生后应立即提交；我国规定在重大事件发生后的两个工作日内提交证券交易所或证券主管机关。

四、对证券交易所的监管

证券交易所是集中进行证券买卖的公开场所，各国政府都对证券交易所实行严格的监督管理。证券交易所的组织形式有会员制和公司制，二者都要受到证券交易主管机关和证券交易自律组织的双重管理，一般来说，会员制证券交易所比较强调自律监管，公司制证券交易所则重视政府行政管理。我国现有的上海、深圳两家证券交易所均是采用会员制的事业法人，并以《公司法》和《证券交易所管理办法》（2001年12月12日）为指导进行监管。

对证券交易所的监管包括两方面内容：一是对证券交易所设立的监管，二是对证券交易所运营的监管。

1. 对证券交易所设立的监管

证券交易所的设立必须经主管机关的审批，主管机关通过对证券交易所的规模情况、设施条件、组织形式、规章制度等方面进行考察后，决定是否同意设立证券交易所。证券交易所的审批分为注册制和特许制。

注册制的典型代表是美国。美国《证券交易法》规定："证券交易所必须向证券交易委员会申请注册，注册时必须提交有关法律和证券交易委员会规定的各种文件和交易所规则。交易所的各项规则应有利于保障信息公开、公平和投资者利益；交易所会员在其行为不符合有关法律规定和公开原则时，应予以开除或停止会员资格及权利。证券交易委员会在确认交易所的组织机构、管理规则和有关设施都符合相关规定后，才能准予注册。"

在特许制下，证券交易所的设立除符合有关条件外还要经过主管机关的核准才能设立。例如，日本法律规定，证券交易所的设立必须经大藏省特许。在申请设立证券交易所过程中．申请人必须提交符合法律及大藏省规定的各种文件及证明材料，经大藏省审核发给特许证后方能设立。大藏省有权对证券交易所的规章制度、组织机构及其他条件进行全面审核，如认为有不当之处，有权命令申请人进行修改。我国规定，设立证券交易所，由证监会审核，报国务院批准。

2. 对证券交易所运营的监管

证券主管机关对证券交易所的监管包括如下内容。

(1) 证券交易所要定期和及时向证券主管机关报告交易状况，以便主管机关能针对证券市场的运行状况及时采取有效措施进行调解。

(2) 遇有重大事项，证券交场所应当随时向证券主管机关报告。

(3) 证券交易所应根据证券主管机构的要求，不断提高和加强组织、队伍、规章制度的建设。

(4) 证券主管机关应对证券交易所的各项业务经营进行定期或不定期的检查监督。

(5) 证券交易所、证券登记结算机构收取的各种资金和费用应当严格按照规定用途使用，并制定专项管理规则进行管理，不得挪作他用。证券交易所的收支结余不得分配给会员。上述各种费用的收取标准及收取方式应当报收费主管部门备案。

(6) 证券主管机关应支持和指导交易所协会及证券业协会等行业性自律机构的成立，以发挥其行业内部的监督管理作用。

目前，中国证监会对证券交易所的运营进行直接管理。除上述方面的监管外，中国证监会任命证券交易所的总经理、副总经理，委派证券交易所非会员理事，提名证券交易所理事长、副理事长人选；中层干部的任免报中国证监会备案；财务、人事部门负责人的任免报中国证券会批准。证券交易所的总经理离任时要进行离任审计。证券交易所、证券登记结算机构的名经理、副总经理不得在任何营利性组织、团体和机构中兼职。证券交易所的非会员理事及其令工作人员不得以任何形式在证券交易所会员公司兼职。

五、对证券经营机构的监管

证券经营机构是指依法设立并具有法人资格的证券公司和信托投资公司，它是证券发行者和证券投资者的中介，也是重要的机构投资者。对证券经营机构的监管主要包括：对证券经营机构的资格要求、设立的监管和对其行为的监管。

（一）证券经营机构设立的监管

证券经营机构设立的监管方式主要有注册制和特许制。

1. 注册制

证券经营机构注册制以美国为代表。美国 1934 年《证券交易法》规定，所有经营全国性证券业务的投资银行（包括证券承销商、经纪商、自营商等）都必须向证券交易委员会登记注册，取得证券交易委员会注册批准后，还得向证券交易所申请会员注册，只有同时取得证券交易委员会的注册批准和证券交易所的会员资格后才能经营证券业务。

中国香港也采取注册登记制。中国香港《证券条例》第 48 条规定，任何人（不论是个人或法人团体，或者合伙经营的成员或法人团体的董事）只有根据该法的规定注册为证券商，才能在中国香港从事证券交易业务，或自称从事该业务。法人团体在香港从事证券交易业务，或自称从事该等业务，须法人团体的董事至少有一人，或如法人团体仅有董事一人，则该董事应当积极参与或直接负责监督法人团体的证券交易业务，并注册为证券商。

注册制下的证券商设立条件具有以下特点：证券商设立采取自由开放政策，凡符合条件且注册者，皆可从业，但其注册条件有日趋严格之势；注册制既是证券商设立的条件与程序，又是从业管理方式；注册制强调证券商的个人责任；以保证金缴付作为注册的必要条件，从而担保证券商从业中对他人损害的赔偿责任。

2. 特许制

证券经营机构特许制以日本为代表。日本《证券交易法》规定，证券公司未经大藏大臣特许，不得经营证券业务，并从证券业务角度划分，将特许分为自营、经纪、承销以及募集和销售代理四种，每种特许应分别获得，或允许取得一项以上的业务特许。

证券商申请特许，必须具备一定的条件，如拥有足够的资本，具有相当的经营证券业务的知识和经验，信誉良好等。欧洲大陆国家中的德国、意大利、丹麦等国家由证券主管机关考虑市场需要及其他因素给予许可。如果作为证券交易所的会员，还需受证券交易所规则约束。

特许制下的证券商设立条件有以下特点：采取控制设立政策，严格规定设立条件，只有具备合法条件且取得主管部门许可者，方可从业；从业种类采取分类特许方式，设立制度与证券商经营制度分别立法；设立保证金缴付制度，但是不以保证金缴付为取得从业许可的条件。

目前，大多数国家（包括我国）采取特许制，这也是多数国家对金融机构设立采取的一般政策。我国《证券法》规定：设立证券公司，必须经国务院证券监督管理机构审查批准。未经国务院证券监督管理机构批准，不得经营证券业务。国家对证券公司实行分类管理，分为综合类证券公司和经纪类证券公司，并由国务院证券监督管理机构按照其分类颁发业务许可证。

（二）证券经营机构行为的监管

纵观各国对证券经营机构的行为管理，可以概括为：定期报告制度、财务保证制度、业务规范和行为禁止制度、自律制度、风险管理等。下面以我国为例进行详细介绍。

1. 定期报告制度

设立证券经营机构定期报告制度的目的，是通过证券主管机构对所提供文件的检查、监管活动，全面掌握证券经营机构经营及财务状况，以确保证券经营机构安全营业，忠实履行业务。我国《证券公司管理办法》规定：证券公司应当按照中国证监会的要求报送财务报表、业务报表和年度报告。

我国《证券法》规定，主要管理人员和业务人员必须具有证券从业资格；因违法行为或者违纪行为被解除职务的证券交易所、证券登记结算机构的负责人或者证券公司的董事、监事、经理，自被解除职务之日起未逾五年，以及因违法行为或者违纪行为被撤销资格的律师、注册会计师或者法定资产评估机构、验证机构的专业人员，自被撤销资格之日起未逾五年，不得担任证券公司的董事、监事或者经理；因违法行为或者违纪行为被开除的证券交易所、证券登记结算机构、证券公司的从业人员和被开除的国家机关工作人员，不得招聘为证券公司的从业人员，国家机关工作人员和法律、行政法规规定的禁止在公司中兼职的其他人员，不得在证券公司中兼任职务；证券公司的董事、监事、经理和业务人员不得在其他证券公司中兼任职务。

2. 财务保证制度

建立财务保证制度的目的，是以财务的合法性和资产保证来维护证券经营机构的信誉，防止发生证券事故、损害投资者的利益，并使受损害的投资者得到损失赔偿。财务保证制度的主要有以下内容。

（1）最低资本额限制，指证券经营机构获得经营许可所必须拥有的法定自有资产的最低限额。我国《证券法》规定，经纪类证券公司注册资本最低限额为人民币5000万元，综合类证券公司注册资本最低限额为人民币5亿元。

（2）负债比率的限制。我国《证券法》规定，证券公司的对外负债总额不得超过其净资产额的规定倍数，其流动负债额不得超过其流动资产总额的一定比例；其具体倍数、比例和管理办法，由国务院证券监督管理机构规定。

（3）客户保护规则。主要是保护证券经营机构所持有的顾客资金和证券。我国《证券法》规定，综合类证券公司必须将其经纪业务和自营业务分开办理，业务人员、财务账户均应分开，不得混合操作。客户的交易结算资金必须全额存入指定的商业银行，单独立户管理，严禁挪用客户交易结算资金；证券公司办理经纪业务，必须为客户分别开立证券和资金账户，并对客户交付的证券和资金按户分账管理，如实进行交易记录，不得作虚假记载。

3. 业务规范和行为禁止制度

各国证券法大多规定，证券商在执行其业务时对客户应遵循诚信原则，不得有操纵市场的行为。我国《证券法》和《证券公司管理办法》对证券公司的业务范围予以明确规定，并严禁证券经营机构从事以下行为：①将自营业务和代理业务混合操作；②证券经营机构内部人员持有、买卖股票；③未按规定的时间、程序、方式承销股票；④将客户的股票借予他人或作为担保物；⑤以客户的名义为本机构买卖股票，挪用客户保证金；⑥为股票支票提供融资；⑦在证券买卖代理业务中，与客户分享交易利润或分担交易损失，或向客户提供避免损失的保证；⑧禁止银行资金违规流入股市，证券公司的自营业务必须使用自有资金和依法筹集的资金；⑨操纵市场的行为，欺诈客户的行为；⑩虚假陈述的行为和内幕交易的行为。

4. 自律制度

证券市场活动十分复杂，政府运用行政手段和法律手段管理市场虽然可以取得一定的效果，但是仍然存在一些领域政府的行为很难奏效，必须借助证券经营机构的自律行为，予以行业或道德约束。证券经营机构的自律管理有证券经营机构协会的自律管理和证券交易所的自律管理。

我国的证券商协会的名称是中国证券业协会。中国证券业协会正式成立于 1991 年 8 月 28 日，是依法注册的具有独立社会法人资格的、由证券公司自愿组成的行业性自律组织。协会的设立是为了加强证券业之间的联系、协调、合作和自我控制，以利于证券市场的健康发展。

中国证券业协会履行以下职责，包括：协助证券监督管理机构教育和组织会员执行证券法律、行业法规；依法维护会员的合法权益，向证券监督管理机构反映会员的建议和要求；收集整理证券信息，为会员提供服务；制定会员应遵守的规则，组织会员单位的从业人员的业务培训，开展会员间的业务交流；对会员之间、会员与客户之间发生的纠纷进行调解；组织会员就证券业的发展、运作及有关内容进行研究；监督、检查会员行为，对违反法律、行政法规或者协会章程的，按照规定给予纪律处分；国务院证券监督管理机构赋予的其他职责。

《证券交易所管理办法》规定，证券交易所对证券经营机构监管的具体职责包括：证券交易所应当制定具体的会员管理规则；证券交易所必须限定交易席位的数量；证券交易所应当对会员取得的交易席位实施严格管理；证券交易所每年应当对会员的财务状况、内部风险控制制度以及遵守国家有关法规和证券交易所业务规则等情况进行抽样或者全面检查，并将检查结果上报证监会；证券交易所有权要求会员提供有关业务的报表、账册、交易记录及其他文件、资料等等。

5. 风险管理

对于证券商来说，证券交易中的风险主要来自两个方面：一方面来自自营业务活动；另一方面来自委托代理业务的信用风险。就证券市场而言，风险是永远存在的，关键在于如何强化风险的防范和管理，以降低和控制风险。

我国 2002 年颁布的《证券公司管理办法》对风险控制进行了如下规定。

（1）证券公司必须遵守下列财务风险监管指标：①综合类证券公司的净资本不得低于两亿元，经纪类证券公司的净资本不得低于 2000 万元，净资本是指证券公司净资产中具有高流动性的部分，有关净资本的计算规则由中国证监会另行制定；②证券公司净资本不得低于其对外负债的 8%；③证券公司流动资产余额不得低于流动负债余额（不包括客户存放的交易结算资金和受托投资管理的资金）；④综合类证券公司的对外负债（不包括客户存放的交易结算资金和受托投资管理的资金）不得超过其净资产额的 9 倍；⑤经纪类证券公司的对外负债（不包括客户存放的交易结算资金）不得超过其净资产额的 3 倍。

（2）证券公司出现下列情况，必须在 3 个工作日内报告中国证监会，并说明原因和对策：①净资本低于中国证监会规定金额的 120%，或者比上月下降 20%的；②净资本低于证券公司对外负债的 10%的；③综合类证券公司流动资产余额低于流动负债余额的 120%的；④综合类证券公司对外负债超过净资产 8 倍的；⑤经纪类证券公司对外负债超过净资产 2 倍的。

六、对证券从业人员的监管

若要加强对从业人员的监督管理，则证券从业人员素质的提高，特别是风险防范意识的增强是证券市场风险防范的重要环节之一。对证券从业人员的监督管理离不开制度的建设。

1995 年 4 月 8 日，国务院证券委员会发布了《证券业从业人员资格管理暂行规定》，决定在我国建立证券从业人员资格考试制度，由中国证监会负责实施。《证券业从业人员资格管理暂行规定》对从业人员的界定、申请条件、资格培训和考试、申请程序、资格维持、违规处罚等做出了规定，从而使证券市场在规范化、法制化道路上迈出了重要一步。

1. 从业人员的分类

证券从业人员是指证券经营机构和中介机构（包括证券公司、信托投资公司、证券清算登记机构、证券投资咨询机构以及其他可经营证券相关业务的机构）中一些特定岗位的人员，《证券从业人员资格管理暂行规定》将证券从业人员分为 11 种，可以大致归纳为以下两类。

（1）管理人员，包括证券中介机构的总经理及负责证券业务的副总经理。证券经营、清算、登记、投资咨询机构内设各证券业务部门的正、副经理，以及证券经营机构下设的证券营业部的正、副经理。

（2）专业人员，包括证券经营机构中从事证券代理发行、自营业务和投资咨询业务的人员，出市代表和各证券中介机构的计算机管理人员。中国证监会还可对认为有必要进行资格确认的人员提出要求。

2. 资格考试与注册制度

我国证券市场规范化建设的一项重要内容，就是通过职业化教育和专业资格考试培训，使证券业从业人员具有较强的法律意识、规范的职业道德和良好的业务素质。根据国际通行的做法，对证券从业人员进行资格考试和注册，是提高证券业从业人员素质和加强管理的一项非常重要的制度。《证券业从业人员资格管理暂行规定》要求，从业人员必须取得证券从业人员资格证书方可从事相关证券业务。

从业人员申请资格须同时具备以下两个条件。

（1）基本条件。具有中华人民共和国国籍，年满 21 岁且具有完全民事行为能力，品德良好，承诺遵守国家有关法规和行业规定，接受证监会监管。

（2）必备条件。最近五年内未受过刑事处罚或严重的行政处罚，具有规定的学历或工作经验，并通过了证监会统一组织的资格考试。条件具备后可按《证券业从业人员资格管理暂行规定》有关要求向证监会提供资格申请。

资格证书分为证券代理发行从业资格、证券经纪从业资格、投资顾问从业资格、证券中介机构计算机管理从业资格以及中国证监会认为需要认定的其他类别。前文所述的证券从业人员的管理人员中，正、副总经理需取得其中两类资格证书，业务部门正、副经理需取得相关资格证书；专业人员则需要取得与所从事业务相对应的资格证书。

证券从业人员所在机构要及时向中国证监会报告所聘请人员情况，如违规、任职变化等，中国证监会也将对已取得资格人员进行定期、不定期的检查。在资格申报过程中弄虚作假或取得资格后违反国家有关法律或法规，中国证监会将给予不同程度的惩罚。证券中介机构不得聘用不具备相应资格证书的人员从事相关证券业务。

对于从事证券相关业务的律师事务所、会计师事务所、审计师事务所和资产评估机构从业人员的资格管理，中国证监会同财政部、国家审计署、国有资产管理局等有关部门颁布了相应的规定。

七、对证券投资者的监管

对于投资者的监管包括对投资者资格审查及其交易行为的监管。

1. 对投资者资格的审查

投资者包括个人投资者和机构投资者。对于个人目前以下几类人员不得直接或间接为自己买卖证券：现役军人；国家部级以上干部；证券管理机构中管理证券事务的有关人员；证券交易所内人员；证券经营机构的从业人员；与发行者有直接行政隶属或管理关系的工作人员；其他与股票发行或交易有关的知情人。

对于机构投资者，我国规定：各级党组织和国家机关、非独立核算的单位、外国组织［除合格境外机构投资者（qualified foreign institutional investors，QFII）允许的外国机构］、不得买卖境内上市交易的股票。

2. 对投资者交易行为的监管

对投资者交易行为的监管一般包括：对组织或个人以获取利益或者减少损失为目的，利用其资金、信息等优势，或者滥用职权，制造证券市场假象，诱导或者致使投资者在不了解事实真相的情况下做出投资决定，扰乱证券市场秩序等操纵市场行为的监管；对知情者以获取利益或减少经济损失为目的，利用地位、职务等便利，获取发行人未公开的、可以影响金融产品价格的重要信息，进行有价证券交易，或泄露该信息的内幕交易行为的监管等。

八、对证券违法行为的监管

证券违法行为监管的中心内容是反对证券交易活动中的内幕交易、操纵市场、欺诈等行为，以规范证券交易行为，维护证券市场秩序，保护投资者的合法权益和社会公共利益。为此我国先后制定和颁布了《禁止证券欺诈行为暂行办法》《关于禁止股票交易中不正当行为的通知》、新《刑法》和《证券法》，对我国证券交易的禁止行为及其相应的行政处罚措施和民事责任进行了规定。

（一）对内幕交易的监管

内幕交易是指内幕人员利用内幕信息买卖证券或根据该信息建议他人买卖证券或非

内幕人员通过不正当手段或其他途径获得内幕信息，并根据该信息买卖证券或建议他人买卖证券及其他内幕交易行为。下列人员属于内幕人员：发行股票或者公司债务的公司董事、监事、经理、副经理及有关的高级管理人员；持有公司5%以上股份的股东；发行股票公司的控股公司的高级管理人员；由于所任公司职务可以获取公司有关证券交易信息的人员；证券监督管理机构工作人员以及由于法定的职责对证券交易进行管理的其他人员；由于法定职责而参与证券交易的社会中介机构或者证券登记结算机构、证券交易服务机构的有关人员；国务院证券监督管理机构规定的其他人员。内幕信息包括以下内容：公司的重大投资行为和经营范围的重大变化；公司分配股利或者增资的计划；公司股权结构的重大变化；公司债务担保的重大变更；公司营业用主要资产的抵押、出售或者报废一次超过该资产的30%；公司的董事、监事、经理、副经理或者其他高级管理人员的行为可能依法承担重大损害赔偿责任；上市公司收购的有关方案；国务院证券监督管理机构认定的对证券交易价格有显著影响的其他重要信息。

证券内幕交易是一种严重侵害投资者利益的违法犯罪行为。为了防止内幕交易，各国证券法均规定了严格的法律制裁。我国《证券法》规定，证券交易内幕信息的知情人员或者非法获取证券交易内幕信息的人员，在涉及证券的发行、交易或者其他对证券的价格有重大影响的信息尚未公开前，买入或者卖出该证券，或者泄露该信息或者建议他人买卖该证券的，责令依法处理非法获得的证券，没收违法所得，并处以违法所得1倍以上5倍以下或者非法买卖的证券等值以下的罚款。构成犯罪的，依法追究刑事责任。证券监督管理机构工作人员进行内幕交易的，从重处罚。我国新《刑法》规定，证券交易内幕信息的知情人员或者非法获取证券交易内幕信息的人员的上述行为情节严重的，处5年以下有期徒刑或者拘役，并处或者单处违法所得1倍以上5倍以下罚金；单位犯罪的，对单位判处罚金，并对其直接负责的主管人员和其他直接负责人，处5年以下有期徒刑或者拘役。

（二）对操纵市场的监管

操纵市场是指以获取不正当利益或者转嫁风险为目的，利用资金、信息等优势或者滥用职权，制造证券市场假象，控制证券交易价格的行为。操纵行为对证券市场的危害很大，因此各国、各地区的立法、司法都严厉禁止操纵证券市场的行为。只有这样才能有效地发挥证券市场的价格机制，保护投资人尤其是中小投资人的合法权益不受他人的随意侵害。

我国《证券法》第71条将操纵证券市场行为的类型概括为“禁止任何人以下列手段获取不正当利益或者转嫁风险”具体包括：①通过单独或者合谋，集中资金优势、持股优势或者利用信息优势联合或者连续买卖，操纵证券交易价格；②与他人串通，以事先约定的时间、价格和方式相互进行证券交易或者相互买卖并不持有的证券，影响证券交易价格或者证券交易量；③以自己为交易对象，进行不转移所有权的自买自卖，影响证券交易价格或者证券交易量；④以其他方法操纵证券交易价格。

我国《证券法》第184条规定，任何人违反《证券法》规定，操纵证券交易价格或者制造证券交易的虚假价格或者证券交易量，获取不正当利益或者转嫁风险的，没收违法所得并处以1倍以上5倍以下的罚款。构成犯罪的，依法追究刑事责任。我国新《刑法》规定，个人犯罪的，处 5 年以下有期徒刑或者拘役，并处或者单处违法所得 1 倍以上 5 倍以下罚金；单位犯罪的，对单位判处罚金，并对直接负责的主管人员和其他直接责任人员，处 5 年以下有期徒刑或者拘役。

（三）对欺诈行为的监管

对欺诈行为的监管强调的是禁止在证券发行、交易及相关活动中从事欺诈客户、虚假陈述等行为。欺诈客户是指证券经营机构、证券登记结算机构和发行人或者发行代理人，在证券发行、交易及相关活动中违背客户意志，损害客户利益的欺诈性行为。它包括：违背客户的委托为其买卖证券；不在规定时间内向客户提供交易的书面确认文件；挪用客户所委托买卖的证券或者客户账户上的资金；私自买卖客户账户上的证券，或者假借客户的名义买卖证券；为牟取佣金收入，诱使客户进行不必要的证券买卖；其他违背客户真实意思表示，损害客户利益的行为。虚假陈述是指相关主体对证券发行、交易及相关活动的事实、性质、前景、法律等事项做出不实、严重误导或含有重大遗漏的、任何形式的虚假陈述或诱导，致使投资者在不了解真相情况下做出证券投资决定的行为。它包括：发行人、证券商在招股说明书、上市公告书及其他文件中作虚假陈述；律师事务所、会计师事务所、资产评估机构等专业性证券服务机构在其出具的文件中作虚假陈述；交易所、证券业协会及其他自律机构做出对证券市场产生影响的虚假陈述；上述各类主体在向政府监管部门提交的文件、报告中作虚假陈述等。

我国《证券法》规定，证券公司违背客户的委托买卖证券、办理交易事项，以及其他违背客户真实意思表示，办理交易以外的其他事项，给客户造成损失的，依法承担赔偿责任，并处以 1 万元以上 10 万元以下的罚款；证券公司、证券登记结算机构及其从业人员，未经客户的委托，买卖、挪用、出借客户账户上的证券或者将客户的证券用于质押的，或者挪用客户账户上的资金的，责令改正，没收违法所得，处以违法所得一倍以上五倍以下的罚款，并责令关闭或者吊销责任人员的从业资格证书。构成犯罪的，依法追究刑事责任。

我国新《刑法》规定，证券交易所、证券公司的从业人员，证券业协会或者证券管理部门的工作人员，故意提供虚假信息或者伪造、编造、销毁交易记录，诱骗投资者买卖证券，造成严重后果的，属于诱骗他人买卖证券罪。个人犯罪的，处 5 年以下有期徒刑或者拘役，并处或者处 1 万元以上 10 万元以下罚金；情节特别恶劣的，处 5 年上 10 年以下有期徒刑，并处 2 万元以上 20 万元以下罚金。单位犯罪的，对单位判处罚金，并对直接负责的主管人员和其直接责任人员处 5 年以下有期徒刑或者拘役。

第三节　证券市场监管体系

一、证券市场监管的制度体系

由于各国的政治体制、经济体制、证券市场发育程度和历史传统习惯不同，随着证券市场监管实际的发展，各国证券市场监管体制形成了不同的制度模式，基本上可以分为三种类型。

（一）集中型证券市场监管

集中型证券市场监管体制模式也称集中立法型监管体制模式，是指政府通过制定专门的证券法规，并设立全国性的证券监督管理机构来统一管理全国证券市场的一种体制模式。在这种模式下，政府积极参与证券市场管理，并且在证券市场监管中占主导地位，而各种自律性的组织（如证券业协会等）则起协助政府监管的作用。美国是集中型证券市场监管体制模式的代表。

集中型证券市场监管体制模式具有两个主要特点：①具有一整套互相配合的全国性证券市场监管法规。美国证券监管的立法可以分为联邦政府立法、各州政府立法（在美国统称为蓝天法）、各种自律组织（如各大交易所和行业协会）制定的规章三级。这种联邦、州和自律组织所组成的既统一又相对独立的监管体制是美国体制的一大特色。②设立全国性的监管机构负责监督、管理证券市场。这类机构由于政府充分授权，通常具有足够的权威维护证券市场正常运行。例如，美国证券交易委员会就是根据 1934 年《证券交易法》成立的。它由总统任命、参议院批准的五名委员组成，对全国的证券发行、证券交易所、证券商、投资公司实施全面监督管理。这种做法的优点是监管者处于比较超脱的地位，能够比较好地体现和维持“三公”原则，避免部门本位主义，而且可以协调部门与部门之间的目标和立场。但是，它要求监管者具有足够的权威性，否则难以使各部门之间相互配合，保证证券市场有效运行。

集中型证券市场监管体制模式的特点决定了它具有以下两个优点：①具有专门的证券市场监管法规和统一的管理口径，使市场行为有法可依，提高了证券市场监管的权威性。②具有超常地位的监管者，能够更好地体现和维护证券市场监管的公开、公平和公正原则，更注重保护投资者的利益，并起到协调全国证券市场的作用，防止政出多门、相互扯皮的现象。

但是，集中型证券市场管理体制模式也有自身的缺点：①容易产生对证券市场进行过多的行政干预。②在监管证券市场的过程中，自律组织与政府主管机构的配合有时难以完全协调。③当市场行为发生变化时，有时不能做出迅速反应并采取有效措施。

（二）自律型证券市场监管

自律型证券市场监管体制模式是指政府除了一些必要的国家立法之外，很少干预证券市场，对证券市场的监管主要由证券交易所、证券商协会等自律性组织进行，强调证券业者自我约束、自我管理的作用，一般不设专门的证券监管机构。从出现证券市场直到英国金融服务管理局（Financial Service Authority，FSA）成立并运作的很长一段时间内，英国一直是自律型证券市场监管体制模式的典型代表。

自律型证券市场监管体制模式具有以下特点：①没有制定单一的证券市场法规，而是依靠一些相关的法规来管理证券市场行为。例如，英国的证券法律就散见于各种具体的法律法规，如 1948 年的《公司法》、1958 年的《反欺诈（投资）法》、1973 年的《公平交易法》和 1986 年的《金融服务法》等。这些法律分别规定了股份的募集、股票的交易、禁止内幕交易等多方面内容。②一般不设立全国性的证券监管机构，而以市场参与者的自我约束为主。但近几年来，许多英联邦国家或地区在公开原则与证券商的监管方面也采用了美国的一些做法。例如，1967 年英国新的《公司法》和 1986 年《金融服务法》中有关证券方面的条例，在某些方面就效仿美国证券法中的类似规定，逐步建立起了证券市场的集中统一监管体系。以英国为例，20 世纪 70 年代以后，在商业银行的支持下，英国成立了证券与投资委员会（Securities and Investments Board，SIB），以提高现有自治机构对英国证券市场的监管效率。1997 年 10 月 28 日，证券与投资委员会更名为金融服务局，并强调取消分散管理模式，建立统一的监控体制。金融服务局下设三个被承认的自律机构、九个专业机构、六个投资交易所和两个清算机构。金融服务局在继承原证券与投资委员会部分职能的同时，特别沿袭了证券与投资委员会的十条戒律，并依此对证券市场进行监管。确立新的证券监管体制，意味着英国在证券市场集中监管问题上迈出了重要的一步。

自律型证券市场监管体制模式的特点决定了这种模式具有以下的优点：①它允许证券商参与制定证券市场监管的有关法规，使市场监管更加切合实际，并且有利于促进证券商自觉遵守和维护这些法规。②由市场参与者制定和修订证券监管法规，此举比政府制定证券法规具有更大的灵活性、针对性。③自律组织能够对市场违规行为迅速做出反应，并及时采取有效措施，保证证券市场的有效运转。

自律型证券市场监管体制模式也有自己的缺陷：①自律型组织通常将监管的重点放在市场的有效运转和保护会员的利益上，对投资者往往不能提供充分的保障。②监管者的非超脱地位使证券市场的公正原则难以得到充分体现。③缺少强有力的立法作后盾，监管软弱，导致证券商违规行为时有发生。④没有专门的监管机构协调全国证券市场发展，区域市场之间很容易互相产生摩擦，导致不必要的混乱局面。

（三）中间型证券市场监管

中间型证券市场监管体制模式是指既强调集中立法管理又强调自律管理，可以说是集中型证券市场管理体制模式和自律型证券市场监管体制模式相互结合、相互渗透的产物。中间型证券市场监管体制模式又称为分级管理型监管体制模式，它包括二级监管和三级监管两种子模式。二级监管是中央政府和自律型机构相结合的监管，三级监管是指中央、地方两级政府和自律机构相结合的监管。最早实行中间型证券市场监管体制的国家有德国、泰国等。目前，由于集中型证券市场监管体制模式和自律型证券市场监管体制模式两种监管体制模式都存在一定的缺陷，所以有些以前实行集中型证券市场监管体制模式或者自律型证券市场监管体制模式的国家开始逐渐向中间型证券市场监管体制模式过渡，使两种体制取长补短，发挥各自的优势，以使证券市场监管更具有效率。

（四）中国证券市场监管制度体系的形成

中国证券市场监管体制经历了一个从地方监管到中央监管，由分散监管到集中监管的过程，大致可分为两个阶段。

第一阶段从 20 世纪 80 年代中期到 20 世纪 90 年代初期，证券市场处于区域性试点阶段。这是我国证券市场的起步阶段，股票的发行仅限于少数地区的试点企业。1990 年，国务院决定分别成立上海、深圳证券交易所，两地的一些股份公司开始进行股票公开发行和上市交易的试点。1992 年，又开始选择少数上海、深圳以外的股份公司到上海、深圳两家证券交易所上市，这时期证券市场的监管主要是由地方政府负责。

第二阶段从 1992 年开始，国务院总结了区域性证券市场试点的经验教训，决定成立国务院证券委员会，负责对全国证券试场进行统一监管，同时开始在全国范围内进行股票发行和上市试点。从此，证券市场开始成为全国性市场，证券市场的监管也由地方监管为主改为中央集中监管，并通过不断调整国务院各有关部门的监管职责，逐步走向证券市场集中统一的监管体制。

1998 年，国务院决定撤销国务院证券委员会，工作改由中国证券监督委员会承担，并决定中国证券监督委员会对地方证券管理部门实行垂直领导。1999 年 7 月对证券期货进行集中统一监管的体制正式形成，中国证监会按大区设立了 9 个证券监管办公室，它们是天津、沈阳、上海、济南、武汉、广州、深圳、成都、西安证券监管办公室和北京重庆两个直属办事处，并在各大区内有关省市设置了证券监管特派员办事处，作为证券监管办公室的下属机构。

二、证券市场监管的组织执行体系

证券市场监管的组织执行体系涉及证券市场监管机构的设置及其职责分工。它不仅因证券市场监管体制模式的不同而不同，而且在同一监管体制模式下，监管机构的设置与职责分工也可以不同。

1. 集中型监管体制下的组织执行体系

在集中证券监管体制下，设有全国性的管理机构负责管理、监督证券市场。这种管理机构有的是专职管理机构，有的是政府的一个职能部门，又可以形成以下三种证券监管组织执行方式。

1）以独立的证券监管机构为主体的组织执行体系

这种形式的典型代表是美国。美国根据 1934 年《证券交易法》，设立了全国性的证券监管机构——证券交易委员会（Securities and Exchange Commission，SEC），该机构独立于立法、司法和行政三权之外，执行、监督国会的立法，有权制定为贯彻执行《证券法》和《证券交易法》所需要的各种行政法规并监督其实施，SEC 拥有较大的自主权和相当的权威性。它由总统任命、参议院批准的五名委员组成，对全国的证券发行、证券交易所、证券商、投资公司实施全面监督管理。证券交易委员会下设全国市场咨询委员会、联邦证券交易所、全国证券商协会，其本身的组织机构包括：公司管理局、司法执行局、市场管理局、投资银行管理局等 18 个部门和纽约、芝加哥、洛杉矶等九个地区证券交易委员会。

这种做法的优点是监管者处于比较超脱的地位，能够比较好地体现和维持“三公”原则，避免部门本位主义，而且有利于协调部门与部门之间的目标与立场。但是，它要求监管者具有足够的权威性，否则难以使各部门之间相互配合，保证证券市场有效运行。

2）以中央银行为主体的证券监管组织执行体系

这种方式的特点是国家的证券监管机构是该国中央银行体系的一部分，其代表是巴西和泰国。在 1978 年以前，巴西中央银行是巴西证券市场的主管机关，虽然在 1979 年成立了证券监管委员会，但是该机构仍然是根据国家货币委员会的授权行使对证券市场的监管权力，并在某些方面必须与中央银行的相关部门协调，共同监督管理证券市场。

这一做法使一国的宏观金融监管权高度集中于一个机构，便于决策的统一和协调，也有利于监管效率的提高。其不足之处是过分集权，容易导致过多的行政干预和“一刀切”，现象的产生；同时中央银行自己作为证券市场的直接参与者，又是难以体现“三公”原则。

3）以财政部为主体的证券监管组织执行体系

这种方式是指由一国的财政部作为证券市场的监管主体直接对证券市场进行监管，或者由财政部直接设立监管机构负责对证券市场进行监管。采用这种做法的国家有日本和韩国等。例如，日本大藏省证券局被赋予相当大的权力来指导和监督证券业的运行。

这种做法比较适合于财政部在该国具有较高地位的国家，因为在这种情况下它有利于一个国家宏观政策的协调；但它并不适合于财政部与中央银行处于平等地位、相互之间相对独立的国家。

2. 自律型监管体制下的组织执行体系

采用这种做法的主要代表国家是英国。英国长期以来一直没有设立专门的证券监管机构，只是由英格兰银行根据金融政策的需要拥有对证券发行的审批权。1986 年以前，英国证券市场的监管主要由三个自律组织负责：英国证券交易所协会、英国企业收购合并问题专门小组以及英国证券业理事会。证券业理事会主要负责制定和解释有关证券交易的各项规章制度，理事会下设一个常务委员会，负责调查证券业内人士根据有关章程进行投诉。证券交易所协会管理包括伦敦和全国其他六个地方性交易所的具体业务，实际控制并管理全国日常的交易活动。在此之下，由各证券交易所根据其交易规则对上市公司及有关人士进行管理。

这种体制有利于发挥市场参与者的积极性和创造性，便于监管者对市场违规行为做出迅速反应。但是，由于监管者缺乏足够的权威性，会员经常发生违规行为，容易造成证券市场不必要的混乱和波动。

第四节　证券市场法律体系与法律责任

一、证券市场监管的法律体系

纵观世界各国证券立法的历史，对证券市场的法律监管经历了从自律立法到调控立法阶段。然而，20 世纪 80 年代后，西方国家经济理论上重新出现了自由化浪潮，于是证券立法又回归于自由化。目前，各国有关证券监管的法律制度划分为三种不同的体系。

（一）美国体系

美国体系形成于美国，并以美国为代表，但亚洲的日本、韩国、印度尼西亚、菲律宾、我国台湾以及北美的加拿大等国家和地区的证券监管也属于这一体系。

美国的证券法可称得上是世界最系统、最完备、最复杂的法律体系，该体系中主要的立法有以下内容。

1. 1933 年《证券法》

美国模式形成于 20 世纪 30 年代。在经历了 1929～1933 年的经济大萧条之后，美国政府针对证券市场上所暴露的各种严重问题，放弃了此前对证券市场实行的自由放任政策，开始重视和加强对证券市场的监管，1933 年制定和出台了关于证券市场监管的第一部法律 1933 年《证券法》，主要用于监管证券一级市场。它要求发行证券的公司向投资者提供有关的信息资料，便于投资者做出决策；防止证券出售中的歪曲陈述等欺诈行为。

2. 1934 年《证券交易法》

1934 年《证券交易法》规定美国证券交易管理委员会为执法机构并对证券二级市场进行监管，旨在确立证券市场的公正与秩序。

3. 1939 年《信托契约法》

《信托契约法》规定，受托人必须被赋予足够的权力以保障债券持有人的最大利益。受托人必须是一家公司，其资本和盈余必须达到法定数额，其品行和责任感必须符合法律规定的标准。

4. 1940 年《投资公司法》

《投资公司法》主要对与证券市场关系密切的投资银行活动进行规范，该法要求投资公司必须公布其财务状况和投资方针，向投资者提供有关公司活动的全面资料，让投资者充分了解其经营状况。公司不经过股东同意不得改变其经营性质或投资政策。除得到 SEC 批准外，禁止公司与本公司的董事、子公司或其人员进行证券交易。除特殊情况外，禁止投资公司发行带有优先权的证券，禁止各投资公司之间进行相互投资和渗透。

5. 1970 年《证券投资保护法》

《证券投资保护法》的主要内容是建立证券投资者保护公司，对破产的证券公司的客户提供金融帮助；所有注册的证券经纪人、证券商以及全国各证券交易所的成员必须加入投资者保护公司，并向公司支付占他们收入 1%的费用，用这笔钱给投资者补偿。该法的目的是防止证券交易中的垄断、假冒、欺诈和其他各种不法行为，对证券市场的投资者权益给予合法的保护。

在联邦政府对证券市场进行统一和全面监管的基础上，各州政府也根据当地的需要制定出有关法律对本州的证券市场进行监督和管理。除此之外，还有各大交易所和行业协会制定的大量规章制度也对证券市场的监管有着配套和完善的作用。可见，美国法律体系的特点是，由国家、地方和自律组织形成了既统一又相对独立的监管体系，形成一整套专门的证券监管法规，注重法，强调公开透明监管原则。

（二）英国体系

英国模式以英国为代表，英联邦成员国以及我国香港特别行政区等的证券监管都属于这一体系。由于英国政府长期以来对交易所及其会员采取自由放任的态度，加之交易所对本所的业务的交易规则有严格规定，交易所会员和相关专业机构的业务水平较高，在《金融服务法》颁布以前，英国政府没有制定专门属于证券市场的法规。

1. 《金融服务法》

该法是为了适应英国金融业改革的需要制定的，对英国证券业新的管理体制、证券从业者及其资格的授予等进行了详细规定。它取代了过去有关法律中一些过时的规定，以保护投资者利益为目的，对金融服务业进行有效规范。

2. 其他规范证券市场的法规

英国政府没有制定专门适用于证券市场的各种法规，与证券市场监管有关的法律条文分散在其他法规之中，如 1958 年的《反欺诈法》、1948 年和 1967 年的《公司法》、1973 年的《公平交易法》等。

3. 证券交易所规则

英国证券市场的监管主要并直接由各交易所的各种组织和协会以建立各种规章制度的方式完成。伦敦证券交易所具有代表性，各种规章制度非常详尽严格，对内部组织机构、会员惩处及所有有关证券上市的问题都规定的十分详尽，因而其市场监管形成了一整套独具特色、行之有效的方法和规定。此外，证券业协会指定的相关行为规则也对证券监管做出了很大贡献。

(三) 欧洲大陆体系

欧洲大陆模式以欧洲大陆的国家，如德国、法国和意大利为代表；此外，拉美和亚洲的一些国家也属于这一体系。

该模式对证券采用严格的实质性管理，并在《公司法》中对股份公司成立、证券发行和证券交易方面都有比美国、英国模式更为严格的规定。例如，严格限制证券发行人的特殊利益；严格要求公司股东的实际出资一律平等。但在公开原则方面，欧洲大陆模式做得不够。例如，证券发行人通常只在认股书中对公司的章程与证券的内容进行简单的披露，缺乏充分的公开，实际上是以严格的实质性管理取代公众对证券各种因素和有关环节的自我判断。另外，采用该模式的部分国家缺少一个独立和权威的证券管理专门机构，一般在财政部或中央银行内部设立一个介于美国模式和英国模式之间的监管证券的分支机构。

二、我国证券市场法律体系

我国证券市场的法律体系是在借鉴和发展国外立法经验的基础上建立起来的。目前，我国已经初步建立了证券市场管理的法律法规框架体系，现行证券立法由法律、行政法规和证券主管部门规章三个部分组成，共有 300 多部法律法规。

(一) 国家法律

1.《中华人民共和国证券法》

为了规范证券发行和交易行为，保护投资者的合法权益，维护社会经济秩序和社会公共利益，促进社会主义市场经济的发展，1999 年 7 月 1 日《中华人民共和国证券法》颁布实施，结束了长期以来证券市场根本大法缺位的状况，是中国证券市场规范发展道路上的一个重大进步。

《中华人民共和国证券法》共 12 章 214 条，包括总则、证券发行、证券交易、上市公司收购、证券交易所、证券公司、证券登记结算机构、证券交易服务机构、证券业协会、证券监督管理机构、法律责任和附则。

2.《中华人民共和国公司法》

为了适应建立现代企业制度的需要，规范公司的组织和行为，保护公司、股东和债权人的合法权益，维护社会经济秩序，促进社会主义市场经济的发展，根据《宪法》，1994

年 7 月 1 日《中华人民共和国公司法》颁布实施。《中华人民共和国公司法》确立了我国公司的法律地位及其设立、组织、运行和种植等过程的一系列法律原则，是我国法制建设的一件大事。

《中华人民共和国公司法》共 11 章 230 条，包括总则，有限责任公司的设立和组织机构，股份有限公司的设立和组织机构，股份有限公司的股份发行和转让，公司债券，公司财务、会计，公司合并、分立，公司破产、解散和清算，外国公司的分支机构，法律责任，附则。

3.《中华人民共和国刑法》

《中华人民共和国刑法》分为两编。第一编，总则。主要内容包括：刑法的任务、基本原则和适用范围，犯罪，刑罚，刑法的具体运用，其他规定。第二编，分则。主要内容包括：危害国家安全罪，危害公共安全罪，破坏社会主义市场经济秩序罪，侵犯公民人身权利、民主权利罪，侵犯财产罪，妨害社会管理秩序罪，危害国防利益罪，贪污贿赂罪，渎职罪，军人违反职责罪。

证券从业人员应重点掌握妨害公司、企业的管理秩序罪、破坏金融管理秩序罪、金融诈骗罪及贪污贿赂罪、渎职罪中的相关内容。

（二）行政法规

行政法规主要有：《中华人民共和国国库券条例》《国务院关于进一步加强证券市场宏观管理的通知》《股票发行与交易管理暂行条例》《企业债券管理条例》《中华人民共和国公司登记管理条例》《国务院关于股份有限公司境外募集股份及上市的特别规定》《1995 年证券期货工作安排意见》《国务院证券委员会关于暂停将上市公司国家股和法人股转让给外商的请示的通知》《国务院关于股份有限公司境内上市外资股的规定》《关于 1996 年全国证券期货工作安排意见》《可转换公司债券管理暂行办法》《关于严禁国有企业和上市公司炒作股票的规定》《关于进一步加强在境外发行股票和上市管理的通知》《证券投资基金管理暂行办法》《证券交易所管理办法》《证券、期货投资咨询管理暂行办法》。

（三）部门规章

部门规章主要有：《禁止证券欺诈行为暂行办法》《到境外上市公司章程必备条款》《股份有限公司国有股权管理暂行办法》《股份有限公司土地使用权管理暂行规定》《关于设立外商投资股份有限公司若干问题的暂行规定》《证券业从业人员资格管理暂行规定》《股份有限公司境内上市外资股规定的实施细则》《证券经营机构股票承销业务管理办法》《证券经营机构证券自营业务管理办法》《境内及境外证券经营机构从事外资股业务资格管理暂行办法》《证券市场禁入暂行规定》《公开发行股票公司信息披露的内容与格式》和《〈证券投资基金管理暂行办法〉实施细则》。

三、证券违法与法律责任

（一）证券违法、证券违法行为和证券法律责任

证券违法是一种有过错的违反证券法律法规的行为，具有社会危害性。根据证券违法的危害程度不同可以分为两类：①证券犯罪，指严重的证券违法行为，社会危害性很

大。②证券违法行为，指行为人具有违反国家权力机关和行政机关颁布的有关证券法法规，但尚未触犯刑律，应受行政处罚和民事处罚的行为。

这里所指的证券违法行为是一种广义的概念，它既可能构成证券犯罪，从而接受刑事处罚，又可能只是一种证券违法行为，只接受行政处罚和民事处罚。

证券法律责任是指证券法律关系的主体在违反证券法律法规或者不履行法定义务、侵害国家、法人和个人的合法权益时，而应当依法承担的法律后果。就一般法律部门而言，一个法律部门只规定其中的某一种法律责任。例如，民法只有民事责任的规定，而证券法这一特殊的法律部门，由于其所调整的证券经济关系十分复杂，同时规定了民事责任、行政责任、刑事责任三种责任形式，并且这三种责任形式的运用是根据证券违法的性质及其对证券经济秩序和当事人的危害程度和具体情节而设置的。

（二）证券违法的主要种类及相应法律责任

1. 证券发行人的违法行为

（1）未经法定的机关核准或者审批，擅自发行证券的，或者制作虚假的发行文件发行证券的，责令停止发行，退还所募资金和加算银行同期存款利息，并处以非法所募资金金额1%以上5%以下的罚款。对直接负责的主管人员和其他直接责任人员给予警告，并处以3万元以上30万元以下的罚款。构成犯罪的，依法追究刑事责任。

（2）经核准上市交易的证券，其发行人未按照有关规定披露信息，或者所披露的信息有虚假记载、误导性陈述或者有重大遗漏的，由证券监督管理机构责令改正，对发行人处以30万元以上60万元以下的罚款。对直接负责的主管人员和其他直接责任人员给予警告，并处以3万元以上30万元以下的罚款。构成犯罪的，依法追究刑事责任。

（3）发行人未按期公告其上市文件或者报送有关报告的，由证券监督管理机构责令改正，对发行人处以5万元以上10万元以下的罚款。

2. 证券公司及其从业人员的违法行为

（1）证券公司承销或者代理买卖未经核准或者审批擅自发行的证券的，由证券监督管理机构予以取缔，没收违法所得，并处以违法所得1倍以上5倍以下的罚款。对直接负责的主管人员和其他直接责任人员给予警告，并处以3万元以上30万元以下的罚款。构成犯罪的，依法追究刑事责任。

（2）证券公司违反本法规定，为客户卖出其账户上未实有的证券或者为客户融资买入证券的，没收违法所得，并处以非法买卖证券等的罚款。对直接负责的主管人员和其他直接责任人员给予警告，并处以3万元以上30万元以下的罚款。构成犯罪的，依法追究刑事责任。

（3）证券公司违反本法规定，当日接受客户委托或者自营买入证券又于当日将该证券再行卖出的，没收违法所得，并处以非法买卖证券成交金额5%以上20%以下的罚款。

（4）证券公司违背客户的委托买卖证券、办理交易事项以及其他违背客户真实意思表示，办理交易以外的其他事项，给客户造成损失的，依法承担赔偿责任，并处以1万元以上10万元以下的罚款。

（5）证券公司、证券登记结算机构及其从业人员，未经客户的委托，买卖、挪用、出借客户账户上的证券或者将客户的证券用于质押的，或者挪用客户账户上的资金的，责令改正，没收违法所得，处以违法所得 1 倍以上 5 倍以下的罚款，并责令关闭或者吊销责任人员的从业资格证书。构成犯罪的，依法追究刑事责任。

（6）证券公司经办经纪业务，接受客户的全权委托买卖证券的，或者对客户买卖证券的收益或者赔偿证券买卖的损失做出承诺的，责令改正，处以 5 万元以上 20 万元以下的罚款。

（7）证券公司及其从业人员违反本法规定，私下接受客户委托买卖证券的，没收违法所得，并处以违法所得 1 倍以上 5 倍以下的罚款。

（8）证券公司成立后，无正当理由超过 3 个月未开始营业的，或者开业后自行停业连续 3 个月以上的，由公司登记机关吊销其公司营业执照。

（9）证券公司违反本法规定，超出业务许可范围经营证券业务的，责令改正，没收违法所得，并处以违法所得 1 倍以上 5 倍以下的罚款。情节严重的，责令关闭。

（10）证券公司同时经营证券经纪业务和证券自营业务，不依法分开办理，混合操作的，责令改正，没收违法所得，并处以违法所得 1 倍以上 5 倍以下的罚款；情节严重的，由证券监督管理机构撤销原核定的证券业务。

（11）综合类证券公司违反本法规定，假借他人名义或者以个人名义从事自营业务的，责令改正，没收违法所得，并处以违法所得 1 倍以上 5 倍以下的罚款；情节严重的，停止其自营业务。

（12）提交虚假证明文件或者采取其他欺诈手段隐瞒重要事实骗取证券业务许可的，或者证券公司在证券交易中有严重违法行为，不再具备经营资格的，由证券监督管理机构取消其证券业务许可，并责令关闭。

（13）法律、行政法规规定禁止参与股票交易的人员，直接或者以化名、借他人名义持有、买卖股票的，责令依法处理非法持有的股票，没收违法所得，并处以所买卖股票等值以下的罚款；属于国家工作人员的，还应当依法给予行政处分。

（14）为股票的发行或者上市出具审计报告、资产评估报告或者法律意见书等文件的专业机构和人员，买卖股票的，责令依法处理非法获得的股票，没收违法所得，并处以所买卖的股票等值以下的罚款。

（15）证券交易内幕信息的知情人员或者非法获取证券交易内幕信息的人员，在涉及证券的发行、交易或者其他对证券的价格有重大影响的信息尚未公开前，买入或者卖出该证券，或者泄露该信息或者建议他人买卖该证券的，责令依法处理非法获得的证券，没收违法所得，并处以违法所得 1 倍以上 5 倍以下或者非法买卖的证券等值以下的罚款。构成犯罪的，依法追究刑事责任。证券监督管理机构．工作人员进行内幕交易的，从重处罚。

3. 其他违法行为

（1）非法开设证券交易场所的，由证券监督管理机构予以取缔，没收违法所得，并处以违法所得 1 倍以上 5 倍以下的罚款。没有违法所得的，处以 10 万元以上 50 万元以下的罚款。构成犯罪的，依法追究刑事责任。

（2）未经批准并领取业务许可证，擅自设立证券公司经营证券业务的，由证券监督管理机构予以取缔，没收违法所得，并处以违法所得1倍以上5倍以下的罚款。没有违法所得的，处以3万元以上10万元以下的罚款。构成犯罪的，依法追究刑事责任。

(3) 证券交易所、证券公司、证券登记结算机构、证券交易服务机构的从业人员、证券业协会或者证券监督管理机构的工作人员，故意提供虚假资料，伪造、变造或者销毁交易记录，诱骗投资者买卖证券的，取消从业资格，并处以3万元以上5万元以下的罚款；属于国家工作人员的，还应当依法给予行政处分。构成犯罪的，依法追究刑事责任。

(4) 操纵证券交易价格，或者制造证券交易的虚假价格或者证券交易量，获取不正当利益或者转嫁风险的，没收违法所得，并处以违法所得1倍以上5倍以下的罚款。构成犯罪的，依法追究刑事责任。

(5) 挪用公款买卖证券的，没收违法所得，并处以违法所得1倍以上5倍以下的罚款；属于国家工作人员的，还应当依法给予行政处分。构成犯罪的，依法追究刑事责任。

(6) 编造并且传播影响证券交易的虚假信息，扰乱证券交易市场的，处以3万元以上20万元以下的罚款。构成犯罪的，依法追究刑事责任。

(7) 证券交易所、证券公司、证券登记结算机构、证券交易服务机构、社会中介机构及其从业人员，或者证券业协会、证券监督管理机构及其工作人员，在证券交易活动中做出虚假陈述或者信息误导的，责令改正，处以3万元以上20万元以下的罚款；属于国家工作人员的，还应当依法给予行政处分。构成犯罪的，依法追究刑事责任。

(8) 法人以个人名义设立账户买卖证券的，责令改正，没收违法所得，并处以违法所得1倍以上5倍以下的罚款；其直接负责的主管人员和其他直接责任人员属于国家工作人员的，依法给予行政处分。

(9) 违反上市公司收购的法定程序，利用上市公司收购谋取不正当收益的，责令改正，没收违法所得，并处以违法所得1倍以上5倍以下的罚款。

(10) 未经证券监督管理机构批准，擅自设立证券登记结算机构或者证券交易服务机构的，由证券监督管理机构予以取缔，没收违法所得，并处以违法所得1倍以上5倍以下的罚款。证券登记结算机构和证券交易服务机构违反本法规定或者证券监督管理机构统一制定的业务规则的，由证券监督管理机构责令改正，没收违法所得，并处以违法所得1倍以上5倍以下的罚款。情节严重的，责令关闭。

(11) 证券监督管理机构的工作人员和发行审核委员会的组成人员，不履行职责，徇私舞弊、玩忽职守或者故意刁难有关当事人的，依法给予行政处分。构成犯罪的，依法追究刑事责任。

(12) 证券交易所、证券登记结算机构的总经理、副总经理不得在任何营利性组织、团体和机构中兼职。证券交易所的非会员理事及其他工作人员不得以任何形式在证券交易所会员公司兼职。

关键概念

公共利益理论　　利益集团理论

证券监管手段　　金融信贷手段

终止上市

本章小结

(1) 证券市场因其高收益和高风险的特性，自诞生之日就备受广大投资者青睐，又因其对国民经济的重大影响而为政府所关注，对证券市场的监管成了一国金融监管的必然内容之一。基于证券市场监管的意义，可以认为证券市场监管的根本任务在于维护公开、公平、公正的市场环境，规范各种投融资主体按照市场经济原则行事。由于各国的政治体制、经济体制、证券市场发育程度和历史传统习惯不同，随着证券市场监管实际的发展，各国证券市场监管体制形成了不同的制度模式，基本上可以分为三种类型：集中型证券市场监管、自律型证券市场监管和中间型证券市场监管。

(2) 纵观世界各国证券立法的历史，对证券市场的法律监管经历了从自律立法到调控立法阶段。目前，各国有关证券监管的法律制度划分为三种不同的体系：美国体系、英国体系和欧洲大陆体系。

(3) 证券违法是一种有过错的违反证券法律法规的行为，具有社会危害性。证券法律责任是指证券法律关系的主体在违反证券法律法规或者不履行法定义务、侵害国家、法人和个人的合法权益时，而应当依法承担的法律后果。

复习思考

(1) 简述证券市场的基本内容。

(2) 简述证券监管的重要性及职责。

(3) 简述证券监管的手段及证券监管的体制。

案例分析

次贷危机对金融市场的影响[①]

2006 年美国暴发了次贷危机，2007 年 6 月，美国投资银行之一的贝尔斯登公司 (Bear Steams) 由于旗下的两支套期保值基金严重陷入了有抵押的债务凭证 (collateralized debt obligations，CDO’s) ——一种以住房抵押贷款作担保的证券 (residential mortgage-backed security，RMBS) 为主要成分的债务的跌落之中，不得不向这两支基金注资 15 亿美元以防其丧失流动性。RMBS 最先出现在美国的次贷市场，其主要担保来自于房屋抵押贷款。2007 年春季美国次贷危机发生以后，与住房抵押贷款相关的证券的价格就一路下滑。开始时，是些级别较低的证券的价格迅速下滑，但紧接着，3A 级别的证券的价值也向下滑落，整体大约损失了 50%。与此同时，低级别信贷的爽约

① 资料来源：http：//sohu. com.

率也步步升级，反映了投资者对风险的估计一直不断地上升。危机的加重使得贝尔斯登公司的挽救措施不仅于事无补，连它自己也在 10 个月之后面临破产深渊，只是在有着美国联邦储备银行（Federal Reserve Bank，FRB）为靠山的 J. P. 摩根银行将其实施了接管，才得到了庇护。

更出人意料的挽救行动在这之后接踵而至。为避免房利美（Federal National Mortgage Association，Fannie Mae）和房地美（Federal Home Loan Mortgage Corporation，Freddie Mac）这两家美国最大的住房抵押贷款公司走向坍塌，它们双双被美国政府国有化。这似乎已经是最大限度地平息金融市场的行动了。但却仅仅过了两天，美国的第四大投资银行——雷曼兄弟公司（Lehman Brothers）又出现了严重问题，不得不寻求美国《银行破产法》的第 11 章实施贷款者保护；美国第三大投资银行美林证券（Merrill Lynch）与美国银行（Bank of America）合并之后才幸免于难。因担心世界上最大的信贷保险商之一的美国国际集团（American International Group，AIG）进入无序倒闭，美国联邦储备委员会（Federal Reserve Board，FRB）决定以 850 亿美元的信贷额度来支持这家疾病缠身的机构。这还绝对不是最后的救市行动，自从次贷危机发生以后，金融市场上的坏消息就一直没有间断过。美国的报刊报道，美国政府正顾虑重重地考虑建立一个联邦机构去接管丧失了流动性的住房抵押贷款，以防止金融市场上更多的机构走向破产。同时，美国联邦储备银行、欧洲中央银行（European Central Bank，ECB）、英格兰银行（Bank of England，BE）和其他一些国家的中央银行都一再向市场增加流动性供给，以确保货币市场不丧失其正常功能。

许多欧洲的银行大量投资于与次级贷款相关的证券，它们也在次贷危机暴发后深深地陷入了困境。这就是说，欧洲的主要中央银行从金融混乱一开始就被卷入了危机处理。它们有时也被指责是牺牲了其主要目标——稳定价格，却费尽心力去保护某些实体经济免受金融危机蔓延所造成的损害，因为它们的有些政策措施本来是用来对付世界性绵绵不断的通货膨胀的。但是，以保护市场功能得以平稳而实施的流动性操作和以价格稳定为中期目标的利率政策之间，至少对欧洲中央银行来说是严格分开的。美国联邦储备委员会目前决定不下调联邦基金利率也是出于同一原因。

思考：

美国次贷市场的危机是如何产生的？如何有效控制金融市场的风险？

第三篇

证券投资分析方法与理论篇

第七章　证券投资的基本分析

本章提要

本章主要介绍证券投资的基本分析方法，从影响证券价格变动的敏感因素出发，分析研究公司外部的投资环境和公司内部的各种因素，并进行综合管理，从而发现证券价格变动的一般规律，为投资者做出正确的投资决策提供依据。考虑到不同层面，本章主要对证券投资的宏观经济分析、行业分析、公司分析等问题进行研究。

重点难点

- 证券投资基本分析的内容。
- 宏观经济政策环境对证券投资的影响内容和分析方法。
- 不同行业对证券投资影响内容和分析方法。
- 公司对证券投资影响内容和分析方法。
- 上市公司财务报表的分析方法。

引导案例

中国人民银行汇率政策对证券市场的影响[①]

中国人民银行2005年7月21日发布公告称，为建立和完善我国社会主义市场经济体制，充分发挥市场在资源配置中的基础性作用，建立健全以市场供求为基础的、有管理的浮动汇率制度，经国务院批准，现就完善人民币汇率形成机制改革有关事宜公告如下。

(1) 自2005年7月21日起，我国开始实行以市场供求为基础、参考一篮子货币进行调节、有管理的浮动汇率制度。人民币汇率不再盯住单一美元，形成更富有弹性的人民币汇率机制。

(2) 中国人民银行于每个工作日闭市后公布当日银行间外汇市场美元等交易货币对人民币汇率的收盘价，作为下一个工作日该货币对人民币交易的中间价格。

(3) 2005年7月21日19时，美元对人民币交易价格调整为1美元兑8.11元人民币，作为次日银行间外汇市场上外汇指定银行之间交易的中间价，外汇指定银行可自此时起调整对客户的挂牌汇价。

(4) 现阶段，每日银行间外汇市场美元对人民币的交易价仍在人民银行公布的美元交易中间价上下3‰的幅度内浮动，非美元货币对人民币的交易价在人民银行公布的该

---

① 资料来源：货币政策司中国人民银行公告〔2005〕第16号。

货币交易中间价上下一定幅度内浮动。

中国人民银行将根据市场发育状况和经济金融形势，适时调整汇率浮动区间。同时，中国人民银行负责根据国内外经济金融形势，以市场供求为基础，参考一篮子货币汇率变动，对人民币汇率进行管理和调节，维护人民币汇率的正常浮动，保持人民币汇率在合理、均衡水平上的基本稳定，促进国际收支基本平衡，维护宏观经济和金融市场的稳定。

案例思考：

（1）中国人民银行汇率政策对股价变动有何影响？

（2）中国人民银行汇率政策对证券市场的影响是通过何种手段实现的？

第一节　证券投资分析概述

一、证券投资分析的意义与证券市场效率

（一）证券投资分析的意义

证券投资是指投资者（法人或自然人）购买股票、债券、基金券等有价证券以及这些有价证券的衍生品，以获取红利、利息及资本利得的投资行为和投资过程，是直接投资的重要形式。证券投资分析是指人们通过各种专业性分析方法，对影响证券价值或价格的各种信息进行综合分析以判断证券价值或价格及其变动的行为，是证券投资过程中不可或缺的一个重要环节。

进行证券投资分析的意义主要体现在以下四个方面。

1. 有利于提高投资决策的科学性

投资决策贯穿于整个投资过程，其正确与否关系到投资的成败。尽管不同投资者投资决策的方法可能不同，但科学的投资决策无疑有助于保证投资决策的正确性。由于资金拥有量及其他条件的不同，不同的投资者会拥有不同的风险承受能力、不同的收益要求和不同的投资周期。同时，由于受到各种相关因素的作用，每一种证券的风险-收益特性并不是一成不变的。此外，由于证券一般具有流通性，投资者可以通过在证券流通市场上买卖证券来满足自己的流动性需求。因此，在投资决策时，投资者应当正确认识每一种证券在风险性、收益性、流动性和时间性方面的特点，借此选择风险性、收益性、流动性和时间性同自己的要求相匹配的投资对象，并制定相应的投资策略。只有这样，投资者的投资决策才具有科学性，以尽可能保证投资决策的正确性，使投资获得成功。进行证券投资分析正是使投资者正确认知证券风险性、收益性、流动性和时间性的有效途径，是投资者科学决策的基础。因此，进行证券投资分析有利于减少投资决策的盲目性，从而提高投资决策的科学性。

2. 有利于正确评估证券的投资价值

投资者之所以对证券进行投资，是因为证券具有一定的投资价值。证券的投资价值受多方面因素的影响，并随着这些因素的变化而发生相应的变化。例如，债券的投资价值受市场利率水平的影响，并随着市场利率的变化而变化；影响股票投资价值的因素更

为复杂，受宏观经济、行业形势和公司经营管理等多方面因素的影响。所以，投资者在决定投资某种证券前，首先应该认真评估该证券的投资价值。只有当证券处于投资价值区域时，投资该证券才有利可图，否则可能会导致投资失败。证券投资分析正是对可能影响证券投资价值的各种因素进行综合分析，来判断这些因素及其变化可能会对证券投资价值带来的影响，因此它有利于投资者正确评估证券的投资价值。

3. 有利于降低投资者的投资风险

投资者从事证券投资是为了获得投资回报（预期收益），但这种回报是以承担相应风险为代价的。从总体来说，预期收益水平和风险之间存在一种正相关关系。预期收益水平越高，投资者所要承担的风险也就越大；预期收益水平越低，投资者所要承担的风险也就越小。然而，每一证券都有自己的风险-收益特性，而这种特性又会随着各相关因素的变化而变化。因此，对于某些具体的证券而言，由于判断失误，投资者在承担较高风险的同时却未必能获得较高收益。理性投资者通过证券投资分析来考察每一种证券的风险-收益特性及其变化，可以较为准确地确定哪些证券是风险较大的证券，哪些证券是风险较小的证券，从而避免承担不必要的风险。从这个角度讲，证券投资分析有利于降低投资者的投资风险。

4. 科学的证券投资分析是投资者投资成功的关键

证券投资的目的是证券投资净效用（即收益带来的正效用减去风险带来的负效用）最大化。因此，在风险既定的条件下投资收益率最大化和在收益率既定的条件下风险最小化是证券投资的两大具体目标。证券投资的成功与否往往是看这两个目标的实现程度。但是，影响证券投资目标实现程度的因素很多，其作用机制也十分复杂。只有通过全面、系统和科学的专业分析，才能客观地把握住这些因素及其作用机制，并做出比较准确的预测。证券投资分析正是采用专业分析方法和分析手段对影响证券回报率和风险诸因素进行客观、全面和系统的分析，揭示这些因素影响的作用机制以及某些规律，用于指导投资决策，从而在降低投资风险的同时获取较高的投资收益。

（二）证券市场效率

1. 有效市场假说概述

20 世纪 60 年代，美国芝加哥大学财务学家尤金·法默提出了著名的有效市场假说理论。有效市场假说理论认为，在一个充满信息交流和信息竞争的社会里，一个特定的信息能够在股票市场上迅即被投资者知晓。随后，股票市场的竞争将会驱使股票价格充分且及时地反映该组信息，从而使得投资者根据该组信息所进行的交易不存在非正常报酬，而只能赚取风险调整的平均市场报酬率。只要证券的市场价格充分及时地反映了全部有价值的信息、市场价格代表着证券的真实价值，这样的市场就称为“有效市场”。

有效市场假说表明，在有效率的市场中，投资者所获得的收益只能是与其承担的风险相匹配的那部分正常收益，而不会有高出风险补偿的超额收益。因而，在有效率的市场中，“公平原则”得以充分体现，同时资源配置更为合理和有效。由此可见，不断提高市场效率无疑有利于证券市场持续健康发展。

但是，市场达到有效的重要前提有两个：其一，投资者必须具有对信息进行加工、分析，并据此正确判断证券价格变动的能力；其二，所有影响证券价格的信息都是自由流动的。因而，若要不断提高证券市场效率，促进证券市场持续健康地发展：一方面，应不断加强对投资者的教育，提高他们的分析决策能力；另一方面，还应不断完善信息披露制度，疏导信息的流动。

2. *有效市场分类及其对证券分析的意义*

与证券价格有关的“可知”的资料是一个最广泛的概念，它包括有关国内及世界经济、行业、公司的所有公开可用的资料，也包括个人、群体所能得到的所有私人的、内部的资料。这类资料被定义为第Ⅰ类资料。第Ⅱ类资料则是第Ⅰ类资料中已公开的部分。第Ⅲ类资料是第Ⅱ类资料中对证券市场历史数据进行分析得到的资料。这三类资料是一种包含关系，如图 7-1 所示。

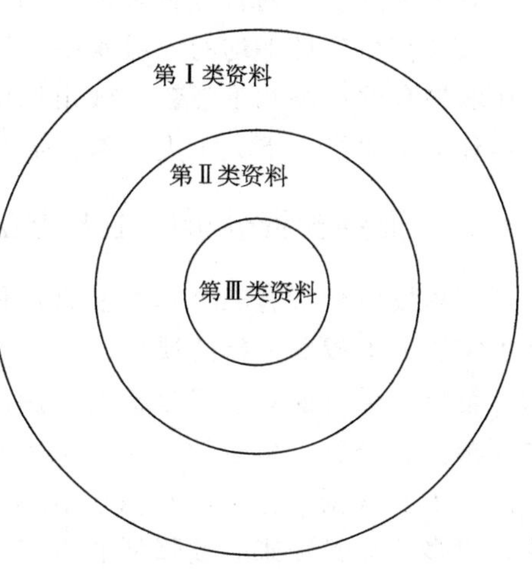

图 7-1　三类资料的关系

依据有效市场假说，结合实证研究的需要，学术界一般依证券市场价格对三类不同资料的反映程度，将证券市场区分为三种类型，即弱势有效市场、半强势有效市场及强势有效市场。这三类市场对于以信息为分析基础的证券投资分析而言，具有不同的意义。

（1）弱势有效市场。在弱势有效市场中，证券价格充分反映了历史上一系列交易价格和交易量中所隐含的信息，从而投资者不可能通过分析以往价格获得超额利润。也就是说，使用当前及历史价格对未来做出预测将是徒劳的。要想取得超额回报，必须寻求历史价格信息以外的信息。

在该市场中，信息从产生到被公开的效率受到损害，即存在“内幕信息”。投资者对信息进行价值判断的效率也受到损害，并不是每位投资者所披露的信息都能做出全面、正确、及时、理性的解读和判断，只有那些掌握专门分析工具和具有较高分析能力的专业人员才能对所披露的信息做出恰当的理解和判断。

（2）半强势有效市场。在半强势有效市场中，证券当前价格完全反映所有公开信息，不仅包括证券价格序列信息，还包括有关公司价值、宏观经济形势和政策方面的信息。

如果市场是半强势有效的，那么仅仅以公开资料为基础的分析将不能提供任何帮助，因为针对当前已公开的资料信息，目前的价格是合适的，未来的价格变化依赖于新的公开信息。在这样的市场中，只有那些利用内幕信息者才能获得非正常的超额回报。

因此，在半强势有效市场中，已公布的基本面信息无助于分析师挑选价格被高估或低估的证券，基于公开资料的基础分析毫无用处。

（3）强势有效市场。在强势有效市场中，证券价格总是能及时充分地反映所有相关信息，包括所有公开的信息和内幕信息。任何人都不可能再通过对公开或内幕信息的分析来获取超额收益。

在该市场中，有关证券产品信息的产生、公开、处理和反馈几乎是同时的，而且有关信息的公开是真实的，信息的处理是正确的，反馈也是准确的。结果，在强势有效市场上，每位投资者都掌握了有关证券产品的所有信息，而且每位投资者所占有的信息都是一样的，每位投资者对该证券产品的价值判断都是一致的。证券的价格反映了所有即时信息。在这种市场中，任何企图寻找内部资料信息来打击市场的做法都是不明智的。在强势有效市场假设下，任何专业投资者的边际市场价值为零，因为没有任何资料来源和加工方式能够稳定地增加收益。

对于证券组合的管理者来说，如果市场是强势有效的，管理者会选择消极保守的态度，只求获得市场平均的收益水平。管理者一般模拟某一种主要的市场指数进行投资。而在弱势有效市场和半强势有效市场中，证券组合的管理者往往是积极进取的，在选择证券和买卖时机上下大工夫，努力寻找价格偏离价值的证券。

二、证券投资分析的主要方法

证券投资分析有三个基本要素：信息、步骤和方法。其中，证券投资分析的方法直接决定了证券投资分析的质量。

目前，进行证券投资分析所采用的分析方法主要有三大类：第一类是基本分析法，主要根据经济学、金融学、投资学等基本原理推导出结论的分析方法；第二类是技术分析法，主要根据证券市场自身变化规律得出结果的分析方法；第三类是证券组合分析法，以多元化投资来有效降低非系统性风险是该方法的出发点，数量化分析成为其最大特点。

（一）基本分析法

基本分析又称基本面分析，是指证券分析师根据经济学、金融学、财务管理学及投资学等基本原理，对决定证券价值及价格的基本要素，如宏观经济指标、经济政策走势、行业发展状况、产品市场状况、公司销售和财务状况等进行分析，评估证券的投资价值，判断证券的合理价位，提出相应的投资建议的一种分析方法。

基本分析的理论基础在于：①任何一种投资对象都有一种可以称之为“内在价值”的固定基准，且这种内在价值可以通过对该种投资对象的现状和未来前景的分析而获得。②市场价格和内在价值之间的差距最终会被市场所纠正，因此市场价格低于（或高于）内在价值之日，便是买（卖）机会到来之时。

基本分析的内容主要包括宏观经济分析、行业分析和区域分析、公司分析三大内容。

(1) 宏观经济分析。宏观经济分析主要探讨各经济指标和经济政策对证券价格的影响。经济指标分为三类：①先行性指标。这类指标可以对将来的经济状况提供预示性的信息，如利率水平、货币供给、消费者预期、主要生产资料价格、企业投资规模等。②同步性指标。这类指标的变化基本上与总体经济活动的转变同步，如个人收入、企业工资支出、GDP、社会商品销售额等。③滞后性指标。这类指标的变化一般滞后于国民经济的变化，如失业率、库存量、银行未收回贷款规模等。经济政策主要包括货币政策、财政政策、信贷政策、债务政策、税收政策、利率与汇率政策、产业政策、收入分配政策等。

(2) 行业分析和区域分析。行业分析和区域分析是介于宏观经济分析与公司分析之间的中观层次的分析。行业分析主要分析行业所属的不同市场类型、所处的不同生命周期以及行业业绩对证券价格的影响。区域分析主要分析区域经济因素对证券价格的影响。一方面，行业的发展状况对该行业上市公司的影响是巨大的。从某种意义上说，投资某个上市公司实际上就是以某个行业为投资对象。另一方面，上市公司在一定程度上又受到区域经济的影响，尤其是我国各地区的经济发展极不平衡，产业政策也有所不同，从而对我国证券市场中不同区域上市公司的行为与业绩有着不同程度的影响。

(3) 公司分析。公司分析是基本分析的重点，无论什么样的分析报告，最终都要落实在某家公司证券价格的走势上。如果没有对发行证券的公司状况进行全面的分析，就不可能准确地预测其证券的价格走势。公司分析侧重对公司的竞争能力、盈利能力、经营管理能力、发展潜力、财务状况、经营业绩以及潜在风险等进行分析，借此评估和预测证券的投资价值、价格及其未来变化的趋势。

(二) 技术分析法

技术分析是仅从证券的市场行为来分析证券价格未来变化趋势的方法。证券的市场行为可以有多种表现形式，其中证券的市场价格、成交量、价和量的变化以及完成这些变化所经历的时间是市场行为最基本的表现形式。

技术分析的理论基础是建立在三个假设之上的，即市场的行为包含一切信息、价格沿趋势移动、历史会重复。

技术分析理论的内容就是市场行为的内容。粗略地进行划分，可以将技术分析理论分为以下几类：K 线理论、切线理论、形态理论、技术指标理论、波浪理论和循环周期理论。

(三) 证券组合分析法

证券组合分析法是根据投资者对收益率和风险的共同偏好以及投资者的个人偏好确定投资者的最优证券组合并进行组合管理理的方法。

证券组合分析的理论基础主要是：证券或证券组合的收益由它的期望收益率表示，风险则由其期望收益率的方差来衡量，证券收益率服从正态分布，理性投资者具有在期望收益率既定的条件下选择风险最小的证券和在风险既定的条件下选择期望收益率最高的证券这两个共同特征。

证券组合分析的内容主要包括马柯威茨的均值方差模型、资本资产定价模型(capital asset pricing model，CAPM)、特征线模型、因素模型、套利定价模型 (arbitrage pricing theory，APT) 以及它们在实践中的应用。

三、证券投资分析应注意的问题

证券分析师进行证券投资分析时，应当注意每种方法的适用范围及各种方法的结合使用。

基本分析法的优点主要是能够比较全面地把握证券价格的基本走势，应用起来也相对简单。缺点主要是对短线投资者的指导作用比较弱，预测的精确度相对较低。因此，基本分析方法主要适用于周期相对比较长的证券价格预测以及相对成熟的证券市场和预测精确度要求不高的领域。

与基本分析法相比，技术分析法对市场的反映比较直观，分析的结论时效性较强。因此，就我国现实市场条件来说，技术分析方法更适用于短期的行情预测。

当然，为使分析方法结论更具可靠性，应根据两种方法所得出的结论进行综合判断。

第二节　宏观经济分析

一、宏观经济分析的意义与方法

（一）宏观经济分析的意义

（1）把握证券市场的总体变动趋势。在证券投资中，宏观经济分析是一个重要环节，只有把握住宏观经济发展的大方向，才能把握证券市场的总体变动趋势，做出正确的投资决策；只有密切关注宏观经济因素的变化，尤其是货币政策和财政政策因素的变化，才能抓住证券投资的市场时机。

（2）判断整个证券市场的投资价值。证券市场的投资价值与国民经济整体素质及其结构变动密切相关。这里证券市场的投资价值是指整个市场的平均投资价值。从一定意义上说，整个证券市场的投资价值就是整个国民经济增长质量与速度的反映，因为不同部门、不同行业与成千上万的不同企业相互影响、相互制约，共同影响国民经济发展的速度和质量。宏观经济是个体经济的总和，企业的投资价值必然在宏观经济的总体中综合反映出来，所以宏观经济分析是判断整个证券市场投资价值的关键。

（3）掌握宏观经济政策对证券市场的影响力度与方向。证券市场与国家经济政策息息相关。在市场经济条件下，国家通过财政政策和货币政策来调控经济，或挤出泡沫，或促进经济增长。这些政策将会影响到经济增长速度和企业经济效益，并进一步对证券市场产生影响。因此，证券分析师必须认真分析宏观经济政策，掌握其对证券市场的影响力度与方向，才能准确把握整个证券市场的运动趋势和不同证券品种的投资价值变动。

（4）了解转型背景下宏观经济对股市的影响不同于成熟市场经济，了解中国股市表现和宏观经济相背离的原因。中国证券市场是新兴加转轨的市场，具有一定的特殊性，如国有成分比重较大、行政干预相对较多、阶段性波动较大、投机性偏高、机构投资者力量不够强大等，由此导致证券市场对宏观经济的反应存在特殊的不确定性。证券分析师在分析的时候应该既看到中国证券市场与海外成熟市场的共性，又要看到国内股市的特性，才能更加准确地把握证券市场的国民经济晴雨表特征。简单化地用成熟市场的标尺来衡量我国证券市场，可能容易产生偏差。

（二）宏观经济分析的基本方法及资料搜集

1. 总量分析法

总量分析法是指对影响宏观经济运行总量指标的因素及其变动规律进行分析，如对国民生产总值、消费额、投资额、银行贷款总额及物价水平的变动规律的分析等，进而说明整个经济的状态和全貌。总量分析主要是一种动态分析，因为它主要研究总量指标的变动规律。同时包括静态分析，因为总量分析包括考察同一时间内各总量指标的相互关系，如投资额、消费额和国民生产总值的关系等。

总量是反映整个社会经济活动状态的经济变量，包括两个方面：一是个量的总和。例如，国民收入是构成整个经济各单位新创造价值的总和，总投资是全社会私人投资和政府投资的总和，总消费是参与经济活动各单位消费的总和。二是平均量或比例量。例如，价格水平是各种商品与劳务相对于基期而言的平均价格水平。

2. 结构分析法

结构分析法是指对经济系统中各组成部分及其对比关系变动规律的分析，如国民生产总值中三次产业的结构分析、消费和投资的结构分析、经济增长中各因素作用的结构分析等。结构分析主要是一种静态分析，即对一定时间内经济系统中各组成部分变动规律的分析。如果对不同时期内经济结构变动进行分析，则属于动态分析。

总量分析和结构分析是相互联系的。总量分析侧重于总量指标速度的考察，侧重分析经济运行的动态过程；结构分析侧重于对一定时期经济整体中各组成部分相互关系的研究，侧重分析经济现象的相对静止状态。总量分析非常重要，但它需要结构分析来深化和补充，而结构分析要服从于总量分析的目标。为使经济正常运行，需要对经济运行进行全面把握，将总量分析方法和结构分析方法结合起来使用。

3. 宏观分析资料的搜集与处理

宏观分析所需的有效资料一般包括政府的重点经济政策与措施、一般生产统计资料、金融物价统计资料、贸易统计资料、每年国民收入统计与景气动向、突发性非经济因素等。这些资料来源主要有：第一，从电视、广播、报纸、杂志等了解世界经济动态与国内经济大事；第二，政府部门与经济管理部门，省、市、自治区公布的各种经济政策、计划、统计资料和经济报告，各种统计年鉴，如《中国统计年鉴》《中国经济年鉴》《经济白皮书》等；第三，各主管公司、行业管理部门搜集和编制的统计资料；第四，部门与企业内部的原始记录；第五，各预测、情报和咨询机构公布的数据资料；第六，国家领导人和有关部门、省市领导报告或讲话中的统计数字和信息等。其中，数据资料是宏观分析与预测，尤其是定量分析预测的基础，无论是对历史与现状的总结，还是对未来的预测，都必须以它为依据。因此，对数据资料有一定的质量要求，如准确性、系统性、时间性、可比性、适用性等。需要注意的是，有时资料可能因口径不一致而不可比，或是存在不反映变量变化规律的异常值，此时还需对数据资料进行处理。

二、宏观经济分析的内容

证券投资的宏观经济分析主要有两个方面的内容，即宏观经济运行和宏观经济政策对证券市场的影响分析。

（一）宏观经济运行分析

1. 宏观经济运行对证券市场的影响

证券市场素有经济晴雨表之称，这既表明证券市场是宏观经济的先行指标，也表明宏观经济的走向决定了证券市场的长期趋势。可以说，宏观经济因素是影响证券市场长期走势的唯一因素，其他因素可以暂时改变证券市场的中期和短期走势，但改变不了证券市场的长期走势。宏观经济环境对整个证券市场的影响，既包括经济周期波动这种纯粹的经济因素，也包括政府经济政策及特定的财政金融行为等混合因素。宏观经济环境对证券市场的影响主要表现在以下四个方面。

（1）企业经济效益。无论从长期看还是从短期看，宏观经济环境是影响公司生存、发展的最基本因素。公司的经济效益会随着宏观经济运行周期、宏观经济政策、利率水平和物价水平等宏观经济因素的变动而变动。如果宏观经济运行趋好，企业总体盈利水平提高，证券市场的市值自然上涨；如果政府采取强有力的宏观调控政策，紧缩银根，企业的投资和经营会受到影响，盈利下降，证券市场市值就可能缩水。

（2）居民收入水平。在经济周期处于上升阶段或在提高居民收入政策的作用下，居民收入水平提高将会在一定程度上拉动消费需求，从而增加相关企业的经济效益。另外，居民收入水平的提高也会直接促进证券市场投资需求。

（3）投资者对股价的预期。投资者对股价的预期，也就是投资者的信心，是宏观经济影响证券市场走势的重要途径。当宏观经济趋好时，投资者预期公司效益和自身的收入水平会上升，证券市场自然人气旺盛，从而推动市场平均价格走高；反之，则会令投资者对证券市场信心下降。

（4）资金成本。当国家经济政策发生变化，如采取调整利率水平、实施消费信贷政策、征收利息税等政策，居民、单位的资金持有成本将随之变化。例如，利率水平的降低和征收利息税的政策，将会促使部分资金由银行储蓄变为投资，从而影响证券市场的走向。

2. 宏观经济变动与证券市场波动的关系

1）国内生产总值变动

国内生产总值（gross domestic product，GDP）是一国经济成就的根本反映。从长期看，在上市公司的行业结构与该国产业结构基本一致的情况下，股票平均价格的变动与GDP的变化趋势是相吻合的。但不能简单地认为GDP增长，证券市场就必将伴之以上升的走势，实际走势有时恰恰相反。我们必须将GDP与经济形势结合起来进行考察。

（1）持续、稳定、高速的GDP增长。在这种情况下，社会总需求与总供给协调增长，经济结构逐步合理，趋于平衡，经济增长来源于需求刺激并使得闲置的或利用率不高的资源得以更充分利用，从而表明经济发展势头良好。这时证券市场将基于下述原因而显现上升走势。

（2）高通货膨胀下的GDP增长。当经济处于严重失衡下的高速增长时，总需求大大超过总供给，这将表现为高的通货膨胀率。这是经济形势恶化的征兆，如不采取调控措施，必将导致未来的滞胀（通货膨胀与经济停滞并存）。这时经济中的各种矛盾会突出地表现出来，企业经营将面临困境，居民实际收入也将降低，因而失衡的经济增长必将导致证券市场行情下跌。

（3）宏观调控下的GDP减速增长。当GDP呈失衡的高速增长时，政府可能采取宏观调控措施以维持经济的稳定增长，这样必然减缓GDP的增长速度。如果调控目标得以顺利实现，GDP仍以适当的速度增长而未导致GDP的负增长或低增长，说明宏观调控措施十分有效，经济矛盾逐步得以缓解，并为进一步增长创造了有利条件。这时证券市场亦将反映这种好的形势而呈平稳渐升的态势。

（4）转折性的GDP变动。如果GDP一定时期以来呈负增长，当负增长速度逐渐减缓并呈现向正增长转变的趋势时，表明恶化的经济环境逐步得到改善，证券市场走势也将由下跌转为上升。

当GDP由低速增长转向高速增长时，表明低速增长中，经济结构得到调整，经济的瓶颈制约得以改善，新一轮经济高速增长已经来临，证券市场亦将伴之以快速上涨之势。

证券市场一般提前对GDP的变动做出反应。也就是说，证券市场是反映预期的GDP变动，而GDP的实际变动被公布时，证券市场只反映实际变动与预期变动的差别，因而对GDP变动进行分析时必须着眼于未来，这是最基本的原则。另外，我们还必须强调指出，以上有关GDP与证券市场关系的陈述对分析一国在相当长的时间内的情况比较有价值。

由于影响证券市场走势的因素很多，有时一国证券市场与本国GDP走势在2～5年内都有可能出现背离。从图7-2可以看出，1990～2006年我国证券市场指数（以年指数为统计对象）趋势与GDP趋势基本一致，总体呈上涨趋势。但具体来看，在我国证券市场发展的部分年份里，股价指数与GDP走势也出现了多次背离的现象。在1990～2006年的17年中，我国GDP年增长均在7%以上，宏观经济发展总体呈现高速增长态势，但股指走势却是高低互现，波动运行。上证指数在17年间，有6年是下跌的，其中5年（1994年、1995年、2001年、2002年、2004年）的跌幅超过14.2%；有10年是上涨的，其中6年（1991年、1992年、1996年、1997年、2000年、2006年）的涨幅超过30%，尤其是2006年，上证指数涨幅超过100%。

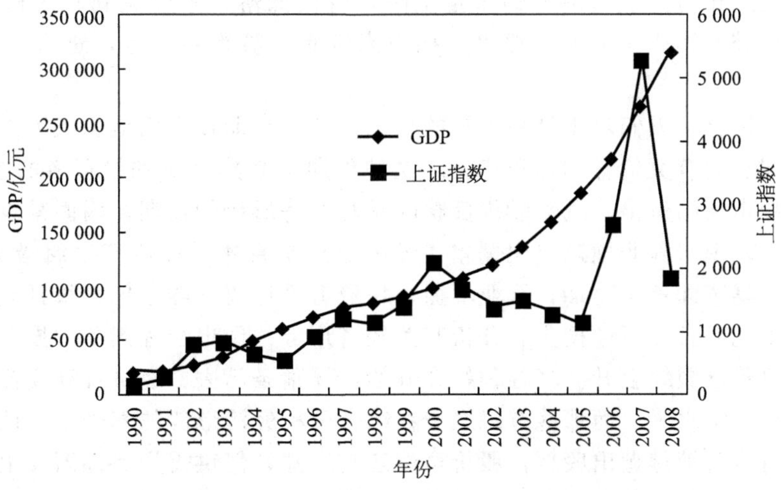

图7-2　GDP与上证指数关系图

从图 7-2 可以清楚地看出，在 2001～2005 年的中国第十个五年计划期间，GDP 出现快速增长，平均达到 9.50%，而上证指数却从 2001 年 6 月 14 日的历史最高点 2245.43 点单边下跌至 2005 年 6 月 3 日的最低点 998.23 点。采用上证指数与 GDP 之间定量分析结果表明，两者之间的相关系数为－0.052 38。很明显，在这 5 年内，证券市场与 GDP 之间不存在相关性。2007 年中国 GDP 增长 13%，年末上证指数收盘 5261.56 点，与 2006 年同期相比近乎翻了一番；而 2008 年中国 GDP 增长 9%，年末上证指数收盘 1820.81 点，与 2007 年同期相比下跌了 65.4%。也就是说，虽然在某种程度上中国证券市场近两年的走势对中国 GDP 的增长趋势以及全球金融风暴对中国经济的负面影响均有所反映，但是其涨跌的幅度远大于市场正常的波动。

尽管 21 世纪前 5 年中国处在宏观经济向好的时期，但证券市场长期积累的问题成为制约市场发展的障碍，指数表现不尽如人意。这是因为股市建立初期制度设计上的局限和体制性的问题，资本市场存在一些深层次问题和结构性矛盾没有得到解决。证券市场新兴加转轨的特殊性与上市公司的二元股权结构，使得这一时期证券市场有时具有一定的“政策市”的特征。在这种背景环境下，股市指数与宏观经济走势之间的关联关系被不同程度地弱化，股市指数与国民经济增长速度经常呈现非正相关甚至负相关关系。证券分析师在分析宏观经济与股指运行关系的时候，应该既看到中国内地证券市场与海外成熟市场的共性，又要看到内地股市的特性，才能更加准确地把握证券市场的国民经济晴雨表特征。当然，随着市场规模的不断扩大和股权分置的完成，股市流通市值占 GDP 的比重将会逐渐上升，证券市场与宏观经济关联度将逐步提高。

2）经济周期变动

经济周期是一个连续不断的过程，表现为扩张和收缩的交替出现。某个时期产出、价格、利率、就业不断上升直至某个高峰——繁荣，之后可能是经济的衰退，产出、产品销售、利率、就业率开始下降，直至某个低谷——萧条。萧条阶段的明显特征是需求严重不足，生产相对严重过剩，销售量下降，价格低落，企业盈利水平极低，年产萎缩，出现大量破产倒闭，失业率增大。接下来则是经济重新复苏，进入一个新的经济周期。

证券市场综合了人们对于经济形势的预期，这种预期较全面地反映了人们对经济发展过程中表现出的有关信息的切身感受。这种预期又必然反映到投资者的投资行为中，从而影响证券市场的价格。既然股价反映的是对经济形势的预期，因而其表现必定领先于经济的实际表现（除非预期出现偏差，经济形式本身才对股价产生纠错反应）。当经济持续衰退至尾声即萧条时期，百业不振，投资者已远离证券市场，每日成交稀少。此时，那些有眼光而且在不停搜集和分析有关经济形势并做出合理判断的投资者已在默默吸纳股票，股价已缓缓上升。当各种媒介开始传播萧条已去、经济日渐复苏时，股价实际上已经升至一定水平。而那些有识之士在综合分析经济形势的基础上，认为经济将不会再创热潮时，就悄然抛出股票，股价虽然还在上涨，但供需力量逐渐发生转变。当经济形势逐渐被更多的投资者所认识，供求趋于平衡直至供大于求时，股价便开始下跌。当经济形势发展按照人们的预期走向衰退时多与上述相反的情况便会发生。

3）通货变动

通货是指一个国家的法定货币。它的国内购买力水平是以可比物价变动情况来衡量的。一般在没有价格管制、价格基本由市场调节的情况下，通货变动与物价总水平是同义语。通货变动包括通货膨胀和通货紧缩。

（1）通货膨胀对证券市场的影响。通货膨胀对证券市场特别是个股的影响，没有一成不变的规律可循，完全可能产生反方向影响，所以应具体情况具体分析。因此，对这些影响进行分析和比较必须从该时期通货膨胀的原因、通货膨胀的程度，配合当时的经济结构和形势、政府可能采取的干预措施等方面的分析入手。

（2）通货紧缩对证券市场的影响。通货紧缩将损害消费者和投资者的积极性，造成经济衰退和经济萧条，与通货膨胀一样不利于币值稳定和经济增长。通货紧缩甚至被认为是导致经济衰退的“杀手”。从消费者的角度来说，通货紧缩持续下去，使消费者对物价的预期值下降，而更多地推迟购买。对投资者来说，通货紧缩将使投资产出的产品未来价格低于当前预期，这会促使投资者更加谨慎，或推迟原有投资计划。消费和投资的下降减少了总需求，使物价继续下降，从而步入恶性循环。

从利率角度分析，通货紧缩形成了利率下调的稳定预期，由于真实利率等于名义利率减去通货膨胀率，下调名义利率降低了社会的投资预期收益率，有效需求和投资支出进一步减少，工资降低，失业增多，企业的效益下滑，居民收入减少，引致物价更大幅度的下降。可见，因通货紧缩带来的经济负增长，使得股票、债券及房地产等资产价格大幅下降，银行资产状况严重恶化。而经济危机与金融萧条的出现反过来又大大影响了投资者对证券市场走势的信心。

（二）宏观经济政策分析

股价变动受一国经济发展水平、宏观经济运行状态的影响，此外它还受该国宏观经济政策的影响。现代社会，政府通过多种手段和工具干预经济，一国的宏观经济政策在经济发展速度、发展模式、经济结构的调整等多方面对宏观经济的运行产生影响。因此，宏观经济政策是基本分析的重要内容，宏观经济政策比宏观经济形势对股价的影响更大。宏观经济政策主要包括：货币政策和财政政策。

1. 货币政策分析

货币政策是中央银行为实现一定经济目标而在金融领域所采取的各种调节经济的措施。中央银行实施货币政策是通过各种货币政策工具来对金融进行调控的。目前，我国采用的主要货币政策工具有三个：法定存款准备金率、再贷款利率、公开市场业务。

货币政策是国家对国民经济进行宏观调控的重要手段。当国家要刺激经济发展时，通常采用扩张性的货币政策，即中央银行通过降低法定存款准备金率、贴现率和再贷款利率，并在公开市场上买进国债来增加货币供应量，扩大社会有效需求。国家要抑制通货膨胀，防止经济过热，防止信用危机，平衡国际收支时，通常采用紧缩性的货币政策，即中央银行通过提高法定存款准备金率、贴现率和再贷款利率，并在公开市场上卖出国债来减少货币供应量，使社会总供给与总需求保持平衡。

通过以上的分析可知，中央银行对宏观经济的调节，是通过改变货币供应量来实现的，货币政策对证券市场的影响，也主要是通过改变货币供应量来实现，其中特别是利率政策对证券市场的影响尤其重要。

利率是资金的价格。对筹资者而言它代表筹资成本的高低，对投资者而言，它代表投资收益的高低。利率与股票市场价格变动的关系特别密切，股票投资者无不关注市场利率水平的高低及变化情况。一般而言，利率上升，则股价下跌；利率下降，则股价上升。它们之间呈反向变动关系。

（1）利率变动影响公司成本和盈利，进而影响股价。现代经济条件下，负债经营是公司经营的普遍现象，利率高低影响公司的筹资成本。当市场利率水平上升时，市场资金趋于紧张，筹资成本增加，公司盈利对减少，从而连带股价下跌；当利率水平下降时，表明市场资金供给增加，公司盈利相对减少，从而连带股价下跌；当利率水平下降时，表明市场资金供给增加，筹资成本相应下降，公司盈利相应上升，股价因此实质性的利好而上升。

（2）利率变动影响资金流向，进而影响股市供求关系及股价。股价变动直接取决于股市供求关系的变化。在股票可流通量不变的情况下，需求量起主导作用，而需求量又直接是由投资股市的资金量多少决定的。进入股市的资金增加，股价会因需求旺盛而上升；进入股市的资金减少，股市会因失血而价格下跌。利率的变动会改变社会投入股市资金量的大小。在利率上升的情况下，会吸引部分资金从股市转向可获取相对较多利息收入的储蓄等领域，而且利率的上升，使得股票投资机会成本扩大，从而投入股市的资金减少，引起股价下跌。相反，如果利率下降，资金将流回股市，股价便会上升。

（3）利率变动影响投资者的心理预期，进而影响股价。利率是由资金市场供求关系决定的，同时又是国家干预、调节经济的重要经济杠杆。当国家试图调高利率的时候，投资者马上会意识到，这是国家紧缩经济采取的措施，属于利空消息，因此人们的心理预期趋向悲观，抛售股票，致使股价下跌。反之，当国家调低利率水平时，投资者认为这是政府刺激经济的好消息，股票便成为人们争相投资的对象，股价便趋于上升。

对货币政策分析的重要性还在于，不少学者和专业人士都认为，股票价格与受货币政策影响的各种货币变量之间有着密切的关系，特别是货币供应量。由于货币供应量可以通过传导渠道影响宏观经济，它与股票价格一样是领先指标序列的一个组成部分，而最主要的问题是，投资者能否使用货币供应量作为股票价格的领先指标来预测股价变化。一些学者对这两者之间的关系进行了研究，由于研究方法和选取的时段不同，得出的结果也有差异。美国市场 20 世纪 60 年代到 70 年代初期的数据表明，货币供应量的变化明显领先于股票价格的变化。而后来一些学者对这些结论提出了质疑，因为他们的研究发现，虽然股票价格和货币供应量之间存在关系，但货币供应量的变动落后于股价的变动，一般滞后 1～3 个月。而对我国股票市场的研究发现，股票价格对货币政策传导的作用越来越强，我国股票价格波动与货币供应量（M_1）的波动有较强的一致性。但令人沮丧的是，这两者的相关系数显示，货币供应量的变化要滞后于股票价格的变化，其中滞后 16 个月的相关系数是最显著的，达到了－0.6474，这表明两者有负相关关系；而两者之间的正向关系在当期最明显，相关系数达到了 0.4124。但是，随着滞后阶数由 1 增加到 3，相关系数下降都不明显，这表明在我国货币供应量对股票价格还是有一定预测能力的。

一些研究人员不再局限于研究货币供应量增长率，而开始寻找对股票价格产生影响的其他货币因素，如过度流动性（excess liquidity），这是指用小额定期存款调整后的 M_2 货币供应量环比变化减去名义 GDP 的环比变化。如果货币供应量增长率超过了 GDP 的增长率，这意味着经济中存在能用于购买证券的过量货币，也就是流动性，因此，正的过度流动性会导致更高的证券价格。

2. 财政政策分析

财政政策是政府依据客观经济规律制定的指导财政工作和处理财政关系的一系列方针、准则和措施的总称。财政政策分为短期、中期、长期财政政策。各种财政政策都是为相应时期的宏观经济控制总目标和总政策服务的。财政政策的短期目标是促进经济稳定增长。从我国现实情况来看，通常出现经济过热、投资和消费膨胀而造成社会总供求不平衡是经济不能稳定增长的主要原因。财政政策主要通过预算收支平衡或财政赤字、财政补贴和国债政策手段影响社会总需求的数量，促进社会总需求和总供给趋向平衡。财政政策的中长期目标，首先是资源的合理配置。总体上说，通过对供给方面的调控来制约经济结构的形成，为社会总供求的均衡提供条件；通过政府支出方向直接作用于经济结构的调整；通过财政贴息手段引导社会投资方向，以配合产业政策为经济持续稳定的增长创造均衡条件。其次，中长期政策的另一个重要目标是收入的公平分配。目前世界各国尤其是发达国家通常的做法是运用财政政策中的税收和转移支付手段来调节各地区、各阶层收入的差距，达到兼顾平等与效率、促进社会经济协调发展的目的。

财政政策的调节手段包括国家预算、税收、国债、财政补贴、转移支付制度等。一定时期的财政政策可以是松的或紧的财政政策，也可以是松紧搭配的财政政策，通过上述各种财政政策手段的单独使用或者是配合协调使用来实现。

财政政策对证券市场的影响，是通过对宏观经济的影响、对经济结构的调节、对社会总需求的调节、对人们收入的调节来实现的。

（1）财政支出占国民收入的比重很大，采取扩张的还是紧缩的财政政策，对经济的景气具有不同的影响。如果是扩张的财政政策，政府支出扩大，政府投资增加。政府投资可以直接影响它所投资的部门、行业的发展，还可带动其他行业的发展，进而使得整个经济增长速度提高。随着经济增长，股票价格也全面上扬。如果采取紧缩的财政政策，减少支出，减少投资，控制需求，经济增长速度放慢，股价也相应回落。

（2）财政政策通过财政直接投资、税收政策影响经济结构。财政的直接投资可以加快国民经济“瓶颈”部门的发展，减免税收政策可以使受惠的企业税后利润增加，鼓励其加快发展，这样会使股票价格发生结构性的升降。

（3）财政政策还通过收入政策、税收政策来影响人们的收入，进而影响投资资金的多少；通过发行国债，来增加证券市场的投资品种，最终影响证券市场的供求关系。

财政政策对股市的影响是十分深刻的，也是十分复杂的，正确地运用财政政策来为证券投资决策服务，应把握以下几个方面。

（1）关注有关的统计信息资料，认清经济形势。

(2) 关注年度财政预算，收集分季、月公布的财政收支的有关资料和经济统计资料，把握财政收支总量的变化趋势，对财政收支结构及其重点作出分析，以便了解政府的投资重点和倾斜政策。

(3) 从各种媒体了解经济界人士、政府官员对经济形势及证券市场发展的看法、观点，从而预见政府可能采取的经济措施和采取措施的时机。

货币政策和财政政策是当代市场经济国家干预经济的两大政策手段。货币政策和财政政策的宽松紧缩状况及其政策搭配不同，对整个经济生活及行业与企业的生产经营状况的影响是完全不同的。一般来说，紧缩的货币财政政策有助于抑制通货膨胀，防止经济过热，但也有可能造成经济发展停滞，人们收入下降，投资萎缩；反之，宽松的货币财政政策则有利于推动经济增长，促进社会繁荣，但也可能导致货币贬值，社会经济秩序失衡。而货币政策与财政政策的不同松紧搭配使用，其作用后果则较为复杂。

➢案例 7-1　中国股市中长期牛市基本确立[①]

自 2005 年 12 月以来，A 股市场走出了一波行情。虽然目前股市出现调整，不过多数业内专业人士认为，股权分置改革后资本市场的制度革命、人民币升值和外资流入以及 GDP 重估等诸多因素提升了市场信心，中国股票市场中长期走牛的趋势已基本确立。

有专业人士表示，中国股市越来越具有国民经济晴雨表的特征，持续、健康、高速发展的中国经济就是股市发展的最重要基石。基于历史趋势的判断，2006 年居民消费价格指数（consumer price index，CPI）将呈现先降后升的走势。考虑到政府调高公用事业商品价格和居住类权重的因素，2006 年 CPI 实际走势将高于预期。虽然 2006 年投资增速仍将适度回落，但投资前景依然良好，经济内在动力依然较强。

还有分析师强调，人民币汇率的变化及由其所引导的资金面变化，是 2006 年市场发展的重要影响变量。人民币升值的压力依然存在，潜在的触发点不少，例如，2006 年 3 月份美国参议员舒默等将再次威胁提交涉华惩罚性议案，4 月份美国将公布新的外汇操纵国名单，这些预期中的外部压力可能促使政府提前允许人民币小幅升值以避免冲突。与此同时，政府公布了对历年 GDP 增速的修订结果，1993 年以来平均调高 0.5 个百分点的 GDP 增幅也对人民币升值产生了更大的压力。人民币升值预期大大降低了外资投身中国资本市场的汇率风险，从而将在一定程度上改变其全球资产配置格局，引发外资再度大幅流入。

多数分析师还认为，全球视野及泛投资市场也是衡量投资的重要因素。2006 年要特别关注大宗商品、黄金和原油市场的变化。虽然近期主要有色金属和糖期货均出现较大幅度的回调，但这主要是投机机构所为。因此，分析师们仍然坚持大宗商品正处于中期牛市的看法，只是需要回避短期内的调整压力。此外，仍然保持对黄金价格中期看涨的判断，出于伊朗问题短期难以解决的考虑，原油价格将在中期内维持在每桶 65 美元上下的水平，但本轮油价上升并不会构成石油危机。

因此，多数分析师基于上述分析，认为股市中长期牛市基本确立。

---

① 资料来源：章劼，艾正家．2009．证券投资学．上海：复旦大学出版社．

第三节　行 业 分 析

一、行业的含义和行业分析的意义

（一）行业的含义

所谓行业，是指从事国民经济中同性质的生产或其他经济社会活动的经营单位和个体等构成的组织结构体系，如林业、汽车业、银行业、房地产、产业等。

从严格意义上讲，行业与产业有差别，主要是适用范围不一样。产业作为经济学的专门术语，有更严格的使用条件。构成产业一般具有三个特点：①规模性，即产业的企业数量、产品或服务的产出量达到一定的规模。②职业化，即形成了专门从事这一产业活动的职业人员。③社会功能性，即这一产业在社会经济活动中承担一定的角色，而且是不可缺少的。行业虽然也拥有职业人员，也具有特定的社会功能，但一般没有规模上的约定。例如，国家机关和党政机关行业就不构成一个产业。证券分析师关注的往往都是具有相当规模的行业，特别是含有上市公司的行业，所以业内一直约定俗成地把行业分析与产业分析视为同义语。

（二）行业分析的意义

行业分析的主要任务包括：解释行业本身所处的发展阶段及其在国民经济中的地位，分析影响行业发展的各种因素以及判断对行业影响的力度，预测并引导行业的未来发展趋势，判断行业投资价值，揭示行业投资风险，从而为政府部门、投资者及其他机构提供决策依据或投资依据。

行业经济是宏观经济的构成部分，宏观经济活动是行业经济活动的总和。行业经济活动是介于宏观经济活动和微观经济活动中的经济层面，是中观经济分析的主要对象之一。宏观经济分析主要分析了社会经济的总体状况，但没有对总体经济的各组成部分进行具体分析。宏观经济的发展水平和增长速度反映了各组成部分的平均水平和速度，但各个组成部分的发展却有很大的差别，并非都和总体水平相一致。实际上，总是有些行业的增长快于宏观经济的增长，而有些行业的增长慢于宏观经济的增长。

从证券投资分析的角度看，宏观经济分析是为了掌握证券投资的宏观环境，把握证券市场的总体趋势。但宏观经济分析并不能提供具体的投资领域和投资对象的建议。面对只能投资于国内上市的证券的投资者，分析师们除了提供宏观经济分析之外，更需要提供深入的行业分析和公司分析。当然，随着投资全球化的趋势，在多个国家进行证券投资的投资者，尤其是机构投资者，越来越需要对各国的宏观经济进行分析从而决定不同的投资比例。另外，对于全球范围投资的指数基金来说，宏观经济分析也非常重要。

行业分析是对上市公司进行分析的前提，也是连接宏观经济分析和上市公司分析的桥梁，是基本分析的重要环节。行业有自己特定的生命周期。处在生命周期不同发展阶段的行业，其投资价值也不一样。在国民经济中具有不同地位的行业，其投资价值也不一样。公司的投资价值可能会由于所处行业不同而有明显差异。因此，行业是决定公司投资价值的重要因素之一。行业分析和公司分析是相辅相成的。一方面，上市公司的投资价值可能会因为所处行业的不同而产生差异；另一方面，同一行业内的上市公司也会千差万别。

二、行业划分的方法

对国民经济各部门以一定的标准为依据进行行业划分，可以有不同的分类方法。具体说有包括以下几种。

（一）道氏分类法

道·琼斯分类法是在19世纪末为选取在纽约证券交易所上市的有代表性的股票而对各公司进行的分类，是证券指数统计中最常用的分类方法之一。

道·琼斯分类法将大多数股票分为三大类：工业、运输业、公用事业，然后在三大类中选取有代表性的股票，虽然选取的股票并不包括这类产业中的全部股票，但所选择的这些股票足以表明产业的趋势。在道·琼斯指数中，工业类股票选取了30家公司，包括了采掘业、制造业和商业；运输业包括了航空、铁路、汽车运输和航运业；公用事业类包括电话公司、煤气公司和电力公司。道·琼斯股价指数的股票类别——公用事业类直到1929年才被确认添加进来。

（二）标准行业分类法

为了传递经济活动的巨大信息，美国联邦政府建立了一种非常复杂的产业分类系统，并运用有序的方式来收集信息。标准产业分类体系是根据企业所从事的主要活动来进行产业分类的。首先，它将各种经济生产活动划分为10个部门。例如，第一个部门为农业、林业与渔业，第二个部门为采掘业等。其次，再将各部门划分为许多产业，在每一层次上，该产业的主要活动都能得到更精确的描述。

标准产业分类体系不仅对产业进行划分归类，而且还提供信息，诸如产业中的企业数量、该产业中的雇员和生产规定、产品的总值及其他重要的数据材料。在美国，这些信息大多通过统计局的《制造业调查报告》公布，以便投资者都能据以估计各产业在不同时期的规模和范围。

（三）三次产业分类法

按三次产业分类法，国民经济各部门可以分为第一产业、第二产业和第三产业。第一产业是以自然存在物为对象进行经济活动的产业，它包括农、林、牧、渔等各个行业。第二产业为采矿业、制造业、建筑业、煤炭业、电力及供水等工业产业。第三产业则是除了工业、农业、建筑业以外各行业的总称，具体可以细分为：流通部门，包括交通运输业、邮电通信业、商业、贸易、公共饮食业、仓储业等；生产服务部门，包括银行、保险、房地产、公用事业、旅游业、信息咨询业、技术服务业、福利业等；为提高科学文化水平和居民素质服务的部门，包括文化教育、文学艺术、广播电影、体育、社会福利等。

（四）我国上海证券交易所指数、深圳证券交易所指数分类法

上海证券交易所为编制在上海证券交易所上市股票的分类指数，将全部上市公司分为五类：工业类、商业类、地产业类、公用事业类和综合类，分别计算和公布分类股价

指数。

深圳证券交易所也将在深圳证券交易所上市的全部公司分成六类：工业类、商业类、金融业类、地产业类、公用事业类和综合类，用来计算和公布各分类股价指数。

三、行业分析的内容

（一）行业的市场类型分析

分析行业的市场类型实际上就是分析行业所处的市场竞争环境，越是缺乏竞争对手的行业，投资风险就越小。按照经济学原理，行业的市场类型可以分为四种：完全竞争、不完全竞争、寡头垄断、完全垄断。

1. 完全竞争

完全竞争是指许多企业生产同质产品的市场情形。完全竞争的特点如下。

（1）生产者众多，各种生产资料可以完全流动。

（2）产品无论是有形的还是无形的，都是同质无差别的。

（3）没有一个企业能够影响产品的价格。

（4）企业永远是价格的接受者而不是价格的制定者。

（5）企业的盈利基本上由市场对产品的需求来决定。

（6）生产者和消费者对市场情况非常了解，并可自由进入或退出这个市场。

从上述特点可以看出，完全竞争是一个理论性很强的市场，其根本特点在于所有的企业都无法控制市场的价格和使产品差异化。在现实经济中，完全竞争的市场类型是少见的，初级产品的市场类型较相似于完全竞争。

2. 不完全竞争

不完全竞争也称垄断竞争，是指许多生产者生产同种但不同质产品的市场情形。不完全竞争的特点如下。

（1）生产者众多，各种生产资料可以流动。

（2）生产的产品同种但不同质，即产品之间存在着差异，产品的差异性是指各种产品之间存在着实际或想象上的差异，这种差异是完全竞争与不完全竞争的主要区别。

（3）由于产品差异的存在，生产者可以树立自己产品的信誉，从而对其产品的价格有一定的控制能力。

在国民经济中，制成品的市场类型一般属于这种类型。

3. 寡头垄断

寡头垄断是指相对少量的生产者在某种产品的生产中占据很大市场份额的情形。寡头垄断的特点如下。

（1）由于少数生产者的产量非常大，所以他们对市场的价格和交易具有一定的垄断能力。

（2）由于只有少量的生产者生产同一种产品，所以每个生产者的价格政策和经营方式及其变化都会对其他生产者形成重要影响。

（3）在这个市场上，通常存在着一个起领导作用的企业，其他企业随这个企业经营方式的变化而相应地进行某些调整。资本密集型、技术密集型产品如钢铁、汽车等，以及少数储量集中的矿产品如石油等的市场多属这种类型。因为生产这些产品所必需的巨额投资、复杂的技术或产品储量的分布限制了新企业对这个市场的进入。

4. 完全垄断

完全垄断是指独家企业生产某种物质产品的情形。物质产品是指那些没有或缺少相近的替代品的产品。完全垄断的特点如下。

(1) 由于市场被独家企业控制，产品又没有或缺少合适的替代品，所以垄断者能够根据市场的供需状况制定理想的价格和产量，在高价少销或低价多销之间进行选择，以获取最大的利润。

(2) 垄断者在制定产品的价格与生产数量方面的自由性是有限度的，它要受到反垄断法和政府管制的限制。在现实中，公用事业如电力、煤气、自来水、邮电通信等，银行、某些资本技术高度密集型或稀有金属矿藏的开采等行业属于这种完全垄断的市场类型。

(二) 行业的稳定性分析

不同行业其销售和收益的稳定性不尽相同，有的行业的经营业绩随经济周期的变化而变化，呈现出一种不稳定性；有的行业的经营业绩则较少受经济周期波动的影响，相对稳定，甚至持续增长。据此可以将行业划分为三种类型：周期性行业、稳定性行业、成长性行业。

1. 周期性行业

周期性行业主要指那些与经济周期联系紧密，其产品和服务的需求弹性较大的行业。当经济处于扩张阶段时，此类行业产品的市场需求迅速扩大，公司盈利大幅度增加，从而也带动公司股价迅速上升，并超过市场平均水平。而当经济处于衰退阶段时，投资、消费需求下降，公司产品订单不足，盈利下降，甚至亏损、倒闭，其股价也随之大幅度下跌。如房地产、建材、机械制造、高档耐用消费品等行业都属于较典型的周期性行业。有人将这类行业的股票称为“周期型股”，其股价及收益波动幅度较大，风险相应也大，但有周期规律性。若投资者能及时把握经济周期的变动，在复苏到来之前趁低价买进有投资价值的周期型股票，在衰退到来之前卖出，则能获得较多收益。

2. 稳定性行业

稳定性行业也称防御性行业，是指那些不受经济周期处于衰退阶段的影响，其产品和服务的需求弹性较小，经营业绩稳定的行业，如公用事业、食品业等都属稳定性行业。由于这类行业的公司经营状况较为稳定，不会出现大起大落，每年都有稳定的股息派发，投资风险较小，所以人们将这类公司的股票称为“防守型股”，比较适宜保守稳健的投资者投资。

3. 成长性行业

成长性行业是指那些不受经济周期变动的影响，处于开创后期或成长期的行业。这类行业收入增加的速率相对于经济周期的变动来说，并不出现同步的影响。因为它们尚处在新兴发展的时期，产品市场正在开拓而且远未达到饱和，发展潜力大，前景广阔，而且主要依靠技术进步、新产品的推出以及更优质的服务，从而使其呈现出持续增长的态势。例如，目前的计算机及其相关产品行业和高新技术产品行业便属于这种成长性行业，其股票也被称为“成长型股”。发掘出这类股票并一直持有下去，投资者将会获得丰厚的收益。

(三) 行业的生命周期分析

通常每个行业都有一个初创、成长到衰退的发展演变过程，这个过程便被称为行业的生命周期。在这个过程的不同阶段，其获利能力大不相同，对其进行投资的风险收益也就大不相同。在基本分析中，研究行业的生命周期，不是为了描述行业的一般发展过程，而是通过分析，把握住某行业所处的生命周期阶段，进而为投资决策提供依据。一般来说，行业的生命周期可以分为四个阶段：开创期、成长期、成熟期和衰退期。

1. 开创期

在这一阶段，只有为数不多的创业公司投资兴办这个新兴的行业。由于开创期行业的创立投资和产品的研究、开发费用较高，而其产品因人们缺乏了解而市场需求狭小，销售收入较低，所以这些创业公司财务上可能不但没有盈利，反而普遍亏损。

但在开创后期，随着行业生产技术的提高，生产成本的降低和市场需求的扩大，新行业便逐步由高风险低收益的开创期转向高风险高收益的成长期。

2. 成长期

在成长期，新行业的产品经过广泛宣传和消费者的试用，逐渐以其自身的特点获得大众青睐，市场需求扩大，新行业也随之繁荣起来。与市场需求变化相适应，供给方面相应地出现了一系列的变化。由于市场前景良好，投资于新行业的厂商大量增加，产品也逐渐从单一、低质、高价向多样、优质、低价方向发展。因而新行业出现了生产厂商和产品相互竞争的局面，这种状况会持续数年或数十年。由于这一原因，这一阶段有时被称为投资机会时期。

这种状况的持续将导致市场竞争的不断发展和产品产量的不断增加，市场需求的日趋饱和。因此，生产厂商不能单纯地依靠扩大生产量、提高市场份额来增加收入，而必须依靠追加生产投资、提高生产技术、降低成本以及研究和开发新产品的方法来争取竞争优势，战胜竞争对手和维持公司的生存与发展。但这种方法只有资本和技术力量雄厚、经济管理健全的公司才能做到。那些财力和技术较弱、经营不善或新加入的企业则往往会被淘汰或被兼并。因而这一时期公司的利润虽然增长的快，但所面临的竞争风险也非常大，破产率与兼并率非常高。

在成长期的后期，一些大公司已逐渐主导了该行业市场，它们有雄厚的实力和庞大的资本经营规模，所以有较好的经营效益和稳定的盈利，公司利润呈稳定增长之势，股息丰厚，投资者蒙受经营失败而导致投资损失的可能性大大降低，而分享行业增长带来的收益的可能性则大大提高。此时，该行业便也开始进入成熟期。

3. 成熟期

行业的成熟期是一个相对较长的时期，在这一时期里，在竞争中生存下来的少数大公司基本垄断了整个行业的市场，每个公司都占有一定比例的市场份额。由于彼此势均力敌，市场份额比例发生变化的程度较小。厂商、产品之间的竞争手段逐渐从价格手段转向各种非价格手段，如提高质量、改善产品性能、加强售后服务等。行业的利润由于一定程度的垄断达到了较高的水平，而风险却因市场份额比率固定而较为稳定。

在行业成熟期，行业增长速度比较适度，但在后期整个行业的增长可能会完全停止，产量甚至下降。由于行业丧失其资本的增长，行业的发展很难较好地保持与国民经济生产总值同步增长。不过，由于技术创新的原因，某些行业或许实际上会有新的增长。在短期内往往很难识别行业何时进入成熟期。不过，一旦进入成熟期，投资者便要考虑回收资金，因为接下来便是衰退期了。

4. 衰退期

这一时期出现在较长的稳定时期后。由于新产品和大量替代品的出现，原行业的市场需求开始逐渐减少，产品的销售量也开始下降，某些公司开始向其他更有利可图的行业转移，所以原行业出现了厂商数目减少、利润下降的萧条景象。至此，整个行业便进入了生命周期的最后阶段，当正常的利润无法维持或现有投资折旧完毕后，整个行业便逐渐解体，该行业所剩公司的股票几乎无人问津。

上述行业生命周期的四个阶段是一个总体状况的描述，它并不一定适用于所有行业的情况。各行业变化有其自身特点，行业的实际生命周期由于受行业性质、产业政策、技术创新、市场需求、国外同行业竞争等许多因素的影响而复杂得多，在现代社会经济中，行业的生命周期有加快的趋向。

在现代社会，各行业所处的生命周期阶段，其利润、风险如表 7-1 所示。

表 7-1　产业生命周期各阶段收益和风险状况

项目	开创期	成长期	成熟期	衰退期
厂商数量	很少	增加	减少	减少
利润	亏损	增加	较高	减少甚至亏损
风险	较高	较高	减少	较低
风险形态	技术、市场风险	市场、管理风险	管理风险	生存风险

四、影响行业兴衰的主要因素

行业的生命周期是对大多数行业发展过程的描述。一般而言，大多数行业都有一个由开创到兴盛、衰退的过程，除了行业自身特点的影响外，行业兴衰还要受到很多行业外的因素的影响。这些因素包括：技术进步、市场竞争、政府干预、社会生活习惯的改变、能源结构的变化和新材料的出现等。

（一）技术进步

技术进步对行业的影响是巨大的。目前人类社会所处的时代正是科学技术日新月异的年代。不仅新兴学科不断涌现，而且理论科学朝实用技术的转化过程也被大大缩短，速度大大加快。战后工业发展的一个显著特点是，新技术在不断推出新产业的同时，也在不断地淘汰旧产业。例如，在较短的时间里，喷气式飞机就代替了螺旋桨飞机；大规模集成电路计算机代替了一般的电子计算机；通信卫星代替了海底电缆等。这些产品在定型和大批量生产后，市场价格大幅度下降，从而很快就被消费者所使用，这些特点使得新兴产业能够很快地超过并替代旧产业，或者严重地威胁原有产业的生存。信息传播的数字化所带来的产业的革命化变革就是证明。因此，充分了解各行业技术发展的状况和趋势，对投资者来说，是至关重要的。

（二）竞争因素

市场竞争的激烈程度，对一个行业的兴衰及发展有着重要的影响，而且还进一步影响着该行业各企业的经济效益。

一个行业市场竞争的激烈程度决定于该行业的市场类型和新企业进入现有行业市场的难易程度。完全竞争、垄断竞争的市场类型，其市场竞争就激烈一些；完全垄断、寡头垄断的市场类型，其市场竞争就缓和一些或者没有竞争。

在市场上，如果消费者对企业现有产品怀有某种偏好，那么企业较流行的产品就具有竞争的优势。在这种情况下，新企业进入这一市场则不能以相同的价格出售同类产品，若要获得一个可接受的市场份额和价格水平，新企业不得不进行大量的推销和广告宣传。再退一步看，尽管进入这些产业并不困难，但商品的差别则能创造某种优势，以致抑制竞争。现存的企业与其新的竞争者相比较，前者通常能以较低的成本进行生产，因而它具有绝对成本优势。

一般来说，某一行业受竞争刺激的敏感性越弱，该行业越安全。但是，一个行业的竞争越激烈，该行业的发展也将越快，只不过有些企业在竞争中获利、发展，有些企业惨遭淘汰。

（三）社会习惯的改变及社会倾向

一方面，人们对于商品和服务的需求总是变化的。随着社会生活方式、生活习惯的变化，人们对于商品和服务的需要也在变化。随着这种变化，某些新产品出现了，旧产品过时了，新兴行业也相应出现了，旧的行业则萎缩或被淘汰了。在现代社会科学技术迅猛发展的情况下，这种因为人们社会生活方式的变化而引起的行业的兴衰更替越来越快了。

另一方面，现代社会，消费者和政府越来越强调经济产业所应负的经济责任，越来越注重工业化给社会所带来的种种影响，这种日益增强的社会意识或社会倾向对许多行业已经产生了明显的作用。

近年来，许多西方国家，特别是产品责任法最为严格的美国，在公众的强烈要求和压力下，纷纷对许多产业的生产及产品做出了种种限制性规定。例如，美国政府要求汽车制造商加固汽车保险杠、安装乘员安全带、改善燃油系统、提高防污染系统的质量等；医药行业也受到政府的专门管制，如受美国的仪器与药品管理委员会和消费者的监督。

防止环境污染、保持生态平衡目前已成为工业化国家的一个重要的社会趋势，在发展中国家也正日益受到重视。现在发达国家的工业部门每年要花费巨额资金来研制和生产与环境保护有关的各种设备，以便使工业排放的废物、废水和废气能够符合规定的标准。

从上面的分析可知，社会倾向决定行业的社会需求，决定行业的兴衰发展，也影响行业的经营活动、生产成本和利润等方面。

（四）政府的影响和干预

无论是市场经济国家还是非市场经济国家，政府的影响和干预都广泛而深刻地影响着国民经济各行业的兴衰和发展，直至影响整个国民经济的发展。

政府的管理措施和政策，可以影响到行业的经营范围、增长速度、价格政策、利润率等许多方面。政府实施管理的主要产业有：公用事业，如煤气、电力、供水、排污、邮电、通信、广播电视等；运输部门，如铁路、公路、航空、航运和管道运输等；金融部门，如银行和非银行金融机构、保险公司、商品与证券交易市场、经纪商、交易商等。

政府实施管理的主要产业都是直接服务于公共利益，或与公共利益联系密切的。公用事业是社会的基础设施，投资大，建设周期长，收效慢，允许众多厂商投巨资竞相建设是不经济的。因此，政府往往通过授予某些厂商在指定地区独家经营某项公用事业特许权的方法来对它们进行管理。被授权的厂商也就因此而成为这些产业的合法垄断者。但这些合法垄断者和一般的垄断者不一样，它们不能任意规定不合理的价格，其定价要受到政府的调节和管制。政府一般只允许这些厂商获得合理的利润率，而且政府的价格管理并不保证这些企业一定能够盈利。成本的增加、管理的不善和需求的变化同样会使这些企业发生亏损。

交通运输产业与大众生活和经济发展有着密切的联系。这些产业服务的范围广，涉及的问题多，如各地不同的法律、税收和安全规则等，因而有必要由政府统一管理。

金融部门，尤其是银行部门，是国民经济的枢纽，也是政府干预经济的主要渠道之一，它们的稳定关系到整个经济的繁荣和发展，因而是政府重点管理的对象。

政府对行业的干预可以分为促进性干预和限制性干预。政府对行业的促进作用可以通过补贴、优惠税收、限制外国竞争的关税和保护某一行业的附加法规等措施来实现，因为这些措施有利于降低该产业的成本，并刺激和扩大其投资规模。相反，考虑到生态、安全、企业规模和价格因素，政府会对某些产业实施限制性管制，这会加重该产业的负担，延缓其发展。

五、行业投资决策

投资者面对众多的行业做具体的投资选择，必须谨慎小心，必须以对各行业详细的比较分析为基础。

根据上面的分析，行业的市场类型、行业增长的稳定性、行业所处生命周期的阶段都是行业选择中必须考虑的问题。特别要强调的是，买股票，是买企业的未来。因此，投资者除了关心行业的历史增长状况外，还要关心其未来增长的趋势，这要求搜集完整的资料和运用科学的预测方法。

对于短期投资者来说，他们要关注股价的短期波动，要分析股价是被高估还是被低估。如果某行业显示出未来增长的潜力很大，但是该行业股票价格相对来说过高，那么这种股票则不是短期投资的对象；相反，一些有着适度收入的行业的股票，如果其市场价格相对较低，那么这种股票也是值得购买的。

对于中长期投资者而言，首要关心的应是行业的发展前景，只要选好行业、选好投资时机，买入股票后长期持有，必定可以获得较高投资回报。

➤案例 7-2　行业景气提升业绩亮度①

据《中国证券报》信息中心统计，截至 2006 年 3 月 16 日已公布 2005 年年报的 323 家上市公司的加权平均每股收益 0.3253 元，其中有 299 家盈利、24 家亏损，盈利率在 92.57％。通过年报可以发现，行业景气周期循环仍然是上市公司业绩变迁的重要外部影响因素。

以煤炭行业为例，随着市场对煤炭需求的不断增长和国家对非法小煤矿打击力度的不断加大，煤炭供应日益紧张、价格持续上升，煤炭行业上市公司在上年业绩大幅度增长的基础上，继续高歌猛进，取得了良好的经营业绩。G 西煤、G 国阳、G 神火、G 兰花扣除非经常性损益后的净资产收益率都在 20％以上，类似的还有化肥和贵金属行业。在国家对"三农"工作高度重视、扶持力度不断加大的情况下，化肥行业进入了行业景气上升期，从事化肥生产的上市公司，如 G 泸天化、G 赤天化、川化股份净利润增幅都在 50％以上。而在美元持续贬值、市场需求增长的背景下，贵金属行业也迎来了良好的发展机遇，山东黄金实现净利润 8744.56 万元，同比增长 50.5％。而在产能过剩和成本上升的双重打击下，曾经是"五朵金花"之一的钢铁行业则处境不妙，经营业绩大幅度下滑。公布年报的 7 家钢铁公司中有 6 家净利润下降、1 家亏损。例如，在钢材降价和铁矿石涨价的双重挤压下，G 唐钢全年实现净利润 11.34 亿元，同比下降 14.42％。

第四节　公 司 分 析

一、公司分析概述

（一）公司与上市公司的含义

在不同的国家，由于社会习惯、经济、文化及法律体系的差异，对公司的定义不尽相同。即使在同一国家，随着社会、经济及有关立法的发展，对公司的传统定义也不断被突破。

从经济学角度来看，所谓公司，是指依法设立的从事经济活动并以营利为目的的企业法人。从立法角度而言，我国的现行法律并没有对公司做直接的定义。但根据我国《公司法》有关条款所揭示的公司本质特征，我国的公司应指全部资本由股东出资构成，股东以其认缴的出资额或认购的股份为限对公司承担责任，公司以其全部财产对公司债务承担责任的依《公司法》成立的企业法人。

根据不同的划分标准，公司可分为不同的类型。其中，按公司股票是否上市流通为标准，可将公司分为上市公司和非上市公司。根据我国《公司法》的规定，我国的上市公司是指其股票在证券交易所上市交易的股份有限公司。

证券投资分析中公司分析的对象主要是指上市公司，但证券分析师对上市公司进行

① 资料来源：章劼，艾正家．2009．证券投资学．上海：复旦大学出版社．

分析的过程中往往还关注一些与上市公司之间存在关联关系或收购行为的非上市公司。

（二）公司分析的意义

在实际投资活动中，投资者对于上市公司的了解是必要的，否则其收益将面临很大的风险。因此，无论是进行判断投资环境的宏观经济分析，还是进行选择投资领域的中观行业分析，对于具体投资对象的选择最终都将落实在微观层面的上市公司分析上（市场指数投资除外）。

公司分析中最重要的是财务状况分析。财务报表通常被认为是最能够获取有关公司信息的工具。在信息披露规范的前提下，已公布的财务报表是上市公司投资价值预测与证券定价的重要信息来源。证券分析师对真实、完整、详细的财务报表的分析，是其预测公司股东收益和现金流的各项因素的基础，也是其做出具体投资建议的直接依据之一。

此外，就投资者个人而言，宏观面分析与中观面分析难度较大，不具备分析基础，而相对简单、直接且行之有效的就是公司分析。

二、公司基本分析

（一）公司行业地位分析

行业地位分析的目的是判断公司在所处行业中的竞争地位，如是否为领导企业，在价格上是否具有影响力，是否有竞争优势等。在大多数行业中，无论其行业平均盈利能力如何，总有一些企业比其他企业具有更强的获利能力。企业的行业地位决定了其盈利能力是高于还是低于行业平均水平，决定了其在行业内的竞争地位。衡量公司行业竞争地位的主要指标是行业综合排序和产品的市场占有率。

（二）公司经济区位分析

区位，或者说经济区位，是指地理范畴上的经济增长点及其辐射范围。上市公司的投资价值与区位经济的发展密切相关，如处在经济区位内的上市公司，一般具有较高的投资价值。我们对上市公司进行区位分析，就是将上市公司的价值分析与区位经济的发展联系起来，以便分析上市公司未来发展的前景，确定上市公司的投资价值。具体来讲，可以通过以下几个方面进行上市公司的区位分析。

1. 区位内的自然条件与基础条件

自然条件和基础条件包括矿产资源、水资源、能源、交通、通信设施等，它们在区位经济发展中起着重要作用，也对区位内上市公司的发展起着重要的限制或促进作用。分析区位内的自然条件和基础条件，有利于分析该区位内上市公司的发展前景。如果上市公司所从事的行业与当地的自然条件和基础条件不符，公司的发展可能会受到很大的制约。

2. 区位内政府的产业政策

为了促进区位经济的发展，当地政府一般都会相应地制订经济发展的战略规划，提出相应的产业政策，确定区位优先发展和扶植的产业，并给予相应的财政、信贷及税收等诸多方面的优惠措施。这些措施有利于引导和推动相应产业的发展，相关产业内的公司将因此受益。如果区位内上市公司的主营业务符合当地政府的产业政策，一般会获得诸多政策支持，对上市公司的进一步发展有利。

3. 区位内的经济特色

所谓经济特色，是指区位内经济与区位外经济的联系和互补性、龙头作用及其发展活力与潜力的比较优势。它包括区位的经济发展环境、条件与水平、经济发展现状等有别于其他区位的特色。特色在某种意义上意味着优势，利用自身的优势发展本区位的经济，无疑在经济发展中找到了很好的切入点。例如，某区位在电脑软件或硬件方面，或在汽车工业方面已经形成了优势和特色，那么该区位内的相关上市公司，在同等条件下比其他区位主营业务相同的上市公司具有更大的竞争优势和发展空间。

（三）公司产品分析

1. 产品的竞争能力

（1）成本优势。成本优势是指公司的产品依靠低成本获得高于同行业其他企业的盈利能力。在很多行业中，成本优势是决定竞争优势的关键因素，理想的成本优势往往成为同行业价格竞争的抑制力。如果公司能够创造和维持成本领先地位，并创造出与竞争对手价值相等或近似的产品，那么它只要将价格控制在行业平均或接近平均的水平，就能获取优于平均水平的经营业绩。成本优势的来源各不相同，并取决于行业结构。一般来讲，产品的成本优势可以通过规模经济、专有技术、优惠的原材料、低廉的劳动力、科学的管理、发达的营销网络等实现。其中，由资本的集中程度决定的规模效益是决定产品生产成本的基本因素。当公司达到一定的资本投入或生产能力时，根据规模经济的理论，生产成本和管理费用将会得到有效降低。

（2）技术优势。技术优势是指公司拥有的比同行业其他竞争对手更强的技术实力及其研究与开发新产品的能力。这种能力主要体现在生产的技术水平和产品的技术含量上。在现代经济中，公司新产品的研究与开发能力是决定公司竞争成败的关键因素，因此，公司一般都确定了占销售额一定比例的研究开发费用。这一比例的高低往往能决定公司的新产品开发能力。产品的创新包括：①通过新核心技术的研制，开发出一种新产品或提高产品的质量。②通过新工艺的研究，降低现有的生产成本，开发出一种新的生产方式。③根据细分市场进行产品细分，实行产品差别化生产。④通过研究产品组成要素的新组合，获得一种原料或半成品的新的供给来源等。而技术创新则不仅包括产品技术，而且包括人才创新。

（3）质量优势。质量优势是指公司的产品以高于其他公司同类产品的质量赢得市场，从而取得竞争优势。由于公司技术能力及管理等诸多因素的差别，不同公司间相同产品的质量是有差别的。消费者在进行购买选择时，产品的质量始终是影响他们购买倾向的一个重要因素。当一个公司的产品价格溢价超过了其为追求产品的质量优势而附加的额外成本时，该公司就能获得高于其所属行业平均水平的盈利。换句话说，在与竞争对手成本相等或成本近似的情况下，具有质量优势的公司往往在该行业中占据领先地位。

2. 产品的市场占有情况

产品的市场占有情况在衡量公司产品竞争力方面占有重要地位。通常可以从两个方面进行考察：其一，公司产品销售市场的地域分布情况。从这一角度可将公司的销售市场划分为地区型、全国型和世界范围型。市场地域的范围能大致地估计一个公司的经营能力和实力。其二，公司产品在同类产品市场上的占有率。市场占有率是对公司的实力和经营能力的较精确的估计。市场占有率是指一个公司的产品销售量占该类产品整个市场销售总量的比例。市场占有率越高，表示公司的经营能力和竞争力越强，公司的销售和利润水平越好、越稳定。

3. *产品的品牌战略*

品牌是一个商品名称和商标的总称。可以用来辨别一个卖者或卖者集团的货物或劳务，以便同竞争者的产品相区别。一个品牌不仅是一种产品的标志，而且是产品质量、性能、满足消费者效用可靠程度的综合体现。品牌竞争是产品竞争的深化和延伸，当产业发展进入成熟阶段，产业竞争充分展开时，品牌就成为产品及企业竞争力的一个越来越重要的因素。品牌具有产品所不具有的开拓市场的多种功能：一是品牌具有创造市场的功能；二是品牌具有联合市场的功能；三是品牌具有巩固市场的功能。

（四）公司经营能力分析

1. *公司法人治理结构*

公司法人治理结构有狭义和广义两种定义。狭义上的公司法人治理结构是指有关公司董事会的功能、结构和股东的权利等方面的制度安排；广义上的法人治理结构是指有关企业控制权和剩余索取权分配的一整套法律、文化和制度安排，包括人力资源管理、收益分配和激励机制、财务制度、内部制度和管理等。健全的公司法人治理机制至少体现在以下七个方面。

（1）规范的股权结构。股权结构是公司法人治理结构的基础，许多上市公司的治理结构出现问题都与不规范的股权结构有关。规范的股权结构包括三层含义：一是降低股权集中度，改变“一股独大”局面；二是流通股股权适度集中，发展机构投资者、战略投资者，发挥他们在公司治理中的积极作用；三是股权的流通性。

（2）有效的股东大会制度。股东大会制度是确保股东充分行使权力的最基础的制度安排，能否建立有效的股东大会制度是上市公司建立健全公司法人治理机制的关键。根据2002年1月7日中国证监会与国家经济贸易委员会联合颁布的《上市公司治理准则》，有效的股东大会制度应包括：具备规范的召开与表决程序，股东大会应给予每个提案合理的讨论时间，对董事会的授权原则、授权内容应明确具体，股东大会会议时间、地点的选择应有利于让尽可能多的股东参加会议，充分运用现代信息技术手段扩大股东参与股东大会的比例等。

（3）董事会权力的合理界定与约束。董事会作为公司的决策机构，对于公司法人治理机制的完善具有重要作用。股东大会应赋予董事会合理充分的权利，但也要建立对董事会权力的约束机制。根据《上市公司治理准则》，合理的董事会制度应制定规范、透明的董事选聘程序；在董事的选举过程中，应充分反映中小股东的意见，并积极推进累积投票制度；董事应根据公司和全体股东的最大利益，忠实、诚信、勤勉地履行职责；上市公司治理结构应确保董事会能够按照法律法规和公司章程的规定行使职权，公平对待所有股东，并关注公司其他利益相关者的利益；董事会授权董事长在董事会闭会期间行使董事会部分职权的，上市公司应在公司章程中明确规定授权原则和授权内容，凡涉及公司重大利益的事项应由董事会集体决策等。

(4) 完善的独立董事制度。在董事会中引入独立董事制度，可以加强公司董事会的独立性，有利于董事会对公司的经营决策做出独立判断。2001 年 8 月，中国证监会发布了《关于在上市公司建立独立董事制度的指导意见》，要求上市公司在 2002 年 6 月 30 日之前建立独立董事制度。这对于我国上市公司独立董事制度的建立无疑具有重大的指导意义。

(5) 监事会的独立性和监督责任。一方面应该加强监事会的地位和作用，增强监事会的独立性和加强监督的力度，限制大股东提名监事候选人和作为监事会召集人；另一方面，应该加大监事会的监督责任。

(6) 优秀的职业经理层。优秀的职业经理层是保证公司治理结构规范化、高效化的人才基础。形成成高效运作的职业经理层的前提条件是上市公司必须建立和形成一套科学的、市场化、制度化的选聘制度和激励制度。

(7) 相关利益者的共同治理。相关利益者包括员工、债权人、供应商和客户等主要利益相关者。相关利益者共同参与的共同治理机制可以有效地建立公司外部治理机制，弥补公司内部治理机制的不足。

2. 公司经理层的素质

所谓素质，是指一个人的品质、性格、学识、能力、体质等方面特性的总和。在现代企业里，经理人员不仅担负着企业生产经营活动等各项管理职能，而且还要负责或参与对各类经理人员的选择、使用与培训工作。因此，经理人员的素质是决定企业能否取得成功的一个重要因素。在一定意义上，是否有卓越的企业经理人员和经理层，直接决定着企业的经营成果。对经理人员的素质分析是公司分析的重要组成部分。

一般而言，企业的经理人员应该具备如下素质：一是从事管理工作的愿望；二是专业技术能力；三是良好的道德品质修养；四是人际关系协调能力。

3. 公司从业人员素质和创新能力

公司业务人员的素质也会对公司的发展起到很重要的作用。作为公司的员工，公司业务人员应该具有如下的素质：专业技术能力、对企业的忠诚度、责任感、团队合作精神和创新能力等。对员工的素质进行分析，可以判断该公司发展的持久力和创新能力。

(五) 公司盈利能力和公司成长性分析

1. 公司盈利预测

对公司盈利进行预测，是判断公司估值水平及投资价值的重要基础。盈利预测是建立在对公司深入了解和判断之上的，通过对公司基本面进行分析，进而对公司的预测做出假设。所做假设应该与公司、行业和宏观经济环境相符，且与以往年度各项经济指标比率的变化相符。

盈利预测的假设主要包括以下内容。

(1) 销售收入预测。包括销售收入的历史数据和发展趋势、公司产品的需求变化、市场占有率和销售网络、主要产品的存货情况、销售收入的明细等方面。销售收入预测的准确性也是公司盈利预测中最为关键的因素。

(2) 生产成本预测。包括生产成本的结构、主要原材料的价格走势和每年所需原材料的总量、成本变动和销售情况变动、能否将上涨的成本转嫁给下游、毛利率的变化情况等。

（3）管理和销售费用预测。包括销售费用和销售费用占销售收入的比例、管理费用的变化、新市场的拓展、每年的研究和开发费用占销售收入的比例等。

（4）财务费用预测。包括新增长期贷款和短期贷款等。

（5）其他。包括主营业务利润占税前利润的百分比、非经常项目及其他利润占税前利润的比例、到目前为止利润的完成情况等。

以某一制造企业为例，该企业历史年度的主要盈利指标如表 7-2 所示。

表 7-2 企业历史年度主要盈利指标

项目	2007 年	2008 年
营业收入	2308.94 万元	2893.75 万元
营业收入同比增长率	25.91%	25.33%
毛利率	23.93%	24.07%
营业成本/营业收入×100%	76.07%	75.93%
营业税金及附加/营业收入×100%（营业税率）	0.76%	0.89%
销售费用/营业收入×100%	8.52%	5.21%
管理费用/营业收入×100%	6.83%	8.01%
财务费用/营业收入×100%	6.00%	5.55%
实际税率	14.68%	18.15%

进行的 2009 年盈利预测主要假设项目如表 7-3 所示。

表 7-3 企业 2009 年盈利预测主要假设

盈利预测项目	假设
销售收入	产量×单价=3790.81 万元
生产成本	考虑未来原材料价格下降因素，毛利率预测提高到 26.3%
营业税率	根据公司产品结构调整，预测费用率为 1%
销售费用	根据历史数据进行合理计算推理，预测费用率为 5%
管理费用	根据历史数据，考虑公司管理能力有一定提高，预测费用率为 6%
财务费用	考虑利息支出、利息收入、汇总损益等因素，预测费用率为 5.27%
其他收支	涉及较大金额时提供的详细信息
实际税率	公司享有所得税优惠税率，预测为 10.1%

公司 2009 年的盈利预测结果如表 7-4 所示。

表 7-4　企业 2009 年盈利预测结果　单位：万元

项目	2007 年	2008 年	2009 年
一、营业收入	2 308.94	2 893.75	3 790.81
减：营业成本	1736.41	2 197.22	2 793.83
二、营业毛利	332.53	696.53	996.98
减：营业税费	17.55	25.75	37.91
销售费用	196.72	150.76	189.54
管理费用	157.7	231.79	227.45
财务费用	138.54	160.6	199.78
资产减值损失	0.00	0.00	0.00
加：公允价值变动净收益	0.00	0.00	0.00
净投资收益	2.87	34.31	50
三、营业利润	44.89	161.92	392.31
加：营业外收入	118.37	121.57	177.4
减：营业外支出	2.78	16.33	20
其中：非流动资产处置净损失	0.00	0.00	0.00
四、利润总额	160.48	266.96	549.7
减：所得税费用	23.56	48.45	55.52
五、净利润	136.92	218.51	494.19
归属于母公司所有者的利润	127.73	201.43	458.69
少数股东损益	9.19	17.08	35.5

2. 公司经营战略分析

经营战略是企业面对激烈的市场变化与严峻挑战，为求得长期生存和不断发展而进行的总体性谋划。它是企业战略思想的集中体现，是企业经营范围的科学规定，同时又是制订规划的基础。经营战略是在符合和保证实现企业使命的条件下，在充分利用环境中存在的各种机会和创造新机会的基础上，确定企业同环境的关系，规定企业从事的经营范围、成长方向和竞争对策，合理地调整企业结构和分配企业的资源。经营战略具有全局性、长远性和纲领性的特征，它从宏观上规定了公司的成长方向、成长速度及其实现方式。由于经营战略决策直接关系到企业的未来发展，其决策对象是复杂的，所面对的问题常常是突发性的、难以预料的，所以，对公司经营战略的评价比较困难，难以标准化。

3. 公司规模变动特征及扩张潜力分析

公司规模变动特征和扩张潜力一般与其所处的行业发展阶段、市场结构、经营战略密切相关，它是从微观方面具体考察公司的成长性，可以从以下五个方面进行分析。

（1）公司规模的扩张是由供给推动还是由市场需求拉动引致，是通过公司的产品创造市场需求还是生产产品去满足市场需求，是依靠技术进步还是依靠其他生产要素等，以此找出企业发展的内在规律。

(2) 纵向比较公司历年的销售、利润、资产规模等数据，把握公司的发展趋势是加速发展、稳步扩张，还是停滞不前。

(3) 将公司销售、利润、资产规模等数据及其增长率与行业平均水平及主要竞争对手的数据进行比较，了解其行业地位的变化。

(4) 分析预测公司主要产品的市场前景及公司未来的市场份额，分析公司的投资项目，预计其销售和利润水平。

(5) 分析公司的财务状况以及公司的投资和筹资潜力。

(六) 公司基本分析在上市公司调研中的实际运用

走访和调查上市公司是证券投资分析中一项不可或缺的工作。上市公司调研围绕上市公司的内部条件和外部环境的整合来分析上市公司的优势或劣势、面临的挑战与发展机遇、发展的可行性与现实需要等。基本分析是上市公司调研的重要一环，主要从以下七个方面进行分析。

(1) 分析公司所属产业。包括分析产业的发展历史沿革与发展前景、影响产业增长和盈利能力的关键因素、产业进入的壁垒、来自产业内外的竞争、政府对产业的支持和管制、上下游产业的市场前景和供需状况、国民经济波动对产业的影响等。

(2) 分析公司的背景和历史沿革。包括分析公司性质，集团及其关联企业、公司的规模、股本结构和主要投资者，公司的中长期发展战略和发展方向的历史沿革，公司的主要产品和利润的主要来源，公司的主要优劣势等。

(3) 分析公司的经营管理。包括分析公司员工技术层次和和培训费用、工资奖励制度、关键工作人员及其简历、保留核心员工的方法、公司的组织结构与管理体制、生产能力和生产效率、原材料构成及其供应、与主要供货商的关系等。

(4) 分析公司的市场营销。包括分析公司主要产品的市场需求弹性、产品销售的季节性或周期波动、主要客户组成及与主要客户的关系、产品覆盖的地区与市场占有率、销售成本与费用控制、顾客满意度和购买力、主要竞争对手的市场占有率等。

(5) 分析公司的研究与开发。包括分析公司研究与开发的重点项目、研究设施与研究人员的比例、研究开发费用支出占销售收入的比率，分析新产品开发频率与市场需求、生产规模与投资需求等。

(6) 分析公司的融资与投资。包括分析公司目前的资金缺口、融资前后的资本结构及所有权形式、融资资金的主要用途、投资项目和投资收益、公司的投资结构与方式、投资项目的可行性等。

(7) 分析公司潜在的项目风险。包括分析公司正在进行或拟进行项目的各种风险，如宏观经济风险、管理风险、成本风险和汇率风险等。

以上所述内容并非上市公司调研中公司基本面分析的全部内容，在具体分析上市公司的过程中往往还会遇到许多特殊性问题。只有对上市公司有更全面的认识和了解，投资分析才能更切合实际。

三、公司财务分析

上市公司必须遵守财务公开的原则，定期公开自己的财务状况，提供有关财务资料，便于投资者查询。上市公司公布的财务资料中，主要是一些财务报表。在这些财务报表中，最为重要的有资产负债表、利润表和现金流量表。

1. 资产负债表

资产负债表是反映企业在某一特定日期财务状况的会计报表，它表明权益在某一特定日期所拥有或控制的经济资源、所承担的现有义务和所有者对净资产的要求权。

我国资产负债表按账户式反映，即资产负债表分为左方和右方，左方列示资产各项目，右方列示负债和所有者权益各项目。总资产＝负债＋净资产（资本、股东权益、所有者权益），即资产各项目的合计等于负债和所有者权益各项目的合计。通过账户式资产负债表，可以反映资产、负债和所有者权益之间的内在关系，并达到资产负债表左方和右方平衡。同时，资产负债表还提供年初数和期末数的比较资料。某企业的资产负债表如表 7-5 所示。

表 7-5　资产负债表

编制单位：SA 公司　　××××年××月××日　　单位：万元

资产	期末余额	年初余额	负债和所有者权益（或股东权益）	期末余额	年初余额
流动资产：			流动负债：		
货币资金	87 789	72 861	短期供款	107 799	93 600
交易性金融资产	0	160	交易性金融负债	－72	0
应收票据	19 234	19 274	应付票据	26 903	29 647
应收账款	148 122	76 975	应付账款	52 097	40 534
预付款项	38 583	35 217	预收款项	11 904	11 893
应收利息	0	0	应付职工薪酬	897	867
应收股利	0	0	应交税费	－5 330	8 330
其他应收款	51 602	85 893	应付利息	0	0
存货	83 071	65 609	应付股利	0	0
一年内期的非流动资产	0	0	其他应付款	77 003	28 012
其他流动资产	0	0	一年内到期的非流动负债	0	10 000
流动资产合计	428 401	355 988	其他流动负债	0	0
非流动资产：	0	0	流动负债合计	271 181	222 933
可供出售金融资产	0	0	非流动负债：	0	0
持有至到期投资	0	0	长期借款	72 187	62 247
长期应收款	0	0	应付债款	0	0
长期股权投资	107 693	107 493	长期应付款	0	0
投资性房地产	0	0	专项应付款	0	0

续表

资产	期末余额	年初余额	负债和所有者权益（或股东权益）	期末余额	年初余额
固定资产	77 176	76 023	预计负债	0	0
在建工程	3 183	2 424	递延所得税负债	4 128	0
工程物资	0	3 436	其他非流动负债	0	0
固定资产清理	0	0	非流动负债合计	76 315	62 247
生产性生物资产	0	0	负债合计	547 496	285 180
油气资产	0	0	所有者权益（或股东权益）	0	0
无形资产	4 230	3 735	实收资本（或股本）	50 000	50 000
开发支出	0	0	资本公积	59 936	59 936
商誉	0	0	减：库存股	0	0
长期待摊费用	0	0	盈余公积	23 199	23 199
递延所得税资产	3680	1 944	未分配利润	143 732	132 728
其他非流动资产	0	0	所有者权益（或股东权益）合计	276 867	265863
非流动资产合计	195 962	195 055		0	0
资产总计	624 363	551 043	负债和所有者权益（或股东权益）总计	624 363	551 043

2. 利润表

利润表是反映企业一定期间生产经营成果的会计报表，表明企业运用所拥有的资产进行获利的能力。利润表把一定期间的营业收入与其同一会计期间相关的营业费用进行配比，以计算企业一定时期的净利润（或净亏损）。我国一般采用多步式利润表格式（表 7-6）。

表 7-6　利润表

编制单位：SA 公司　　××××年××月××日　　单位：万元

项目	本期金额	上期金额
一、营业收入	234 419	80 260
减：营业成本	195 890	63 599
营业积金及附加	6	160
销售费用	13 077	10 596

续表

项目	本期金额	上期金额
管理费用	8 574	5 247
财务费用	3 539	2 507
资产减值损失	0	0
加：公允价值变动收益（损失以“—”号填列）	72	0
投资收益（损失以“—”号填列）	63	5 657
其中：对联营企业和合营企业的投资收益	0	0
二、营业利润（亏损以“—”号填列）	13 468	3 808
加：营业外收入	19	301
减：营业外支出	88	3
其中：非流动资产处置损失	29	—131
三、利润总额（亏损总额以“—”号填列）	13 399	4 106
减：所得税费用	2 395	434
四、净利润（净亏损以“—”号填列）	11 004	3 672
五、每股收益		
（一）基本每股收益		
（二）稀释每股收益		

利润表主要反映以下五个方面的内容。

（1）构成营业收入的各项要素。营业收入由主营业务收入和其他业务收入组成。

（2）构成营业利润的各项要素。营业收入减去营业成本（主营业务成本、其他业务成本）、营业税金及附加、销售费用、管理费用、财务费用、资产减值损失，加上公允价值变动收益、投资收益，即为营业利润。

（3）构成利润总额（或亏损总额）的各项要素。利润总额（或亏损总额）在营业利润的基础上加营业外收入，减营业外支出后得到。

（4）构成净利润（或净亏损）的各项要素。净利润（或净亏损）年利润总额（或亏损总额）的基础上，减去本期计入损益的所得税费用后得出。

（5）每股收益。普通股或潜在普通股已公开交易的企业以及处于公开发行普通股或潜在普通股过程中的企业，还应在利润表中列示每股收益的信息，包括基本每股收益和稀释每股收益两项指标。

3. 现金流量表

现金流量表反映企业一定期间现金的流入和流出，表明企业获得现金和现金等价物的能力。现金流量表主要分经营活动、投资活动和筹资活动产生的现金流量三个部分，如表 7-7 所示。

表 7-7 现金流量表

编制单位：SA公司 ××××年××月××日 单位：万元

项目	本期金额	上期金额
一、经营活动产生的现金流量：		
销售商品、提供劳务收到的现金	197 817	89 237
收到的税费返还	0	0
收到其他与经营活动有关的现金	186	304
经营活动现金流量小计	198 003	89 541
购买商品、接受劳务支付的现金	169 045	68 745
支付给职工以及为职工支付的现金	6 718	4 018
支付的各项税费	4 638	318
支付其他与经营活动有关的现金	10 311	10 977
经营活动现金流出小计	190 712	84 058
经营活动产生的现金流量净额	7 219	5 483
二、投资活动产生的现金流量：	223	996
收回投资收到的现金	0	0
处置固定资产、无形资产和其他长期资产收回的现金净额	2	4 780
处置子公司及其他营业单位收到的现金净额	0	0
收到其他与投资活动有关的现金	0	0
投资活动现金流入小计	225	5 704
构建固定资产、无形资产和其他长期资产支付的现金	4 252	719
投资支付的现金	0	444
获取子公司及其他营业单位支付的现金净额	0	0
支付其他与投资活动的有关的现金	0	0
投资活动现金流出小计	4 252	719
投资活动产生的现金流量净额	—4 027	4 985
三、筹资活动产生的现金的流量：		
吸收投资收到的现金	0	0
取得借款收到的现金	47 839	52 714
收到其他与筹资活动有关的现金	0	0
筹资活动现金流入小计	47 839	52 714
偿还债务支付的现金	33 600	38 700
分配股利、利润或偿还利息支付的现金	2 410	2 254
支付其他与筹资活动有关的现金	164	0
筹资活动现金流出小计	36 174	40 954
筹资活动产生的现金流量净额	11 665	11 760
四、汇率变动对现金及现金等价物的影响	0	0
五、现金及现金等价物净增加额	14 928	22 224
加：期初现金及现金等价物余额	72 861	50 632
六、期末现金及现金等价物余额	87 789	72 861

通过单独反映经营活动产生的现金流量，可以了解企业在不动用企业外部筹得资金的情况下，凭借经营活动产生的现金流量是否是以偿还负债、支付股利和对外投资。经营活动产生的现金流量通常可以采用间接法和直接法两种方法反映。在我国，现金流量表也可以按直接法编制，但在现金流量表的补充资料中还要单独按照间接法反映经营活动现金流量的情况。

通过单独反映投资活动产生的现金流量，可以了解为获得未来收益和现金流量而导致现金流出的程度，以及以前资源转出带来的现金流入的信息。现金流量表中的投资活动比通常所指的短期投资和长期投资范围要广。

通过单独反映筹资活动的现金流量，可以帮助投资者和债权人预计对企业未来现金流量的要求权以及获得前期现金流入需付出的代价。

➢案例 7-3　上市公司的财务指标分析要讲究综合评价①

从决策有用性角度出发，财务分析的基本目的在于控制风险，让投资者在决定买卖股票之前，对目标公司的财务状况及变化趋势有所掌握，若干财务指标和分析方法一般有助于投资者及时回避潜在的财务损失企业及相应的投资风险。

利用财务指标对企业财务状况进行综合评价的方法主要有两种：第一种是比率组合模型判别法，即以数种重要财务指标为基础，构建模型进行加权测试，由最终的判别计算分值来估计企业财务风险的大小。这一方法以 Edward I. Altiman 著名的“ZETA”系列模型为典型代表，其结论较为客观，适应性较强，但一般投资者很难无偿取得相关模型的具体参数和技术细节。

另一种经验分析方法则以美国会计学家 William Beaver 的单一比率模型为代表，该方法的思路是通过对个别财务指标的经验评价来预测企业的财务风险。虽然这种方法的主观成分较大，而且实用性受到一定限制，但是优点在于简单明了，综合多种指标而进行的合理比较分析同样也能取得很好的分析效果。

下面列举 A、B、C 三个公司的财务数据，说明如何运用经验分析法对特定公司财务状况进行大致的综合评价，如表 7-8 所示。

表 7-8　A、B、C 公司 2005 年财务状况综合评价

指标名称	指标值			B 公司评价结论
	A	B	C	
流动比率/%	1.36	1.51	1.42	好
速动比率/%	14.01	0.79	1.20	差
现金比率/%	0.41	0.29	0.54	差
总资产收益率/%	3.1	7.48	4.7	好
销售毛利率/%	22.36	31.49	22.9	好
存货周转率/%	1.87	1.58	4.24	好

① 资料来源：章劼，艾正家. 2009. 证券投资学. 上海：复旦大学出版社.

续表

指标名称	指标值			B公司评价结论
	A	B	C	
应收账款周转率/%	1.77	4.02	2.54	好
销货现金流入率/%	1.1	1.12	1.11	正常
营业利润/利润总额/亿元	0.5	0.87	0.98	较好

通过上述综合分析，可以得出结论：B公司2005年的财务状况有两大特点，一是盈利能力相当突出，其总资产收益率及销售毛利率水平均大幅领先于同行业的A、C公司；二是资产流动性不足，现金短缺的迹象较为明显。由于该公司的应收账款周转率很高，所以上述两个现象似乎是矛盾的，结合年报附注内容分析，可发现B公司2005年"经营现金流量净额"第一次出现了负数，直接原因是当年"购买商品、劳务支付的现金"及"为职工支付的现金"分别较上年大幅增加59%和41%，这很可能与该公司2005年度大举进入房地产业有关。显然，这一决策的成败与否将对B公司的未来经营前景产生重大影响。从现金流量角度来看，该举措直接导致了大量的现金消耗，从而使B公司2006年度的财务弹性显著降低。

第五节 上市公司财务报表分析

一、如何阅读上市公司的财务报表

对于会计数据的分析和恢复包括两类：第一类是辨别虚假的会计数据，这包括各种通过操纵财务报表来粉饰或者故意低估上市公司业绩的行为。这类数据直接影响了会计数据的客观性和真实性，属于虚假信息披露的行为，辨别并纠正这些会计数据是对上市公司进行价值和财务分析的基础。没有准确的会计数据，对于上市公司价值分析的工作也就失去了立足点。这一类调整尤其多见于损益表，因此在做损益表分析的时候要尤其注意。第二类虽然会计数据是客观、真实的，但由于会计数据是按照会计原则进行整理的，在诸多方面并不能真实反映金融学意义上的财务情况。这就需要我们根据会计学和金融学对公司行为的不同理解，将会计数据调整成金融数据并进行基于金融数据的公司分析。

本节按照这两条线索对上市公司进行分析：首先，应当充分考虑到会计数据的真实性，并结合会计数据可能被操纵的线索将虚假披露的会计数据真实地还原成客观、有效的会计数据；其次，将会计数据调整为适合金融分析的数据；最后，对上市公司进行金融学视角的分析。

（一）造成会计数据和其所代表的经济现实之间出现偏差的因素

1. 会计准则

会计准则在限制经理层对会计数据进行不当处理能力的同时也不可避免地减少了会计数据所代表的信息量。例如，股份有限公司的研究开发费计入当期管理费用，但研发的结果可能是许多项目没有产生有价值的成果，而有些项目却很有价值。现行的会计制度不允许对这两种结果进行不同的会计处理。

2. 预测的偏差

在权责发生制下，企业的收入和费用的确认含有主观成分。一项交易发生之后，由于经理人员不能准确无误地对交易结果进行估测就会造成会计数据和经营实际结果的偏差。例如，在新会计制度下，当一个企业卖出产品而尚未收回货款时，要求经理人员对应收账款的收回概率进行预测，以确定坏账准备的提取方法和提取比例。由于交易的复杂程度、对方企业的信誉及未来经济发展的状况都是不确定的因素，经理人员不可能对此做出完全正确的预测，结果就是坏账产生的实际情况高于或低于坏账准备的数额。

3. 经理人员通过影响会计数据来达到自己的目的

经理人员完全有能力在会计准则许可的范围内，按自己的意愿对财务报表施加影响。在坏账准备提取的方法和比例上，在存货的计价上，在固定资产折旧的方法上，新会计制度都允许有自主选择的灵活性。经理人员对会计数据的影响可能出于以下动机。

（1）维护经理层个人利益。例如，在以利润实现为业绩考核指标的情况下，企业的高级管理人员就有可能通过更改会计政策和账项调整的方法来操纵利润，以达到自己获得高额分红或保住现有职位的目的。

（2）满足在资本市场上筹资的条件。对于上市公司而言，配股是一条重要的筹资渠道。大部分经理人员都有将更多的资源置于自己控制之下的内在冲动，因而倾向于高比例和高股价的配股。对于那些经营不善、资金匮乏的企业更是如此，管理人员有可能出于达到配股条件的目的来操纵利润。这种企业财务报表中会计数据的可信度值得怀疑。

（3）满足借款条款规定的需要。企业在向债权人借款时常常被迫接受一些限制性的债务条款，如要求企业保持一定的还本付息比率、营运资金比率和净资产值等。一旦企业达不到这些比率的要求，债权人有权要求企业提前偿还有关债务。经理人员有可能通过调整账项的方法来达到这些比例。

（二）上市公司报表的阅读

上市公司的定期报表是获得上市公司经营状况的最重要信息来源之一。图 7-3 是某上市公司 2006 年年报的目录。对于上市公司定期报表的阅读，其基础就是目录中的数据。

目录的第三节是对上市公司历史、现实和未来经营战略及经营情况的总结，其中包括会计数据和业务数据摘要、历史财务数据摘要、境内外审计差异（仅限境内外上市公司）、相关财务报表的补充财务数据等。阅读会计数据和业务数据摘要是掌握上市公司经营状况的最关键、最核心数据。第三节和第十一节是财务数据的核心部分，其中披露了资产负债表、损益表和现金流量表的全部内容，结合这些数据，金融分析人员就能对上市公司的现实经营情况和历史经营情况做出一个宏观的比较分析。第四节介绍股本变动和股东情况。由于股东的结构和股本的构成直接决定了企业的发展方向和发展战略，所以对该节的内容进行深度挖掘也具有极其重要的意义。第五节和第六节涉及公司的治理和高管人员的介绍，虽然公司的管理机构是一个团队，但是核心的人物往往是公司发

目录

图 7-3 某上市公司定期报告目录

展关键方向的确定者。就像杰克·韦尔奇成就了GE的传奇、比尔·盖茨造就了微软王国一样，任何一个上市公司中都可能会有一小部分核心人员决定了企业发展的方向、风格和前途，因此这两节的分析更加侧重于上市公司战略层面的内容，也是不可忽视的。同样重要的是股东的结构，不同的股东结构，包括股东性质（国有股、社会法人股、自然人股）和股东结构（是否具有绝对控股的股东、第一大股东与其他股东之间是否有制衡关系）两方面。第八节董事会报告中还有一部分是财务情况和企业经营状况的分析——管理层讨论（management analysis），这一部分的分析，其重要程度不亚于第三节和第十一节。管理层讨论的内容如图 7-4 所示。

8.1.2 管理层讨论与分析

一、公司总体经营状况

2006年，公司继续坚持“效益、质量、规模协调发展”的经营理论，经营战略调整和管理国际化取得了积极进展，并圆满实现了境外上市，补充了资本实力，提升了国际影响力，为可持续发展务实了基础，具体表现在以下内容。

（1）规模适度稳定增长。公司积极调整资产结构、控制资产扩张速度，资产规模保持了适度稳定增长。截至年末，公司折人民币资产总额 9 341.02 亿元，同比增长 27.16%；公司折人民币存款总额 7 737.57 亿元，同比增长 21.97%；折人民币贷款总额 5 657.02 亿元，同比增长 19.81%。

（2）盈利水平显著提高。截至年末，公司实现税前利润 103.97 亿元，同比增加 38.97 亿元，增长 59.95%；实现净利润 71.01 亿元，同比增加 33.2 亿元，增长 87.69%；加权平均的每股盈利 0.55 元，同比增长 61.76%。

（3）业务及管理费用管理取得明显成效。报告期内，公司发生业务及管理费用 95.18 亿元，比上年增加 16.21 亿元，增幅 20.53%，分别低于营业净收入、税前利润和净利润的增幅 10.26%、39.12%和 67.16%，费用效率值（业务及管理费用/营业净收入）由上年的 41.17%下降为本年的 37.94%，费用投入转化为收入的能力不断提高。

图 7-4 某上市公司管理层讨论（部分）

二、基于资产负债表的资产管理分析

资产负债表是反映在特定日期企业资产与负债状况的重要文件。通过资产负债表，我们可以得到某一确定日期（通常是在季度末或年末）资产的总额及其结构、企业拥有或控制的资产及其分布情况。例如，通过分析流动资产和固定资产的数据，可以获得流动资产和固定资产的相对比例、企业流动性状况、企业账款收回情况、企业资产减值情况、企业资产折旧情况、企业固定资产使用状况等重要数据。通过资金来源方的数据还可以获得企业资本结构、债务结构等数据。通过将资金运用方和资金来源方的数据进行比较，可以获得企业偿债能力、债务风险、金融杠杆等数据。

资产负债表主要由资金来源方和资金运用方两部分组成，分列在资产负债表的左右两个部分，因此又称为“T 字形账户”。资金来源方包括长期负债和股东权益两部分，资金的运用方包括流动资产、固定资产等部分。

（一）资产负债组成情况

资产负债的组成情况分析主要包括：资产负债率、企业债务结构、流动资产结构、流动比率、速动比率、现金比例、存货周转情况、应收账款周转情况、应付账款周转情况等。

1. 资产负债率

企业的资产负债率是反映企业资本结构的重要指标，也是反映企业可能的信用风险的重要参照指标。企业资本来源通常包括两种：债务资本融资和权益资本融资。债务资本占总资本的比例通常由行业特点、企业融资渠道等决定。不同行业的资产负债率通常有较大的差异，同一行业内不同的企业由于其二级市场再融资难度、发行企业债券难度以及银行信用额度的不同，也会有一定的差异。一个普遍的结论是：债务融资有利于享受利息税后部分的企业增值，但同时会增加企业的破产成本；不同的金融体系也会导致企业对融资来源的不同依赖程度。

资产负债率的公式为

$$资产负债表=\frac{总负债}{总资产}\times 100\%$$

通过上证 50 指数样本股票资产负债率表可见，在所选取的 50 只股票中，贵州茅台、广深铁路等股票的资产负债率最低，仅有 20%左右，而银行类上市公司的资产负债率最高，除去银行类上市公司之外，保利地产、国电电力等企业的资产负债率均接近 70%。

对于上证 50 样本指数资产负债率进行分析，我们可以得出很多有用的结论。

（1）总体而言，铁路、机场、能源等行业的企业资产负债率较低，而地产、航空、钢铁等行业的企业资产负债率较高。

（2）即使处于相同的行业，不同的上市公司由于异质的融资能力和偏好，其资产负债率也会体现出较大差异。例如，同样处于电力行业的长江电力和国电电力，前者的资产负债率仅为 35.85%，而后者的资产负债率则达到了 66.92%；同样处于食品饮料行业的贵州茅台和伊利股份，前者的资产负债率为 20.15%，而后者的资产负债率则达到了 53.73%，如表 7-9 所示。

表 7-9　上证 50 指数样本股票 2007 年报资产负债率　　单位：%

上市公司	资产负债率	上市公司	资产负债率	上市公司	资产负债率
贵州茅台	20.15	烟台万华	41.55	中国国航	64.39
广深铁路	20.65	驰宏锌储	41.57	国电电力	66.92
东方明珠	24.46	东方集团	44.48	保利地产	68.61
辽宁成大	25.39	方正科技	49.00	中信证券	71.51
大秦铁路	26.55	宝钢股份	49.77	上证 50	75.46
上海机场	27.63	邯郸钢铁	53.02	中国人寿	80.87
中国石油	28.06	雅 戈 尔	53.11	中国平安	83.22
招商轮船	31.97	伊利股份	53.73	中信银行	91.67
申能股份	32.16	亚泰集团	53.74	中国银行	92.41
西部矿业	32.28	中国石化	54.58	建设银行	93.60
中国铝业	35.34	上海汽车	57.75	工商银行	93.73
中国联通	35.68	包钢股份	58.14	交通银行	93.87
长江电力	35.85	北辰实业	58.41	民生银行	94.54
中国神华	37.68	华能国际	58.43	招商银行	94.81
上港集团	37.93	同方股份	59.89	兴业银行	95.43
天 津 港	38.70	武钢股份	60.23	浦发银行	96.90
江西铜业	38.83	振华港机	61.14	华夏银行	97.79

由于上证 50 指数样本选择的偏差，我们通过表 7-9 只能看到整个股票市场中一小部分的数据，众多规模较小的公司并没有体现在其中，但上述结论仍是具有代表性的。

2. 流动比率

流动比率是反映企业偿债能力的重要指标。流动比率这一指标认为，对企业债务进行偿付保障的是企业的流动资产，如现金、存货、应收账款等。其计算公式为

$$流动比率=\frac{流动资产}{流动负债}$$

流动比率可以反映短期偿债能力。企业能否偿还短期债务，要看有多少债务，以及有多少可变现偿债的资产。流动资产越多，短期债务越少，则偿债能力越强。如果用流动资产偿还全部流动负债，则企业剩余的是营运资金（流动资产－流动负债），营运资金越多，说明不能偿还的风险越小。因此，营运资金的多少可以反映偿还短期债务的能力。

但是，营运资金是流动资产与流动负债之差，是个绝对数，如果企业之间规模相差很大，那么绝对数相比的意义很有限。而流动比率是流动资产与流动负债的比值，是个相对数，它排除了企业规模不同的影响，更适合企业间以及本企业不同历史时期的比较。

一般认为，生产企业合理的最低流动比率是 2。这是因为，流动资产中变现能力最差的存货金额约占流动资产总额的一半，剩下的流动性较大的流动资产至少要等于流动负债，企业的短期偿债能力才会有保证。人们长期以来的这种认识，还不能成为一个统一标准，因其也未能从理论上证明。

计算出来的流动比率，只有和同行业平均流动比率、本企业历史的流动比率进行比较，才能知道这个比率是高还是低。这种比较通常并不能说明流动比率为什么这么高或低，要找出过高或过低的原因还必须分析流动资产及流动负债所包括的内容以及经营上的因素。在一般情况下，营业周期、流动资产中的应收账款数额和存货的周转速度是影响流动比率的主要因素。

通过上证 50 样本指数非金融类样本上市公司流动比率表（表 7-10）可以看出，通常对固定资本投入需求较小的行业和企业的流动比率较高，反之亦然。贵州茅台流动比率远远高于 2，而中国联通、国电电力、长江电力等需要大规模资本投入的企业流动比率极低。这是由于贵州茅台的大量资产以存货形式存在，而中国联通、国电电力、长江电力等上市公司由于流动资产很少，所以流动比率相对较低。

表 7-10　上证 50 指数部分样本上市公司 2007 年流动比率

上市公司	流动比率	上市公司	流动比率
贵州茅台	3.44	上海汽车	1.12
西部矿业	2.36	天津港	1.10
中国神华	2.16	宝钢股份	1.01
保利地产	2.15	雅戈尔	0.99
北辰实业	1.99	申能股份	0.95
江西铜业	1.60	亚泰集团	0.93
烟台万华	1.59	伊利股份	0.91
振华港机	1.50	上港集团	0.85
东方明珠	1.41	宝钢股份	0.75
中国铝业	1.39	东方集团	0.70
广深铁路	1.37	中国石化	0.69
驰宏锌储	1.35	上海机场	0.66
邯郸钢铁	1.34	大秦铁路	0.66
招商轮船	1.32	华能国际	0.61
方正科技	1.31	武钢股份	0.59
同方股份	1.27	长江电力	0.49
辽宁成大	1.23	国电电力	0.46
中国石油	1.17	中国联通	0.34

3. 速动比率

流动比率虽然可以用来评价流动资产总体的变现能力，但人们（特别是短期债权人）还希望获得比流动比率更进一步的有关变现能力的比率指标。这个指标被称为速动比率，也被称为酸性测试比率。速动比率是从流动资产中扣除存货部分，再除以流动负债的比值。速动比率的计算公式为

$$速动比率=\frac{流动资产-存货}{流动负债}$$

在计算速动比率时要把存货从流动资产中剔除的主要原因如下。

(1) 在流动资产中，存货的变现速度最慢。

(2) 由于某种原因，部分存货可能已损失报废但还没做处理。

(3) 部分存货已抵押给某债权人。

(4) 存货估价还存在着成本与合理市价相差悬殊的问题。

综合上述原因，在不希望企业用变卖存货的办法还债以及排除使人产生种种误解因素的情况下，把存货从流动资产总额中扣除后计算出的速动比率，反映的短期偿债能力更令人信服。

通常认为正常的速动比率为 1，低于 1 的速动比率被认为是短期偿债能力偏低。这仅是一般的看法，因为行业不同，速动比率会有很大差别，没有一个统一的标准。例如，采用大量现金销售的商店，几乎没有应收账款，因而出现远低于 1 的速动比率是很正确的；相反，一些应收账款较多的企业，其速动比率可能要大于 1。影响速动比率可信性的重要因素是应收账款的变现能力。账面上的应收账款不一定都能变成现金，实际坏账可能比计提的准备要多；季节性的变化，可能使报表的应收账款数额不能反映平均水平。对于这些情况，外部使用人不易了解，而财务人员却有可能做出估计。上证 50 指数部分样本上市公司 2007 年速动比率如表 7-11 所示。

表 7-11　上证 50 指数部分样本上市公司 2007 年速动比率

上市公司	速动比率	上市公司	速动比率
贵州茅台	2.35	邯郸钢铁	0.87
西部矿业	2.03	同方股份	0.85
中国神农	1.97	上港集团	0.81
振华港机	1.37	江西铜业	0.79
烟台万华	1.34	中国石油	0.73
广深铁路	1.32	中国铝业	0.68
东方明珠	1.31	保利地产	0.66
轮船招商	1.30	上海机场	0.66
方正科技	1.11	大秦铁路	0.65
天津港	1.09	亚泰集团	0.63
上海汽车	0.96	东方集团	0.62
辽宁成大	0.95	伊利股份	0.57
申能股份	0.91	华能国际	0.53

续表

上市公司	速动比率	上市公司	速动比率
宝钢股份	0.49	北辰实业	0.34
长江电力	0.47	中国国航	0.30
雅戈尔	0.45	中国联通	0.29
国电电力	0.38	包钢股份	0.26
驰宏锌锗	0.35	武钢股份	0.25

4. 利息保障倍数

利息保障倍数指标是指企业税息前利润与利息费用的比率，用以衡量偿付借款利息的能力，也叫利息保障倍数。其计算公式为

$$利息保障倍数=\frac{税息前利润}{利息费用}$$

公式中的税息前利润是指损益表中未扣除利息费用和所得税之前的利润，可以用利润总额加利息费用来预测。

公式中的利息费用是指本期发生的全部应付利息，不仅包括财务费用中的利息费用，还应包括计入固定资产成本的资本化利息。资本化利息虽然不在损益表中扣除，但仍是要偿还的。利息保障倍数的重点是衡量企业支付利息的能力，没有足够大的税息前利润，资本化利息的支付就会发生困难。

5. 周转率及周转天数

周转率或周转天数是反映企业经营效率的指标，主要包括存货、应收账款、固定资产周转率和周转天数。

(1) 存货周转率和存货周转天数。在流动资产中，存货所占的比重较大。存货的流动性将直接影响企业的流动比率。因此，必须特别重视对存货的分析。存货的流动性一般用存货的周转速度指标来反映，即存货周转率或存货周转天数。

存货周转率是衡量和评价企业购入存货、投入生产、销售收回等各环节管理状况的综合性指标。它是销货成本除以平均存货得到的比率，或称为存货的周转次数。用时间表示的存货周转率就是存货周转天数，其计算公式为

$$存货周转率=\frac{销货成本}{平均存货}$$

$$存货周转天数=\frac{360}{存货周转率}$$

公式中的销货成本数据来自损益表，平均存货数据来自资产负债表中的期初存货与期末存货的平均数。

一般来说，存货周转速度越快，存货的占用水平越低，流动性越强，存货转换为现金或应收账款的速度越快。提高存货周转率可以提高企业的变现能力，存货周转速度越慢则变现能力越差。

存货周转率（存货周转天数）指标的好坏反映存货管理水平，它不仅影响企业的短

期偿债能力，也是整个企业管理的重要内容。企业管理者和有条件的外部报表使用者，除了应分析批量因素、季节性生产的变化等情况外，还应对存货的结构以及影响存货周转速度的重要项目进行分析。

（2）应收账款周转率和周转天数。应收账款和存货一样，在流动资产中有着举足轻重的地位。及时收回应收账款，不仅增强了企业的短期偿债能力，也反映出企业管理应收账款方面的效率。

反映应收账款周转速度的指标是应收账款周转率，也就是年度内应收账款转为现金的平均次数，它表明了应收账款流动的速度。用时间表示的周转速度是应收账款周转天数，也称为应收账款回收期或平均收现期，它表示企业从取得应收账款的权利到收回款项，转换为现金所需要的时间。其计算公式为

$$\text{应收账款周转率}=\frac{\text{销售收入}}{\text{平均应收账款}}$$

$$\text{应收账款周转天数}=\frac{360}{\text{应收账款周转率}}$$

公式中的销售收入数据来自损益表，是指扣除折扣和折让后的销售净额。后文中，除非特别指明，销售收入一词均指销售净额。它是资产负债表中期初应收账款余额与期末应收账款余额的平均数。有人认为，销售净额应扣除现金销售部分，即使用赊销净额来计算。从道理上看，这样可以保持计算分母和分子口径的一致性。但是，不仅财务报表的外部使用人无法取得这项数据，而且财务报表的内部使用人也未必容易取得该数据。因此，把现金销售视为收账时间为零的赊销也是可以的。只要保持历史的一贯性，使用销售净额来计算该指标一般不影响其分析和利用价值。因此，在实务上多采用销售净额来计算应收账款周转率。

一般来说，应收账款周转率越高、平均收账期越短，说明应收账款的收回越快。否则，企业的营运资金会过多地呆滞在应收账款上，影响正常的资金周转。

影响该指标正确计算的因素有：①季节性经营的企业使用这个指标时不能反映实际情况。②大量使用分期付款结算方式。③大量的销售使用现金结算。④年末大量销售或年末销售大幅度下降。

这些因素都会对该指标计算结果产生较大的影响。

（3）固定资产周转率。固定资产周转率是销售收入与全部固定资产平均余额的比值。其计算公式为

$$\text{固定资产周转率}=\frac{\text{销售收入}}{\text{平均固定资产}}$$

其中

$$\text{平均固定资产}=\frac{\text{年初固定资产}+\text{年末固定资产}}{2}$$

该比率是衡量企业运用固定资产效率的指标，比率越高，表明固定资产运用效率高，利用固定资产的效果好。

(二) 资产收益情况

资产收益情况通常使用杜邦分解来表现。

企业净资产收益率的高低受两个因素制约：一是由经营总资产所产生的利润；二是总资产相对于所有者权益的比例。净资产收益率的计算公式为

$$净资产收益率=\frac{净利润}{所有者权益}\times 100\%=\frac{净利润}{总资产}\times\frac{总资产}{所有者权益}\times 100\%$$

式中，净利润/销售额被称为销售利润率；销售额/总资产被称为总资产周转率。

通过细分，净资产收益率可以表示为三个比率的乘积，其计算公式为

$$\frac{净利润}{总资产}=\frac{净利润}{销售额}\times\frac{销售额}{总资产}\times 100\%$$

我们看到，企业的获利能力有三个发动机，销售利润率取决于公司的经营管理，总资产周转率取决于投资管理，财务杠杆取决于融资政策。因此，我们可以通过对这三个比率的分析来了解企业经理人员在何种程度上贯彻了公司的各项战略。

三、基于损益表的经营效益分析

会计数据构成了上市公司财务报表的主体，是外部投资者据以对上市公司进行分析的数据基础。以往我们在对上市公司进行财务分析时，通常直接对会计数据进行加工处理，而忽视了财务报表的原始数据有可能并没有真实、准确地反映企业经营现实。会计数据分析的目的就是评估一个企业的会计记录是否真实地反映了其所代表的经济活动。通过对企业的会计政策和会计预测进行评估，证券分析人员能够知道他所使用的财务报表在多大程度上扭曲了经济现实，进而对这些扭曲进行“恢复”，为后面的财务分析提供一个真实的数据基础。

(一) 判别损益表真假数据

一个企业身处的行业特性和它所选择的竞争战略决定了该企业的主要成功因素和面临的主要风险，会计数据分析的一个主要目的就是评估企业在何种程度上运用了这些成功因素以及在何种程度上控制了主要风险。例如，对于一家主营设备租赁业务（如汽车租赁）的上市公司来说，最主要的成功因素是企业能正确地预测被租赁的设备在租赁期末的残值。就此企业而言，对其经营影响最大的会计政策是设备残值的计算方式。不同的计算方式将会极大地影响公司的账面利润和账面资产价值。如果残值被高估，企业将来就面临着巨大的资产冲销风险。

同样，银行业的基本成功因素是利息的收取和信用风险的管理水平，零售业的基本成功因素是对存货的管理，制造业的基本成功因素是产品质量、产品创新以及售后产品返修率。证券分析人员首先要弄清与这些成功要素联系最为紧密的是哪些会计政策。例如，银行业最重要的成功因素是信用风险的控制，与信用风险联系最紧密的是贷款的坏账准备；制造业最重要的成功因素是产品质量，在进行会计数据分析时要特别重视公司产品质量保证金的支出和储备情况。

现行会计制度对企业采用何种会计政策赋予了很大的自由空间。例如，企业可以自由选择的折旧方法包括平均年限法、工作量法、年数总和法、双倍余额递减法，库存商

品成本计价可采用先进先出法、加权平均法、移动平均法、个别计价法、后进先出法；坏账准备的提取方法和比例也可以由公司按照自己的业务特点自行确定。为了保证会计政策的连续性和可比性，法律规定一种会计政策一经确定不得随意更改，如需变更，应在会计报表附注中加以说明。需要明确的一点是，企业获得的会计政策自由度越大，从理论上说，该企业会计报表中的会计数据就越有可能准确地反映经营的实际情况。例如，如果银行业的坏账提取比例是一个行业内通用的固定比例，那么同样数量的坏账准备就潜在的减少了资产状况良好银行的利润而虚增了资产状况较差银行的收益。因而，如果企业在与主要成功因素紧密相关的会计政策处理上没有灵活度，它所提供的会计报表就很可能无法反映真实的经营状况。

（二）损益表虚假数据的可能迹象

根据新会计制度，上市公司的管理者在选择会计政策时有较大的自由度。企业经理既可以利用这一自由度更好地向股东反映企业的经营状况，也可以利用它们掩盖经营问题，误导投资者。从构成上说，利润由主营业务收入减去销售成本、期间费用，其他业务收入减去其他业务支出，投资收益，营业外收支，以前年度损益调整。上市公司也正是从以上各项收入与费用入手进行利润操纵的。以下是一些经常出现不真实数据的科目。

1. 与销售额增加相关的应收账款的大幅增加

这一现象可能是由于公司放宽了对赊款销售的控制，以扩大当期的收益。销售政策的改变可能是出于扩大市场占有率、提高存货周转率等原因，也可能是公司为了完成上级的考核指标（对国有控股的公司尤其要注意）、经理层红利获得等原因来粉饰财务报表。不论是何种情况，公司在以后的会计期间都将面临因客户违约而造成的应收账款冲销以及下期销售收入增幅下降的问题。

上市公司为增加本年利润可以在本年内（一般是年末）向外销售商品，同时私下协议于下一年以销售退回的方式收回，从而增加本年的主营业务收入及主营业务利润。《股份有限公司会计制度》中对销售后退回的规定是，上期销售退回的处理直接冲减本期销售收入，如在资产负债表财务报告发送之前则进行报表调整。所以，只要退货的时间安排在财务报告发送之后，公司就可以这种假销售方式增加本年利润。虽然这会导致下一年销售收入的减少（冲减退回期的销售收入），但对于具有很强短期利益要求（如限期扭亏或10％配股限制）的公司来说，也不失为一个可行之策。

2. 公司的报表利润与由经营所产生的现金流量之间的比例变化

由公司经营活动所产生的现金流量是公司赖以生存和发展的根源。在会计政策没有发生变化的情况下，报表利润与经营所产生的现金流量之间应有一种相对固定的比例关系。经理人员可以通过对费用分摊计提方式的变化来影响报表利润，但却无法影响经营所产生的现金流量。

3. 因处置长期资产而产生的巨大利润

当上市公司的经营业绩较差的时候，公司往往倾向于出售固定资产，如土地、在其他公司的股权等长期资产来增加当期收益，这种收益是非持续的一次性收入，但对静态市盈率的影响很大，容易误导投资者。其主要方法有以下三种。

（1）进行债务重整，将应收账款转为长期股权投资。大量应收账款的存在使公司的应收账款周转率偏低，表现为经营效率的低下；同时，现行会计准则要求公司每年年末按应收账款余额的一定比例提取坏账准备，计入本期的期间费用（管理费用）。应收账款数额越大，提取的坏账准备越多，本期的费用也越高。如果年末应收账款大量减少，公司不仅不用继续提取坏账准备，而且上一年多提的坏账准备还可以冲减本期的管理费用。为了减少本期账面上的费用支出，上市公司可以采取债务重整方式将应收账款转化为对该企业的股权投资。这样，一方面使年末应收账款总额明显减少，因此计入本期期间费用（管理费用）并需要提取坏账准备的金额减少；另一方面使公司应收账款周转率提高，表现为经营管理效率的提高。公司对于这部分投资可以用成本法记账（即使对该单位的投资占有表决权资本总额的 20%以上，也可因不具有重大影响而采用成本法计价），这样就可以不在账面上分担被投资企业每年的亏损——虽然投资收益额与长期投资相比表现得效率很低，但总比作为坏账冲销有利得多（至少不作为费用冲减利润）。

（2）向关联方出售长期股权投资。会计准则并不要求公司对出售长期投资的行为按公允价值调整，因为股权投资的价值很难确定，所以通常是按实际收到的金额减去该项投资账面价值的净额计入本期投资收益。公司常用此种方法将其持有的长期投资以较高的价格出售给其集团公司或不纳入合并报表的关联企业，以增加其投资收益。

（3）改变长期股权投资计价方法。会计制度规定，对于按权益法计账的长期股权投资，每年期末按所占股份的比例分担被投资企业的净损益，借记或贷记投资收益科目。如果上市公司持有长期效益不好（亏损）的长期投资，按规定每年都要分担被投资企业的净亏损，即投资收益为负值；而此时这部分股份的售价已低于账面价值，若在市场上出售会直接恶化本期投资收益，因此公司可以不再具有重大影响为由将这部分股权投资的计价方法由权益法改为成本法核算（会计制度允许），从而将这部分长期投资对于公司损益表的不利影响化解。

4. 中期报表与年度报表的收益相差甚大

企业的经营是一个持续的过程，一般而言，在一个会计年度中上市公司的获利能力不会有太大的变化。有些上市公司中报收益与年报收益相差 10 余倍，经营业绩在一年中出现大幅波动，这种现象非常值得重视。企业的经营活动的确有季节的差别，如空调生产企业的销售旺季在夏季，其上半年的业绩一般要占到全年收益的 2/3；相反，彩电的销售额通常在下半年有所放大。但我们要注意到中报和年报在审计要求上的差别，中期不进行分红和配股的企业中报不要求必须经过审计，因而不排除上市公司与庄家联手操纵中报收益，起到拉抬或打压股价的作用。

5. 关联交易带来的利润增加

关联方关系定义为在企业财务和经营决策中，如果一方有能力直接或间接控制、共同控制另一方或对另一方施加重大影响，即被视为关联方。同是国家控制的国有企业不能一概而论。如果两方或多方同受一方控制，也视为关联方。

有关联关系的企业主要指：母子公司之间或受同一母公司控制的子公司之间；合营企业、联营企业；主要投资者个人（持股 10%以上）、关键管理人员或与其关系密切的家庭成员及其直接控制的其他企业。关联企业之间的交易在作价上存在非市场因素干扰的可能，证券市场上大量的上市公司和其母公司或其他关联企业进行资产置换和资产买卖而带来的巨额利润增加，都是值得注意的。

在主营业务收入中制造虚增是比较困难的（也容易被注册会计师查出），公司可以通过“其他业务收入”的调整来影响利润总额。其他业务收入包括材料销售、技术转让、代购代销、包装物出租等收入。在这种操作中，通常并不采用一般商品的购销，因为一般商品交易存在市场公允价格，按规定需按公允价格进行调整。

上市公司更倾向于向关联交易人出售劳务活动来增加其他业务收入，关联交易人主要是集团公司，因为被上市公司直接或间接控制的关联公司（如子公司）是要纳入合并报表的，内部之间的交易在编制合并报表时进行抵消，在合并报表中并不表现为销售收入。与一般商品不同，有些劳务活动是独特的，很难找到公允价格。这些劳务主要有出售已有的研究开发成果、提供加工服务、提供经营管理服务、直接向集团公司收取收入。此外，上市公司也可以通过直接或间接让关联单位为其负担某些费用的方式减少费用开支，增加利润。具体有以下主要手段。

（1）转让研究开发成果。会计制度规定，自行开发过程中发生的费用，计入当期费用。如果是自行开发并按法律程序申请取得的无形资产，按依法取得时发生的注册费、聘请律师费等费用，借记“无形资产”，贷记“银行存款”等科目。尽管这部分活动计入了费用，开发公司仍可转让其研究开发行为的成果，按实际取得的转让收入，借记“银行存款”，结转转让无形资产的摊余价值，借记“其他业务支出”（由于允许计入无形资产的开发费用很少，其他业务支出金额很少），贷记“其他业务收入”，所以上市公司可以通过关联交易对其花费很少的研究活动收取大量金额来增加本年收入（虽然这种转让不一定会为受让的关联方带来利益）。

（2）以费用分担方式转移期间费用。这种方式是以其他单位愿意承担上市公司某项费用的方式减少公司本年期间费用，从而使本年利润增加，如由集团公司承担保险费、运输费、广告费等（一般是承担影响主营业务利润的期间费用）。

（3）向关联方出租资产与土地使用权来增加收益。会计制度对出售资产的要求是必须以公允价格成交，而且需要结转资产的成本。一般来说，通过公允价格处置长期资产不一定会得到净收益。由于会计制度对租金收入合理性的规定较少，所以上市公司往往通过向关联方出租长期资产的方式由外部转移收入，取得确定的大额收入（与关联方交易经常用的另一种方法是出售公司的长期股权投资）。

（4）向关联方借款融资，降低财务费用。对于资产负债率较高的上市公司来说，每年要负担固定的借款利息成本（计入财务费用），为了降低财务费用从而提高主营业务利润，公司可以通过改向关联方借款来减少对银行的负债，因为向关联方借款的利息支出可以在双方之间灵活确定是否支出、何时支出及支出金额的大小。

6. 利用会计政策、会计估计的选择与变更进行利润调整

（1）选择是否使用某一会计政策。《股份有限公司会计制度》中新增了三个跌价准备科目，即短期投资跌价准备、存货跌价准备、长期投资减值准备，要求境外上市公司、香港上市公司以及在境内发行外资股的公司必须设立这三个科目；同时指出，其他上市公司也可按上述规定提取短期投资跌价准备、存货跌价准备、长期投资减值准备。

这就为效益好的上市公司提供了将利润在不同年度之间转移的可能，即如果某一年度各种利润指标大大高于各种配股条件，则在期末可以提取跌价准备，在不影响公司必要收益指标的前提下，化解了下期资产跌价的风险，提高了公司未来年度利润的稳健性。

（2）对折旧要素的估计变更。固定资产折旧根据用途的不同分别计入“产成品”和“管理费用”，其中计入管理费用部分的大小直接影响期间费用以及主营业务利润。折旧额的大小是由使用年限、预计净残值和折旧方法三个要素决定的。会计制度要求公司应当根据固定资产的性质和消耗方式合理地预计固定资产的使用年限、预计净残值和恰当地选用折旧方法，折旧方法一经确定，不得随意变更，如需变更，应在会计报表附注中予以说明。公司可以通过变更对固定资产残值的估计、对固定资产使用年限的估计、变更折旧方法来调整本年的折旧费用额（由于折旧方法的变更受到的限制较多，所以公司只是到不得已的时候才进行折旧方法的变更）。

（3）变更销售商品成本的计价方法。销售成本是根据存货（产成品）的发出来计量的，公司可以根据具体情况，采用先进先出法、加权平均法、移动平均法、后进先出法和个别计价法，方法一经确定，不得随意变更，如需变更，应在会计报表附注中予以说明。使用不同的计价方法直接影响本期销货成本的大小，进而影响主营业务利润的大小。由于公司产品销售量很大，变更销售商品成本的计价方法对主营业务成本及利润的影响是非常明显的，所以变更销售成本计价方法也是上市公司调整本年利润常用的一个方法。

7. 利用其他应收账款科目回避费用的提取

会计制度规定，公司对于应收账款，应于中期期末或年末按规定提取坏账准备。境外上市公司、香港上市公司以及在境内发行外资股的公司，坏账准备的提取方法、提取比例等由公司自行确定，国内上市的公司按统一规定以年末应收账款余额的0.3％～0.5％计提坏账准备，计入本期管理费用。

公司通过与欠款单位协商（尤其是关联企业）年底收回应收账款，同时以对该单位短期融资的方式（计入其他应收款）又将此笔金额转给对方（实际上只是账务的划转）。这样，一方面使公司的应收账款减少（应收账款周转率指标明显好转）；另一方面，应收账款的收回使得本期期末应提的坏账准备减少，列入期间费用的金额减少（如果应收账款数小于年初数，还可以冲减管理费用）。而对公司来说，这只是账务上的划转，并没有影响其资金运行，又降低了其列入损益表中的费用。

8. 利用推迟费用确认入账的时间降低本期费用

（1）将应计入本期的费用挂在“待处理财产损益”科目。会计制度规定，公司在清查财产过程中查明的各种财产物资的盘盈、盘亏和毁损（待处理固定资产损益、待处理流动资产损益）应于办理年终决算前查明原因，并报经批准处理，未能在年终决算前处理完毕的，应在会计报表附注中予以说明。对“待处理财产净损失”的处理结果都是计入损益表抵减当期利润，所以公司为了保证当期利润指标的实现，往往尽可能地推迟确认该损失的时间。

（2）将费用挂在“待摊费用”科目。待摊费用虽然是一项费用，但在会计准则中表现为资产负债表中的一项资产，要在一定时间内逐步转为损益表中的费用。待摊费用的发生时间是公司可以控制的，待摊费用多是分摊期在 1 年以内的各项费用，如低值易耗品、预付保险费、固定资产修理费用以及一次购买印花税票和一次缴纳印花税税额较大需分摊的数额等。公司在年初、年中还是年末发生此项支出直接影响进入本期损益表费用的多少。还有一些支出的摊销期在 1 年以上（固定资产修理支出、租入固定资产的改良支出以及其他摊销期限在 1 年以上的费用），在“长期待摊费用”中核算。

除待摊费用外，公司还可将已发生的费用挂在“预提费用”的借方，反映公司实际支出的费用大于预提的费用，即未摊销的费用，主要有预提的租金、保险费、借款利息、固定资产修理费用。

通过将实际发生的费用支出挂在资产类科目内而推迟计入损益表的费用或不全计入本期期间费用的办法，可以使上市公司公布的本年利润比实际情况更好一些。

9. 利用其他非常性收入增加利润总额

（1）争取地方政府的补贴收入。在损益表中列有一项“补贴收入”，用来核算公司取得的各种补贴收入。对于需要利润达标而又没能通过自我努力实现必要利润的上市公司，必然会向当地政府争取补贴收入作为最后的挣扎。地方政府从本地经济与上市指标角度考虑也会大力相助，政府可以只出一个准予补贴的文件，不必立即实际支付补贴的金额，公司按规定计算应收的补贴，借记“应收补贴款”，贷记“补贴收入”，从而顺利地增加利润总额。

（2）利用营业外收入增加利润总额。营业外收入是与公司生产经营无直接关系的各项收入，包括固定资产盘盈、处理固定资产净收益、资产再次评估增值、债务重组收益、接受捐赠转入、罚款净收入。它是利润总额的一个组成部分，上市公司常常通过从关联企业接受捐赠的方式增加营业外收入，实现当年的利润总额。

（3）对不真实的会计数据进行“恢复”。通过上面的分析发现了有些会计数据没有真实地反映经济现实，证券分析人员就必须运用自己的经验和知识对这些被扭曲了的会计数据进行“恢复”，使修正后的会计数据更贴近上市公司的实际经营情况。能对证券分析人员“恢复”或修正会计数据有较大帮助的数据来源有两个：一是财务报表附注；二是现金流量表。

审计制度规定，对于上市公司已经披露的重大信息，注册会计师应出具无保留意见，所以投资者还要关注会计报表附注中的信息。上市公司正在使用的会计政策与会计估计、会计政策与会计估计的变更、关联交易、重要项目的详细资料（如存货的构成、应收账款的账龄、长期投资的对象、借款的期限与利率等）都在附注中揭示，为进行会计数据分析与判断上市公司是否有操纵利润的迹象提供了可操作与决策的信息，如本期是否变更了某项会计政策、该变更对利润的影响如何、哪些交易是与关联方进行的、对利润的影响如何等。

根据附注中的说明，证券分析人员能够评价会计政策的改变对报表数据的影响，并根据自己的经验和行业中其他企业的参照数据进行修正。

现金流量表从收付实现制的角度对企业的经营业绩进行报告，它是对以权责发生制为基础编制的会计报表的一种验证。如果证券分析人员对权责发生制的报表产生怀疑，现金流量表能提供一种基准点式的参照。利润表中的会计数据是现金流量表中会计数据变化的结果。利润表是以权责发生制为基础的，由此产生的递延、应付、摊销和分配等会计处理为管理人员提供了合法地扭曲会计数据的机会，报告现金流量不涉及估计或分配，也很少涉及确认问题，因为一切现金的收付在其发生时已经得到了确认。证券分析人员可以通过现金流量表中的数据对相关的资产负债表中的数据进行修正。

如前所述，上市公司操纵利润总是通过一定方法进行的，而任何方法都有其表现形式，投资者可以通过查找这些迹象来判断并对公司的获利能力进行调整。

（1）应收账款与其他应收款的增减关系。如果是对同一单位的同一笔金额由应收账款调整到其他应收款，则表明存在操纵问题，应在利润总额中调增此笔应收账款按规定需计提的坏账准备金。

（2）应收账款与长期投资的增减关系。如果对一个单位的应收账款减少而对其长期投资增加，且增减金额相近，则表明存在操纵问题，应在利润总额中调增此笔应收账款按规定需计提的坏账准备金。

（3）待摊费用与待处理财产损失的数额。如果待摊费用与待处理财产损失数额较大，则说明存在拖延费用列入损益表的问题，需要从公布的利润总额中扣减这部分金额。

（4）借款、其他应付款与财务费用的比较。如果公司有对关联单位的大额其他应付款，同时财务费用较低（只是近似账面借款的利息，可以通过附注里的信息计算出借款的年利息支出），说明存在利用关联单位降低财务费用的问题，应将其他应付款按借款利率计算出利息费用，调减利润总额。

总之，证券分析人员在利用财务报告时应对上市公司进行全面分析，并对其公布的利润情况进行合理化调整，使调整后的信息具备可预测性，这样才能把握上市公司的长期获利能力，并根据公司状况的变化，及时回避风险，抓住真正的蓝筹股。

公司基本素质分析和会计数据分析为后面的工作提供了清晰的分析思路和干净的会计数据，是对上市公司报表进行财务分析和业绩预测必不可少的准备工作。这些工作完成之后，就开始进入公司财务分析阶段。

四、基于现金流量表的现金流分析

在比率分析中，多数财务比率的数据均来自利润表和资产负债表。通过对现金流量表的分析，可以进一步剖析企业的经营、投资和筹资活动的效率。资金链条是企业经营的重要环节，企业的不同经济活动产生的现金流量是不同的，通过现金流量表，可以明确经营活动、筹资活动和融资活动为企业带来的现金流量情况。

（一）现金流量信息的作用

有关企业现金流量的会计信息，有助于财务报表的使用者评价企业形成现金和现金等价物的能力，为企业使用这些现金流量的需要提供依据。使用者进行经济决策，需要对企业形成现金和现金等价物的能力及其时间性与确定性做出评价。

当现金流量表结合其他财务报表一起使用时，所提供的信息能帮助使用者评价企业净资产的变动、财务结构（包括流动性和偿债能力）以及企业为适应环境和时机的变化而影响现金流量的金额和时间的能力。现金流量的信息有助于评价企业形成现金和现金等价物的能力，并使使用者能够建立评价和比较不同企业未来现金流量现值的模式。它还提高了不同企业经营业绩报告的可比性，因为它消除了对相同交易和事项采用不同会计处理的影响。

有关以往现金流量的信息常用来作为未来现金流量的金额、时间和确定性的指标，它有助于检查过去对未来现金流量所做估计的准确性，检查获利能力、净现金流量与价格变动影响之间的关系。

（二）现金流量的构成与分类

现金流量是指在一定会计期间内流入和流出企业的现金和现金等价物。这里的现金不仅包括“现金”账户核算的库存现金，还包括“银行存款”账户核算的银行活期存款和可提前支取的定期存款，以及“其他货币资金”账户核算的外埠存款、银行汇票存款、银行本票存款和在途货币资金等其他货币资金。现金等价物是指企业持有的期限短(从购入之日起三个月内到期)、流动性强、易于转换为已知金额现金的投资，如短期国债和信誉良好的短期企业债。

西方国家对现金流量的分类也不尽相同。美国、澳大利亚和国际会计准则委员会等都将现金流量分为经营活动、投资活动和筹资活动三大类，英国则将现金流量划分为经营活动、投资收益和投资成本、纳税、资本性支出和金融投资、购买和处置、权益性股利支付、流动资金管理和筹资活动八大类。我国将现金流量划分为三类：经营活动所产生的现金流、投资活动所产生的现金流和筹资活动所产生的现金流。

(1) 经营业务。经营业务是指创造收益的主营业务以及不属于投资或融资业务的其他业务。经营活动形成的现金流量的金额是一个重要的指标，通过它可以判断在不依靠外部资金来源的情况下，企业经营形成的现金流量是否足以偿还贷款、维持企业的经营能力、派发股利以及进行新的投资。有关以往经营形成的现金流量具体构成的资料，结合其他资料，有助于预测未来经营形成的现金流量。

(2) 投资业务。投资业务是指取得和处理长期资产以及不包括现金等价物在内的其他投资。这种现金流量代表了有多少支出已用于为了产生未来收益和现金流量的投资业务。

(3) 融资业务。融资业务是指导致企业的权益资本以及借款的规模和结构产生变化的业务。单独揭示融资业务形成的现金流量是重要的，因为这有助于资本提供者预计企业对未来现金流量的需求。

（三）现金流量表的编制方法

现金流量表的编制方法有直接法和间接法两种。直接法是指通过现金收入和支出的主要类别反映来自企业经营活动的现金流量。直接法提供了有助于估计未来现金流量但不能通过间接法获得的信息，它一般是以利润表中的营业收入为起算点，调整与经营活动有关项目的增减变动，然后计算出经营活动的现金流量。间接法是以本期净利润为起算点，调整不涉及现金的收入、费用、营业外收支等项目的增减变动，据此算出经营活动的现金流量。我国采用直接法编制现金流量表。在直接法下，三大活动所产生的现金流量项目如表 7-12 所示。

表 7-12　现金流量表的项目

项目	经营活动产生的现金流量	投资活动产生的现金流量	筹资活动产生的现金流量
现金流入	销售商品、提供劳务收到的现金 收到的租金 收到的增值税销项税额和退回的租金 收到的除增值税以外的其他税收返还 收到的其他与经营活动有关的现金	收回投资所收到的现金 分得股利或利润所收到的现金 取得债券利息收入所收到的现金 处置固定资产、无形资产和其他长期资产所收到的现金净额 收到的其他与投资活动有关的现金	吸收权益性投资所收到的现金 发行债券所收到的现金 借款所收到的现金 收到的其他与筹资活动有关的现金
现金流出	购买商品、接受劳务支付的现金 经营租赁所支付的现金 支付给职工及为职工支付的现金 支付的增值税款 支付的所得税款 支付的其他税款 支付的其他与经营活动有关的现金	构建固定资产、无形资产和其他长期资产所支付的现金 权益性投资所支付的现金 债券性投资所支付的现金 支付的其他与投资活动有关的现金	偿还债务所支付的现金 发生筹资费用所支付的现金 分配股利或利润所支付的现金 偿还利息所支付的现金 融资租赁所支付的现金 减少注册资本所支付的现金 支付的其他与筹资活动有关的现金

（四）现金流量表的分析特点

1. 经营性现金流量为负数

经营活动所产生的现金流量是公司生存和发展的基础，如果此项结果为负值，说明公司从销售商品和劳务之中取得的现金收入不能满足维持当期营运资本正常运行的支付。导致出现这种结果的原因有两种。

（1）公司正在快速成长。处于高速成长期的公司，其销售收入每年都保持着很高的增长率。经理人员预见到了市场需求的潜力巨大，就会扩大在存货、广告费用和人员工资上的支出，以期在下一个年度带来更大的现金流量，此举的直接结果就是当期销售所产生的现金流入小于当期在营运资金上的支出，出现负的经营性现金流量。经营性现金流量的赤字必须由投资活动或筹资活动产生的正现金流量来弥补，而处于快速成长期企业的投资活动一般也为负值，其现金流量缺口必须依靠债权性或股权性的融资来补偿。通过分析上市公司的年报，可以发现许多成长股的经营性现金流量为负值，它们急切地希望通过高价配股筹资。

（2）经营业务亏损或对营运资本管理不力。因外购商品和劳务形成的成本高于公司产品和劳务的售价而形成的现金流量负值就比较严重。激烈的行业内部竞争压低销售价格，高成本的企业就会面临这种困境。因销售不力而导致的产品积压同样会导致当期现金流入不足，必须通过加强对营运资金的管理予以解决。

经营性现金流量为负值是非常值得分析人员注意的现象，尤其是对于处于成熟期的公司或公用事业行业的上市公司而言，它可能意味着公司现行的经营战略存在着巨大的问题。

2. 经营活动所产生的现金流量与净收益之间的巨大差额

这种情况一般是由应收账款的剧增或投资收益及营业外收入的变化造成的。

(1) 应收账款剧增。净收益的计算采用的是权责发生制。销售行为发生后，不管有没有收到现金，都会在账面上表现为销售收入，如果产品的销售价高于成本，将直接增加净收益。现金流量则是销售收入中减去应收账款的部分，是公司当期收到的现金，是一种“在手之鸟”，而应收账款则有坏账的可能。对于一次性销售收入巨大的企业，如房地产开发商，应收账款的变化会引起公司业绩的大幅波动。

(2) 投资收益及营业外收入的变化。投资收益和营业外收入的增加直接作用于营业利润，进而增加净利润，而对经营活动所产生的现金流量没有影响。出售被投资单位股权、处理固定资产以及资产评估增值等都可能导致当期净收益的增加。但这种增加与公司的经营活动无关，是非持续性的一次性交易，不能改变公司经营业绩的长期发展趋势，在对公司价值评估和业绩预测中必须剔除这种因素的影响。另外，公司所受税收待遇的变化也会显著影响经营活动产生的现金流量与净收益之间的比例关系。尤其对新上市公司的税收减免，会在减免期提高公司的净收益能力，在分析公司的长期获利能力时，也要注意此因素的影响。

3. 经营活动现金流量小于利息支付额

利息支出是负债经营企业的一项硬性的短期现金支出，偿付利息所支付的现金被列入筹资活动的现金流出项目。一般而言，公司的利息支付应该由经营活动所产生的现金流量偿还。经营活动现金流量是否大于当期的利息支付是公司债权人判断公司偿债能力的一个重要标准，也是证券分析人员判断公司经营稳健性的一项主要指标。对于一家财务杠杆率较高的公司而言，经营活动现金流量不足以满足利息支付的需要，将有可能导致财务危机，直接损害股权持有人的利益。

4. 投资活动现金流量的流向是否与企业战略一致

投资活动现金流量来源于企业收回投资、处置固定资产以及取得的债息股息收入，现金流量的流向就是上述科目的支出。投资活动现金流量与经营活动的现金流量对公司生存发展的作用是不同的，后者主要反映当期经营活动的成果，前者则对后期的经营活动现金流量有巨大的影响。当期经营活动的现金流量是前期或前几期投资活动的结果，投资活动现金流量的流向是对企业展业战略的贯彻。例如，公司决定了以电脑生产行业为主业的战略，投资现金流量就应该表现为用以建立、收购或兼并电脑的生产性和科技性企业的现金支出，而对其他与主业发展关系不大的企业，公司应收回投资和处理固定资产，表现为投资活动的现金流入。如果投资活动的现金流量表现得非常分散，说明公司投资方向不明，有可能是管理层正在试图通过投资多元化来降低收益的波动性。多元化一般带来公司成长率的下降，在对公司未来的业绩进行预测时要考虑这个因素。

5. 投资活动的资金来源是依赖于内源融资还是外源融资

投资活动是公司成长性的保证。经营活动所产生的现金流量如果为正值，说明公司经营活动所产生的现金流量除了能支持营运资本的运作外，还有余力支持投资活动。如果投资活动所需资金可以完全由经营性现金流量支持，说明公司的发展依赖于内源融资；反之，如果需要通过借债或配股筹资来支持投资活动，说明公司比较依赖于外源融资。一般而言，依赖内源融资的企业，财务状况较为稳健，对债权人和股东的要求较少，投资于这种企业增值快。依赖于外源融资会加速企业资产规模膨胀的速度，但是，如果这种增长是依赖于债务融资，会增加企业财务危机的可能性；如果依赖于配股融资，则会降低净资产收益率。这两种情况对于公司现有的股东都是不利的。

6. 公司是否有自由现金流量，如何分配自由现金流量

公司经营活动和投资活动所产生的现金流量净值扣除当期还本付息的数额后，所剩余的可以用做支付红利的现金流量被称为自由现金流量。自由现金流量可以用于支付红利、偿还借款或回购股票。如果公司用来支付红利的数额大于当期的自由现金流量，说明公司是在用外部现金流量来支付红利，这种红利政策是不稳定的。

7. 筹资活动现金流量的主要来源是股票筹资、短期负债还是长期负债

筹资活动是反映企业从何种渠道获取外部资金。不同形式的筹资活动对企业经营风险和收益的影响是有差别的，这一点要联系当期企业的财务杠杆率和企业所处行业来分析。一般而言，股票筹资对公司经营的压力较小，短期负债过大将会限制企业经营的灵活性。但是，如果企业的财务杠杆率较低，同时企业所属行业的获利能力又比较稳定，如供电供水、公路收费等公用事业类公司，增加短期负债和长期负债在企业财务结构中的比重，会提高公司的净资产收益率。财务分析作为对公司分析的细化，使我们能够透过财务数据对目标公司内部进行剖析，从财务数据的角度加深对目标公司的了解。

关键概念

证券投资分析	有效市场假说
宏观经济分析	国民生产总值
通货膨胀率	总量分析
结构分析	利率
汇率	财政政策
货币政策	经济周期
行业生命周期	偿债能力
流动比率	速动比率
利息保障倍数	固定资产周转率

本章小结

(1) 基本分析是指通过对影响证券价值的基本因素，即宏观经济的运行状况、行业发展状况及结构、上市公司的业绩、国家的政策法规等进行了分析，确定证券的内在价值，预测证券市场价格变化趋势，为投资者的投资决策提供依据。

(2) 进行宏观经济分析，要利用一系列的经济指标和相关变量，包括：国民生产总值及其增长率、经济周期、失业率、通货膨胀率、利率与汇率、财政收支、国际收支、投资规模等等。

(3) 在证券市场上，每一家上市公司都可以划归为某一特定的行业。一家上市公司的股票是与该公司所处行业的目前和未来状况密切相关的，而行业的状况又是与国民经

济发展水平密切相关的。对国民经济各部门进行行业分类，以一定的标准为依据，根据不同标准可以有不同的分类。

（4）在中国，不同所有制性质的上市公司表现也会有一定的差异，投资者一定要弄清楚它的性质。公司对所开展的主业的行业选择以及公司在该行业中采取的竞争战略的选择，将直接影响到公司的盈利能力。不同行业的资本利润率是有高低差异的。

（5）对于会计数据的分析和恢复包括两类：第一类是辨别虚假的会计数据，这包括各种操纵财务报表来粉饰或者故意低估上市公司业绩的行为。第二类虽然会计数据是客观、真实的，但由于会计数据是按照会计原则进行整理的，在诸多方面并不能真实反映金融学意义上的财务情况。

复习思考

（1）基本分析的主要内容是什么？

（2）宏观经济分析的主要内容是什么？

（3）宏观经济运行对证券市场的影响有哪些？

（4）财政政策、货币政策与证券市场价格有什么关系？

（5）行业分析有什么重要性？

（6）行业分析的主要内容是什么？

（7）行业结构竞争策略与公司的盈利能力之间有怎样的关系？

（8）公司分析的主要内容是什么？

（9）公司基本概况分析应从哪些方面入手？

（10）公司财务分析的主要内容是什么？

（11）公司营运能力分析有哪些具体指标？

（12）公司盈利能力分析有哪些具体指标？

（13）公司发展能力分析有哪些具体指标？

案例分析

再借“财技”调利润遭否 华灿光电去年业绩盈转亏①

华灿光电今日（2014年4月17日）发布业绩修正公告表示，公司2013年归属净利润为亏损861.66万元，比2月份发布的业绩快报减少148%。华灿光电此番业绩变化的原因在于：公司“开发支出资本化”等会计处理方式未得到会计师事务所的认可，由此调减了2000多万元的净利润。

《每日经济新闻》记者注意到，在2012年第三季度，公司曾凭借相同会计处理方式，避免当季业绩亏损。只是，这一招此番未能再奏效。

1. 会计调整致业绩由盈转亏

据公告显示，经大信会计师事务所对华灿光电2013年度财务报表审计，上市公司2013年度营业利润为亏损1.24亿元，比业绩快报减少35%；利润总额为1026.95万

① 资料来源：http://www.nbd.com.cn.

元，比业绩快报减少76%；归属于净利润为亏损861.66万元，比业绩快报减少148%。

对于业绩调整的原因，华灿光电表示，会计师事务所则认为，公司全资子公司华灿光电（苏州）试车费用的部分损耗不应资本化，应计入当期损益，因此调减在建工程1995.45万元。

此外，会计师事务所认为，4英寸（1英寸=2.54厘米）外延芯片系公司新产品，与之相关的两研发项目支出归类为研究阶段更合理，不符合开发支出资本化的确认条件，相关费用应计入当期损益，因此调减开发支出1072.52万元。

加上其他会计差错调整98.95万元，以及调整减少应交税金和所得税费用498.86万元，四项调整合计调减净利润2668.06万元。由此，华灿光电的净利润从2月业绩快报中的1806.4万元，变为亏损861.66万元。

2. 曾凭相同手法避免亏损

《每日经济新闻》记者注意到，公司并非首次利用"开发支出资本化"的会计处理方式增利。

2012年10月，上市不久的华灿光电发布了公司2012年度三季报。公司当期实现营业收入7102.83万元，同比下降40.61%；归属净利润为500.13万元，同比下降76.73%。在上半年并无开发支出项的情况下，公司在第三季度突然增加开发支出890.29万元。剔除该因素，公司第三季度的净利润应该是亏损的。

按照会计准相关规定，内部研究开发项目，应当区分为公司内部研究开发项目研究阶段和开发阶段。研究阶段的支出，应当于发生时计入当期损益，列入"研发费用"项；开发阶段的支出，在同时满足技术可行性、有使用和出售意图、有用性、足够的全面支持、支出可计量等条件时才能确认为无形资产，列入"开发支出"项。

有财务人士对此表示，由于会计准则对"开发支出资本化"的规定条件弹性较大，企业可以自主选择。所以，该会计处理方式成为了常见的利润调节手段。

值得一提的是，2012全年，华灿光电的开发支出为1989.5万元，而2011年为零。公司2012年的净利润8733.86万元，同比下降29.93%。倘若没有"开发支出资本化"的助力，公司上市当年的业绩恐将更加难看。根据相关规定，若公司上市第一年业绩下滑超50%，其保荐人和高管或遭证监会处罚。

思考：

上市公司财务报表审计中选择的会计处理方式的不同对公司财务报表结果的影响？

第八章　证券投资技术分析

本章提要

证券投资的技术分析法认为价格的变化取决于市场的供求关系，所有影响股票价格的因素都反映在股票价格和交易的变化之中，而不需要再去分析各种基本资料。技术分析还认为股票市场变化有一定规律，市场变化的历史还会重演，过去股票市场变化的规律和形态会在一定的条件下再度出现。因此，技术分析主要是利用逻辑学、数学的方法去发现过去股票价格形态重现的时机。技术分析主要用于分析股票市场的短期波动，帮助投资者选择投资的时机。

技术分析法也有其不足之处，人们批评技术分析法缺乏可靠、周密、有说服力的理论依据是：它的分析指标没有统一标准，预测市场变动的准确率也不高。尽管如此，仍有不少市场人士对技术分析法备加青睐，也不乏预测成功的实例。

重点难点

- 技术分析的含义、目的、假设和要素。
- 道氏理论的主要内容与评述。
- 技术分析的图形分析。
- 技术分析的市场指标分析。

引导案例

人民币汇率改革

中国人民银行2005年7月21日发布公告称，为建立和完善我国社会主义市场经济体制，充分发挥市场在资源配置中的基础性作用，建立健全以市场供求为基础的、有管理的浮动汇率制度，经国务院批准，现就完善人民币汇率形成机制改革有关事宜公告如下。

(1) 自2005年7月21日起，我国开始实行以市场供求为基础、参考一篮子货币进行调节、有管理的浮动汇率制度。人民币汇率不再盯住单一美元，形成更富有弹性的人民币汇率机制。

(2) 中国人民银行于每个工作日闭市后公布当日银行间外汇市场美元等交易货币对人民币汇率的收盘价，作为下一个工作日该货币对人民币交易的中间价格。

(3) 2005年7月21日19时，美元对人民币交易价格调整为1美元兑8.11元人民币，作为次日银行间外汇市场上外汇指定银行之间交易的中间价，外汇指定银行可自此时起调整对客户的挂牌汇价。

(4) 现阶段，每日银行间外汇市场美元对人民币的交易价仍在人民银行公布的美元交易中间价上下3‰的幅度内浮动，非美元货币对人民币的交易价在人民银行公布的该货币交易中间价上下一定幅度内浮动。

中国人民银行将根据市场发育状况和经济金融形势，适时调整汇率浮动区间。同时，中国人民银行负责根据国内外经济金融形势，以市场供求为基础，参考一篮子货币汇率变动，对人民币汇率进行管理和调节，维护人民币汇率的正常浮动，保持人民币汇率在合理、均衡水平上的基本稳定，促进国际收支基本平衡，维护宏观经济和金融市场的稳定。

案例思考：

结合人民币汇率形成机制的改革，谈谈汇率政策对证券市场的影响。

第一节　技术分析概述

技术分析（technical analysis）是以证券市场的过去轨迹为基础，预测证券价格未来变动趋势的一种分析方法。这种方法建立在一定的假设条件之上，并以证券的价格、成交量和证券价格变动的时间跨度为分析的三要素。技术分析的理论基础是道氏理论。

一、技术分析的含义和目的

（一）技术分析的含义

技术分析是以证券价格的动态和变动规律为分析对象，借助图标和各类指标，通过对证券市场行为的分析，预测证券市场未来变动趋势的分析方法。实际上，技术分析不仅用于证券市场，还广泛地应用于外汇市场、期货市场和其他金融市场。

（二）技术分析的目的

技术分析的目的是探索证券市场的价格变动趋势。证券价格的变动趋势有上升趋势、下降趋势和盘整趋势三种类型。技术分析从本质上说，是着眼于把握证券价格总体的、长期的变动趋势。一个长期的上升趋势，并非始终直线上升，而是“进二退一”的方式逐渐盘升。同样，在一个长期下跌的过程中，证券价格也会不断出现反弹，以“退二进一”的方式逐渐下跌，而不是直线下降。而盘整的局面不可能永远不变，盘整本身就意味着能量的积聚，一旦走出盘局，证券价格无非是上涨或下跌两种可能。技术分析的目的，就是帮助投资者把握市场趋势，一是不要在大势未变、仅出现回调或反弹时发生错误判断；二是不要在大势已发生根本转变还误认为仅是回调或反弹。实际上，要正确预测市场趋势的变化和趋势的转折是十分困难的事，正因为如此，有人对技术分析全盘否定，有人则孜孜以求，至今莫衷一是，无一定论。

在实际应用中，有不少投资者利用技术分析方法对回调和反弹的预测作中线或短线投资，或者利用对盘整趋势的预测在盘整区域逢低吸纳，逢高派发。还有很多投资者运用技术分析方法预测个股的价格走势，寻找相对低点和相对高点作为买卖的时机。对这些投资者来说，证券市场长期、总体的变动趋势似乎并不重要，只要把握中期甚至短期趋势，照样能获得投资收益。由于预测市场趋势的变化和转折十分困难，技术分析更多地被应用于预测证券价格的短期波动和帮助投资者获得短期收益。

二、技术分析的假设和要素

技术分析作为一种投资分析工具，是以一定的假设条件为前提而存在的。

1. 市场行为涵盖一切信息

这一前提是与有效市场假设一致的。根据有效市场假设，如果信息是高度对称的、透明的，那么任何信息都会迅速而充分地反映在市场价格中。技术分析也认为，如果证券市场是有效的，那么影响证券价格的所有因素，都会立即反映在市场行为中，并在证券价格上得到体现。作为技术分析方法的应用者，不用去关心是什么因素影响证券价格，只需要从市场的量价变化中知道这些因素对市场行为的影响效果。

2. 证券价格沿趋势移动

这一假设认为证券价格的变动是有规律的，即有保持原来运动方向的惯性，而证券价格的运动方向是由供求关系决定的。技术分析法认为供求关系是一种理性和非理性力量的综合，证券价格运动反映了一定时期内供求关系的变化。供求关系一旦确立，证券价格的变动趋势就会一直持续下去，只要供求关系不发生彻底改变，证券价格走势就不会发生反转。这一假设条件也有一定的合理性，因为供求关系决定价格在市场经济中是普遍存在的。

3. 历史会重复

这一假设建立在对投资者心理分析的基础上，即当市场出现和过去相同或相似的情况时，投资者会根据过去的成功经验或失败教训来做出目前的投资选择，市场行为和证券价格走势会出现历史重演。因此，技术分析法认为，根据历史资料概括出来的规律已经包含了未来证券市场一切规律变动，所以可以根据历史预测未来。这一假设也有一定的合理性，因为投资者的心理因素影响着投资行为进而影响证券价格。

技术分析的三个假设条件有合理的一面，也有不尽合理的一面。例如，第一个假设存在的前提条件是证券市场是有效的市场，然而众多实证分析指出，即使像美国这样发达的证券市场也仅是弱式有效市场，或至多是半强式有效市场，更何况信息损失是必然的，因此市场行为包括一切信息也只能是理想状态。又如，一切基本因素确实通过供求关系影响证券价格最终要受它的内在价值制约。再如，历史也确实有相似之处，但绝不是简单的重复，差异总是存在的，决不会出现完全相同的历史重演。正因为如此，技术分析显得说服力不够强、逻辑联系不够充分并引起不同的看法和争论。

三、技术分析的三大要素

技术分析的三大要素是证券价格、成交量和价格变动的时间跨度。技术分析可以简单地归结为对价、量、时间三者关系的分析。在技术分析中，价量关系是基本要素，市场价格指数可以解释和反映市场大部分行为，收盘价和收盘价格指数是最重要的价格指数，而成交量则是确定价格走势的重要保证。某一时点上的价和量是交易双方市场行为形成的结果，是双方力量对比暂时的均衡点。一般说来，买卖双方对价格的认同程度是通过成交量加以确认的，认同程度大，成交量大；反之，成交量小。双方的这种认同程度反映在价量关系上就形成价升量增 、价跌量减的规律性变化。根据这一规律，当价格上升而成交量不能随之放大时，意味着价格的上升得不到买方认可，价格上升缺乏动力；当价格下跌而成交量不能伴随放大却一再萎缩能量，表明价格下降已得不到卖方认同，价格将止跌回稳。时间既可消耗能量，又可积蓄能量，随着时间的推移，双方的力量对比会发生变化，证券价格的运动趋势也会改变。价格、成交量、时间是技术分析的三维变量，缺一不可。

➢案例 8-1　价量关系分析①

一般价量关系分析规则如下。

(1) 价涨量增。在上涨趋势初期，若成交量随股价上涨而放大，则涨势已成，投资者可跟进；若股价经过一段大涨之后，突然出现极大的成交量，价格却未能进一步上涨，这一般表示多头转弱，行情随时可能逆转。

(2) 价涨量缩。呈背离现象，意味着股价偏高，跟进意愿不强，此时要对日后成交量变化加以观察。若继续上涨且量增，则量缩属于惜售现象；反之，则应减仓，以免高位套牢。

(3) 价涨量平。若在涨势初期，极可能是昙花一现，不宜跟进。

(4) 价稳量增。若在涨势初期，显示有主力介入，股价随时可能变化，可跟进。

(5) 价稳量缩。说明投资者仍在观望。若在跌势中，表示在逐渐筑底，可逐步建仓。

(6) 价稳量平。多空势均力敌，将继续呈盘整状态。

(7) 价跌量增。在连跌一段后，价微跌量剧增，这可视为底部，可介入；若在跌势初期，则日后将形成跌势；在持续涨势中，则为反转为跌势的信号。

(8) 价跌量缩。若在跌势初期，表示跌势不改；若在长期下跌后，则表示行情可能将止跌回稳。

(9) 价跌量平。表示股价开始下跌，减仓；若已跌了一段时间，底部可能出现，密切注意后市发展。

利用价量关系判断买卖时机 ，是比较简单的分析方法。但细分起来，不同的市况，投资者要用不同的投资策略与买卖技巧，不能一概而论，那样的话，将失去了价量关系分析的意义，可能造成不必要的损失。

四、技术分析方法的分类和局限性

(一) 技术分析方法的分类

由于侧重点和观测角度不同，技术分析的具体研究方式也就不同，这是产生多种技术分析类别的原因。由于证券市场有可能提供巨大的收益，每时每刻都吸引着人们的注意力。多年来，投资者花了大量的精力，以期找到打开股票市场宝库的钥匙。这些前人研究的结果，组成了今天看到的证券市场的技术分析方法。

按照目前市场流行的说法，技术分析大致可以分为以下六类：技术指标、支撑压

① 资料来源：杨基鸿 . 2001. 价量经典 . 广州：广东经济出版社 .

力、形态、K线、波浪理论、循环周期。

1. 技术指标

考虑市场行为各个方面的数据，用给定数学公式进行计算，得到体现股票市场某个特定方面内在实质的数字，这个数字叫做技术指标值。技术指标的数值大小和前后数值之间的相互关系，直接反映了股票市场所处的状态，为我们的操作行为提供了有益的建议。技术指标所反映的内容大多数是从行情报表中不能直接得到的。目前，世界上用在证券市场上的技术指标至少有上千种，如相对强弱指标（relative strength index，RSI）、随机指标、方向指标（directional movement index，DMI）、平滑异同移动平均线、能量潮（on balance volume，OBV）、心理线、乖离率等。随着时间的推移，还将涌现出新的技术指标。

2. 支撑压力

在由价格数据所绘制的图表中，按照一定的方式和原则画出一些直线，然后根据这些直线的情况推测股票价格未来有可能停顿的位置。这些直线就是支撑线或压力线（有些文献称之为切线）。支撑线和压力线向后的延伸位置对价格的波动起到一定的制约作用，就是起支撑和压力的作用。一般来说，价格从下向上抬升的过程中，触及压力线，甚至还未触及，就会调头向下。同样，价格从上向下跌的过程中，触及支撑线就会调头向上。如果在支撑线和压力线的附近，价格没有如期转向，而是继续向上或向下，这时就出现了支撑线和压力线的被突破。被突破后的支撑线和压力线仍然有实际作用，只是作用发生了变化——原来的支撑线变成了压力线，原来的压力线变成了支撑线。著名的支撑压力线有趋势线、黄金分割线等。

3. 形态

这是根据价格在一段时间所走过的轨迹预测股票价格未来趋势的方法。假设1认为，市场行为包括一切信息。价格所走过的轨迹是市场行为的重要部分，是证券市场对一段时间内各种信息消化之后的具体表现。用过去的价格形态来推测将来的股票价格是有道理的。从价格轨迹的形态中，可以推测股票市场处在一个什么样的大环境中，并对今后的行为给予一定的指导。著名的形态有双顶（M头）、双底（W底）、头肩顶、头肩底等多种。

4. K线

这里所说的K线实际上不仅限于K线，是一类表现价格的技术图表，但其中以K线最为著名。在本书中只介绍K线的相关理论。K线的研究手法侧重于若干交易单位（period）的K线组合情况，推测市场中多空双方力量的对比。K线图是各种技术分析中最重要的图表。在不断总结经验中，投资者发现了一些有指导作用的组合，而且新的结果还不断地被发现。

5. 波浪理论

该理论得名于柯林斯（J. Collins）的专著《波浪理论》（*Wave Theory*）。然而，波浪理论的奠基人是托马斯·斯特恩斯·艾略特（Thomas Stearns Eliot），他在20世纪20年代就有了波浪理论的最初思想并于30年代完成。波浪理论把价格的上下波动和不同时期的持续上涨下降看成与波浪的上下起伏一样。波浪的起伏遵循自然界的规律，按一定之规进行，价格也是遵循波浪起伏所遵循的规律。简单地说，上升是5浪，下降是3浪。数清楚了各个浪就能准确地预见到跌势已经接近尾声，牛市即将来临，或者牛市已经到了强弩之末，熊市即将来临。波浪理论较之于别的技术分析方法，最大的区别就是能提前很长的时间预见到顶和底，其他方法往往要等到新的趋势已经确立之后才能看到。但是，波浪理论又是公认的最难掌握的技术分析方法。大浪套小浪，浪中有浪，在数浪的时候极易发生偏差。利用波浪理论进行事后的验证有较好的效果。

6. 循环周期

该理论认为，价格的高点和低点的出现，在时间上存在一定的规律性。正如事物的发展兴衰有周期性一样，价格的上升和下降也存在某些周期的特征。如果我们掌握了价格高低出现时间上的规律性，则对实际买卖有一定的好处。

以上六类技术分析方法是从不同的角度理解和考虑证券市场，它们大多是经过市场的实际考验，没有被淘汰而保留下来的精华。尽管考虑的方式不同，但目的是一样的，彼此并不排斥，在使用上可以相互借鉴。

这六类方法考虑的方式不同，就导致具体操作指导的区别。有的注重长线，有的短一些；有的注重相对的位置，有的注重绝对的位置；有的注重时间，有的注重价格。不管它们注重什么，最终殊途同归。只要有收益，用什么方法是不重要的。

（二）技术分析方法的局限性和应该注意的问题

技术分析方法在证券投资的实践中，给人们带来过好处。某些介绍技术分析的文献，把技术分析说得很神奇，仿佛学会了技术分析就可以到证券市场中随便“提款”，但被这种乐观的气氛所笼罩是很危险的。像大多数事物一样，技术分析也有两面性，它有神奇有效的一面也有无能为力的一面，这是由技术分析方法的构成决定的。每种技术分析方法只注重证券市场的某个方面，从特殊的角度进行分析研究，而证券市场的运行方式是不断发生变化的，不可能技术分析方法每次都能全面周到地应付。除此之外，各种突然出现的偶然因素也会使技术分析方法束手无策。总之，在使用技术分析方法时必然会发生偏差，使用者考虑的问题是如何尽量避免和减少这些偏差。完全避免是不可能的，投资者应争取做到的是尽量考虑周到，从而最大限度地降低出现偏差的机会。

下面五点是应用技术分析应该注意的问题。

第一，技术分析应该与基本分析结合使用。对于刚刚兴起的不成熟的证券市场，市场突发消息比较频繁，人为操纵的因素较大，所以仅依靠过去和现在的数据、图表预测未来是不足的。但是，不能因为技术分析在突发事件到来时预测受到干扰就否定其功效。任何一种方法都有其适用的范围，不能因为某种场合方法不适用，就将失败归因于方法本身。事实上，在中国的证券市场上，技术分析依然有非常高的成功率。成功的关键在于不能机械地使用技术分析，除了在实践中不断地修正技术分析方法之外，还必须结合基本分析的结果。

第二，用多个而不是一个技术分析方法同时进行判断。没有完美的技术分析方法，这是每个使用技术分析方法的投资者应该记住的，也是被广泛认同的。需要全面考虑各种技术分析方法对未来的预测，综合这些方法得到的结果，最终得出一个合理的多空双方力量对比的描述。单独使用一种方法有局限性和盲目性，如果每种方法都得到同一结论，那么这一结论的可靠性较高。为了减少失误，需要尽量多地掌握技术分析方法，掌握得越多肯定好处越大。

第三，过去的结论要不断地进行修正，并经过实践验证后才能放心地使用。研究股票的分析方法各异，已有的结论是在特殊条件下得到的。随着环境的改变，这些曾经成功的结论用到自己身上就可能失败，所以必须验证后才能使用。

研究股票的分析方法各异，已有的结论是在特殊条件下得到的。随着环境的改变，这些曾经成功的结论用到自己身上就可能失败，所以必须验证后才能使用。结论和经验是不断变化的，死抱一条“用”一辈子是不可取的。自己研究和吸取别人的经验，都是为了不断地使技术分析方法更准确、更适用和更有效。

第四，对技术分析的期望不要超过技术分析力所能及的范围。技术分析能够帮助投资者认清形势，但是技术分析有自己的不足和盲点。如果不了解各种技术分析方法的优点和缺点，一味依靠技术分析，那是十分可怕的事情。技术分析能够避免明显的错误，但不能避免全部的错误。在使用技术分析方法的时候，要充分认清它的不足，不要超出了技术分析的能力范围。如果没有认清这一点，那么当技术分析给你造成亏损的时候，就不能责怪技术分析不灵了。技术分析永远是灵的，不灵的是使用技术分析的人。

第五，技术分析是一种工具，要靠人去使用，决定的因素是人。在运用技术分析时，在很大程度上依赖于使用者个人的选择。例如，技术指标中参数的选择、支撑压力中直线画法的选择、波浪理论中波的数法，都有人为的主观因素。个人的偏好和习惯影响这些选择，当然也就影响技术分析的结果，这就是不同的人在使用技术分析时产生不同后果进而得到不同结论的原因之一。

第二节　K 线图理论与方法

K 线又称为日本线，在欧美称为蜡烛线（candle stick）。K 线理论起源于 200 年前日本的米市，最初的 K 线理论被日本人总结成 Sakata 法。经过长时间的运用和变更，内容上有所变化，本书介绍其中较为常用的内容。

一、K 线的画法和基本形状

K 线是一条柱状的线条，由影线和实体组成。影线在实体上方的部分叫上影线，在实体下方的部分叫下影线。实体分阴线和阳线，又称为红（阳）线和黑（阴）线，如图 8-1 所示。

一根 K 线记录的是某只股票一天的价格变化情况，将每天的 K 线按时间顺序排列在一起，就组成这只股票上市以来每天的价格变动情况，叫做日 K 线图。同理，可以得到周 K 线、60 分钟 K 线等。

价格的变动主要体现在四个价格上，即开盘价、最高价、最低价、收盘价。在这四个价格中，收盘价最重要。在谈到目前某只股票的价格时，往往也是指收盘价。

传统意义的开盘价是第一笔成交的价格，有一定的弊端，目前我国股票市场采用集合竞价的方式产生开盘价，从某种程度上克服了这些弊端。最高价和最低价是交易过程

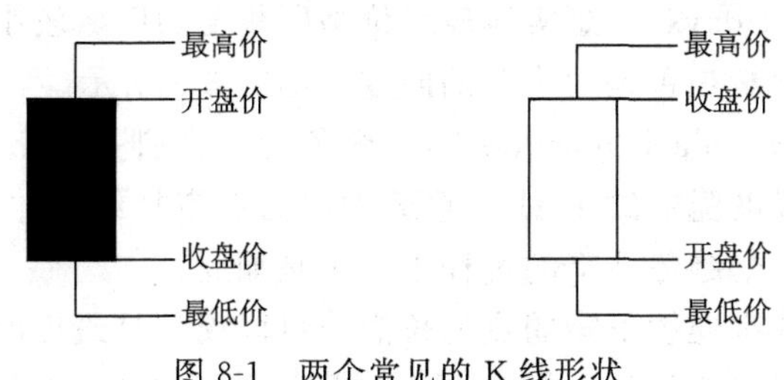

图 8-1　两个常见的 K 线形状

中出现的最高和最低的价格。两个价格如果相差悬殊，说明当时股票市场交易活跃，买卖双方争夺激烈。但是，最高价和最低价也容易被故意做市而脱离实际。收盘价是多空双方经过一段时间的争斗后最终达成的共识，是供需双方最后的暂时平衡点，具有指明价格的功能。

根据四个价格的特殊取值，除了图 8-1 中的两种外，K 线还有其余 10 种形状，如图 8-2 所示。

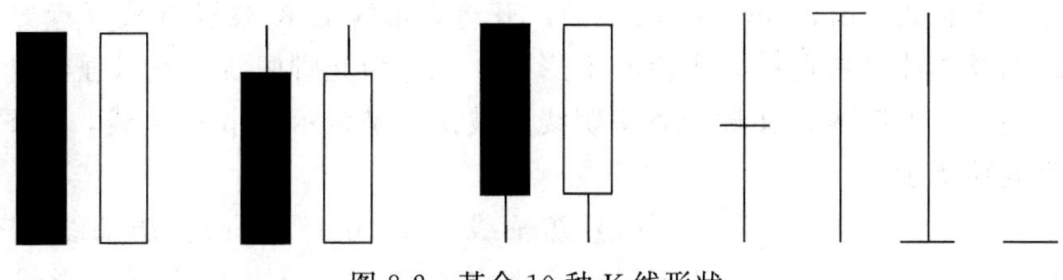

图 8-2　其余 10 种 K 线形状

二、单根 K 线的含义

懂单根 K 线是 K 线分析的基本功。单根 K 线可以分为 15 种有意义的基本形状，这里介绍其中常见的几种。

(1) 长实体 (long days)。长实体是占主要地位的。“长”描述了实体的长度，即开盘价和收盘价的差距。长实体表示当天价格的大幅度移动。多长才能算长？这必须考虑前后的情况，同什么相比，最好只同最靠近的价格移动相比，并以此来决定什么是“长”，如图 8-3 所示。

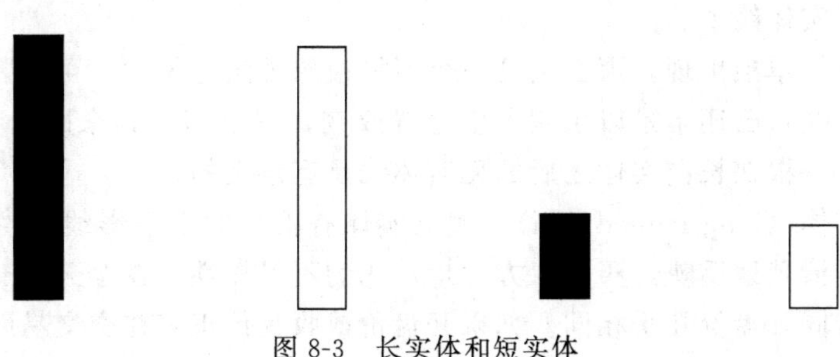

图 8-3　长实体和短实体

(2) 短实体 (short days)。短实体表示价格所覆盖的区域较小，一般发生在交易不活跃的时候，同样有判断是否是“小”的问题，如图 8-3 所示。

(3) 黑色光头光脚 (black marubozu)。黑色光头光脚是上下两头都没有影线的长黑色实体，被认为是极度脆弱的 K 线。它通常成为熊市持续或牛市反转组合形态的一部分，尤其是发生在一个趋势下降的过程中，更是如此。

由于是黑色，这种有连续下降弱点的长黑线可以视为是最后的疯狂抛售，这就是它经常成为牛市反转形态组合的第一根 K 线的原因，如图 8-2 左起第一种所示。

(4) 白色光头光脚 (white marubozu) 白色光头光脚是两头都没有影线的长白色实体，被认为是极度强壮的 K 线。与黑色光头光脚相反，它通常成为牛市继续或熊市反转形态的一部分，如图 8-2 中左起第二种所示。

(5) 收盘无影线 (closing marubozu)。收盘无影线的 K 线没有从收盘方向向外伸出的影线，无论是白色还是黑色。如果实体是白色，则没有上影线。此时，该 K 线也称为秃头阳线，表示的是强势。如泉实体是黑色的，则没有下影线，也称为光脚阴线，它被认为是表示弱市的 K 线，如图 8-2 中左起第三种和第六种所示。

(6) 开盘无影线 (opening marubozu)。开盘无影线的 K 线没有从开盘方向向外伸出的影线。如果实体是白色的，则没有下影线，也称为光脚阳线，表示强势。如果实体是黑色的，则没有上影线，又称为秃头阴线，被认为是表示弱市的 K 线，如图 8-2 左起第四种和第五种所示。

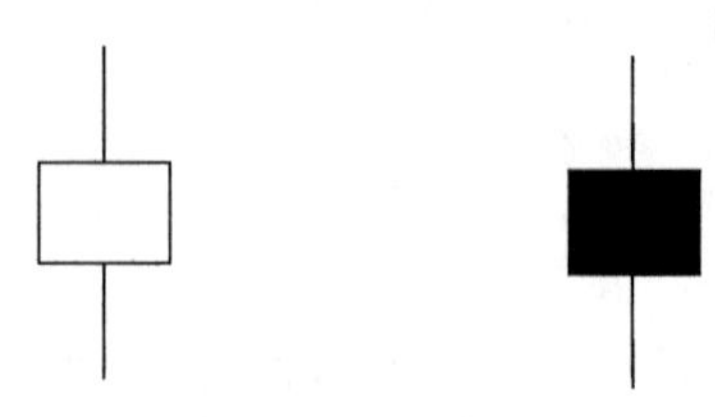

图 8-4　纺轴线

(7) 纺轴线 (spinning tops)。纺轴线是有上影线和下影线的小实体 K 线。在长度方面，影线比实体长得多，这表示多空双方的不可靠性。纺轴线实体的颜色和影线的实际长度是不重要的，同影线相关的小实体是构成纺轴线的主体，如图 8-4 所示。

(8) 无实体线 (doji)。当 K 线的实体小到开盘价和收盘价相等的程度时，就被称为无实体线。图 8-2 中右边四种 K 线都属于无实体线。无实体发生在开盘价和收盘价相同或几乎相同的时候，影线的长度是可以变化的。完美的无实体线有相向的开盘价和收盘价，然而，要做一些必须考虑的解释。如果要求开盘价和收盘价严格相等，将对数据的限制过多，从而在实际中只出现很少的无实体线。一般认为，开盘价和收盘价之间的差距在一个小的范围，就可以认为是无实体线了。

如果无实体线单独出现，那么它是一个不能被忽视的有关“不可靠因素出现”的信号。依靠无实体线自己还不足以预测价格趋势改变，仅是即将到来的趋势改变的警告。在上升趋势中，一根在长白实体之后的无实体线是有意义的。

(9) 大无实体 (long legged doji)。大无实体有很长的上下影线，当天的交易区域在居中的部分，清楚地反映了买卖双方力量对比的不可靠性。在全天的交易中，市场大起大落，收盘价同开盘价几乎相同。如果开盘价或收盘价正好在交交易区域的正中，这时候的大无实体就是“十字”(cross)，如图 8-5所示。

(10) 墓碑线 (gravestone doji)。当没有下影线或下影线很短的时候，就会出现这种 K 线。如果上影线十分长，墓碑线有强烈的下降含义。价格开盘后全天在高位进行交易，但收盘价又回到了开盘价，这除了可以解释为反弹失败外，没有其他解释，如图 8-2 右起第二种所示。

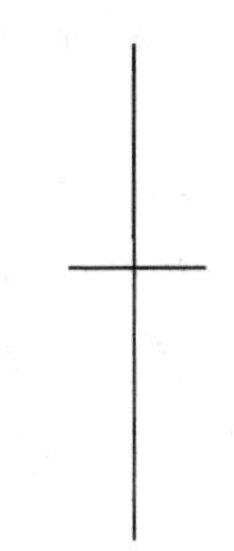

图 8-5　大无实体

(11) 蜻蜓线 (dragonfly doji)。蜻蜓线出现在开盘价和收盘价处在全天最高点的时候。通常出现在市场的转折点。在以后可以看到，蜻蜓线是上吊线和锤形线的特殊情况，如图 8-2 右起第三种所示。

(12) 一字线 (four price doji)。当开盘价、最高价、最低价和收盘价都相同时，就会出现这样的 K 线。当股票的惰性非常强或数据来源只有收盘价的时候，也会出现这种 K 线。此外，开盘后直接达到涨跌停板也会出现这种 K 线，如图 8-2 右起第一种所示。

三、K 线的组合

K 线组合可以是单根的也可以是多根的，很少有超过 5 根或 6 根的组合。组合分为反转组合形态和持续组合形态两种，这里只列举其中的 9 种反转组合形态和 1 种持续组合形态。

1. 锤形线和上吊线

锤形线 (hammer man) 和上吊线 (hanging man) 组合形态概述如下：①小实体在交易区域偏上的部分；②实体的颜色是不重要的；③下影线的长度应该比实体的长度长得多，通常是 2～3 倍；④没有上影线或者非常短，如图 8-6 所示。

图 8-6　锤形线和上吊线

对于锤形线，市场已经处在下降趋势中，有熊市的气氛。市场开盘后就疯狂地卖出，然而疯狂卖出被遏制了，市场又回到了或者接近当天的最高点。市场连续卖出的中止降低了熊市的感觉，大多数投资者将担心他们手中的空头头寸。如果收盘价高于开盘价，产生一根阳线，则情况甚至更有利于牛市。第二天较高的开盘价和更高的收盘价将使得锤形线的牛市含义得到确认。

至于上吊线，由于是处在上升趋势中，市场被认为是牛市。当天的价格波动在开盘价之下，之后的反弹使收盘价几乎是在最高价的位置，并产生出长下影线。这根长下影线显示了一个疯狂卖出是怎样开始的。上吊线的熊市含义得到确认应该是第二天开盘价较低。

2. 鲸吞型

鲸吞型（engulfing）组合形态概述如下：①本形态出现之前一定有相当明确的趋势；②第二天的实体必须完全包含前一天的实体；③前一天的颜色反映趋势，黑色是下降趋势，白色是上升趋势；④鲸吞型的第二根实体颜色同第一天的颜色相反，如图 8-7 所示。

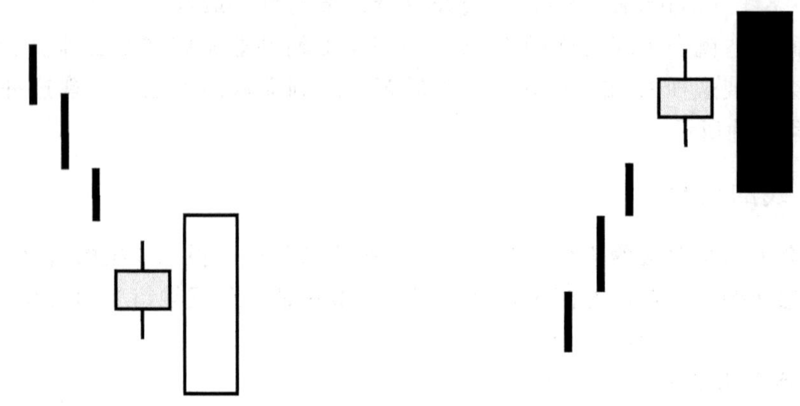

图 8-7 鲸吞线

对于熊市鲸吞型，上升趋势处在只有小成交量配合的小阳线实体发生的地方。第二天，开盘价出现新高，之后是迅速的卖出狂潮，并有大的成交量支持，最后的收盘价低于前一天的开盘价，上升的趋势已经被破坏。如果第三天的价格仍然保持在较低的位置，那么上升趋势的小反转就已经发生了。

对牛市鲸吞型则有相似的但相反的叙述。

3. 孕育型

孕育型（harami）组合形态概述如下：①长实体之前有合理的趋势存在；②第一天长实体的颜色最好是反映市场趋势的颜色；③长实体之后是小实体，它的实体被完全包含在长实体的实体区域之内；④小实体应该与长实体的颜色相反，如图 8-8 所示。

对于牛市孕育型，一个下降趋势已经进行一段时间了，长阴线维持了熊市的含义。第二天，价格高开，动摇了的空头引起了价格的上升。价格的上升被逐步加强，因为后来者把它当成一次机会来弥补它们在此之前的失误，这一天的成交量超过前一天。第三天反转得到确认将提供必要的趋势反转的证明。对于熊市孕育型有相似的但相反的叙述。

4. 倒锤线和射击之星

倒锤线（inverted hammer）概述如下：①小实体在价格区域的较低部分形成；②不要求有缺口，只要在一个趋势之后下降就可以；③上影线的长度一般不比实体长度的 2 倍长；④下影线短到可以认为不存在，如图 8-9 所示。

射击之星（shooting star）概述如下：①在上升趋势之后，以向上的价格缺口开

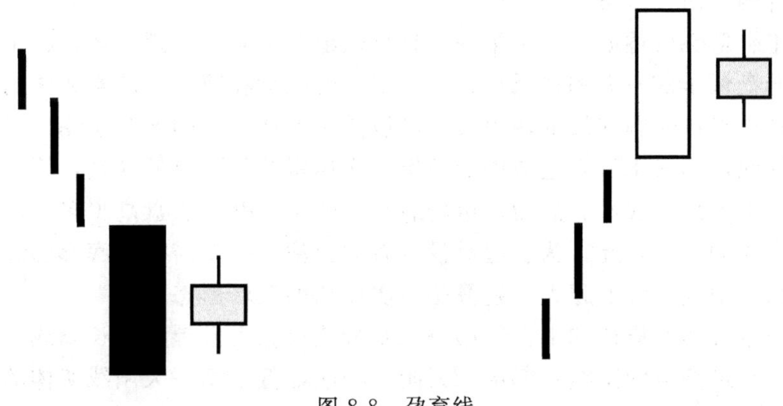

图 8-8　孕育线

盘；②小实体在价格区域的较低部分形成；③上影线的长度至少是实体长度的三倍；④下影线短到可以认为不存在，如图 8-9 所示。

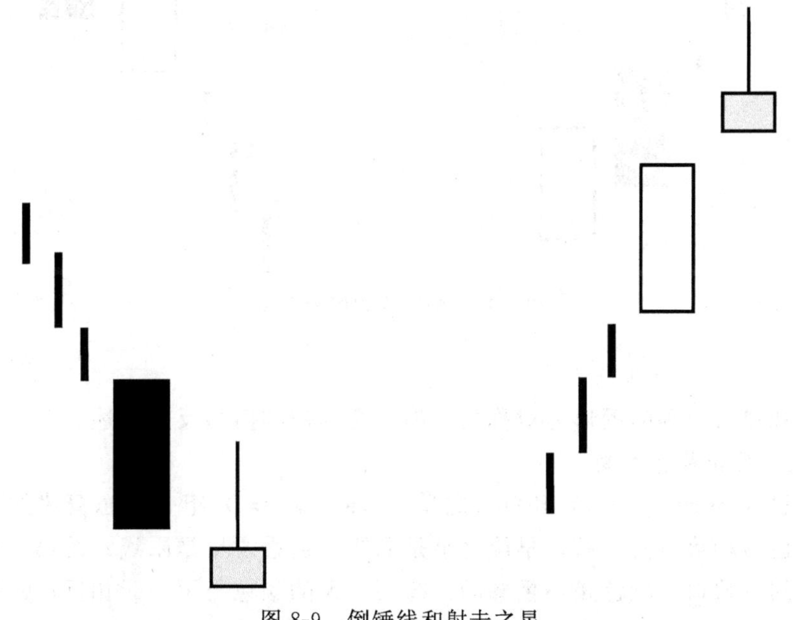

图 8-9　倒锤线和射击之星

对于倒锤线，当市场以跳空向下开盘时，延续了已有的下降趋势，当天的上冲失败了，市场最后收盘在较低的位置。如果第二天的开盘价高于倒锤线实体，潜在的趋势反转将引起空头的动摇，他们会反过来支持上升。

对于射击之星，在上升趋势中，市场跳空向上开盘，出现新高，最后收盘在当天较低的位置。后面的跳空行为只能当成看跌的信号，它会引起一些获利多头的抛盘。

5. *刺穿线和黑云盖顶*

刺穿线（piercing line）和黑云盖顶（dark cloud cover）的对称图形，是发生在下降市场的一种两线组合形态。

刺穿线组合形态概述如下：①第一天是反映继续下降的长黑实体；②第二天是白色实体，它的开盘低于前一天的最低点；③第二天的收盘在第一天的实体之内，但是高于第一天实体的中点；④刺穿线的两根线都应该是长实体，如图 8-10 所示。

对于刺穿线，形成于下降趋势中的长黑色实体保持了下降的含义，第二天的跳空低开进一步加强了下降的含义。然而，市场后来反弹了，并且收盘高得多。事实上，收盘高于长黑色实体的中点，此行为引起对投资者的关注，一个潜在的底部已经做成了。第二根线穿人第一根线的幅度越大，越像是一次成功的反转形态。

黑云盖顶组合形态概述如下：①第一天是继续反映上升趋势的长阳线；②第二天是开盘高于第一天最高点的阴线；③第二天阴线的收盘低于第一天阳线实体的中部，如图 8-10 所示。

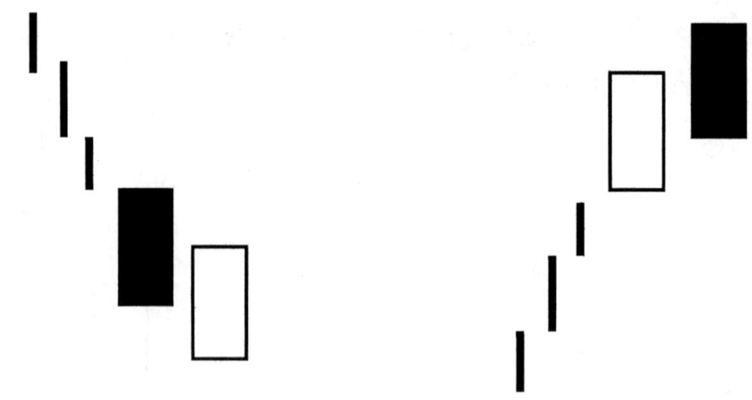

图 8-10　刺穿线和黑云盖顶

刺穿线和黑云盖顶的图形是对称的，因此有相似的但相反的叙述。

6. 早晨之星和黄昏之星

早晨之星（morning star）和黄昏之星（evening star）组合形态概述如下：①第一天的实体颜色与趋势方向一致，早晨之星是阴线，黄昏之星是阳线；②第二天的星形线与第一天之间有缺口，颜色是不重要的；③第三天的颜色与第一天相反；④第一天是长实体，第三天基本上也是长实体，如图 8-11 所示。

对于早晨之星，被一根长阴线所加强的下降趋势十分明显，很少有人怀疑下降趋势的持续。第二天价格向下跳空出现新低，交易发生在小的范围内，收盘价同开盘价接近持平，这个小实体显示了不确定性的开始。第三天价格跳空高开，收盘更高，显著的趋势反转已经发生。

黄昏之星和早晨之星的图形是对称的，因此有相似的但相反的叙述。

7. 三白兵

三白兵（three white soldiers）组合形态概述如下：①三根连续的长阳线，每天出现更高的收盘价；②每天的开盘价应该在前一天的实体之内；③每天的收盘价应该是当

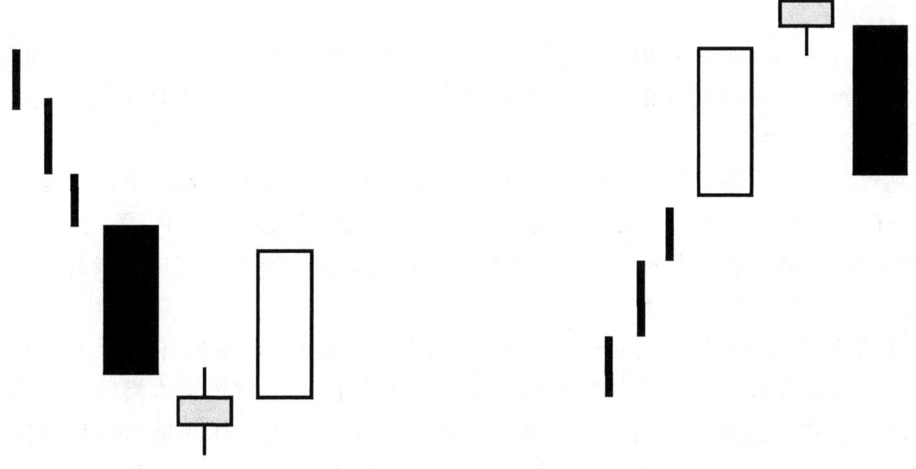

图 8-11　早晨之星和黄昏之星

天的最高价或接近最高价，如图 8-12 所示。

三白兵发生在下降趋势中，是市场中强烈反转的信号。三白兵每天的开盘价较低，收盘价却是最近的新高。这种价格运动行为非常看涨，不应该忽视。

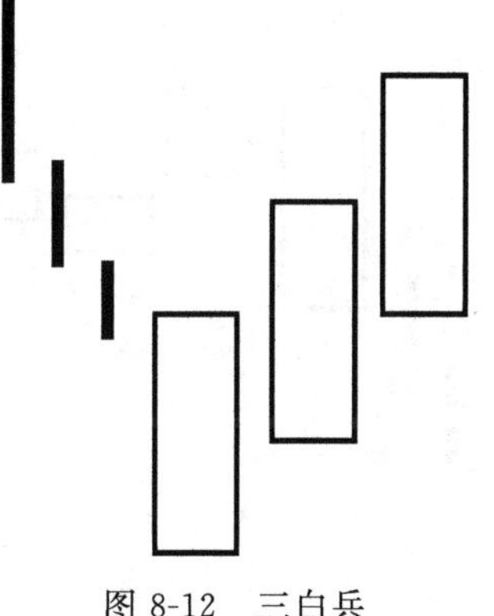

图 8-12　三白兵

8. 强弩之末

强弩之末（deliberation）组合形态概述如下：①第一天和第二天是长阳线实体；②第三天的开盘价接近第二天的收盘价；③第三天是纺轴线并极有可能有缺口，如图 8-13 所示。

强弩之末是三白兵的派生品，前面两天的长阳线创出了新高，其后是小阳线，最好是最后一天高于第二天并存在跳空缺口。因为是小实体，这说明不确定性有阻止向上移动的必要。强弩之末展示了上升的弱化。

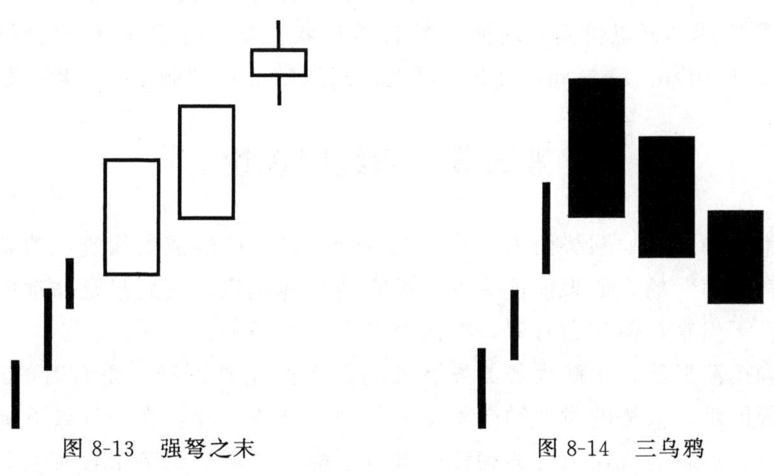

图 8-13　强弩之末　　　图 8-14　三乌鸦

9. 三乌鸦

三乌鸦（three crows）组合形态概述如下：①连续三天长阴线；②每天的收盘价出现新低；③每天的开盘价在前一天的实体之内；④每天的收盘价等于或接近当天的最低价，如图 8-14 所示。

三乌鸦与三白兵的图形是对称的，是反面的“副本”。在上升趋势中，三乌鸦呈阶梯形下降，市场要么靠近顶部，要么处在一个较高的位置已经有一段时间了。由于一根长阴线，明确的趋势倒向了下降的一边。后面两天将伴随众多的抛盘引起进一步的价格下降。

10. 上升三法和下降三法

上升三法（rising three methods）组合形态概述如下：①长实体的形成表示了当前的趋势；②长实体被一组小实体所跟随，小实体的颜色最好与长实体相反；③小实体沿着与当前趋势相反的方向或高或低地排列，并保持在第一天实体的最高价和最低价所限定的范围之内；④最后一天应该是强劲的一天，其收盘价高于第一天的收盘价，并维持了原来的趋势，如图 8-15 所示。

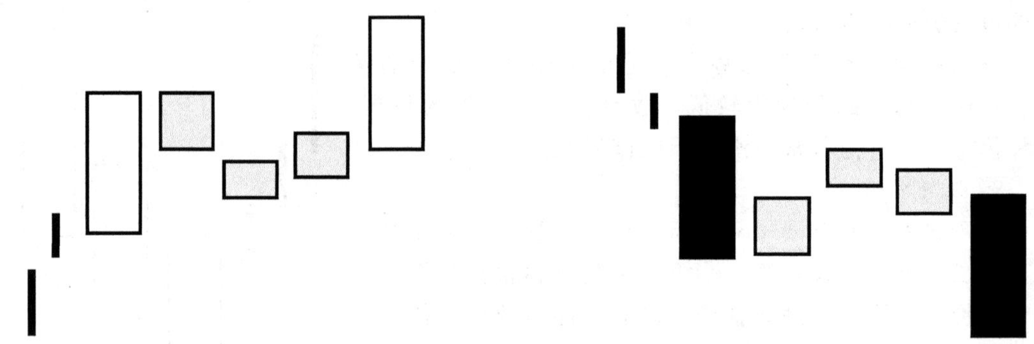

图 8-15　上升三法和下降三法

对于上升三法，长阳线形成于上升趋势之中，这条长阳线之后是一群抵抗原来趋势的小实体。这些反向的 K 线一般是阴线，但最重要的是，这些小实体都位于长阳线的最高价和最低价所限定的范围之内，最高价和最低价的范围包括上影线和下影线。上升三法最后一根 K 线的开盘价高于前面一根 K 线的收盘价，并且收盘价出现新高。

下降三法（falling three methods）是上升三法的熊市“版本”，其含义正好相反。

第三节　切线图理论

在证券市场中，要“顺势而为”，不“逆势而动”，已经成为投资者的共识。一个在证券市场上“闯荡”的人如果连这一点都没有清楚地认识，其后果是非常可怕的。在短时间内可能看不出来，但日积月累，一定会招致重大损失。

但要准确搞清形势，了解大势的发展方向是上升还是下降，是暂时的还是长久的，做到这一点很困难。大势的发展动向不是简单地上升或下降，在上升或下降的过程中一定有许多曲折，也就是说，上升的趋势中含有下降，下降的趋势中含有上升。这就给投资者在判断时造成很大的麻烦，往往容易在暂时反弹或回档还是彻底转势这个问题上出现判断失误。

一、支撑线和压力线

如果趋势已经确认了，就应该采取行动。例如，投资者已经认识到大牛市的来临，那么自然打算进入证券市场，这时就有个选择入市时机的问题。投资者总是希望在涨势的中途回落的最低点买入，这个回落的低点在哪里呢？要回答这个问题当然没有十全十美的答案，但是支撑线和压力线会给投资者一定的帮助。

（一）支撑线和压力线的含义

支撑线又称为抵抗线，是指当股价下跌到某个价位附近时，会出现买方增加、卖方减少的情况，从而使股价停止下跌，甚至有可能回升。支撑线起阻止股价继续下跌的作用。这个起着阻止股价继续下跌的价格就是支撑线所在的位置。

压力线又称为阻力线，是指当股价上涨到某价位附近时，会出现卖方增加、买方减少的情况，股价会停止上涨，甚至回落。压力线起阻止股价继续上升的作用。这个起着阻止股价继续上升的价位就是压力线所在的位置。

股价继续上升的价位就是压力线所在的位置。

在某一价位附近之所以形成对股价运动的支撑和压力，主要由投资者的筹码分布、持有成本及投资者的心理素质所决定。当股价下跌到投资者（特别是机构投资者）的持仓成本价位附近，或股价从较高的价位下跌一定程度（如 50%），或股价下跌到过去的最低价位区域时，都会导致买方大量增加买盘，使股价在该价位站稳，从而对股价形成支撑。当股价上升到某一历史成交密集区，或当股价从较低的价位上升一定程度，或上升到过去的最高价位区域时，会导致大量解套盘和获利盘地抛出，从而对股价的进一步上升形成压力。

不同的支撑和压力区域构成了价格波动发展过程中一道道防线和关卡，价格的复杂变化形态也就是在这层层压力与支撑之下按自身的规律发展变化而来。支撑线和压力线如图 8-16 所示。

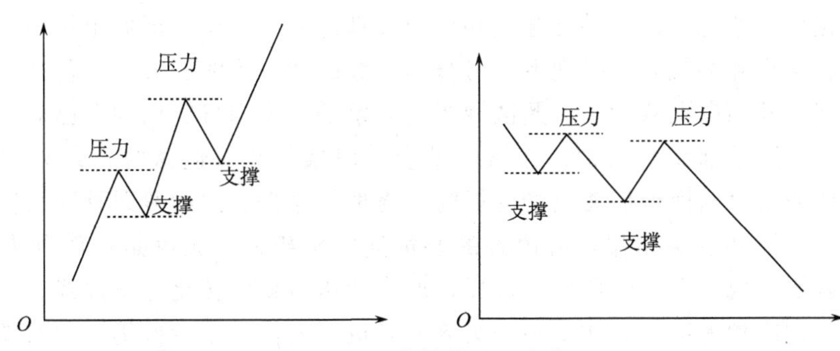

图 8-16　支撑线和压力线

（二）支撑线和压力线的作用

支撑线和压力线的作用是阻止或暂时阻止股价朝一个方向继续运动。我们知道股价的变动是有趋势的，要维持这种趋势，保持原来的变动方向，就必须冲破阻止其继续向前的障碍。例如，要维持下跌行情，就必须突破支撑线的阻力和干扰，创造出新的低点；要维持上升行情，就必须突破上升压力线的阻力和干扰，创造出新的高点。由此可见，支撑线和压力线有被突破的可能，它们不足以长久地阻止股价保持原来的变动方向，只不过是暂时停顿而已，如图 8-16 所示。

同时，支撑线和压力线又有彻底阻止股价按原方向变动的可能。当一个趋势终结了，它就不可能创出新的低价或新的高价，这时的支撑线和压力线就显得异常重要。

在上升趋势中，如果下一次未创新高，即未突破压力线，这个上升趋势就已经处在很关键的位置了，如果往后的股价又向下突破了这个上升趋势的支撑线，这就产生了一个很强烈的趋势有变的警告信号。这通常意味着这一轮上升趋势已经结束，下一步的走向是下跌。

同样，在下降趋势中，如果下一次未创新低，即未突破支撑线，这个下降趋势就已经处于很关键的位置；如果下一步股价向上突破了这次下降趋势的压力线，这就发出了这个下降趋势将要结束的强烈信号，股价的下一步将是上升的趋势，如图 8-17 所示。

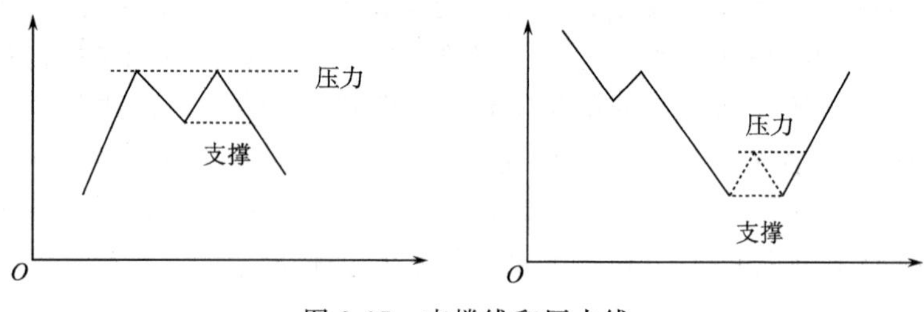

图 8-17 支撑线和压力线

（三）支撑线和压力线的相互转化

支撑线和压力线能起支撑和压力作用，很大程度上是由于心理因素方面的原因，两者的相互转化也是如此，这就是支撑线和压力线理论上的依据。证券市场中主要有三种人，即多头、空头和旁观者。旁观者又可分为持股的和持币的。假设股价在一个区域停留了一段时间后开始向上移动，在此区域买入股票的多头们肯定认为自己对了，并对自己没有多买入些股票而感到后悔。在该区域卖出股票的空头们这时也认识到自己弄错了，他们希望股价再跌回他们卖出的区域时，将他们原来卖出的股票补回来。而旁观者中的持股者的心情和多头相似，持币者的心情同空头相似。无论是这四种人中的哪一种，都有买入股票成为多头的愿望。这样，原来的压力线就转化为支撑线。

正是由于这四种人决定要在下一个买入的时机买入，所以股价稍一回落就会受到大家的关心，他们会或早或晚地进入股市买入股票，这就使价格根本还未下降到原来的位置时，上述四个新的买进大军自然又会把价格推上去，使该区域成为支撑区。在该支撑区发生的交易越多，就说明越多的股票投资者在这个支撑区有切身利益，这个支撑区就越重要。

如果股价在一个支撑区域停留一段后开始向下移动。在此支撑区内买入股票的多头认为自己错了，而卖出股票的空头和没有买入股票的则认为自己对了。无论空头或多头，他们都有抛出股票远离市场的愿望。一旦股价有所回升，尚未达到原来的支撑线，就会有股票抛压出来，再次将股价压低。

对于压力线的分析过程与上相同，只不过结论相反。

无论是支撑还是压力都不是价格波动中不可逾越的屏障。股价为保持某一个方向的变化趋势，就必须冲破各种阻力，当一个支撑被突破，那么这个支撑将成为压力；同理，一个压力被突破，这个压力将成为支撑。这说明支撑线和压力线的地位不是一成不变的，而是可以改变的，条件是它被有效的、足够强大的股价变动突破，如图 8-18 所示。

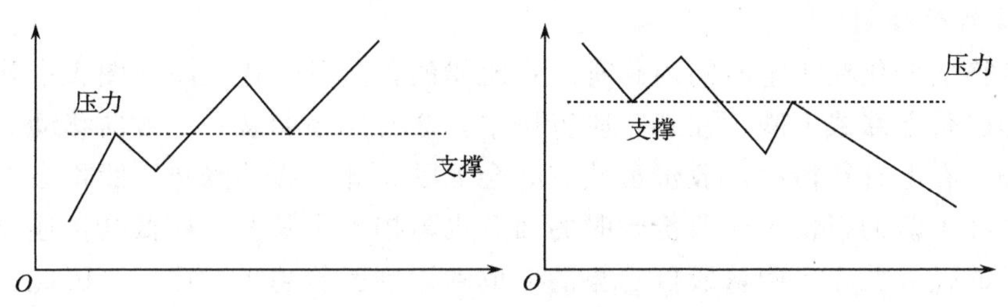

图 8-18　支撑线和压力线的转化

（四）支撑线和压力线的确认和修正

1. 支撑线和压力线的确认

如前所述，每一条支撑线和压力线的确认都是人为进行的，主要是根据股价变动所画出的图，其中有很大的人为因素。

一般来说，一条支撑线或压力线对当前影响的重要性有三个方面的考虑：①股价在这个区域停留时间的长短；②股价在这个区域伴随的成交量大小；③这个支撑区域或压力区域发生的时间距离当前这个时期的远近。很显然，股价停留的时间越长，伴随的成交量越大，离现在越近，则这个支撑或压力区域对当前的影响就越大，反之就越小。

2. 支撑线和压力线的修正

由于股价的变动，会发现原来确认的支撑线或压力线可能不真正具有支撑或压力的作用，如不完全符合上面所述的三个条件。这时，就有一个对支撑线和压力线进行调整的问题，这就是支撑线和压力线的修正。

对支撑线和压力线的修正过程其实是对现有各个支撑线和压力线的重要性的确认。每条支撑线和压力线在人们心目中的地位是不同的。股价到了这个区域，投资者心里清楚，它很有可能被突破；而到了另一个区域，投资者心里明白，它就不容易被突破。这为进行买卖提供了一些依据，不致仅凭直觉进行买卖决策。

二、趋势线和轨道线

（一）趋势线

1. 趋势线的含义

由于证券价格变化的趋势是有方向的，所以可以用直线将这种趋势表示出来，这样的直线称为趋势线。由于价格波动经常变化，可能由升转跌，也可能由跌转升，甚至在上升或下跌，跌途中转换方向，所以反映价格变动的趋势线不可能一成不变，而是要随着价格波动的实际情况进行调整。

换句话说，价格不论是上升还是下跌，在任一发展方向上的趋势线都不是只有一条，而是若干条。不同的趋势线反映了不同时期价格波动的实际走向，研究这些趋势线的变化方向和变化特征，就能把握住价格波动的方向和特征。

2. 趋势线的绘制

股票价格的变化在一定时间内是有一定规律的，这种规律反映在图表中就是一种大致趋势，即股价上涨或下跌。在某一段行情中，会有序地朝着一个方向移动，这就是股票价格趋势。在上升行情中，股价虽然有时会下跌，却不影响涨势，股价会一波高过一波地上升；在下跌的行情中，股价暂时的回升也阻挡不了跌势，新低会接连出现。股价趋势线分析的任务就在于确认股价趋势的形成和识别股价趋势的尾声。因此，趋势分析者们主张随行就市，在趋势上升时买进，在趋势下降时卖出，并根据趋势线所形成的股价形态来判断定势。

趋势线的画法就是把一条股价走势线连续的几个底（或顶）用一条直线联系起来，则这条直线就是某段行情的趋势线。其中，根据连续的几个底画成的直线称为上升趋势线，或称下跌支持线，因为它把全部市场价格支持在其上方，而根据连续的几个顶画成的直线称为下降趋势线，或称上升阻力线，因为它把某一趋势的全部成交价都压在其下方，如图 8-19 所示。

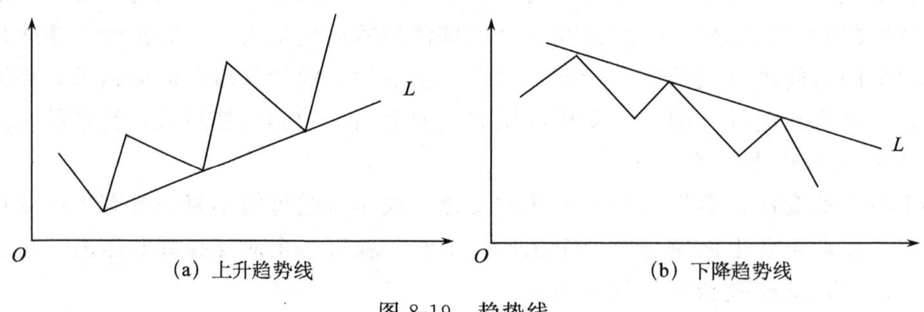

(a) 上升趋势线　　(b) 下降趋势线

图 8-19　趋势线

当股价因为整理而暂时跌破趋势线时，并不表示股价一种走势的结束和另一种走势的开始，而只是原走势的继续。因此，如果股价再现记录，就必须将早期的底（或顶）连在一起，做成新的趋势线。在某些图中，往往需画几条新的趋势线。

3. 趋势线的基本分类

（1）上升趋势线。当股价出现上涨时，如果把图中的两条或更多的价格线条的下端

（即当天的最低价）连接起来，绘成一条直线，且其他价格线的下端都保持在此直线的上方，这条直线即为上升趋势线。

上升趋势线表明股价正处于上升中，虽然以后会出现波动，价格有所下跌，但仍在上升趋势中，被大家一致看好，反过来又加强了上升趋势。出现这种图形，只要上升趋势不破，一旦股价接近该趋势线时，便是买入信号。当行情下跌，跌破该上升趋势线，特别是收盘价低于此线时，有可能是上升趋势线转移或消失的信号，此时，为防股价下跌带来的损失，可将股票在此卖出。

（2）下降趋势线。当股价出现下跌时，如果把图中的两条或更多的价格线条的上端（即当天最高价）连接成一条线，且其他价格线的上端都保持在此直线的下方，这条直线即为下降趋势线。

下降趋势线表明股价正处于下跌中，大家一致看坏该股票，所以等行情有所反弹时即抛出。投资者不要轻易入市，需耐心等待，只有当股价冲破该下降趋势线，特别是收盘价在该趋势线之上，才可以认为是下跌趋势转移或消失的信号，股价有可能上升，投资者方可以分批有步骤、有计划地进货。股价遵循趋势而移动，移动的时间有长有短。在一个长时间的趋势中又可分成几个不同走向的趋势，根据走势时间的长短，又可把趋势线分为长期趋势线、中期趋势线及短期趋势线，其中短期趋势线是不断转换着的上升趋势线和下降趋势线。因此，一个中期的趋势线可以包含很多个上升或下降的短期趋势。一个长期的趋势线也必将包含着几个上升或下降的中期趋势。只有当长期趋势线走到尽头，股价无法朝同一方向再变动时，才朝相反方向转成另一个长期变动趋势，如此周而复始、循环前进。

4. 趋势线的可信性

趋势线的作用在于分析股价走势，判断股市趋势，进而决定投资者的操作行为。因此，趋势线可信与否，直接关系着投资者在股市上的赚赔。判断趋势线的可信性主要有以下三项标准。

（1）趋势线被触及的次数。股价触及趋势线的次数越多，趋势线反映股价走势的可信程度越大。因此，股价突破被多次触及的趋势线时，要比突破被触及次数少的趋势线可信很多，作为支持线或阻力线的效力也越强，突破后的市场表现也就越激烈。

（2）趋势线的可信程度。一般而言，趋势线的倾斜度越大，市场交易价变动越激烈，趋势线的倾斜度越小，市场交易价变动越平稳，其可信性越大。而且，倾斜度大的趋势线多发生在多头市场初期，经一段涨升行情后，股价回档，形成新的趋势线。新趋势线的倾斜度低于原趋势线，反映出当股价跌落时，跌破支持线后股市形势也未必一定转坏。

（3）趋势线的时间跨度。趋势线跨越的时间越长，可信性越高，效力也越大。一般来说，趋势线跨越时间长度的大小，对股价突破的意义有很大影响。通常，股价趋势线维持的时间越长，倾斜度越小，突破后股市走势越可能反转。

（二）轨道线

轨道线又称通道线或管道线，是基于趋势线的一种方法。在已经得到了趋势线后，通过第一个峰和谷可以做出这条趋势线的平行线，这条平行线就是轨道线，如图 8-20 中的虚线所示。两条平行线组成一个轨道，这就是常说的上升和下降轨道。轨道的作用是限制股价的变动范围，让它不能变得太离谱。一个轨道一旦得到确认，那么价格将在这个通道里变动。对上面的或下面的直线的突破将意味着有一个大的变化。与突破趋势线不同，对轨道线的突破并不是趋势反转的开始，而是趋势加速的开始，即原来的趋势线的斜率将会增加，趋势线将会更加陡峭，如图 8-21 所示。

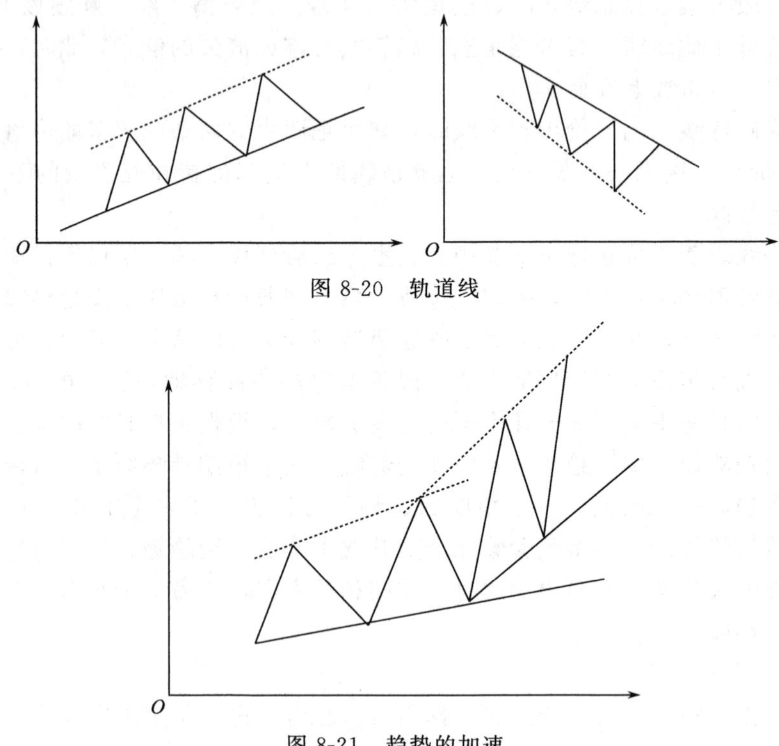

图 8-20　轨道线

图 8-21　趋势的加速

轨道线的另一个作用是提出趋势转向的警报。如果在一次波动中未触及到轨道线，离得很远就开始掉头，这往往是趋势将要改变的信号。这说明，市场已经没有力量继续维持原有的上升或下降的趋势了。

轨道线和趋势线是相互合作的一对。很显然，先有趋势线，后有轨道线，趋势线比轨道线重要得多。趋势线可以独立存在，而轨道线则不能。

三、黄金分割线和百分比线

黄金分割线与百分比线是两类重要的切线，在实际中得到了广泛的应用。这两条线的共同特点是：①它们都是水平的直线（其他的支撑线、压力线基本上是倾斜的）；②它们注重支撑线和压力线所在的价位，而对什么时间达到这个价位不过多关心。很显然，斜的支撑线和压力线随着时间的向后移动，支撑位和压力位也在不断变化。对水平切线而言，每个支撑位或压力位相对而言是固定的。为了弥补它们在时间上考虑得不周，在应用时往往画出多条支撑线或压力线，并通过分析，最终确定一条支撑线或压力线。这条被保留下来的切线就具有一般的支撑线或压力线所具有的全部特性和作用，对今后的股价预测有一定的帮助。

1. 黄金分割线

当股价持续上涨或者持续下跌到一定程度，肯定会遇到压力或支撑，遇到压力或支撑后，股价变动方向就可能发生改变。黄金分割是一个古老的数学方法，以下为其应用步骤。

（1）记住以下若干个特殊的数字。

0.191　0.382　0.618　0.809

1.191　1.382　1.618　1.809

22.38　22.61　84.236

（2）找到一个点，以便画出黄金分割线。这个点是上升行情的结束点，或者是下降行情的结束点。这个点一经确定，就可画出黄金分割线了。

例如，在上升行情开始调头向下时，我们极为关心这次下跌将在什么位置获得支撑。假设这次上升的顶点价位为 2245 点（2001 年 6 月 14 日上海股市的最高点位），则应用上述黄金分割的第一行数据得

$$1816.2=2245\times0.809$$
$$1387.4=2245\times0.618$$
$$857.6=2245\times0.382$$
$$428.8=2245\times0.191$$

这几个价位极有可能成为支撑，其中 1387.4 和 857.6 的可能性最大。

同样，在下降行情开始调头向上时，我们关心这次上涨到什么位置遇到压力。黄金分割线为此提供了一些价位，它是这次下跌的底点乘以上面的第二和第三行的数字得出。其中，以 1.382、1.618 和 2 的可能性最大。

2. 百分比线

百分比线考虑问题的出发点是人们的心理因素和一些整数位的分界点。

当股价持续向上涨到一定程度，肯定会遇到压力，遇到压力后，就要向下回撤。回撤的位置很重要。黄金分割提供了几个价位，百分比线也提供了几个价位。

以某次上涨行情开始的最低点和开始向下回撤的最高点两者之间的差，分别乘以几个特殊的百分比数，就可以得到未来支撑位可能出现的位置。

设低点是 10 元，高点是 22 元。这些百分比数一共有 10 个，如

1/8　1/4　3/8　1/2　5/8

3/4　7/8　1/1　1/3　2/3

这里的百分比线中，1/2、1/3、2/3 这三条线最为重要。在很大程度上，1/2、1/3、2/3 是人们的一种心理倾向。如果没有回落到 1/3 以下，就好像没有回落够似的；如果已经回落了 2/3，人们自然会认为已经回落够了，因为传统定胜负的方法是三局两胜。

上面所列的 10 个特殊的数字都可以用百分比表示，之所以用上面的分数表示，是为了突出整数的习惯。

四、应用切线理论应注意的问题

切线为我们提供了很多价格移动可能存在的支撑线和压力线，这些直线有很重要的

作用。但是，支撑线、压力线有突破和不突破两种可能。在实际应用中会产生一些令人困惑的现象，往往要等到价格已经离开了很远时才能够确定突破成功、突破失败。

用各种方法得到的切线提供了支撑线和压力线的位置，它们的位置所代表的价格仅是参考价格，不能把它们当成万能的工具而完全依赖它们。在证券市场影响价格波动的因素很多，支撑线和压力线仅仅是多方面因素中的一个，多个方面同时考虑才能提高正确判断的概率。

第四节　反转与持续整理图理论

一、反转图形理论

反转图形就是预示价格趋势将逆转的图形。当它出现时，投资者应保持高度警惕。反转图形主要有以下三种，如图 8-22 所示。

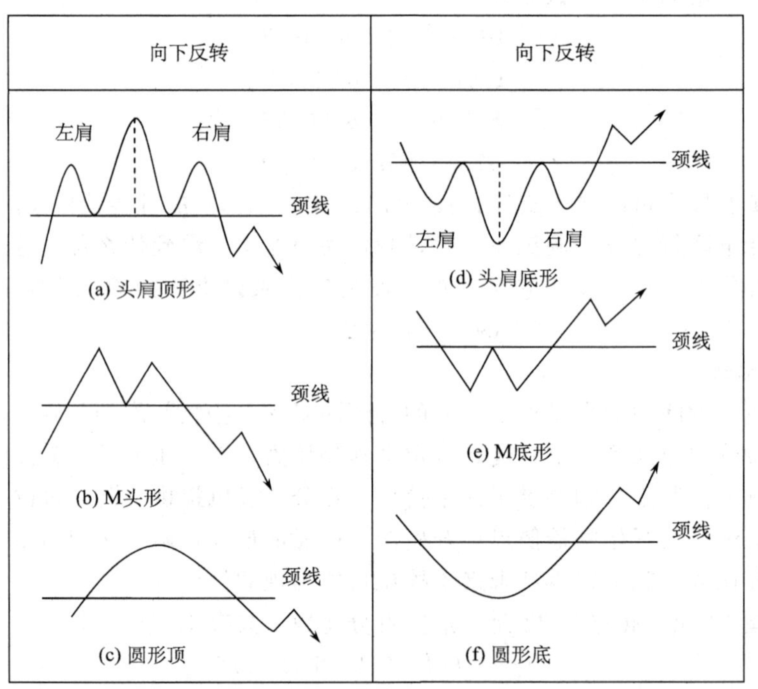

图 8-22　反转图形示意图

1. *头肩形*

头肩形是最为可靠的原始反转形态，又分为头肩顶和头肩底两种形态，如图 8-22（a）和图 8-22（b）所示。在头肩顶中，其左肩成交量往往最大，头部附近交投也很活跃，右肩在形成时，成交量明显萎缩。不过，在头肩底发生反转突破时，要有放大的成交量加以确认，而头肩顶突破向下则无此要求。头肩型有效突破的确认为收盘价突破颈线幅度达 3%以上。在绝大多数情况下，第一次突破会出现对颈线的反抽，以确认突破的有效性。一旦为有效突破，未来股价上涨或下跌的幅度从颈线突破点开始算起，至少达到形态高度。所谓形态高度是指从顶点到颈线的垂直距离，即图 8-22（a）和图 8-22（b）中的虚线距离。除了图 8-22 中的头肩形外，还存在复合头形出现，价格上升或下跌的幅度要大于简单头肩形。

2. 双重形

双重形包括双重顶（也称 M 顶）的双重底（也称 W 底）两种形态，如图 8-22（c）和图 8-22（d）所示。双重形的判断原理和头肩形差不多。一般而言，M 头的第二个顶的成交量会远低于第一个顶。W 底的第一个底部伴随着相当大的成交量，第二个底部的成交量则很低，但向上突破时必须要有大的成交量。通常第二个底部的价位会高于第一个底部，但即使第二个底部等于或稍微低于第一个底部，W 底部仍然成立。另外，无论是 M 头还是 W 底，在发生反转突破时，一般也会出现对颈线的反抽，以确认突破的有效性。双重形已经确认，上涨或下跌幅度至少达到顶或底到颈线的垂直距离。

3. 圆形

圆形又称为圆弧形、碟形、碗形等，分为圆形顶和圆形底两种形态，如图 8-22（e）和图 8-22（f）所示。圆弧形在实际中出现的机会较少，但一旦出现，则是绝好的机会，它的反转深度和高度是不可测的，这和头肩形和双重形有区别。另外，无论是圆形顶还是圆形底，在形成时，成交量都是两头多，中间少。越靠近顶或底，成交量越少，到达顶或底时成交量最少。在突破后的一段，都有相当大的成交量。圆形形成所花时间越长，以后反转的力度就越强。

二、持续整理图形分析法

持续整理图形为股价在一定范围内持续波动的图形。一般有三角形、旗形、楔形和菱形等，如图 8-23 所示。

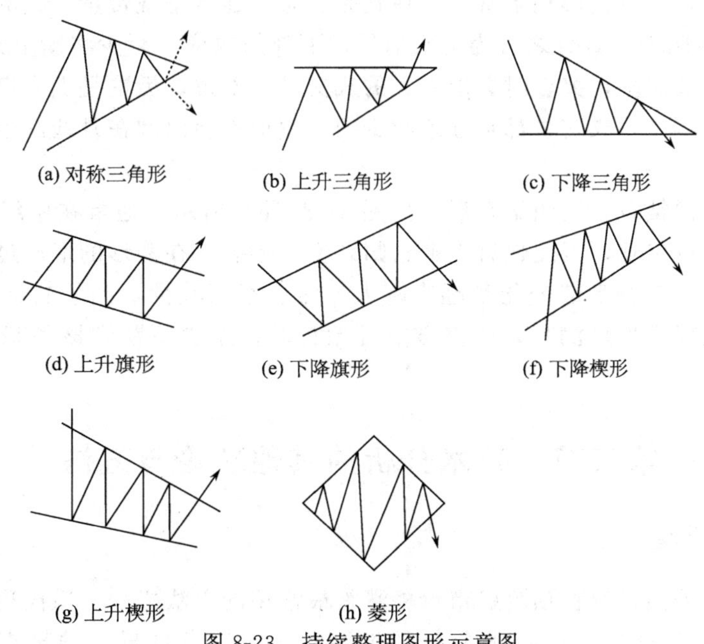

图 8-23　持续整理图形示意图

1. 三角形

三角形主要分为对称三角形、上升三角形和下降三角形等几种形态，如图 8-23 (a)、图 8-23 (b) 和图 8-23 (c) 所示。对称三角形由上下两条聚拢并最终相交的直线构成，上面的直线起压力作用，下面的直线起支撑作用，两直线的交点称为顶点。对称三角形应至少有四个转折点，一般为六个 [图 8-23 (a) 中的 A、B、C、D、E、F 都是转折点]。价格的突破在距三角形底边 1/2 或 3/4 处最为可靠，太接近顶点的突破往往以失败告终。突破后从突破点算起，价格变动幅度应至少为三角形底边的距离，即图 8-23 (a) 中虚线的距离。突破方向可上可下，但最大可能为原有趋势方向。上升三角形除了上面的直线是水平的以外，在形状上和对称三角形没有什么区别，突破方向一般向上；下降三角形同上升三角形正好相反，是看跌形态。上升三角形和下降三角形突破后上升或下跌幅度的计算方法和对称三角形相同。

2. 旗形

旗形为上下两边同时上倾或下倾并平行的图形，分为上升旗形和下降旗形两种形态，如图 8-23 (d) 和图 8-23 (e) 所示。上升旗形两边向下倾斜，看似空方占优，但最终选择向上突破，而下降旗形与之相反。旗形的上下两边起着压力和支撑作用，只要有一条被突破，旗形即告完成。旗形代表价格暂时停顿而成交量发生下降的趋势。旗形完成后价格将朝原有方向发展。旗形通常位于整段走势的中点，据此可以测算突破后的目标幅度。旗形的形成时间不能太长，一般不超过三周，并且不会出现在周线图和月线图中。

3. 楔形

楔形由上下两边同时上倾或下斜的收敛的直线构成，可分为上升楔形和下降楔形两种形态，如图 8-23 (f) 和图 8-23 (g) 所示。上升楔形一般以向下突破告终。在空头市场的反弹走势中，上升楔形相当常见，在其完成时，通常呈现带量下跌的暴跌走势。其若出现在周 K 线图上，百分之百为空头信号，下降的幅度，至少将新上升的幅度跌去。下降楔形向上突破居多，突破时必须有大的成交量。不过，无论是上升楔形还是下降楔形，在其形成过程中，成交量都是逐渐减少的。楔形不会出现在月线图中。

4. 菱形

菱形的形态像钻石，又叫钻石形，如图 8-23 (h) 所示，通常在中级下跌前的顶部或大量成交的顶点出现，因此也有人把它归入反转形态。在菱形的形成过程中，成交量呈规律性的变化：在左半部分先是越来越大，然后逐渐减少，到了右半部分则越来越小。菱形的下跌幅度也可测量，由突破点开始计算，至少下跌到该形态中最大的垂直距离。

第五节 技术分析的其他理论与方法

一、道氏理论

道氏理论是美国投资者预测股市价格涨跌最常用的方法之一。道氏理论是技术分析的肇始，是最古老最闻名的技术分析理论，由《华尔街日报》编辑查尔斯 · H. 道

(Charles H. Dow) 于 19 世纪末创立。但道氏生前并未形成系统的理论，后由当时的记者、萨缪尔逊 · A. 纳尔逊和威廉 · P. 汉密尔顿等，将散见于报纸中的道氏的思想系统化，形成了道氏理论。

道氏理论创立之初并未广为引人注目，后因其于 1929 年 10 月 23 日《华尔街日报》上撰文《浪潮转向》一文指出：牛市已经结束，熊市即将到来。同年 10 月 24 日、10 月 28 日、10 月 29 日，股市持续大跌，到 11 月股市跌到 198 点，跌幅达 48%。由于道氏理论成功地预测了大灾难即将来临而名声大噪，所以迄今为止，它仍是技术分析的基石。

(一) 牛市和熊市判别

道氏于 1897 年首先编制了道 · 琼斯股票平均数，并认为如果平均指数的波动在一段较长的时期内，其高点一个比一个高，而低点也同样一个比一个高，那就是上升趋势，即"牛市"；反之，如果指数高点一个比几个低，而低点也同样一个比一个低，便是跌势，即"熊市"。

(二) 股价运动的三种趋势

道氏理论将股价的波动分为三种。

(1) 主要趋势 (primary movement) 又称主要运动。主要趋势是指股价广泛或全面性上升或下跌的变动情形，其持续时间在一年以上，汉密尔顿认为多头市场平均应长达 27 个月之上。股价的总升（跌）幅在 20%以上。主要趋势持续上升即为多头市场，即为牛市，反之则为空头市场，即为熊市（空头市场的平均长度为 15 个月）。

(2) 次级趋势 (secondary movement)，又称次要运动。它与主要趋势的运动方向相反，并对其产生一定的牵制作用，因而被称为股价的修正趋势。在多头市场里，它是中级的下跌或调整行情；在空头市场时，它们是中级的上升或反弹行情。次级趋势的持续时间从两周至一两个月不等，股价上升或下跌的幅度一般为股价主要趋势的 1/3～2/3,大多为 50%，达不到 1/3 的很少。

(3) 短期趋势 (daily movement)，亦称日常运动。股价每天的波动或几天内的股价走势，次级趋势常由三个或三个以上的短期趋势所组成。

在三种趋势中，主要趋势是投资者最关心的甚至是唯一考虑的，其目的是想尽可能在多头市上买入股票，而在空头市场形成之前及时地卖出股票；投机者则对修正趋势较感兴趣，目的想从股价的短期波动中获利；至于短期趋势，在道氏理论看来，这种波动没有什么意义，它们也是三种趋势中唯一可以被操纵的。

(三) 主要趋势（主要运动）的三个阶段

道氏理论侧重分析大趋势、主要趋势，并认为无论是多头市场还是空头市场，主要趋势都由三个阶段组成。

(1) 多头市场的三个阶段，称牛市三阶段。第一阶段，敏感有远见的投资者感到市场将有转变，开始悄悄进货，但大多数人还不明就里，还悲观地不惜斩仓抛售，此时成交量温和放大，股价跌幅变缓或停止下跌。第二阶段，经济前景明显好转。敏感者大量买进股票，成交量增加，股价有较大升幅。第三阶段，好消息已广为播散，公众大量涌入，成交量骤增，股价直线陡升，市场一片欢腾，投机者趁机哄抬，所有股价都在奔腾上升，量急剧放大，而股价不涨。

(2) 空头市场的三个阶段。第一阶段，随着量价背离，股价滞涨，敏感的投资者开始出货，股价上下震荡后开始下跌，但大多数投资者仍处于亢奋之中，认为是上涨中的回挡，仍不断抢入，使股价反弹，成交量锐增。第二阶段，买者渐少，卖盘大盛，股价急跌，但已无暴跌现象。第三阶段，市场上坏消息弥漫，业绩优良股亦因公众无信心再坚持而纷纷下跌，但后来跌势趋缓，蓝筹绩优股开始不跌了，垃圾股价有下跌，量急剧萎缩，通常在坏消息完全出尽之前，空头市场渐趋结束。

(四) 两种指数互证

道氏理论认为，只有工业指数与铁路指数的变动出现互证时，主要趋势才能被确定。所谓互证是指两种指数同方向按牛市、熊市的判别标准变动，否则就无法确定主要趋势的走势。比如，工业股已呈上升趋势，但铁路股并未呈同样趋势。这时，工业股会为铁路股所拖累，最终无法形成多头市场。同样，若工业股铁路股呈下跌趋势，但铁路股走势相反，亦不会形成空头市场。

两种指数的互证在时间上一般是同时发生，但有时也会相差一两天，甚至几个星期或一两之久。

(五) 道氏理论评价

道氏理论开创了技术分析的先河，为后来的技术分析的发展奠定了基础。其主要价值在于预测股价的长期走势，并且颇有实效，因而广为长期投资人士所喜爱。但是，它的缺陷也十分明显，包括以下三个方面。

(1) 反应不敏感，只适合中长期。道氏理论对长期趋势反转的判断，通常要在反转行情已经进行一段时期以后才能确定，而此时已错过了投资操作的最佳时机。因此，设立铁定的止损、止盈点极为重要。此外，道氏理论主要用以预测对整个股市的长期趋势，对股市的中、短期波动则无能为力。

(2) 对个股无效。道氏理论是用以对整个股市的预测，因而它无法告诉投资者哪些股票会涨或会跌，也无法指示投资者选择股票。

(3) 指数失真。道氏理论用两种指数互证来判明大势，这在当时铁路运输在美国国民经济中具有重要地位的情况下有一定道理，但在航运、海运、公路运输权重上升，铁路运输地位下降时，仍以铁路股指数进行互证，则未必能真实反映股市的大势。

二、随机漫步理论

物理学中的布朗运动，是指分子漫无目的的无规律运动。随机漫步（random walk）理论是布朗运动的延伸，该理论认为，证券的价格是随机的。对一个在宽阔的广场上漫无边际行走的人来说，我们不知道他的下一步将走向哪个方向，一点相关的信息也没有。随机漫步理论对价格波动的认识也是这样，它认为价格下一步的起伏是没有规律可循的。

在证券市场中，价格的走向受到多方面因素的影响，一件不起眼的事情也可能对市场产生影响。从实际的较长时间的价格走势图上可以看出，价格上下起伏的机会差不多是均等的。从这个意义上讲，在一个特定的时间，可以认为价格的波动方向是随机的。

因此，随机漫步理论有一定的道理。

随机漫步理论是部分人对证券市场的看法之一，但从另一方面看，证券价格毕竟不是“运动的分子”，证券有自身素质好坏的区别，有受外界因素影响程度的区别。因此，证券价格的变化要受到一些因素制约，价格的波动不是一点规律都没有，应该存在一定的规律，只不过我们还没有充分地掌握这些规律。例如，股票市场的价格指数整体上是上升的就是一个普遍的规律。

三、波浪理论

波浪理论（wave theory）是技术分析方法的重要组成部分，是所有技术分析方法中最为神奇的理论。用波浪理论得出的一些结论和预测，在开始的时候可能被认为很荒唐，但过后却不可思议地被事实所证实。这里只简单介绍波浪理论的相关结果，详细内容可以参考相关的文献。

1. 波浪理论的形成过程和核心内容

波浪理论最初由艾略特发现并应用于证券市场，但他没有将这些结果形成完整的体系。直到 20 世纪 70 年代，柯林斯总结完善了艾略特及其后人的研究结果，出版了专著《波浪理论》，才使该理论“走红”。

艾略特受到价格上涨下跌不重复现象的启发，力图找出其上升和下降的周期性。波浪理论中的周期，时间长短可以不同，一个大周期之中存在小的周期，而小的周期又可以再细分成更小的周期，每个周期都以 8 浪结构的模式进行。这 8 个过程完结以后，周期结束，进入另一个周期，新的周期依然遵循上述模式。这就是艾略特波浪理论的核心内容，是艾略特作为波浪理论的奠基人所做出的贡献。

2. 波浪理论的价格基本形态——8 浪结构图

图 8-24 是一个上升过程周期的 8 浪结构图。无论趋势是何种规模，8 浪的基本形态结构是不会变化的——前面是 5 浪结构，后面是 3 浪结构。这 8 浪分为主浪（propulsive wave）和调整浪（corrective wave），主浪是波动的主体，调整浪是对主浪的补充。主浪和调整浪的地位是相对的，需要考虑所观察的范围。

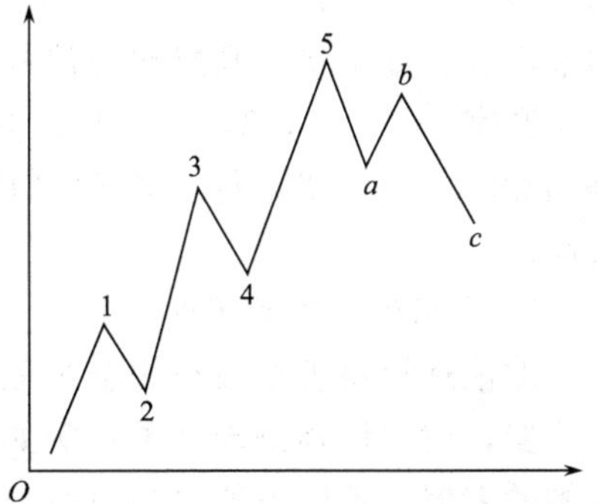

图 8-24　波浪理论的 8 浪结构图

如果某个浪的趋势方向与比它高一层次的浪的趋势方向相同，那么这一浪就称为主浪。主浪起着推动趋势发展的作用，所以又称为推动浪，图 8-24 中的 1 浪、3 浪、5 浪就是主浪。

调整浪的运行方向同它的上一层次的波浪方向不同，是对主浪的调整和补充。例如，8 浪结构中的 2 浪、4 浪是调整浪，由 a、b、c 三浪组成的大浪是对由 1 浪到 5 浪组成的大浪的调整浪。

3. 浪的合并和浪的细分波浪的层次

波浪理论考虑价格形态的时间和空间跨度是不受限制的，必然会遇到将大浪分成很多小浪和将很多小浪合并成大浪的问题，这就涉及一个浪所处的层次。

处于层次较低的几个浪可以合并成一个层次较高的大浪，而处于层次较高的一个浪又可以细分成几个层次较低的小浪，层次的高低和浪的大小是相对的。相对于高层次浪，就是小浪，相对于低层次浪，就是大浪，图 8-25 是浪的细分和合并的图形表示。

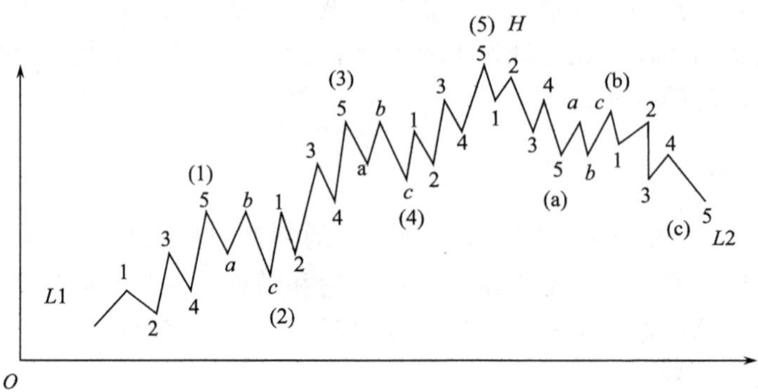

图 8-25　波浪的细分和合并

最高层次是从 $L1$ 到 H 的第一大浪和从 H 到 $L2$ 的第二大浪，共 2 浪。第一大浪和第二大浪可以分成（1）、（2）、（3）、（4）、（5）、（a）、（b）、（c）共 8 浪，这是第二层次的浪。第二层次的大浪又可以细分成图中的 1、2、3、4、5、a、b、c 的第三层次的小浪，共 34 个。

4. 斐波那契数列与波浪的数目

斐波那契数列在波浪理论的数浪中，有不可忽视的作用。从图 8-25 可以看到，第一大浪由 5 浪组成，同时又由更小的 21 浪组成，第二大浪由 3 浪组成，同时又由更小的 13 浪组成。第一大浪、第二大浪为 2 浪，分别由 8 个浪组成，同时又是由 34 个更小的浪组成。如果将最高层次的浪相加，还可以看到比 34 大的斐波那契数列中的数字。

数字 2，3，5，8，13，21，34，……就是斐波那契数列中的数字。它们的出现不是偶然的，这是艾略特波浪理论的数字基础，正是在这一基础上，才有波浪理论的发展。

5. 应用波浪理论预测

波浪理论将价格波动的全过程进行了说明，如果明确了当前价格在 8 浪结构中所处的位置，就可以预测未来了。例如，如果发现了一个 5 浪结构，而且目前处在这个 5 浪结构的末尾，就能清楚地知道将出现一个 3 浪结构的调整浪。

第六节　技术分析的研判指标

技术指标学派是技术分析中极为重要的分支。这里只介绍一些目前在中国证券市场主要的技术指标。对于指标的分类方法可以说是见仁见智。本书以技术指标的功能为划分依据，将常用技术指标分为趋势型指标，超买、超卖型指标，能量型指标，成交量型指标与大势型指标五类。

一、趋势型指标

趋势型指标主要包括两类：移动平均线和平滑异同移动平均线。

（一）移动平均线

移动平均线（moving average，MA）的计算方法就是求连续若干天市场价格（通常采用收盘价）的算术平均。天数就是 MA 的参数。10 日的移动平均线常简称为 10 日线［MA（10）］，同理有 5 日线、15 日线等概念。

1. 移动平均线的特点

最基本的思想是消除股价随机波动的影响，寻求股价波动的趋势。它具有以下几个特点。

（1）追踪趋势。MA 能够表示股价的波动趋势，并追随这种趋势，不轻易改变。但原始数据的股价图表不具备这个保持追踪趋势的特性。

（2）滞后性。在股价原有趋势发生反转时，由于 MA 的追踪趋势的特性，MA 的行动往往过于迟缓，调头速度落后于大趋势，这是 MA 一个极大的弱点。

（3）稳定性。要比较大地改变 MA 的数值，无论是向上还是向下，都比较困难，当天的股价必须有很大的变动。因为 MA 的变动是几天的变动，一天的大变动被几天一平均，变动就会变小而显示不出来。这种稳定性有优点，也有缺点，在应用时应多加注意。

（4）助涨助跌性。当股价突破了 MA 时，无论是向上突破还是向下突破，股价有继续向突破方向再走一程的愿望。

（5）支撑线和压力线的特性。由于 MA 的上述 4 个特性，它在股价走势中起支撑线和压力线的作用。MA 的被突破，实际上是支撑线和压力线的被突破，从这个意义上就很容易理解后面将介绍的葛氏法则。

MA 参数的作用就是调整 MA 上述几方面的特性。参数选择得越大，上述的特性就越大。比如，突破 5 日线和突破 10 日线的助涨助跌的力度完全不同，10 日线比 5 日线的力度大。

使用 MA 通常是对不同的参数同时使用，而不是仅用一个。虽然参数的选择有些差别，但一般都包括长期、中期和短期三类的 MA。长期、中期、短期是相对的。

2. 葛兰威尔（Granville）法则 MA 的使用

最常见的是葛兰威尔法则，简称葛氏法则。以下是葛氏法则的内容。

（1）平均线从下降开始走平，股价从下上穿平均线；股价连续上升远离平均线，突然下跌，但在平均线附近再度上升；股价跌破平均线，并连续暴跌，远离平均线。以上三种情况均为买入信号。

（2）平均线从上升开始走平，股价从上下穿平均线；股价连续下降远离平均线，突然上升，但在平均线附近再度下降；股价上穿平均线，并连续暴涨，远离平均线。以上三种情况均为卖出信号。

需要说明的是，每天的股价实际上是参数为 1 的 MA。股价相对移动平均线实际上是短期 MA 相对长期 MA。从这个意义上说，上述法则中股价相对 MA 的所有叙述，都可以换成短期相对于长期 MA。

股市中常说的死亡交叉和黄金交叉，实际上就是向上向下突破压力线或支撑线的问题。对葛氏法则的记忆，只要掌握了支撑和压力的思想就不难记住。在盘整阶段或趋势形成后中途休整阶段，以及局部反弹和回落阶段，MA 极易发出错误的信号，这是使用 MA 时最应该注意的。另外，MA 只是作为支撑线和压力线，站在某线之上，当然有利于上涨；但并不是说就一定会涨，支撑线有被击穿的时候。

（二）平滑异同移动平均线

1. 平滑异同移动平均线的计算公式

平滑异同移动平均线（moving average convergence divergence，MACD）由正负差（difference，DIF）和异同平均数（difference exponential average，DEA）两部分组成，DIF 是核心，DEA 是辅助。DIF 是快速平滑移动平均线与慢速平滑移动平均线的差。快速和慢速的区别是进行指数平滑时采用的参数大小不同，快速是短期的，慢速是长期的。

以现在常用的参数 12 和 26 为例，对 DIF 的计算过程进行介绍。

快速平滑移动平均线采用 12 天参数，其计算公式为

今日 EMA（12）＝［2/（12＋1）］×今天收盘价＋［11/（12＋1）］×昨日 EMA（12）

慢速平滑移动平均线采用 26 天参数，其计算公式为

今日 EMA（26）＝［2/（26＋1）］×今天收盘价＋［25/（26＋1）］×昨日 EMA（26）

在以上两个公式中，我们分别采用 2/13 和 2/27 作为平滑因子。但这并不是一成不变的，如果选用别的时间系数，也可以套用上述公式，但平滑因子将会不同。

DIF＝EMA（12）－EMA（26）

单独的 DIF 也能进行行情预测，但为了使信号更可靠，引入了另一个指标 DEA。DEA 是 DIF 的移动平均，也就是连续数目的 DIF 的算术平均。

2. MACD 的应用法则

利用 MACD 进行行情预测，主要是从以下两个方面进行：①以 DIF 和 DEA 的取值和这两者之间的相对取值对行情进行预测。其应用法则如下。一是 DIF 和 DEA 均为正值时，属多头市场。DIF 向上突破 DEA 是买入信号；DIF 向下跌破 DEA 只能认为是回落，作获利了结。二是 DIF 和 DEA 均为负值时，属空头市场。DIF 向下突破 DEA 是卖出信号；DIF 向上穿破 DEA 只能认为是反弹，作暂时补空。②指标背离原则。如果 DIF 的走向与股价一向相背离，则此时是采取行动的信号，至于是卖出还是买入要依 DIF 的上升或下降而定 MACD 的优点是去掉了 MA 产生的频繁出现的买入卖出信号，使发出信号的要求和限制增加，避免假信号的出现，用起来比 MA 更有把握。MACD 的缺点同 MA 一样，在股市没有明显趋势而进入盘整时，失误的时候较多。另外，对未来股价的上升和下降的深度不能提供有帮助的建议。

二、超买、超卖型指标

超买、超卖型指标主要包括四种：威廉指标、随机指标、相对强弱指标和乖离率。

（一）威廉指标

威廉指标（W%R）最早起源于期货市场，由 Jarry Williams 于 1973 年首创。目前已经成为中国股市中被广泛使用的指标之一。WMS 表示的是市场处于超买还是超卖状态。

1. 编制方法

假设，C 为当日收市价，为 n 日内最低价，H_n 为 n 日内最高价，则

$$W\%R=\frac{H_n-C}{H_n-L_n}\times 100$$

式中，n 为分析周期所选参数，一般设为 10 日或 20 日。现具体以表 8-1 的实例说明威廉指标的计算。

表 8-1　威廉指标的计算

日期	收盘价/元	最高价/元	H_3	最低价	L_3	W%R (3)
1	8.30	8.35	—	8.25	—	—
2	8.20	8.28	—	8.18	—	—
3	8.23	8.25	8.35	8.20	8.18	70.59
4	8.25	8.27	8.28	8.13	8.13	70.20
5	8.37	8.37	8.37	8.22	8.13	0

2. 应用法则

（1）当 W%R 下跌至 80 以下水平后，再向上突破 80 超卖线时，即为买进信号。

（2）当 W%R 上升至 20 以上水平后，向下跌破 20 超买线时，为卖出信号。

（3）当 W%R 由超卖区向上爬升时，只是表示行情趋势转向，若是突破 50 中轴线，便是涨势转强，可以考虑追买。

（4）当 W%R 由超买区向下滑落，跌破 50 中轴线，可以确认跌势转强，应追卖。

（5）当 W%R 进入超买区，并非表示行情会立即下跌，在超买区内波动，只是表示行情仍然处于强势之中，直至只回头跌破“卖出线”时，才是卖出信号；反之亦然。一次信号可考虑卖出一半或 1/3。

（6）若 W%R 只向下碰触底部 4 次，则第 4 次碰触时，是一个相当良好的买点；相反，若向上碰触顶部（即 0%）4 次，则第 4 次碰触时，是一个相当良好的卖点。

注意：碰触顶（或底）的具体次数，因对不同的个股而有所不同；也因行情处在不同的时期而有所不同。这一点需要读者根据不同的具体情况，自己去摸索。

3. 优缺点

W%R 指标的优点如下。

（1）该指标能较早地发现行情的转向信号，对付突发性行情的反应很灵敏，使投资

者能从容处之。

(2) 集超买超卖信号和买卖信号于一身，能让投资者明白，出现超卖信号不等于可以买进，它只是警告投资者不要盲目在此价值追卖而已；反之，发出超买信号，也不等于就可以卖出，它只是警告投资者不要盲目在此价值追买。

W%R 指标的缺点如下。

(1) 杂讯较多，投资者往往弄不清哪一个才是真正的买入信号或卖出信号。

(2) 超买之后再超买，超卖之后再超卖几乎是家常便饭，经常使投资者多不敢多，空也不敢空，左右为难。

(二) 随机指标

随机指标（KDJ）的中文名称是随机指数（stochastics），是由 George Lane 首创的。与威廉指标一样，最早也起源于期货市场。

1. KDJ 指标的计算公式和理论上的依据

产生 KDJ 以前，先产生未成熟随机值（raw stochastic value，RSV），计算公式为

$$\mathrm{RSV}=\frac{\text{当日收盘价}-N\text{ 日内最低价}}{N\text{ 日内最高价}-N\text{ 日内最低价}}\times 100$$

式中，N 为时间参数，一般取值视需要而定，通常取为 9。RSV 值说明当日收盘处于 N 日内最高、最低价位高度内的位置百分比，该数值越大说明越接近最高价。

2. KDJ 指标的应用法则

KDJ 指标是三条曲线，在应用时主要从五个方面进行考虑：KD 取值的绝对数字；KD 曲线的形态；KD 指标的交叉点；D 指标的背离；J 指标的取值大小。

(1) 从 KD 的取值方面考虑。KD 的取值范围都是 0～100，将其划分为几个区域：80 以上为超买区，20 以下为超卖区，其余为徘徊区。

根据这种划分，KD 超过 80 就应该考虑卖出了，低于 20 就应该考虑买入了。应该说明的是，上述划分只是一个应用 KD 指标的初步过程，仅是信号，完全按这种方法进行操作很容易招致损失。

(2) 从 KD 指标曲线的形态方面考虑。当 KD 指标在较高或较低的位置形成了头肩形和多重顶（底）时，是采取行动的信号。注意，这些形态一定要在较高位置或较低位置出现，位置越高或越低，结论越可靠。

对于 KD 的曲线我们也可以画趋势线，以明确 KD 的趋势。在 KD 的曲线图中仍然可以引进支撑和压力的概念。某一条支撑线和压力线的被突破，也是采取行动的信号。

(3) 从 KD 指标的交叉方面考虑。K 与 D 的关系就如同股价与 MA 的关系一样，也有死亡交叉和黄金交叉的问题，不过这里交叉的应用是很复杂的，还附带很多其他条件。

以 K 从下向上与 D 交叉为例：K 上穿 D 是金叉，为买入信号。但是出现了金叉是否应该买入，还要看别的条件：①一个条件是金叉的位置应该比较低，是在超卖区的位置，越低越好。②第二个条件是与 D 相交的次数。有时在低位，K、D 要来回交叉好几次。交叉的次数以两次为最少，越多越好。③第三个条件是交叉点相对 KD 线低点的位

置，这就是常说的“右侧相交”原则。是在D已经抬头向上时才同D相交，比D还在下降时与之相交要可靠得多。

(4) 从KD指标的背离方面考虑。在KD处在高位或低位，如果出现与股价走向的背离，则是采取行动的信号。

当KD处在高位，并形成两个依次向下的峰，而此时股价还在一个劲地上涨，这叫顶背离，是卖出的信号；与之相反，KD处在低位，并形成一底比一底高，而股价还继续下跌，这构成底背离，是买入信号。

(5) J指标取值超过100和低于0，都属于价格的非正常区域，大于100为超买，小于0为超卖。

(三) 相对强弱指标

相对强弱指标（relative strength index，RSI）是与KDJ指标齐名的常用技术指标。RSI以一特定时期内股价的变动情况推测价格未来的变动方向，并根据股价涨跌幅度显示市场的强弱。

1. RSI的计算公式

RSI通常采用某一时期（N天）内收盘指数的结果作为计算对象，来反映这一时期内多空力量的强弱对比。RSI将n日内每日收盘价或收盘指数涨数（即当日收盘价或指数高于前日收盘价或指数）的总和作为买方总力量A，而n日内每日收盘价或收盘指数跌数（即当日收盘价或指数低于前日收盘价或指数）的总和作为卖方总力量B。

先找出包括当日内的连续$n+1$日的收盘价，用每日的收盘价减去上一日的收盘价，可得到n个数字。这n个数字中有正有负。

$$A = n\text{ 个数字中正数之和}$$

$$B = n\text{ 个数字中负数之和}X(-1)$$

$$\text{RSI}(n) = \frac{A}{A+13} \times 100$$

式中，A为n日中股价向上波动的大小；B为n日中股价向下波动的大小；$A+B$为股价总的波动大小。

RSI实际上是表示股价向上波动的幅度占总波动的百分比。如果比例大就是强市，否则就是弱市。

RSI的参数是天数n，一般取5日、9日、14日等。RSI的取值范围为0～100。

2. RSI的应用法则

(1) 不同参数的两条或多条RSI曲线的联合使用。参数小的RSI我们称之为短期RSI，参数大的我们称之为长期RSI。两条或多条RSI曲线的联合使用法则与两条均线的使用法则相同，即：①短期RSI＞长期RSI，则属多头市场；②短期RSI＜长期RSI，则属空头市场。

当然，这两条只是参考，不能完全照此操作。

(2) 根据RSI取值的大小判断行情。

将100分成4个区域，根据RSI的取值落入的区域进行操作。划分区域的方法如表8-2所示。

表 8-2　RSI 的区域

RSI值	市场特征	投资操作
80～100	极强	卖出
50～80	强	买入
20～50	弱	卖出
0～20	极弱	买入

“极强”与“强”的分界线和“极弱”与“弱”的分界线是不明确的，这条分界线实际上是一个区域，也可以取30、70或者15、85。应该说明的是，分界线位置的确定与RSI的参数和选择的股票有关。一般而言，参数越大，分界线离中心线50就越近；股票越活跃，RSI所能达到的高度越高，分界线离50就应该越远。

(3) 从RSI的曲线形状判断行情。当RSI在较高或较低的位置形成头肩形和多重顶（底），是采取行动的信号。这些形态一定要出现在较高位置和较低位置，离50越远，结论越可靠。

另外，也可以利用RSI上升和下降的轨迹画趋势线，此时，起支撑线和压力线作用的切线理论同样适用。

(4) 从RSI与股价的背离方面判断行情。RSI处于高位，并形成一峰比一峰低的两个峰，而此时，股价却对应的是一峰比一峰高，这叫顶背离，是比较强烈的卖出信号。与此相反的是底背离：RSI在低位形成两个底部抬高的谷底，而股价还在下降，是可以买入的信号。

3. RSI的优点和缺点

(1) RSI能显示市场是处于超卖区还是处于超买区，预期价格将见顶下跌或见底回升等，但RSI只能作为一个警告信号，并不意味着市场必然朝这个方向发展，尤其在市场剧烈震荡时，必须参考其他指标综合分析，不能单独依赖RSI。

(2) 背离走势的信号对于使用者而言，通常都是事后历史而且有背离走势发生之后，行情并无反转的现象，有时背离一两次才真正反转，因此要比较准确的判断，还须不断分析历史资料以提高经验。

(3) 在牛市行情时，RSI在40～60徘徊，虽有时突破阻力线和压力线，但价值无实际变化。

(四) 乖离率

乖离率（BIAS）是测算股价与移动平均线偏离程度的指标，其基本原理是：如果股价偏离移动平均线太远，不管是在移动平均线上方或下方，都有向平均线回归的要求。

1. BIAS的计算公式

BIAS的计算是以当日移动平均值为参照，计算出价格与移动平均值之间的差距，

即乖离率程度，以乖离率程度除以移动平均数值得到的百分比即为乖离率。其计算公式为

$$y_n = \frac{\text{当日收盘价} - n \text{ 日移动平均值}}{n \text{ 日移动平均值}}$$

式中，n 可以自行设定，如 $n=10$，20，30 等。

2. BIAS 的应用

BIAS 的原理是如果股价偏离移动平均线太远，不管是在移动平均线上方或下方，都有向平均线回归的要求。因为证券价格有向心趋势，主要由人们心理因素造成。另外，证券价格的变化也会引起供求关系的变化，最终寻求一种平衡。

(1) BIAS 的取值。BIAS 的使用是确定一个合理的正数和负数，作为 BIAS 的变动范围，只要 BIAS 超过这个正数，说明价格偏离过多，风险增大，如果 BIAS 超过这个负数，说明价格负向偏离过多，可能回升，机会增大。所以 BIAS 的使用关键在于正负数的确定，与以下因素有关：①移动平均线的参数。BIAS 计算时，参数越大，允许正负值的绝对值越大。②选择的具体股票。越活跃的股票，允许偏离的范围也越大。③时势的不同。市场暴涨暴跌和一般行情下，允许的偏离范围不同。

对于 BIAS 的具体取值这里提供参考数字，但仅供参考，具体情况下需进行适当的调整。BIAS (5) ＞3.5％，BIAS (10) ＞5％，BIAS (20) ＞8％是卖出时机；

BIAS (5) ＜－3％，BIAS (10) ＜－4.5％，BIAS (20) ＜－7％是买入时机。

从以上数字可以看出，同一 BIAS 的正负数选择不是对称的，正数的绝对值要比负数的绝对值大一些，原因是人们追涨的意愿总是比杀跌的意愿强。

(2) BIAS 的曲线形态分析。即对于 BIAS 所形成的曲线可以利用前面所讲的趋势分析、形态分析方法进行分析。

(3) 两条 BIAS 线结合分析。当短期 BIAS 线在高位下穿长期 BIAS 时，是卖出信号；短期 BIAS 线在低位上穿长期 BIAS 线，是买入信号。

三、能量型指标

能量型指标主要包括三种：心理线（psychological line，PSY）、人气指标（AR）、买卖意愿指标（BR）和中间意愿指标（CR）。

（一）PSY

PSY 主要是从股票投资者买卖趋向的心理方面，对多空双方的力量对比进行分析。

1. PSY 的计算公式及参数

心理线作为情绪指标的一种，主要由一段期间内收盘价涨跌天数的多少探究市场交易者的内心趋向，以此卖出的依据，它能精确地显示股价的高峰和低谷。心理线的计算方法比较简单，计算公式为

$$\text{PSY} = \frac{N \text{ 日内上涨的天数}}{N} \times 100\%$$

式中，N 可自由设定，一般取 N 为 5、10、20、30 等。下面以 $N=5$ 的情况来具体计算说明 PSY 的计算。具体计算如表 8-3 所示。

表 8-3　PSY 的计算

日期	收盘价	涨跌情况	涨跌天数	PSY（5）
1	7.8	—	—	—
2	7.9	+	—	—
3	7.7	—	—	—
4	7.4	—	—	—
5	7.6	+	2	40
6	7.8	+	3	60

2. PSY 的应用法则

（1）在盘整局面，PSY 的取值应该在以 50 为中心的附近，上下限一般定为 25 和 75。PSY 取值在 25～75，说明多空双方基本处于平衡状况。如果 PSY 的取值超出了这个平衡状态，就是超卖或超买。

（2）PSY 的取值如果高得过头了或低得过头了，都是行动的信号。一般说来，如果 PSY<10 或 PSY>90。这两种极端低和极端高的局面出现，就可以不考虑别的因素而单独采取买入和卖出行动。

（3）当 PSY 的取值第一次进入采取行动的区域时，往往容易出错。这一条对 PSY 来说尤为重要。所以几乎每次都要求 PSY 进入高位或低位两次以上才能采取行动。

（4）PSY 的曲线如果在低位或高位出现大的 W 底或 M 头，也是买入或卖出的行动信号。

（5）PSY 线一般最好同股价曲线配合使用，这样更能从股价的变动中了解超买或超卖的情形。我们常碰到的背离现象在 PSY 中也是适用的。

（二）人气指标、买卖意愿指标和中间意愿指标

AR、BR 和 CR 是描述多空双方力量对比的指标，它们从不同的角度对多空双方的力量进行了描述，效果各有千秋，应用时应当结合使用。

1. 构造 AR、BR 和 CR 的基本原理

多空双方的争斗是从某一个基点水平（或者是均衡价位）开始的。股价在这个基点水平的上方，说明多方处于优势；反之，股价若处于这个基点水平的下方，则说明空方处于优势。AR、BR 和 CR 这三个技术指标从各自不同的角度选择了基点水平。AR、BR 和 CR 构造的原理是相同的，都是用距离基点水平或均衡价位的远近描述多空的实力，远的就强，近的就弱。所不同的是基点水平或者说是均衡价位的选择不同。AR、BR 和 CR 的结合使用可以相互弥补各自的不足。

2. AR 指标

AR 指标又称人气指标或买卖气势指标。AR 选择的市场均衡价值（或者说是多空双方都可以接受的暂时定位）是每一个交易日的开盘价。以最高价到开盘价的距离描述多方向上的力量，以开盘价到最低价的距离描述空方向下的力量。这样，多空双方在当日的强弱程度就简单地被描述出来了。由于目前实行的是集合竞价产生开盘价，这使得以开盘价作为当日多空双方正式开始进行争斗的均衡起点更具有实际意义。

1）AR 指标的计算公式和参数

AR 的计算公式为

$$多方的强度 = H - O$$

$$空方的强度 = O - L$$

式中，H 为交易当天的最高价；L 为最低价；O 为当天开盘价。

以上只是某一天的多空强度情况，因为单纯用一天的情况来显示市场多空力量强弱有较大的偶然性。那么我们可以选用一段时间内的多空强度来进行分析，以提高 AR 的可靠程度。

经过改进的 AR 计算公式为

$$AR(N) = P_1/P_2 \times 100\%$$

式中，$P_1 = \sum (H-O)$，为 N 天内多方强度的总和；$P_2 = \sum (O-L)$，为 N 天内空方强度的总和；N 为时间参数。

2）AR 指标的应用法则

（1）从 AR 的取值上看大势所处的状态。一般来说，当 AR 取值在 80～120 时，为盘整状态。上述 80～120 只是一个经验数字，对不同的股票应该选择不同的参数。

在多头市场里，AR 的取值几乎都在 100 以上，并且随着多方强度的不断增加，AR 的取值会不断地上升。根据经验，当 AR 的取值大于 150 时，是卖出信号。

在空方市场里，AR 的取值在大多数情况下是在 100 以下，随着空方力量的增大，AR 的取值会不断下降。根据经验，当 AR 取值小于 60 时，是买入信号。

（2）从 AR 与股价的背离方面看趋势。同大多数技术指标一样，AR 指标也可以适用顶背离和底背离原则。

（3）AR 指标与 BR 指标的结合使用。这个内容将在介绍 BR 指标时介绍。

3. BR 指标

与 AR 指标不同的是，BR 指标选择的是以前一天的收盘价作为基点水平，比 AR 指标更能全面地反映股市中的暴涨暴跌，而 AR 指标损失了开盘后跳空的信息。BR 指标可以单独使用，也可以同 AR 指标结合使用。

1）BR 指标的计算公式和参数

BR 的计算公式为

$$BR = P_1/P_2 \times 100\%$$

式中，$P_1 = \sum (H-Y_C)$，为在 N 天内多方强度的总和；$P_2 = \sum (Y_C-L)$，为 N 天内空方强度的总和；H 为今天的最高价；L 为今天的最低价；Y_C 为昨天的收盘价。

BR 显示的是某一段时间内多空双方的总强度的对比。BR 值越大，那么多头的力量就越大；BR 值越小，那么表示空头的力量就占据上风。多空双方的 BR 平衡值为 100（也可以用 100%来表示），显示市场力量处于均势。

2）BR 指标的应用法则

对 BR 指标的应用主要是从以下几个方面进行考虑。

(1) 从 BR 的取值上看大势所处状态。BR 取值在 100 附近，则多空双方力量相当，谁也不占明显的优势。BR 取值越大，多方优势越大；BR 取值越小，空方优势越大。当 BR 在 70～150 时，认为股市处在整理阶段，多空双方的力量至多是一方稍占优势，谁都没有足以击垮对方的力量。70～150 是经验上的界限，对具体的情况要进行调整。主要因素是参数选择的不同和股票选择的不同。另外，当 BR 指标处在盘整局面时，从形态学的角度看，股价的走势也呈股价的走势也呈现出持续整理的形态，应该根据形态学的知识对此时的情况加以判断。

在多头市场里，BR 的取值一定很高，并且随着多头强度的增加，BR 的取值还会上升。

一般说来，BR>300 时，应注意股价的回头向下。当然，300 这个数字也是经验数字，应该对其进行修正。与此情况相反，在空头市场里，BR 的取值一定很低，并且随着空方力量的增加，BR 还会进一步下降。以考虑买入。一般说来，量的增加，BR 还会进一步下降。当 BR 的取值低到一定程度，就可以考虑买入。一般说来，BR<40 时，应注意股价的向上反弹。

(2) 从 BR 指标与股价的背离方面看趋势。BR 指标有领先股价达到峰顶和谷底的功能，同大多数技术指标一样，BR 指标也可以用于顶背离和底背气原则。

(3) AR 指标和 BR 指标的结合使用。一般而言，BR 指标的取值比 AR 的大一些。从图形上看，BR 指标总在 AR 指标的上方或总在 AR 指标的下方。

AR 指标可以单独使用，而 BR 指标一般应同 AR 结合使用。如果 AR、BR 都急剧上升，则说明股价离顶峰已经不远了，持股者应考虑获利了结。如果 AR 被 BR 从上往下穿破，并且处在低位，则是逢低买进的信号。如果 BR 急剧上升，AR 指标未配合上升，而，盘整或小幅波动，是逢高出货的信号。

3) 应用 BR 指标应注意的问题

BR 指标和 AR 指标在取值上的最大区别在于 BR 指标在极特殊情况下可能产生负值而 AR 指标永远不会产生负值。

以下是对负值的处理方式。

(1) 将取负值的 BR 指标一律认为是取 0 值，也就是将负值用 0 代替。

(2) 改变 BR 的计算公式，使其不产生负值。下面介绍两种方法供参考。

方法一：每一日多空双方的强度 $H-Y_C$ 和 Y_C-L，都以非负值计数，若出现负值，则以 0 计。比如，$H-Y_C<0$，则以 0 代替原来的 Y_C。

方法二：这种方法是在方法一的基础上进一步改进形成的。在以 0 代替取负值的多空强度的同时，另一方的强度也要相应地进行改变。

例如，设 $Y_C-L<0$，则说明今天产生了向上跳空缺口

$$空方强度=0$$

$$多方强度=H-Y_C+\beta(L-Y_C)$$

式中，β 为调整系数，是人为确定的，0 的大小反映对缺口的看重程度，一般以小于 3 为宜。同理，$Y_C<0$ 时，说明今天产生了向下跳空缺口。

$$空方强度 = Y_C - L + \beta(Yc - H)$$

$$多方强度 = 0$$

一般以最为简单的方法来处理 BR 为宜。同大多数技术指标一样，当股价第一次进入到 BR 指标采取行动的区域时，应该特别小心。

4. CR 指标

CR 指标又叫中间意愿指标。为避免 AR 指标和 BR 指标的不足，在选择多空双方均衡点时，CR 指标采用了中间价。大多数情况下，收盘价和中间价相差不大，产生出来的 CR 指标也和 BR 指标很接近。

1）CR 指标的计算公式为

$$CR(N) = P_1/P_2 \times 100\%$$

式中，$P_1 = \sum(H - Y_M)$，为 N 天来多方强度的总和；$P_2 = \sum(Y_M - L)$，为 N 天来空方强度的总和；N 为时间参数；Y_M 为昨天交易的中间价；H 和 L 分别为今天的最高价和最低价。

Y_M 计算方法有时会因人而异，它是通过对昨天交易的最高价、最低价、开盘价与收盘价进行加权平均而得到的，其各个价格的权重可以由分析者自行确定，目前比较流行的中间价计算方法有以下四种。

$$Y_M = (2C + H + L)/4$$

$$Y_M = (C + H + L + O)/4$$

$$Y_M = (C + H + L)/2$$

$$Y_M = (H + L + C)/3$$

以上四种方法可以由交易者根据自己的偏好来自主确定使用其中的哪种。

2）CR 指标的应用法则

CR 指标的构造原理和方法与 AR 指标和 BR 指标是相同的，CR 指标的上升和下降，反映的也是多空双方力量的消长。反过来，多空双方力量对比的变化，也会在 CR 指标取值的大小上得到体现。

总的来说，CR 指标的应用法则同 AR 指标和 BR 指标是相似的。

（1）从 CR 指标的取值方面考虑。CR 指标的取值低于 90 时，买入一般较为安全。不过，90 这个数字也是个参考，当然，CR 指标越低买入越安全。当 CR 指标取值比较大时，应考虑卖出，这个时候应该参考 AR 指标和 BR 指标的表现。

（2）从 CR 指标的形态方面及背离方面考虑。同别的指标一样，只要形成指标与股价在底部和顶部的背离，都是采取行动的信号。

3）应用 CR 指标应注意的问题

CR 指标比 BR 指标更容易出现负值，当出现负值时，最简单的方法就是将负值的 CR 指标一律当成 0；当 CR 指标第一次发出行动信号时，往往错误的可能性比较大。

4）AR、BR 和 CR 指标的缺陷

K 线理论中，上影线越长，越不利于上升，下影线越长，越不利于下降。而在这三个指标中，上下影线越长，都是利于同方向的，因为该指标认为下影线越长，说明空方力量越强；上影线越长，说明多方力量越强。这些指标的基本出发点和K线理论中的结果产生了矛盾，这是在应用AR、BR和CR指标时应该注意的。

四、成交量型指标

成交量型（OBV）指标中最常用的是指标。OBV的中文名称直译是“平衡交易量”，人们更多地称其为能量潮。OBV是由Granville于20世纪60年代提出并广泛流行的，用以验证当前股价走势的可靠性，并可以由OBV得到趋势可能反转的信号。比起单独使用成交量来，OBV比成交量看得更清楚。

1. OBV的计算公式

OBV的计算公式很简单，假设已经知道了上一个交易日的OBV，就可以根据今天的成交量及今天的收盘价与上一个交易日的收盘价的比较计算出今天的OBV。用数学公式表示为

今日OBV＝昨日OBV＋sgn×今天的成交量

式中，sgn是符号的意思，sgn可能是＋1，也可能是－1，今收盘价＞昨收盘价时，sgn＝＋1；今收盘价＜昨收盘价时，sgn＝－1。成交量是成交股票的手数，不是成交金额。

2. OBV的构造原理

OBV构造的基本原理是根据潮涨潮落的原理。把股市比喻成一个潮水的涨落过程，如果多方力量大，则向上的潮水就大，中途回落的潮水就小。衡量潮的大小的标准是成交量。成交量大，则潮水的力量就大；成交量小，则潮水的力量就小。每一天的成交量可以理解成潮水，但这股潮水是向上还是向下，是保持原来的大方向，还是中途的回落，由当天收盘价与昨天收盘价的大小比较而决定。

（1）如果今收盘价＞昨收盘价，则这一潮属于多方的潮水。

（2）如果今收盘价＜昨收盘价，则这一潮属于空方的潮水。

3. OBV的应用法则和注意事项

（1）OBV不能单独使用，必须与股价曲线结合使用才能发挥作用。

（2）计算OBV有一个选择最初值的问题，最初值可自行确定。

（3）OBV曲线的上升和下降对进一步确认当前股价的趋势有着很重要的作用。具体包括：①股价上升（下降），而OBV也相应地上升（下降），则更可以确认当前的上升（下降）趋势。②股价上升（下降），但OBV并未相应地上升（下降），则对目前的上升（下降）趋势的认定程度就要大打折扣。这就是背离现象，OBV已经提前告诉我们趋势的后劲不足，有反转的可能。

（4）对别的技术指标适用的形态学和切线理论的内容也同样适用于OBV曲线。W底和M头等著名的形态学结果也适用于OBV。

（5）在股价进入盘整区后，OBV曲线会率先显露出脱离盘整的信号，向上或向下突破，且成功率较大。

五、大势型指标

大势型指标主要对整个证券市场的多空状况进行描述，一般只用于研判证券市场整

体形势，而不能用于个股，而其他大多数技术指标都是既可以用于个股，又可以用于整个市场的。一般都是以各种指数（综合指数或成分指数）来描述市场状况，以下介绍的腾落指数（advance/decline line，ADL）、涨跌比（advance/decline ratio，ADR）、超买超卖指标（over bought over sold，OBOS）三个指数从某个角度讲，能够弥补综合指数的不足，提前向我们发出信号。

（一）ADL

ADL，即上升下降曲线的意思。ADL 是分析趋势的，它利用简单的加减法计算每天股票上涨家数和下降家数的累积结果，与综合指数相互对比，对大势的未来进行预测。

1. ADL 的计算公式

假设已知知道了上一个交易日的 ADL 的取值，则今日的 ADL 值为

$$今日\ ADL=昨日\ ADL+NA-ND$$

式中，NA 为当天所留股票中上涨的家数；ND 为当天下跌的股票家数。

涨跌的判断标准是以今日收盘价与上一日收盘价相比较（无涨跃者不计）ADL 的初始值可取为 0。

2. ADL 的应用法则和注意事项

（1）ADL 的应用重在相对走势，并不看重取值的大小。这与 OBV 是相似的。

（2）ADL 只适用于对大势未来走势变动的参考，不能对选择股票提出有益的帮助。

（3）ADL 不能单独使用，要同股价曲线联合使用才能显示出作用。具体包括：①ADL与股价同步上升（下降），创新高（低），则可以验证大势的上升（下降）趋势，短期内反转的可能性不大。②ADL 连续上涨（下跌）了很长时间（一般是 3 天），而指数却向相反方向下跌（上升）了很长时间，这是买进（卖出）信号，至少有反弹存在。这是背离的一种现象。③在指数进入高位（低位）时，ADL 并没有同步行动，而是开始走平或下降（上升），这是趋势进入尾声的信号。这也是背离现象。④ADL 保持上升（下降）趋势，指数却在中途发生转折，但很快又恢复原有的趋势，并创新高（低），这是买进（卖出）信号，是后市多方（空方）力量强盛的标志。

（4）形态学和切线理论的内容也可以用于 ADL 曲线。

（5）经验证明，ADL 对多头市场的应用比对空头市场的应用效果好。

（二）ADR

涨跌比，即上升下降比。由于与 ADL 有一定的联系，ADR 又称为回归式腾落指数。ADR 是由股票的上涨家数和下跌家数的比值，推断证券市场多空双方力量的对比，进而判断出证券市场的实际情况。

选择几天的股票上涨和下跌家数的总和，目的是为了避免某一天的特殊表现而误导判断。目前，比较常用的参数为 10。ADR 还可以选择别的参数，如 5，25。ADR 的图形是在 1 附近来回波动的，波动幅度的大小以 ADR 的取值为准。影响 ADR 取值的因素很多，主要是公式中分子和分母的取值。参数选择得越小，ADR 上下波动的空间就越大。曲线的起伏就越剧烈；参数选择得越大，ADR 上下波动的幅度就越小，曲线上下起伏越平稳，这一点同大多数技术指标是一致的。

（1）从 ADR 的取值看大势。ADR 的取值范围是 0 以上。从理论上讲，ADR 的取值可以取得很大，但实际情况中，ADR＞3 都很困难。一般来说，由 ADR 的取值可以把大势分成几个区域，ADR 取值在 0.5～1.5 是 ADR 处在常态的状况，多空双方谁也不占大的优势，这个区域是 ADR 取值较多的区间。

在极端特殊的情况下，主要是突发的利多、利空消息引起股市暴涨暴跌的情况下，ADR 常态状况的上下限可以扩大一些，上限可以达 1.9，下限可以到 0.4。

超过了 ADR 常态状况的上下限，就是非常态的状况。ADR 进入非常态状况就是采取行动的信号，表示上涨或下跌的势头过于强烈，股价将有回头的可能。ADR 在常态状况说明多空双方对现状的认可，这个时候买进或卖出股票都没有太大的把握。

（2）从 ADR 与综合指数的配合使用方面观察。这种观察主要是从以下两方面进行的：①ADR 上升（下降）而综合指数同步上升（下降），则综合指数将继续上升（下降），短期反转的可能性不大。②ADR 上升（下降）而综合指数向反方向移动，则短期内会有反弹（回落）。这是背离现象。

（3）从 ADR 曲线的形态上看大势。ADR 从低向高超过 0.5，并在 0.5 上下来回移动几次，就是空头进入末期的信号。ADR 从高向低下降到 0.75 之下，是短期反弹的信号。在多头市场开始时，在上升的第一段和第二段，ADR 的取值可能会极快地增加，应用时应注意常态的上下限调整。

ADR 先下降到常态状况的下限，但不久就上升并接近常态状况的上限，则说明多头已具有足够的力量将综合指数拉上一个台阶。

（4）ADR 常态状况的上下限的取值是可能变化的，与选择的参数有关。参数越大，上下限离 1 越近；参数越小，上下限离 1 越远。ADR 是以 1 作为多空双方的分界线的。

（5）由于 ADR 选择的是多空双方力量相除来表示力量对比，所以 ADR 距离 1 的远近不能用惯用的绝对数衡量。

（三）OBOS

超买超卖指标，也是运用上涨和下跌的股票家数的差距对大势进行分析的技术指标。与 ADR 相比含义更直观，计算更简便。

1. OBOS 的计算公式

OBOS 是用一段时间内上涨和下跌股票家数的差距来反映当前股市多空双方力量的对比和强弱。ADR 选择的是两者相除，而 OBOS 选择的方法是两者相减。OBOS 的计算公式为

$$\mathrm{OBOS}(N) = \sum \mathrm{NA} - \sum \mathrm{ND}$$

式中，$\sum$ NA 为一定时间内（即 N 日内）每天上涨的股票数的总和；$\sum$ ND 为在 N 日内每天下跌的股票数的总和；N 为 OBOS 的时间参数，市场中比较习惯的时间参数一般为 10 天，也可以根据交易者的分析习惯加大或者缩小。

选择相除还是相减是从两个方面描述多空双方的差距，只是方法不同，本质并未改变。从直观上看，OBOS 的多空平衡位置应该是零，也就是 $\sum$ NA＝ $\sum$ ND 的时候。OBOS 大于零或小于零就是多方或空方占优势。

2. OBOS 的应用法则和注意事项

(1) 当市场处于盘整时期，OBOS 取值应该在 0 的上下来回摆动。当市场处在多头市场时，OBOS 应该是正数，并且距离 0 较远。同样，市场处在空头市场时，OBOS 应该是负数，并且距离 0 较远。一般而言，距离 0 越远，则力量越大，势头越强劲。具体 OBOS 大于多少或小于多少才算多方或空方占绝对优势，受上市股票总的家数、参数的选择的直接影响。其中，参数选择可以确定，参数选择得越大，OBOS 一般越平稳；但上市股票的总家数则是不能确定的因素。这是 OBOS 弱于 ADR 之处。

(2) 当 OBOS 过分的大或过分的小时，都是采取行动的信号。具体的数字应该从实践中总结，而且应随时调整。

(3) 当 OBOS 的走势与指数背离时，也是采取行动的信号，大势可能反转，这是背离的又一应用。

(4) 形态理论和切线理论中的结论也可用于 OBOS 曲线。如果 OBOS 在高位（低位）形成 M 头（W 底）则就是卖出（买入）的信号。连接高点或低点的切线也能帮助我们看清 OBOS 的趋势，进一步验证是否与股价指数的走势发生背离。

(5) OBOS 曲线第一次进入发出信号的区域时，应该特别注意是否出现错误。

(6) OBOS 比 ADR 的计算简单，意义直观易懂，所以使用 OBOS 的时候较多，使用 ADR 的时候就少些。但应以 OBOS 为主，以 ADR 为辅，放弃 ADR 是不对的。

关键概念

技术分析	长期趋势
中期趋势	短期趋势
缺口	发转形态
整理形态	股价移动平均线
技术指标	

本章小结

(1) 每种技术分析方法只注重证券市场的某个方面，从特殊的角度进行分析研究，而证券市场的运行方式是不断发生变化的，不可能技术分析方法每次都能全面周到地应付。

(2) K 线又称为日本线，在欧美称为蜡烛线。K 线理论起源于 200 年前日本的米市，最初的 K 线理论被日本人总结成 Sakata 法。不同的 K 线组合代表了不同的含义，要学会识别不同 K 线代表的含义。

(3) 支撑线又称为抵抗线，是指当股价下跌到某个价位附近时，会出现买方增加、卖方减少的情况，从而使股价停止下跌，甚至有可能回升。压力线又称为阻力线，是指当股价上涨到某价位附近时，会出现卖方增加、买方减少的情况，股价会停止上涨，甚至回落。

(4) 反转图形就是预示价格趋势将逆转的图形。当它出现时，投资者应保持高度警惕。反转图形主要有以下几种头肩形、双重形和圆形。

(5) 技术分析的其他理论与方法：道氏理论、随机漫步理论和波浪理论。

(6) 常用的技术指标有趋势型指标、平滑异同移动平均线、威廉指标、随机指标、相对强弱指标、乖离率、心理线和AR指标等。

复习思考

(1) 道氏理论的要点是什么？它对技术分析有何贡献？

(2) 什么是股价变动的趋势线？如何确认趋势线的有效突破？

(3) 什么是支撑与阻力？如何判断和分析支撑与阻力？

(4) 缺口的种类有几种？它们各有什么意义？

(5) 什么是股价移动平均线？什么是葛兰维尔投资法则？如何应用乖离率和指数平滑异同平均线？

(6) 什么是波浪理论？它的基本原则是什么？

(7) 试述不同时期移动平均线排列与交叉的意义。

(8) 股票的量价关系有何重要意义？可借助哪些技术指标分析股票的量价关系？

(9) 常用的市场分析指标有哪些？它们各有什么意义？

案例分析

走势图分析技术概要

具体步骤如下：先看时间维度大的图，后看时间维度小的图，先看周线，然后看日线、小时线、分钟线。每个时间维度都要看，具体的买卖点要在分钟线上找。

观察每个时间维度的图形要分三个步骤。

第一步是在走势图上识别趋势。这要看裸图，就是不附加任何技术指标的图，这很重要，有了技术指标会让你看不清图形的本来面目，所以要把技术指标从主图上删除掉。识别三种趋势：上升趋势、下降趋势、横盘趋势。其中横盘趋势分两种，一种是大幅震荡区间，一种是狭幅盘整区间，识别区间走势很重要，因为趋势行情产生于区间走势，这是一个循环过程。在任何时间维度内，趋势之后便是区间，区间之后变是趋势，周而复始。区间是平衡，市场由打破平衡到新的平衡，再到打破新的平衡，这是一个自然的市场循环过程。所以我们首先要识别走势图上，从哪里到哪里是上升趋势，从哪里到哪里是下跌趋势，从哪里到哪里是横盘区间走势。

第二步是识别趋势所对应的成交量。看成交量并不是看单独一两根的，看成交量是看阶段的。一两根的成交量意义不大，阶段性的成交量才具有重要意义。第一步我们辨别了走势图上的趋势，第二步我们就要看相应的趋势阶段的成交量，如图中某个上升趋势阶段中对应的阶段成交量是什么样子的？是逐步增加的，还是逐步缩量的？

第三步看技术指标。看完价格趋势和成交量对于盘感好的操盘手来说已经对整体趋势和具体买卖点心有成竹，再看技术指标已经没有什么必要。这里要看技术指标的是那些系统交易者，因为很多交易系统都是由指标构成的。我也是系统交易者，所以我也要走到第三步，去看技术指标。指标有两大类，一种是趋势指标，一种是震荡指标。对应的是趋势交易系统，和均值回归交易系统。我是趋势交易者，所以我只看趋势指标。

指标有两个关键作用：第一个作用是构成某些交易系统的具体买卖点，但指标达到特定值时发出买卖信号，根据此信号操作；第二个作用是对第一步中的裸图分析进行钝化，过滤了一些价格突然随机波动的部分和一些假信号。指标是滞后的，但在识别趋势上比较稳定可靠。

以上是一个严格的分析程序，必须严格按程序进行分析，顺序不能颠倒，否则思路会产生混乱。最关键的部分还是分析走势图时的心态，不应该带有先入为主的观点。要看到市场本身发生的实际情况是什么，而不是你在看了基本面信息和新闻评论之后大脑中形成的先入为主的观点。这很重要，不要和市场争辩，就是不要和走势图争辩。

思考：

试用以上走势图分析技术分析某大盘股走势。

第九章　金融资产的定价和选择

本章提要

任何一种金融资产都有其特定的价格，那么金融资产是如何进行定价的呢？本章详细介绍了资产组合投资收益和风险的衡量，马柯维茨的资产组合理论等金融资产的价值评估的基本方法，结合图表讲述了传统资本资产定价模型的方法及其特点，并阐述了代表性的几种资产定价模型的新理论。

重点难点

- 了解资产组合投资收益与风险的衡量。
- 掌握马柯维茨资产组合理论的核心思想及数学表达。
- 理解资本资产定价模型的内涵。
- 掌握传统的资本资产定价模型的推导。

引导案例

宝钢权证①

宝钢权证于2005年8月22日上市交易，其权证方案为：流通股股东每持有10股将获得2.2股股份和1份行权价为4.5元的存续期为378天的认购权证。要计算宝钢权证的价格，首先要确定宝钢股市上市日前的股票价格，取8月21日收盘价来计算权证价格，宝钢股份的收盘价为4.58元。

宝钢股份年初增发，股票出现异常走势，用过去1年的波动率27.39%计算权证价格不合适，天相钢铁指数的波动率为24.24%，所以取微高于指数波动率的整数值25%来计算宝钢权证的价格。无风险利率为1年期银行存款税后利率等于1.8%，计算时使用摊薄的Black-Scholes模型。通过天相权证计算模块测算，宝钢权证的价格为0.5467元，考虑到Black-Scholes模型中的某些假设在中国市场是无效的，模型求出来的理论价格有所偏高，所以我们对理论价格折价10%。因此，测算的宝钢权证的价格为0.4920元。

案例思考：

投资者如何根据宝钢股份的市场价格的变化对宝钢权证做出正确的投资决策。

---

① 资料来源：www.cs.com.cn.

第一节　金融资产价值评估基本方法

一、资产组合投资收益和风险的衡量

（一）单个资产的投资收益和风险的衡量

单一资产或资产组合的收益与风险的衡量包括两类：历史的风险与收益以及预期的风险与收益。对于历史的风险与收益主要采用统计的方式计算得出，预期的风险与收益可以用多种指标反映，如可以用均值、中位数等反映预期收益，用方差、标准差等反映预期风险。

现代投资理论认为，对单个资产而言，资产未来收益的期望值是衡量资产投资收益的最好方法。资产的期望收益等于资产各种可能收益的加权平均数，权数是各种可能收益的发生概率。r_i 表示第 i 情况下的可能收益，p_i 为第 i 种情况发生的概率，n 表示共有 n 种可能情况发生。那么期望收益 $E(r)$ 为

$$E(r)=p_1r_1+p_2r_2+\cdots+p_nr_n=\sum_{i=1}^{n}p_ir_i$$

同时，现代投资理论采用资产的预期收益的方差（或标准差）来衡量单一资产的投资风险。即

$$\sigma^2=\sum_{i=1}^{n}p_1[r_i-E(r)]^2$$

（二）资产组合的投资收益与风险的衡量

资产组合的投资收益等于组合中各种资产的期望收益的加权平均数，权数是各种资产在整个资产组合中的投资比重。资产组合 P 的期望收益 $E(r_p)$ 可用以下的公式计算：

$$E(r_p)=x_1E(r_1)+x_2E(r_2)+\cdots+x_nE(r_n)=\sum_{i=1}^{n}x_iE(r_i)$$

式中，x_i 为资产 i 占资产组合 P 的投资比重；$E(r_i)$ 为资产 i 的期望收益；n 为资产组合 P 包含的资产数。

同样，资产组合的风险也由组合收益率的方差（或标准差）来衡量，不过资产组合的方差不仅取决于组合内各资产自身方差的大小，而且取决于组合内各资产间的协方差的大小。

$$\sigma_P^2=\sum_{i=1}^{n}\sum_{j=1}^{n}\mathrm{cov}_{ij}x_iy_j$$

式中，当 $i\neq j$ 时，cov_{ij} 表示资产 i 与资产 j 收益的协方差，反映了两种资产的收益在一个共同周期中变动的相关程度。当 $i=j$ 时，$\mathrm{cov}_{ij}=\sigma_i^2=\sigma_j^2$。

协方差与相关系数（用 ρ 表示）的关系如下：

$$\mathrm{cov}_{ij}=\rho_{ij}\sigma_i\sigma_j$$

即资产 i 与资产 j 两者收益的协方差等于这两种资产收益的相关系数与其各自收益的标

准差的乘积。

（三）资产组合与风险分散化

首先考虑只含有两个资产的组合，其预期收益和风险为

$$E(r_p)=x_1E(r_1)+x_2E(r_2)$$

$$\sigma_P^2=\sum_{i=1}^{n}\sum_{j=1}^{n}\mathrm{cov}_{ij}x_iy_j=x_1^2\sigma_1^2+x_2^2\sigma_2^2+2x_1x_2\sigma_1\sigma_2\rho_{12}$$

可以看到，期望收益 $E(r_p)$ 取决于两个资产的预期收益和投资比重；但是方差除了受两个资产的方差和投资比重影响外，还受到两个资产的相关性（即相关系数）影响。

当 $\rho=1$ 时，表明两种资产的收益完全正相关，即两种资产收益的变动大小和方向完全相同，此时 $\sigma_p=\sqrt{(x_1\sigma_1-x_2\sigma_2)^2}=|x_1\sigma_1-x_2\sigma_2|$，资产组合的期望收益率和标准差呈线性关系。在图 9-1 中，点 A 代表资产 a，点 B 代表资产 b，线段 AB 上的点就代表了资产 a 和资产 b 完全正相关时的组合。

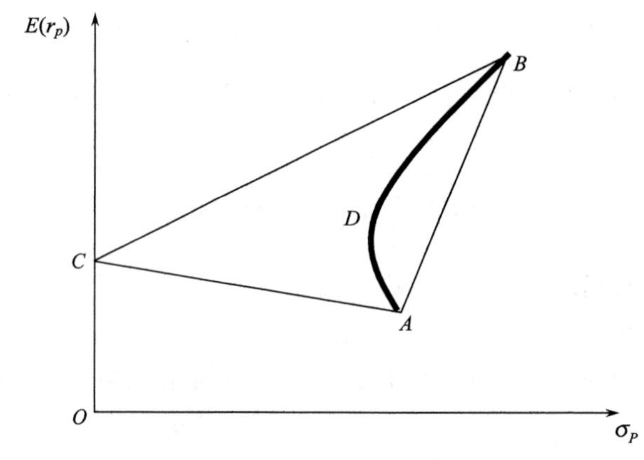

图 9-1　证券组合的期望收益率和标准差

当 $\rho=-1$ 时，表明两种资产的收益完全负相关，即两种资产收益的变动大小相同而方向相反；$\sigma_p=\sqrt{(x_1\sigma_1-x_2\sigma_2)^2}=|x_1\sigma_1-x_2\sigma_2|$，当 $x_1\sigma_1=x_2\sigma_2$ 时，该组合不存在任何风险，如图 9-1 中的点 C。而图 9-1 中的折线 ABC 则表示资产 a 与资产 b 完全负相关时的组合。

当 $-1>\rho>0$ 和 $0<\rho<1$ 时，所有的组合落在三角形 ABC 内，且给定一个相关系数，相应的组合是一条曲线，如图 9-1 中的曲线 ADB。

从图 9-1 还可以看到，当相关系数从 -1 变化到 1 时，资产组合的风险逐渐增大。当 $\rho=1$ 时，σ_P 最大，资产组合的风险等于组合中两种资产风险的加权平均数；当 $\rho=-1$ 时，σ_P 最小，并且，在满足一些特殊条件时，σ_P 可以降为 0。

由此可知，除非相关系数等于 1，否则两个资产的投资组合的风险始终小于单独投资这两个资产的风险的加权平均数，即通过资产组合，可以降低投资风险。这一结论具有普遍意义，推广到 n 个资产组合也是成立的（由于推导涉及较多的数学知识，所以

在此不作证明）。因此，只要投资者选择的几种证券不完全同步波动就可以降低投资风险，这就是组合投资的风险分散化原理。

但是有一点需要说明的是，尽管随着资产品种的增加，组合风险会降低，但是，当资产达到一定数量时，组合风险下降的速度会减慢，最终使组合的风险等于证券市场的系统性风险，而组合的非系统性风险等于 0。

（四）风险、效用与风险厌恶

现代投资理论对投资者对于收益和风险的态度有两个基本假设：一个是不满足性；另一个就是厌恶风险。

所谓不满足性，是指投资者在其他情况相同的两个投资组合中进行选择时，总是选择那个具有较高预期收益率的组合。即投资者用相同的资本投资，总是希望能够获得更多的财富。

所谓厌恶风险，是指投资者在其他情况相同的两个投资组合中进行选择时，总是选择那个具有较低风险（即标准差较小）的组合。

投资者的目标是投资效用最大化，而投资者的效用水平由期望收益率和标准差两个变量决定。所谓效用是指一件物品对个人欲望的满足程度，而资产组合的效用就是指它给投资者带来的收益和风险对投资者欲望的满足程度。多数投资者的欲望包括贪婪和安全，收益越高就越能满足投资者的贪欲，风险越小就越给投资者以安全感。

既然投资收益和风险分别由期望收益率和标准差来衡量，投资者的效用水平就由期望收益率和标准差的大小来决定。如果以期望收益率为横轴、以收益率的标准差为纵轴，构建一个坐标平面，并以不同的“期望收益率-标准差”的组合代表相应的资产或资产组合，那么所有的资产及其组合必然落在这个平面内。假定投资者能够对不同组合的效用进行排序，且任意两个组合 a 和 b 的效用关系只能是 $U_a>U_b$，$U_a<U_b$，$U_a=U_b$ 三种情况中的一种。而无差异曲线由效用水平相同的点组成，即表示投资者认为这些组合对他而言是无差异的、等价的。

对一般投资者而言，当投资风险（标准差）增大时，必须有更高的期望收益率作为补偿，效用水平才不会下降，这就是所谓的风险厌恶者，如图 9-2（a）所示；而对风险喜好者而言，尽管期望收益有所降低，但只要有获得高收益的机会，效用水平还可以维

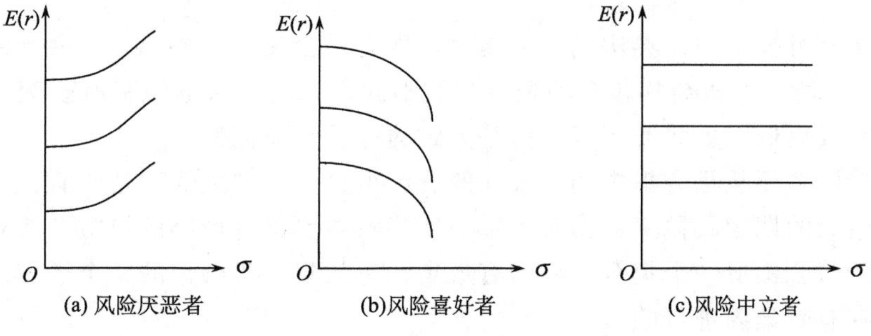

图 9-2

持不变，如图 9-2（b）所示；而风险中立者并不在乎投资风险的大小，对他们而言，资产组合的效用水平完全取决于预期收益率的高低，如图 9-3（c）所示。

在现代投资理论中，假定投资者都是风险厌恶型的，也即与图 9-2（a）的情形类似，无差异曲线凸向原点。

二、马柯维茨的资产组合理论

（一）理论背景和基本假设

在 20 世纪 50 年代之前证券市场上的投资者主要是个人，在此之前的投资理论主要是站在个人投资者的角度教人们如何赚钱。20 世纪 50 年代，证券市场上的投资机构快速发展壮大，对于规模庞大的机构投资者而言，风险控制成为首要问题，而他们又不可能像个人投资者那样精确把握种类繁多的投资品种。投资实践的发展迫切需要全新的理论指导，资产组合理论便应运而生了。

马柯维茨的资产组合理论建立在如下的假设条件之上。

（1）投资者追求高收益和低风险。前已述及，对于两个预期收益率相等的资产组合，投资者追求风险较小的一个；对于两个风险水平相当的资产组合，投资者更偏好收益率较大的一个。

（2）资产收益率是服从正态分布的随机变量，投资者用期望收益率和收益率的方差（或标准差）两个统计指标来衡量证券投资收益和风险的大小。

（3）投资者的效用水平由期望收益率和标准差两个变量决定，并且无差异曲线是凸向原点的。

（4）投资者按照假设条件 1 行动，会遇到风险和收益之间的两难选择。投资者选择的最大预期收益的证券组合，极有可能也是风险最高的，而通过分散化投资降低了风险的同时，预期收益也有可能被降低了。

（二）最优资产组合的选择

根据马柯维茨的假定，投资者仅根据组合的预期回报率和标准差来做选择。一种最简单的方法是投资者计算出每个投资组合的期望收益率和标准差，再根据各自的效用函数计算出每个组合的效用水平，逐一加以比较，就可以找到最理想的资产组合。不过，现实中的证券数以千计，这种方法显然过于繁杂，于是马柯维茨又提出“有效集定理”来简化选择过程。

市场上所有可投资的证券构成一个集合，称为机会集。一般地，机会集的形状好像伞盖，如图 9-3 所示。机会集包含的证券种类不同，它的形状也会有所改变，可能更左或更右、更高或更低、更胖或更瘦，但是大致的样子是类似的。

理性的投资者要从机会集中选择最优的资产组合，而“最优”意味着：①对于每一风险，提供最大的期望收益率；②对于每一期望收益率，有最小的风险。所有同时满足这两个条件的组合构成一个集合，称为有效集，有效集是机会集的一个子集。投资者的选择其实是在有效集内进行的。

如何从机会集中找出有效集呢？在图 9-3 中，可行集是有闭合曲线 $ABCD$ 包围的区域（包括曲线本身）。观察曲线 ABC，由于它处在可行集的最左边，所以在相同预期

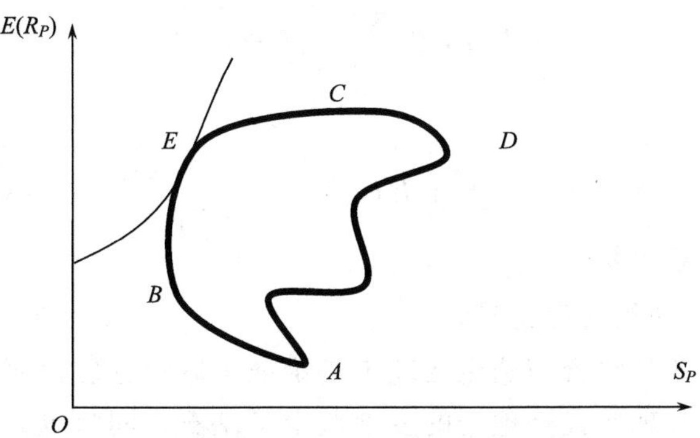

图 9-3　有效边界及投资者的最优选择

收益率下，曲线 ABC 上的点（组合）能提供最小的风险。再看曲线 BCD，可行集的其余部分都位于曲线 BCD 的下面，在相同的风险水平下，曲线 BCD 上的点（组合）能够提供最大的期望收益率。综上所述，同时满足有效集的两个条件的，是曲线 ABC 和 BCD 的交集，即曲线 BC。所以，曲线就是要寻找的有效集或者有效边界。而且，有效边界 BC 是向左上方凸出的。

在“期望收益率-标准差”二维平面内，厌恶风险的投资者的无差异曲线向右下方凸出，而有效边界曲线向左上方凸出，所以在两条曲线切点处有唯一的资产组合，如图 9-3 中的 E 点，这就是投资者所能达到的最优组合。

（三）最优资产组合的数学表达

上文中已经提到，最优的资产组合必须满足两个条件：相同收益率下，风险最小；每一风险具有最大的收益率。

假设共有 m 个资产，那么其资产组合的预期收益率和风险分别为

$$E(r_p)=\sum_{i=1}^{m}x_iE(r_i),\qquad \sigma_P^2=\sum_{i=1}^{m}\sum_{j=1}^{m}\mathrm{cov}_{ij}x_iy_j$$

条件 1：相同收益率下，风险最小。用数学式表达为

$$\max\sigma_p^2=\max\sum_{i=1}^{m}\sum_{j=1}^{m}\mathrm{cov}_{ij}x_ix_j$$

$$\text{s. t. }\ E(r_p)=\sum_{i=1}^{m}x_iE(r_i)$$

式中，$E(r_p)$ 已知。

引入拉格朗日函数 $L_1=\sum_{i=1}^{m}\sum_{j=1}^{m}x_iy_j\mathrm{cov}_{ij}+\lambda_1\left[\sum_{i=1}^{m}x_iE(r_i)-E(r_p)\right]$，$\lambda_1$ 和 λ_2 分别为拉格朗日乘数。求此函数的最小值，然后逐一求出 x_1，x_2，…，x_m。

条件 2：风险既定，预期收益最大化。用数学式表达为

$$\max E(r_p)=\max\sum_{i=1}^{m}E(r_i)$$

$$\text{s. t. } \sigma_p^2 = \sum_{i=1}^{m}\sum_{j=1}^{m} \text{cov}_{ij} x_i x_j$$

式中，σ_p^2 已知。

同样引入拉格朗日函数 $L_2 = \sum_{i=1}^{m} x_i E(r_i) + \lambda_2 \left[\sum_{i=1}^{m}\sum_{j=1}^{m} x_i y_j \text{cov}_{ij} - \sigma_p^2 \right]$，求此函数的最大值，然后逐一求出 x_1，x_2，…，x_m。

（四）对马柯维茨的组合理论简评

（1）马柯维茨的资产组合理论用数理工具论证了风险分散化原理，并提供了一套选择最优组合的方法，为现代投资理论的发展奠定了基石，同时也为现代基金产业的发展提供了一定的理论指导。

（2）马柯维茨的资产组合能消除个别风险，却不能消除系统性风险。而发展中国家的新兴证券市场往往系统性风险很大，如中国证券市场上有关的政策、消息等常常引起价格大起大落，组合投资有时对此无能为力。这表明马柯维茨的资产组合理论有着很大的局限性。

三、加入无风险资产后的最优资产组合

（一）投资无风险资产条件下的最优资产组合

投资者在面临投资决策时，不仅会考虑如何构造风险资产的组合，而且还会把无风险资产也考虑到资产组合中去。加入了无风险资产后，投资者的最优资产组合就与马柯维茨的最优资产组合有所不同了。

无风险资产是指到期回报率确定、没有任何违约风险的证券。由于公司证券存在违约的可能性，所以公司发行的债券或股票不是无风险资产。通常人们把持有期与到期日一致的短期国债视为无风险资产。无风险资产的收益率即无风险收益率。

假定风险资产不允许卖空，而无风险资产可以按一定的利率借出。这样，建立投资组合模型如下。

假定投资者同时持有 x_1 比例的无风险资产 f 和 x_2 比例的风险资产 i，且 $x_1 + x_2 = 1$；无风险资产的固定收益率为 r_f，标准差为 0；风险资产的期望收益率为 $E(r_i)$，标准差为 δ_i；两种资产的协方差为 0。则无风险资产 f 和风险资产 i 所构成的组合的 P 的期望收益率 $E(r_p)$ 和标准差 σ_p 差为

$$E(r_P) = x_1 r_f + x_2 E(r_i) = (1 - x_2) r_f + x_2 E(r_i) = r_f + x_2 [E(r_i) - r_f]$$

$$\sigma_p = \sqrt{\sum_{i=1}^{2}\sum_{j=1}^{2} x_i y_j \text{cov}(r_i, r_j)} = x_2 \sigma_i$$

把两式联立，可得

$$E(r_p) = r_f + \frac{E(r_i) - r_f}{\delta_i} \sigma_p$$

由于 $E(r_i)$，r_f，σ_i 都是确定的数值，所以上式表明资产组合的期望收益率及标准差之间存在线性关系，图 9-4 中的线段 $r_f i$ 即表示所有的资产组合 P 的可行集。通常称

这条直线为“资本配置线”。假设某投资者的效用函数如图 9-4 中的曲线所示，那么 E 点的组合就是它最优的资产组合，这个组合中风险资产 i 的比重 $x_2=\frac{\sigma_E}{\sigma_i}$。

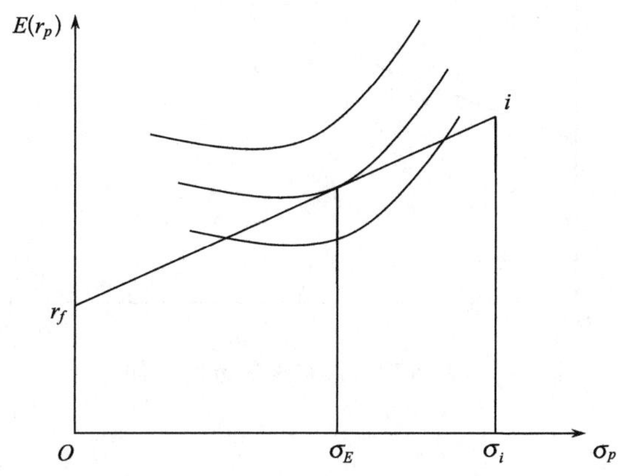

图 9-4　无风险资产与投资者的最佳选择

（二）无风险借入条件下投资者的最佳资产组合

事实上，投资于无风险资产等于以无风险利率贷出了一笔资金。在允许信用交易的情况下，投资者还可以按无风险利率借入一笔资金，并用之购买风险资产。在允许无风险借入时，投资者的最佳资产组合又将是怎样的呢？

假设投资者自有资产为 1 个单位，并全部购买了风险资产 i，但他还想持有更多的风险资产，于是按照无风险利率 r_f 又借入 x 单位资金，也全部购买了风险资产 i。无风险资产的方差、标准差为 0，两种资产的协方差也为 0。那么投资者的期望收益率 $E(r_p)$和标准差 σ_p 分别为

$$E(r_p)=(1+x)E(r_i)-xr_f=E(r_i)+x[E(r_i)-r_f]$$

$$\sigma_p=\sqrt{\sum_{i=1}^{2}\sum_{j=1}^{2}x_ix_j\operatorname{cov}(r_i,\ r_j)}=(1+x)\sigma_i$$

联立后，得到

$$E(r_p)=r_f+\frac{E(r_i)-r_f}{\delta_i}\sigma_p$$

这个式子虽然与上面的资本配置线的形式相同，但取值范围不同，因为借款组合投资的风险比无借款风险资产的风险还要大，因此图 9-5 中的射线 IE 表示无风险借入时的组合 p，也就是说，在允许无风险借入的情况下，投资者所有资产组合的可行集扩大了。投资者也可以选择资产组合右侧的点。如图 9-5 中投资偏好无差异曲线所示的人将在 E 取得最大效用，这时借入资金的比例 $x=\frac{\sigma_E}{\sigma_i}-1$。

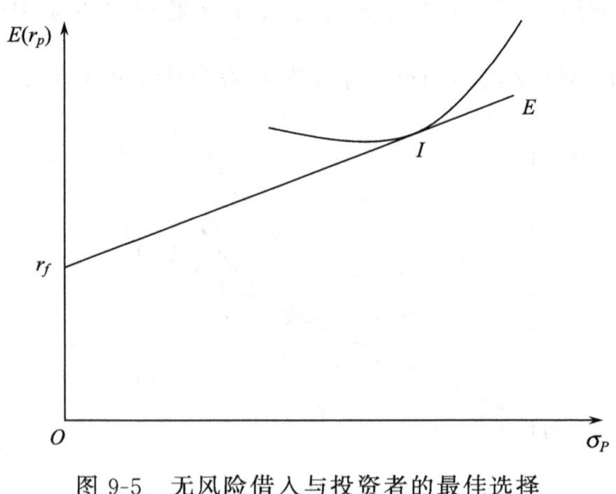

图 9-5 无风险借入与投资者的最佳选择

第二节 资本资产定价模型

一、资本资产定价模型的基本内含

马柯维茨（Markowitz）的分散投资与效率组合投资理论第一次以严谨的数理工具为手段向人们展示了一个风险厌恶的投资者在众多风险资产中如何构建最优资产组合的方法。应该说，这一理论带有很强的规范性（normative）意味，告诉了投资者应该如何进行投资选择。但问题是，在 20 世纪 50 年代，即便有了当时刚刚诞生的电脑的帮助，在实践中应用马柯维茨的理论仍然是一项烦琐、令人生厌的高难度工作；或者说，该理论与投资的现实世界脱节得过于严重，进而很难完全被投资者采用——美国普林斯顿大学的鲍莫尔（William Baumol）在 1966 年一篇探讨马柯维茨-托宾体系的论文中就谈到，按照马柯维茨的理论，即使以较简化的模式出发，要从 1500 只证券中挑选出有效率的投资组合，当时每运行一次电脑需要耗费 150～300 美元，而如果要执行完整的马柯维茨运算，所需的成本至少是前述金额的 50 倍；而且所有这些还必须有一个前提，就是分析师必须能够持续且精确地估计标的证券的预期报酬、风险及相关系数，否则整个运算过程将变得毫无意义。

正是由于这一问题的存在，从 20 世纪 60 年代初开始，以夏普（W. Sharpe），林特纳（J. Lintner）和莫辛（J. Mossin）为代表的一些经济学家开始从实证的角度出发，探索证券投资的现实，即马柯维茨的理论在现实中的应用能否得到简化？如果投资者都采用马柯维茨资产组合理论选择最优资产组合，那么资产的均衡价格将如何在收益与风险的权衡中形成？或者说，在市场均衡状态下，资产的价格如何依风险而确定？

这些学者的研究直接导致了资本资产定价模型（capital asset pricing model，CAPM）的产生。作为基于风险资产期望收益均衡基础上的预测模型之一，CAPM 阐述了在投资者都采用马柯维茨的理论进行投资管理的条件下市场均衡状态的形成，把资产的预期收益与预期风险之间的理论关系用一个简单的线性关系表达出来了，即认为一个资产的预期收益率与衡量该资产风险的β值之间存在正相关关系。应该说，作为一种阐述风险资产均衡价格决定的理论，单一指数模型，或以之为基础的CAPM不仅大大简化了投资组合选择的运算过程，使马科维茨的投资组合选择理论朝现实世界的应用迈进了一大步，而且也使得证券理论从以往的定性分析转入定量分析，从规范性转入实证性，进而对证券投资的理论研究和实际操作，甚至整个金融理论与实践的发展都产生了巨大影响，成为现代金融学的理论基础。

当然，近几十年，作为资本市场均衡理论模型关注的焦点，CAPM的形式已经远远超越了夏普、林特纳和莫辛提出的传统形式，有了很大的发展，如套利定价模型、跨时资本资产定价模型、消费资本资产定价模型等，目前已经形成了一个较为系统的资本市场均衡理论体系。

二、传统资本资产定价模型

（一）传统CAPM的假设

传统CAPM是建立在多种假设基础之上的，这些基本假设的核心是尽量使个人同质化（尽管无论从实践还是理论而言，这些个人本来是有着不同的初始财富和风险厌恶程度），并以此为基础简化投资者的行为分析，进而反映资本市场均衡状态下资产收益与风险之间的关系。

传统CAPM的假设包括以下几点。

（1）所有投资者都依据马科维茨模型选择资产组合，即投资者使用预期收益率和标准差这两个指标来选择投资组合，而且他们选择资产和资产组合的决策过程是一样的。

（2）所有投资者具有相同的投资期限，投资者的行为是短视的，不考虑投资决策对投资期限届满之后任何事件的影响。

（3）所有投资者以相同的方法对信息进行分析和处理，具有相同的预期（或同质期望或信念）。所有投资者对风险资产的预期收益率、方差和协方差的估计是同一的，进而形成了对风险资产及其组合的预期收益率、标准差以及相互之间协方差的一致看法。换句话说，无论证券价格如何，所有投资者的投资顺序均相同。

（4）资本市场是完全的，没有税负，没有交易成本。

（5）所有资产都是无限可分的，即资产的任何一部分都是可以单独买卖的。

（6）所有投资者都具有风险厌恶的特征，即当面临其他条件相同的两种组合时，他们将选择具有较低风险也就是标准差较小的组合。

（7）投资者永不满足。当面临其他条件相同的两种组合时，他们将选择具有较高预期收益率的组合。

（8）存在无风险利率，且所有投资者都可以这一利率水平不受限制地贷出（即投资）或借入资金。

（9）市场是完全竞争的。即市场中存在大量的投资者，每个投资者所拥有的财富在所有投资者财富总和中只占很小的比重，是价格的接受者（price takers），单个投资者的交易行为对证券价格几乎没有影响。

（10）信息充分、免费并且立即可得。

（二）传统 CAPM 的推导

传统 CAPM 是通过资本市场线（capital market line，CML），借助市场组合这一概念推导出来的。

1. 资本市场线

资本市场线是在以预期收益率和标准差为轴的坐标系中，表示风险资产的有效率组合与一种无风险资产（通常为国库券或货币市场账户）经过再组合后的有效率的组合线。

如果我们以 $E(r_{p_1})$ 表示风险资产的预期收益，以 $\sigma_{p_1}^2$ 表示风险资产组合的方差，以 r_f 表示无风险资产的收益率，则无风险资产和市场风险资产组合经过再组合后的新资产组合的预期收益率和方差的计算公式分别为

$$E(r_p)=x_{p_1}E(r_{p_1})+(1-x_{p_1})r_f$$

$$\sigma_p^2=x_{p_1}^2\sigma_{p_1}^2+(1-x_{p_1})\sigma_f^2+2x_{p_1}(1-x_{p_1})\rho_{p_1f}\sigma_{p_1}\sigma_f$$

由于 $\sigma_f=0$，所以 $\sigma_p=x_{p_1}\sigma_{p_1}$。

把 $\sigma_p=x_{p_1}\sigma_{p_1}$ 代入新资产组合预期收益，可得到资产组合线的方程

$$E(r_p)=r_f+\frac{E(r_{p_1}-r_f)}{\sigma_{p_1}}\sigma_p$$

可见，与前面提到的无风险资产与风险资产的组合一样，无风险资产与市场风险资产组合经过再组合得到的资产组合线也是直线，该直线的截距为斜率为$\frac{E(r_m-r_f)}{\sigma_m}$。由于 r_f 是常量，所以组合线的截距是固定的，而其斜率则取决于风险资产组合的选择。由于有效率边界上的所有资产组合都可供选择，所以斜率就有一组值。也就是说，无风险资产与有效率资产组合集合经过再组合后的组合是一组截距相同、斜率不同的组合线集合，如图 9-6 所示。

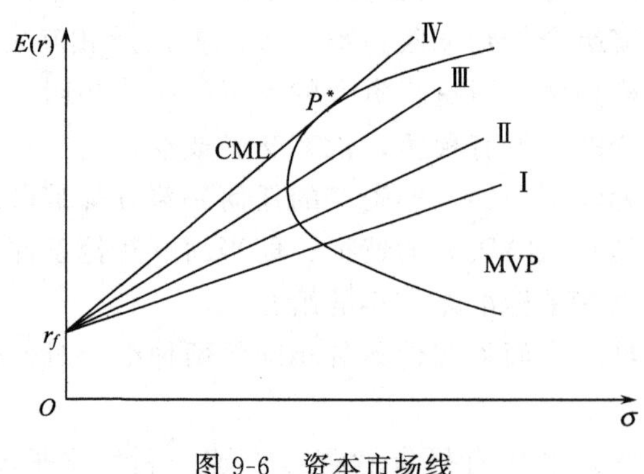

图 9-6　资本市场线

该集合内部各组合线之间的风险和收益当然是有差别的，由于理性投资者在风险相同的情况下会选择收益率较高的资产组合，所以第Ⅱ线优于第Ⅰ线，第Ⅳ线是组合线所能达到的最高点——与有效率边界相切。因此，如果没有限制，第Ⅳ线显然是无风险资产与风险资产的有效组合经过再组合后的有效率边界。理性投资者都会选择该线上的资

产组合，因而第Ⅳ线便是资本市场线 CML。这条线的表达式为 $E(r_p)=r_f+\frac{E(r_{p*}-r_f)}{\sigma_{p*}}\sigma_p$。

CML 上的 r_f 点是投资者将资金全部投资于无风险资产的情况，即 $x_{p*}=0$，新资产组合的收益和风险特征就是无风险资产的收益和风险特征。

P^* 点是投资者将全部资金投资于有效率风险资产组合 P^* 的情况，即 $x_{p*}=1$，新资产组合的收益和风险特征就是风险资产组合 P^* 的收益和风险特征。

r_f 与 p^* 之间的点集是投资者同时投资于风险资产和无风险资产的情况，即 $0<x_{p*}<1$。在这种情况下，新资产组合的收益率和风险都低于风险资产组合的收益和风险，也都高于无风险资产的收益和风险。

P^* 点右上方的点集是投资者卖空无风险资产后，将借入资金连同本金全部投资于风险资产组合的情况，即 $x_{p*}>1$。这种投资策略既增加了新资产组合的收益，也增加了新资产组合的风险。

CML 是有效率资产组合的集合，理性投资者可选择上面任意一种组合进行投资，具体如何选择取决于投资者的风险偏好。风险厌恶程度强的投资者将选择靠近 r_f 的资产组合，风险厌恶程度弱的投资者会选择点 P^* 右上方的资产组合。

CML 在传统 CAPM 推导过程中的重要意义在于，在引入一项可以无限制卖空的无风险资产的条件下，所有投资者必将选择同一个风险资产组合 P^*，因为只有这样才可以使无风险资产和风险资产的再组合有效率。这时，人们对最优风险资产组合的选择与人们对风险的态度无关，进而可以说，投资者持有哪几种风险资产组合与确定拥有几种无风险资产的决策也是无关的。

2. 市场组合

CML 代表了所有无风险资产和有效率风险资产组合经过再组合后的有效率资产组合的集合，投资者如果像假设中那样具有相同的预期，他们的 CML 将是同一条线，要选择的风险资产组合也是共同的 P^*，且这一资产组合一定就是所谓的包括市场中所有风险资产的“市场组合”，其中每种风险资产在这个资产组合中的比例等于该资产的市值（对于股票而言，就是每股市场价格乘以流通在外的股票数目）占所有资产市场价值的比例。

如果资本市场是均衡的，这意味着资本市场上的资产总供给等于总需求，且每一种资产都有一个市场清算价格——均衡价格。由于投资者都将持有风险资产组合，市场处于均衡状态的条件就意味着，必须包括市场上所有风险资产在内。这是因为，只要有一项风险资产没人要，市场供求就不是均衡的——此时，市场中任何一个投资者对该风险资产的需求为 0，进而加总后的总需求也为 0，而供给却是给定的（不为 0），这将导致该资产价格的相应下跌，而当价格变得异乎寻常的低廉时，它对于投资者的吸引力就会超过任何其他风险资产（产生了需求），这就意味着市场不可能达到均衡状态。这种价格调整过程实际上保证了市场组合是由所有证券构成的一个组合（这里以 M 表示）。从理论上说，M 应包括全世界各种风险资产在内，即不仅包括股票、债券这类金融资产，还应包括不动产、人力资本、耐用消费品等非金融资产。当市场处于均衡状态时，在市场组合中，投资于每一种证券的比例等于该证券的相对市值，而一种证券的相对市值简单的等于这种证券总市值除以所有证券的市值总和。

以 M 替换 P^* 后，CML 的公式就可表示为

$$E(r_p)=r_f+\frac{E(r_m-r_f)}{\sigma_M}\sigma_p$$

这是在市场均衡状态下的资本市场线的表达式，反映的是在市场均衡条件下，无风险资产与市场组合经过再组合后产生的新有效资产组合的收益与风险的关系。

（三）由 CML 和市场组合 M 推导出的传统 CAPM

CAPM 要回答的是在市场均衡状态下，某项风险资产的预期收益与其所承担的风险之间的关系，这种关系可以利用 CML 和市场组合 M 推导出来，结果形成证券市场线 SML。

假设我们要建立一个风险资产 i 和市场组合 M 的新组合 P，则 P 的预期收益和标准差的计算公式分别为

$$E(r_p)=x_iE(r_i)+(1-x_i)E(r_m)$$

$$\sigma_p=[x_i^2\sigma_i^2+(1-x_i)^2\sigma_m^2+2x_i(1-x_i)\mathrm{cov}(r_i,\ r_m)]^{\frac{1}{2}}$$

很显然，在允许卖空的条件下，资产 i 与 M 的有效资产组合的集合应在 iMi 线上，如图 9-7 所示。与 iMi 相切的资本市场线与我们前面推导的资本市场线是重叠的，两者的斜率相同，即

$$\frac{\partial E(r_p)}{\partial\sigma_p}=\frac{\dfrac{\partial E(r_p)}{\partial x_i}}{\dfrac{\partial\sigma_p}{\partial x_i}}=\frac{E(r_m)-r_f}{\sigma_m}$$

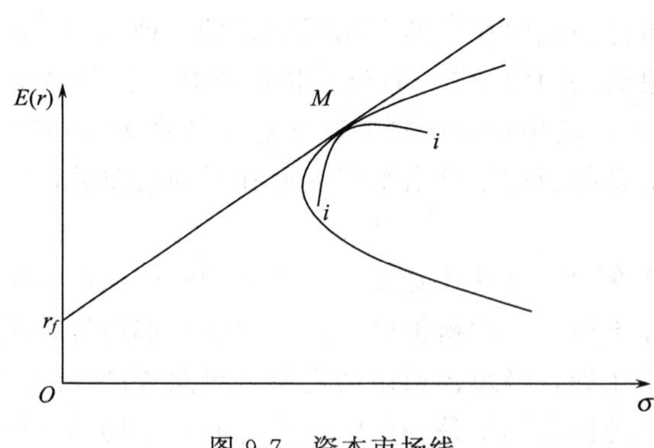

图 9-7 资本市场线

将风险资产 i 和市场组合 M 经过再组合后形成的新资产组合 p 的预期收益和标准差的计算公式为

$$\frac{\frac{\partial E(r_p)}{\partial x_i}}{\frac{\partial \sigma_p}{\partial x_i}}=\frac{E(r_i)-E(r_m)}{x_i\sigma_i^2-\sigma_m^2+x_i\sigma_m^2+(1-2x_i)\text{cov}(r_i,\ r_m)}\times\sigma_p=\frac{E(r_m)-r_f}{\sigma_m}$$

由于在切点 M 处，$x_i=0$，$\sigma_p=\sigma_m$，所以上式变为

$$\frac{E(r_i)-E(r_m)}{(1-2x_i)\text{cov}(r_i,\ r_m)-\sigma_m^2}\times\sigma_m=\frac{E(r_m)-r_f}{\sigma_m}$$

变形可得

$$E(r_i)=r_f+[E(r_m)-r_f]\times\frac{\text{cov}(r_i,\ r_m)}{\sigma_m}=r_f+[E(r_m)-r_f]\beta_i$$

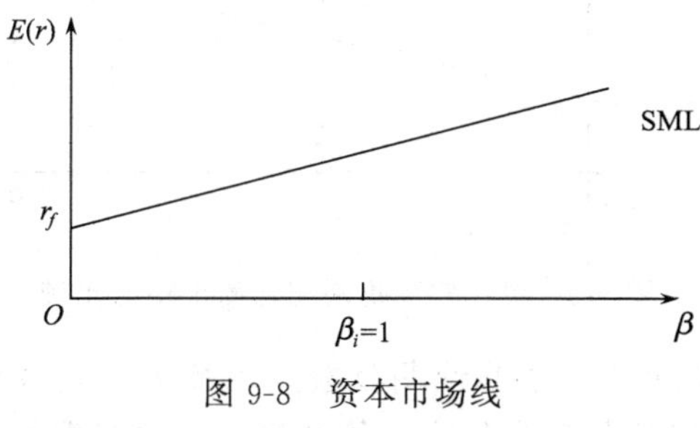

图 9-8　资本市场线

这便是传统 CAPM 的最普通形式——“期望收益-贝塔关系”。

上式意味着当资本市场处于均衡状态时，任何一种资产（包括风险资产或无风险资产）的预期收益与其所承担的与市场风险相关的值之间呈线性关系。我们把这一线性关系表示在以预期收益和 β 值为坐标轴的坐标平面上，就是一条以 r_f 为起点的射线（图 9-8），这条射线被称为证券市场线（securities market line，SML）。由于 β 值是资产的市场风险程度的一个测度指标，所以 SML 反映的是资产的市场风险与其预期收益之间的关系，其斜率为 $[E(r_w)-r_f]$（即市场组合风险溢价），横轴为 β。这一线性关系适于所有风险资产的收益－风险关系的说明。

就其内涵而言，SML 体现了资本市场中“高风险，高收益”的基本原则。市场组合与市场收益完全正相关的资产或资产组合的 β 值等于 1。

（四）传统 CAPM 的含义

作为传统 CAPM 两个最重要的结论，尽管 SML 和 CML 之间存在一些较为明显的差异：CML 只适于描述无风险资产与有效率的风险资产组合（由市场资产组合与无风险资产构成的资产组合）经过再组合后的有效风险资产组合的收益和风险关系，即市场组合的风险溢价是资产组合标准差的函数；而 SML 描述的是任何一种资产或资产组合的收益和风险之间的关系，其中测度单个资产风险的工具不再是资产的方差或标准差，而是资产对于资产组合方差的贡献度。从传统 CAPM 的结论可以清晰地看到以下两点。

首先，无论是对于市场组合还是单个风险资产（实际上也包括无风险资产）而言，其收益都是由两个部分组成的：一是无风险资产收益 r_f，或者说时间补偿；二是与风险直接相关的超额收益，即 $[E(r_m)-r_f]$，或者说风险补偿。这意味着风险资产的收益率要高于无风险资产的收益率，即体现了金融市场中“高风险，高收益”的基本原理。

其次，并非风险资产承担的所有风险都要予以补偿，给予补偿的只是系统风险。这是因为非系统风险是可以通过多元化投资分散掉的，当投资者持有市场组合时，可以说是没有非系统风险的——既然没有，就无需补偿，而市场风险是无法靠多元化来降低

的，因此需要补偿。

（五）传统 CAPM 的应用

由于传统 CAPM 早期的检验结果是支持模型的，加上 CAPM 对收益与风险关系的描述简单而合乎逻辑，所以在 20 世纪 70 年代，CAMP 和 β 值的概念受到职业组合管理者的青睐，尤其是 β 值的概念一直被一些资产组合管理者和投资公司采用，价值线（value line）和美林（Merrill Lynch）这些公司还计算、出版和出售了一些公司的 β 值。

从理论上说，传统 CAPM 至少可以有两种用途：资产估值和资源配置。

（1）资产估值。在 SML 线上的各点，或者说根据 CAPM 计算出来的资产预期收益是资产的均衡价格，即市场处于均衡状态时的价格，这一价格与资产的内在价值是一致的。但市场毕竟是相对的，在竞争因素推动下，市场永远处于由不均衡向均衡转化，再到均衡被打破的过程中。因此，实际市场中的资产收益率往往并非均衡收益率，可能比其高，也可能比其低。如果我们相信用 CAPM 计算出来的预期收益是均衡的话，我们就可以用它与实际资产收益率进行比较，从而发现价值高估或低估的资产，并根据低价买入、高价卖出的原则指导投资行为，如图 9-9 所示。

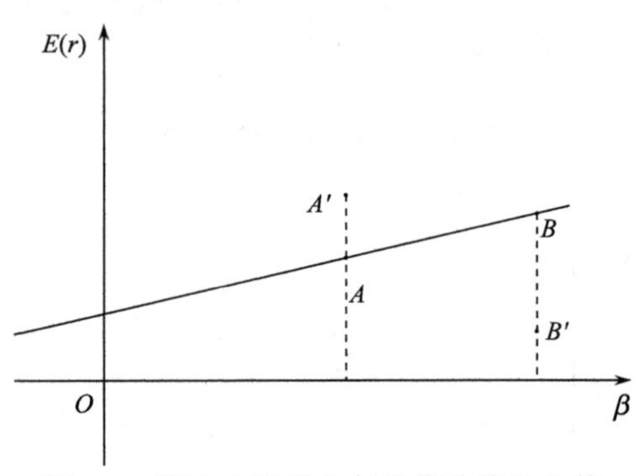

图 9-9 资产实际价格与均衡价格的比较

由图 9-9 可知，资产 A 的均衡价格（A）低于实际价格（A'），资产 A 的价值被市场高估了，应卖出；资产 B 的均衡价格（B）高于实际价格（B'），资产 B 的价值被市场低估了，应该买入。

（2）资产配置。CAPM 的思想在消极的资产组合管理和积极的资产组合管理中都可以应用。在消极的资产组合管理中，根据 CAPM，投资者可以按照自己的风险偏好，选择一种或几种无风险资产和一个风险资产的市场组合进行资产配置，只要投资偏好不改变，资产组合就可不变。

积极的组合管理者是那些喜欢追踪价格、赚取价差的人。利用 CAPM 的理念，他们将在预测市场走势和计算资产 β 值上下工夫，即根据市场走势，调整资产组合的结构。例如，当预测到市场价格将呈上升趋势时，他们将在保持无风险资产和风险资产比例的情况下，增加高 β 值资产的持有量；反之，将增加低 β 值资产的持有量。

此外，由于风险资产实际获得风险补偿额的大小取决于 β 值，所以 β 值在传统 CAPM 中成为衡量市场风险的一个标准，而 SML 也为评估投资业绩提供了一个基准——对于一项投资，若以 β 值测度其投资风险，SML 就能得出投资人为补偿风险所要求的期望收益率以及货币的时间价值。

（六）传统 CAMP 的有效性问题

早在 20 世纪 70 年代末期，有关 CAPM 有效性以及在投资管理中应用 β 值的合理性问题就被提出了。理查德·罗尔（Richard Roll）分别于 1977 年、1978 年、1980 年和 1981 年论证了传统 CAPM 的不可检验性，概括了简单应用模型可能带来的错误和不正确结果。1992 年，法玛（Fama）和弗伦奇（French）又发现预期收益与 β 值之间没有显著关系。有关 CAPM 检验的论文数以千计，但它至今仍是一个悬而未决的问题。

人们对传统 CAPM 有效性问题的质疑是由模型推导过程中一些不现实的假设引起的。不过，从经济理论和现实的一般关系来看，只要模型预测反映的是现实世界的真实情况，假设是否现实就无关紧要了。所以，传统 CAPM 检验主要回答：在现实生活中，P 值是否是衡量资产风险的相对标准，资产收益是否与 CAPM 确定的收益-风险关系相符合？在大量检验中，结果是不一致的，有些检验结果（特别是早期检验结果）是支持模型的，有些则不支持。

传统 CAPM 缺乏一致的有效性检验结果的主要原因有两点：一是资本市场非常复杂，传统 CAPM 的很多假设在现实社会中都被搅乱了。所以，像传统 CAPM 这样一个简单的模型，尽管它反映了有理性投资者构成的资本市场中预期收益与风险的内在逻辑关系，但也不足以概括复杂的资产价格形成过程。二是受实证检验所用统计技术的限制。

传统 CAPM 有效性问题的关键在于市场组合和 β 值的衡量标准。从理论上说，市场组合应包括全世界范围内的各种风险资产，不仅应包括金融资产，还应包括非金融资产，但就算是能够搜集到所有资产，也未必能搜集到衡量所有这些资产的数据。人们通常是以某一市场指数作为市场组合的替代品，这自然就使 CAPM 的检验大打折扣了。

有关收益-风险关系显著性与否的关键在于，计算 β 值的方法不一样。否定派认为，传统 CAPM 尽管提出了一个简单的收益-风险理论关系，但这不是一个准确的表示，所以 β 值不能作为衡量资本市场风险的标准。

另外，也应注意区分 CAPM 中的 β 值和单一指数模型中的 β 值，前者包含市场均衡和市场组合的概念，后者则直接定义为某一市场指数，但由于实际计算时，CAPM 的市场组合往往取某一市场指数，所以人们容易把这两个 β 值简单地等同起来。

上述有关传统 CAPM 的争论给我们的启示是，对 CAPM 的应用应持慎重态度，要充分认清传统 CAPM 的限制，避免简单、机械地应用 CAPM。

三、CAPM 的几种发展形式

资本资产的定价问题一直是金融经济学研究的核心。因此，自从 20 世纪 60 年代 CAPM 问世以来，无数学者投身于 CAPM 这一问题的研究，他们通过在理论上放松传统 CAPM 的某些假设，再加上结合实践验证，取得了丰硕的研究成果，极大地深化了人们对 CAPM 的认识。下面介绍有一定代表性的几种 CAPM 新理论。

（一）零 βCAMP

零 βCAPM 是由布莱克（Black）推导出来的。他放松的假设条件是存在一个无风险资产，且投资者可以无风险利率无限制地买卖。在布莱克的模型中，无风险资产被零 β 资产组合代替，零 β 资产组合的收益率与市场组合收益率无关，即它的 β 值是零，不过零资产组合并非是完全没有风险的，因为它还有误差项方差。零 β 资产组合处在有效率边界上，是最小方差资产组合。

图 9-10 描绘了零 β 资产组合和市场组合经过再组合后的资本市场线，z 为最小方差资产组合，$E(r_z)$ 取代了 r_f，但有关无限制买卖的条件对 $E(r_z)$ 仍是必要的。零 βCAPM 的均衡收益如下

$$E(r_i)=E(r_z)+[E(r_m)-E(r_z)]\beta_i$$

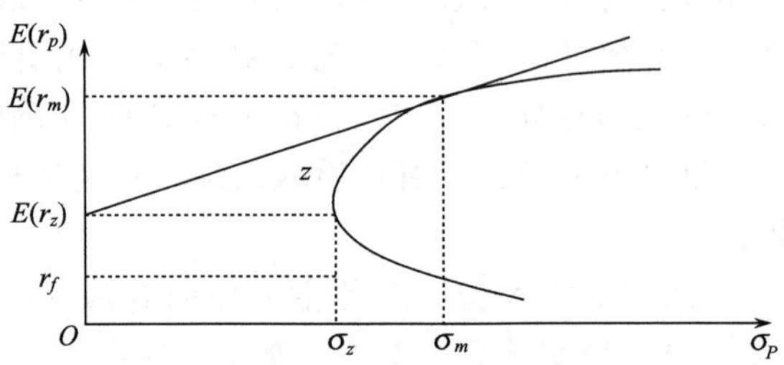

图 9-10 零 β 资产组合和市场组合的再组合

可见，零 βCAPM 与传统 CAPM 有着同样的线性关系，衡量系统风险的 β 值也是一样的，只是零 β 资产组合的预期收益比无风险利率高，并需要估计。

由于零 βCAPM 放松了“无风险资金”的假设，相对于传统 CAPM，实证检验结果更支持它，所以，零 βCAPM 已被接受为传统 CAPM 的一种发展形势。当然，它仍然面临其他限制的束缚。该模型的其他变形要进一步考虑的释放条件包括：①可以无风险借贷，但应以不同利率水平；②投资者的投资应按无风险利率投资，但不能按无风险利率借入；③可以无风险贷放，但对借入金有保障要求；④没有无风险资产，禁止买空。

（二）跨期 CAPM

众所周知，时间在投资的所有过程中扮演着举足轻重的角色，但由于在传统 CAPM 中，经济学家关注的焦点是投资者在某一特定时点的行动模式，并不是在连续时间中的行动模式。所以，一旦基础经济条件改变，传统 CAPM 就变得毫无用处；换句话说，在持续变动的世界中，传统 CAPM 中的 β 值预测将具有相当的不确定性，其结论也就没有太大意义了。因此，如何把单一时间模型转换为更为实际的模型，使理论在横跨多个期间仍然能够成立就成为 CAPM 提出之后许多经济学家努力的方向。跨期 CAPM 和多 βCAPM 就是金融理论在这一方向上较为突出的两类推广。

跨期 CAPM 最早是由默顿（Merton）于 20 世纪 70 年代初推导出来的，他放松的假设条件是只考虑一个时期的投资水平。

在跨期 CAPM 中，投资者在确定效用最大化的资产组合时，不仅要考虑一个时期的可能收益，还要考虑下一个时期的可能收益；也就是说，其资产组合要实现终生消费预期效用的最大化。

跨期 CAPM 还假设，资产交易是连续的，而且投资者能及时了解投资机会集合的随机变动过程。此外，传统 CAPM 假设资产收益呈正态分布，跨期 CAPM 则假设收益呈 log 正态分布。

根据上述假设，默顿推导出了一个一般化的持续跨期均衡模型。同时，他还假设：①投资机会集合是不变的；②存在无风险资产，无风险利率随着时间的推移是非随机变

动的。

该模型在形式上与传统 CAPM 没什么区别，如果把传统 CAPM 看成静态模型，那么跨期 CAPM 当然就是动态模型，前者可以从后者推导出来。但是，跨期 CAPM 放松的假设是建立在另一个不现实的假设基础之上的——投资机会集合不变。因此，跨期 CAPM 还需进一步放松这一假设，这便导致了多 βCAPM 的产生。

（三）多 βCAPM

多 βCAPM 是默顿于 1973 年在放松投资机会集合和无风险利率长期不变的假设条件基础上发展起来的。在把两者视为随机变量的情况下，投资者将选择三种资产组合投资：无风险资产、市场组合、一种收益率与机会集合完全负相关的资产组合 N。这样，多 βCAPM 的资产预期均衡收益可描述如下：

$$E(r_i)=r_f+[E(r_m)-r_f]\beta_{im}+[E(r_N)-r_f]\beta_{iN}$$

式中，$E(r_N)$ 是防御性资产组合 N 的预期收益率；β_{iN} 是资产 i 相对于 N 的 β 值，它表示资产 i 不仅面临市场波动的风险，还面临投资机会集合不利波动的风险，这种风险的补偿便是 $[E(r_N)-r_f]$。

如果一个变量不足以把握机会集合的波动，我们可以继续增加变量。多 βCAPM 的一般表达式为

$$E(r_i)=r_f+[E(r_m)-r_f]\beta_{im}+[E(r_{N1})-r_f]\beta_{iN1}+\cdots+[E(r_{NK})-r_f]\beta_{iNK}$$

（四）以消费为基础的 CAPM

以消费为基础的 CAPM 是由布里登（Breeden）于 1979 年提出的。其基本形式为

$$E(r_i)=r_f+[E(r_C)-r_f]\beta_{iC}$$

式中，$E(r_C)$ 是人均消费总量增长率；β_{iC} 是资产 i 的消费 β 值；$\beta_{iC}=\dfrac{\mathrm{cov}(r_i, r_c)}{\sigma_c^2}$。

布里登把默顿的 βCAPM 模型又简化为单一模型。他强调，在市场均衡状态下，消费的边际效用必须等于财富的边际效用。所以，投资者在最优资产组合选择和消费决策时，应该使资产预期收益与消费增长率之间存在上述线性关系。

以消费为自变量虽然解决了变量的可测性问题，但仍没有足够的证据证明它比其他形式的 CAPM 更具实用价值。

关键概念

最优资产组合	无风险资产
资本资产定价模型	资本市场线
证券市场线	

本章小结

（1）现代投资理论认为，对单个资产而言，资产未来收益的期望值是衡量资产投资收益的最好方法。资产的期望收益等于资产各种可能收益的加权平均数，权数是各种可能收益的发生概率。

(2) 根据马柯维茨的假定，投资者仅根据组合的预期回报率和标准差来做选择。一种最简单的方法是投资者计算出每个投资组合的期望收益率和标准差，再根据各自的效用函数计算出每个组合的效用水平，逐一加以比较，就可以找到最理想的资产组合。

(3) 作为基于风险资产期望收益均衡基础上的预测模型之一，CAPM 阐述了在投资者都采用马科维茨的理论进行投资管理的条件下市场均衡状态的形成，把资产的预期收益与预期风险之间的理论关系用一个简单的线性关系表达出来了，即认为一个资产的预期收益率与衡量该资产风险的 β 值之间存在正相关关系。

(4) 代表性的几种 CAPM 新理论：零 βCAMP、跨期 CAPM、多 βCAPM 和以消费为基础的 CAPM。

复习思考

(1) 马柯维茨的资产组合理论是建立在哪些假设条件之上的？

(2) 传统的资本资产定价模型的含义。

(3) 资本资产模型有哪些新的发展形式？

案例分析

"晶源电子"投资价值分析①

2005 年 6 月唐山晶源裕丰电子股份有限公司（简称晶源电子）上市前，市场对该公司的投资价值进行了以下分析。

公司主营业务压电石英晶体元器件的开发、生产和销售，具有年产各种压电石英晶体元器件 1 亿只以上的生产能力，生产规模及销售收入居国内前三名；1997～2003 年连续 7 年进入国家电子元器件百强企业行列，是国内压电石英晶体行业的龙头企业。公司是目前国内唯一一家全面掌握了 SMD 片式新型元器件核心技术并自主开发了全部品种的企业，产品技术水平为国内领先。属于电子元器件行业，目前 A 股市场同行业的厂家众多，但产品各异，与之相同的公司没有。但电子元器件行业业绩等基本面接近的公司也应该有较好的可比性。这里选择可比性很强的法拉电子、华微电子、铜峰电子、生益科技、航天电器 5 家做比较，它们的平均市盈率为 21.17 倍，平均市盈率为 2.41 倍,以此可将晶源电子定价：按平均市盈率定价为 4.81 元；按平均市净率定价为 6.68 元。晶源电子属于中小企业板块的平均市盈率为 22.26 倍，平均市净率为 2.22 倍，以此可将晶源电子定价：按平均市盈率定价为 5.05 元；按平均市净率定价为 6.15 元。综合考虑后，预计晶源电子上市定位在 5.50～6.15 元。

思考：

(1) 根据材料，在投资者对晶源电子股票投资价值的分析中，考虑了哪些影响因素？

(2) 投资者在对晶源电子投资价值分析中采用的是哪种估价模型？它有什么优缺点？

---

① 资料来源：http://www.gesstock.com.

第十章　行为金融理论

本章提要

本章主要介绍了行为金融理论的提出以及发展过程。结合实例论述了行为金融理论的研究基础和投资模型，并从反响投资策略、成本平均策略和实践分化策略等几个方面分析了行为金融理论在经济中的应用。

重点难点

- 理解什么是行为金融学。
- 了解行为金融学产生的历史和研究基础。
- 掌握 BSV 模型、DHS 模型等行为金融投资模型。
- 灵活运用行为金融理论模型进行投资决策分析。

引导案例

涨停的诱惑[①]

在中国股票价格走势的技术图形中，有一种触碰涨停板以后不断下滑的“流星线”图形（图 10-1）。其特征是开盘时迅速上拉，大多直接拉到涨停位置，然后全天逐波下跌。这种“倒锤”的 K 线图形如果处在顶部区域，并且伴随着很大的成交量，常常意味着反转的开始，即该股票在未来一段时间内会进入调整周期，当天的涨停价会成为短期内的最高价位。很多机构或者资金大户常常可能采用这种方式把股价拉高然后慢慢派发。大部分个人投资者却会继续持有这只股票，甚至在这个过程中买进，期待价格能够超越涨停的价位，事与愿违的是，股价却进入了调整，投资者也会越来越不愿卖掉持有的这只股票。

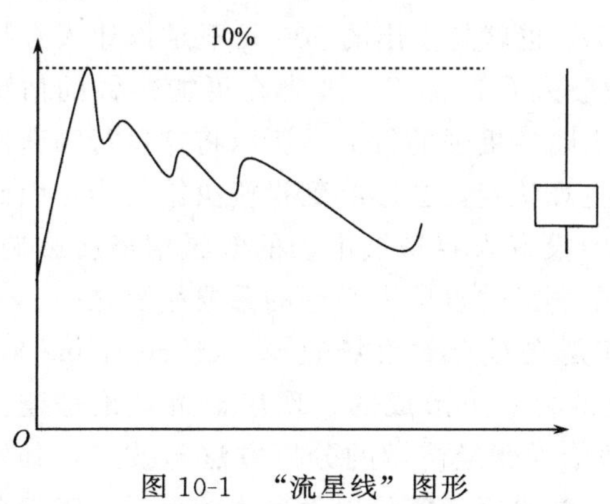

图 10-1　“流星线”图形

由于开盘时参与的投资者相对较少，很容易将股票拉至涨停位置。这使投资者产生了一个心理预期，即涨停价一方面作为卖出参考价深深地烙在该股票持有者的心中，使他们惜售；另一方面，涨停的表现吸引了未参与该股票买卖的投资者的注意力，成为目

① 资料来源：饶育蕾．2001．行为金融学．北京：机械工业出版社．

标价深深烙在这些投资者的心中，使他们在下调过程中买入该股票。涨停的诱惑正是资金大户巧妙地利用人性的弱点，成功地卖出他们在低位买进的股票的经典例子。

案例思考：

为什么投资者会在涨停以后期待更高的价格表现，因而继续持有甚至买入该股票呢？

第一节　行为金融理论的提出

一、什么是行为金融学

首先用一个例子说明人会因情境及问题的陈述表达不同，产生判断及认知上的偏差。金融学大师 Kahneman 和 Tversky 曾做过下列实验，他们问受访者下面两个问题。

（1）当你刚得到 1000 块，请问你想选择 A 或是 B?

A. 有 50％的机会得到另外的 1000 块。

B. 有 100％的机会得到 500 块。

大部分的人选择 B。

（2）当你刚得 2000 块，请问你想选择 C 或 D?

C. 有 50％的机会输掉 1000 块。

D. 有 100％的机会输掉 500 块。

而这次大部分的人选择 C。

如果根据现代金融学的期望值理论来看：选项 A 和 B 的期望值为 1000＋500＝1500；选项 C 和 D 的期望值为 2000－500＝1500。

两者都是一样的，但是实验的结果却显示出人们对不同的表达方式有不同的决定，原因在于第一题中赚钱的情境下一般人会选择 B，也就是多出的 500 元不足以让人选择冒险，而在第二题中以赔钱的方式叙述下，一般人会选择 C，因为在可能赔钱的情况下，一般人会希望有避免损失的机会，而展现出赌性更强的行为。所以将这些行为套用在实际投资决策时，就会发现投资人对情境的主观认定，会影响到投资决策行为，因此也造成投资人在投资时产生追高杀低的为，因为投资人容易被市场的气氛情境所影响，而无法完全做到理性的投资行为，这也是为金融学描述投资人心理的重要精髓之一。

行为金融理论是在对现代金融理论［尤其是在对有效市场假说（efficient market hypothesis，EMH）和 CAPM］的挑战和质疑的背景下形成的。现代金融理论是建立在 CAPM 和 EMH 两大基石上的。这些经典理论承袭经济学的分析方法与技术，其模型与范式局限在“理性”的分析框架中，忽视了对投资者实际决策行为的分析。随着金融市场上各种异常现象的累积，模型和实际的背离使得现代金融理论的理性分析方式陷入了尴尬境地。在此基础上，20 世纪 80 年代行为金融理论悄然兴起并开始动摇了 CAPM 和 EMH 的权威地位。金融学在研究中吸收心理学、行为科学、决策科学等的相关成果，注重对金融主体决策过程的探索，促成了一门新的科学，即行为金融学。

二、行为金融学的产生和发展

行为金融理论是在对 EMH 的质疑和挑战中提出来的。学者们开始对市场假说提出了质疑，并提出一些新的理论对此进行解释。行为金融理论就是其中一个重要的流派，是第一个较为系统地对效率市场假说提出挑战并能够有效地解释证券市场异常的理论。

行为金融（behavior finance）理论以心理学对人类决策心理的研究成果为依据，以人们的实际决策心理为出发点，讨论投资者的投资决策对证券价格变化的影响。它的理论渊源可以追溯到 20 世纪初心理学研究中的行为主义流派，在 20 世纪 90 年代得到了迅猛的发展。它广泛吸收了心理学、社会学、人类学，尤其是行为决策研究的成果，从经济行为发生、发展和演变的内在心理机制以及经济心理活动的特点和规律入手，突破了经典现代金融理论只注重理性投资决策模型，认为理性投资决策模型就是决定证券市场价格变化的实际投资决策模型的假设，使人们对证券市场价格行为的研究由研究“人们应该怎样做投资决策”，进入到研究人们实际上是怎样进行投资决策的领域，从而使这方面的研究更加接近实际。

行为金融理论的发展历史可以简单概括为以下三个阶段。

（1）早期阶段。这一阶段以凯恩斯和普莱尔（Purrell）为代表。凯恩斯是最早强调心理预期在投资决策中作用的经济学家，他基于心理预期最早提出故事“选美竞赛”理论和基于投资者“动物精神”而产生的股市“乐车队效应”；普莱尔是现代意义上金融理论的最早研究者，在其《以实验方法进行投资研究的可能性》（1951 年）论文中，开拓了应用实验将投资模型与人的心理行为特征相结合的金融新领域。

（2）心理学行为金融阶段（从 1960 年至 20 世纪 80 年代中期）。这一阶段的行为金融研究以崔斯凯（Tversky）和卡格曼（Kahglelman）为代表。崔斯凯研究了人类行为与投资决策模型基本假设相冲突的三个方面：风险态度、心理会计和过度自信，并将观察到的现象称为“认知偏差”。卡格曼和崔斯凯于 1979 年共同提出了“前景理论”（prospect theory），使之成为行为金融研究中的代表学说。在这一阶段，行为金融的研究仍没有引起足够的重视。

（3）金融学行为金融阶段（从 20 世纪 80 年代中期至今）。这一阶段行为金融理论取得了突破性的进展，主要以芝加哥大学的泰勒（Thaler）和耶鲁大学的西勒（Shiller）为代表。泰勒主要研究了股票回报率的时间序列、投资者心理会计等问题。西勒主要研究勒股票价格的异常波动、股市中的“羊群效应”、投机价格和流动心态的关系等。这个阶段的行为金融研究是从投资策略上加以完善，注重把心理学研究和投资决策结合起来。

三、行为金融学对效率市场假说的挑战

效率市场理论是建立在三个核心假设基础之上的。行为金融学者们通过大量研究，发现这些假设与投资者在证券市场上的实际投资决策行为是不相符的，因此他们逐一对这三条假设进行了批驳。

假设一：投资者是理性的，因此他们能理性地评估证券大量的心理学研究表明人们

的实际投资决策并非如此。许多投资者在形成他们对证券的需求时，其实是对不相关的信息做出了反应，从而使得他们的投资行为偏离了标准的最优决策模型。具体来讲主要有三方面的偏离。

（1）对风险的态度。研究者发现投资者可能并不注重最终的财富情况，而是对证券投资过程中的输赢更为在意，并且往往对损失赋予较高的权重，这就造成了投资者在进行投资决策时按照心理上的“赢利”和“损失”，而非实际收益和损失采取行动。因此，他们在市场中表现出回避损失的心理，不愿意卖出已经遭受损失的股票。

（2）非贝叶斯的期望形式。现代金融理论中的最优决策模型，要求投资者按照贝叶斯规律修正自己的判断并对未来进行预测。但研究发现，投资者往往使用的是直觉。他们希望从最近一段时期的数据中得出一个总的看法来预测未来，而忽略了最近的数据可能只是有某些偶然事件引起的，这样他们的结论就有很大的偏差，导致了在决策和做出判断时，过分看重近期事件的影响。

（3）决策对问题结构的敏感性。投资者的决策受到所面对问题的结构的影响。泰勒（Thaler）发现，如果投资者看到的是股票长期收益高于债券，他们会更愿意购买股票；反之，如果他们看到的是股票短期的波动性高于债券，他们会更乐意选择后者。

经济学家布莱克（Fischer Black）借用统计学中的术语，将这些非理性行为命名为噪声，而将行为不够理性的投资者成为噪声交易者。噪声交易者们依据情绪变化而非理性分析来进行投资决策，主动地在市场上进行交易，很少采取被动的交易策略。而效率市场假设认为缺乏信息的投资者应当采取被动交易策略，这就明显与现实不符。

再进一步看，即使所有投资者都是理性的，单个投资者的理性行为也可能产生非理性的总体效果。例如，巴菲特曾对此做过研究并举例，在阅兵时人们为了看得更清楚而踮起脚，结果当所有人都踮起脚，看到的效果和所有人都不踮脚是一样的。证券市场的“跟风”行为，对于信息匮乏的个人投资者而言是一种理性的行为，但当所有的个人投资者都一窝蜂地从众时，总体上就会产生非理性的效果。

假设二：即使存在一些非理性的投资者，他们的交易是随机的，可以相互抵消，因此不会影响价格。

心理学上的证据严格表明，投资者的行为偏差具有系统性，即人们并不是随机的偏离理性，而是很大程度上以同样的方式偏离理性。如果投资者根据自己的信念形成了对某种证券的需求，那么他们的买人与卖出之间就会有很大的相关性。投资者之间不会随机的进行交易，他们中的很多人会试图在同一时间买入或卖出相同的证券。当噪声交易者共同行动，且听从流言或模仿其他交易者的做法而照搬了他人的错误时，这个问题就会更加严重。投资者的感情用事反映了相当数量投资者的共同判断错误，而不是不相关的随机错误。

假设三：即使有一些投资者的非理性方式相同，他们在市场上也会遇到理性的套利者，因此非理性投资者的交易对价格的影响会被套利者的交易消除，非理性投资者最终也将被市场所淘汰。

行为金融学者们认为，现实生活中的套利是有风险且有限的。套利者必须谨慎行动，否则就会遭受损失。当证券价格偏离其基本价值时，套利者未必能成为价格的稳定器，甚至他们还可能借助噪声交易者的弱点而推波助澜地使价格的偏离程度增大。

套利者的风险主要来源于以下五个方面。

(1) 套利的有效性在很大程度上取决于是否可以从市场上获得证券的近似替代物。然而在现实的很多情况下，证券可能没有完全的替代品存在，这就意味着套利者无法通过贱买贵卖而获取无风险回报。

(2) 噪声交易者风险。即使套利者面对的是有理想替代的证券，他仍会遭遇来自于证券未来转售价格的不确定性，即定价有偏差的证券在价差消失前偏差加剧的可能性。在极端的情况下，当噪声交易者对市场的冲击很大时，套利会变得完全无效。

(3) 执行成本的存在。在实际市场中套利行为尤其是卖空行为，受到了严格的限制。在一些不发达市场中基本上不允许卖空，即使在发达市场上对卖空行为也有很大限制。同时由于投资者与职业经纪人之间的代理关系所导致的交易费用，如佣金、买入一卖出价差等，又进一步限制了套利。

(4) 基本风险。单个证券的替代物不一定是完全理想的，因此希望通过相对价格变动获利的投资者就会承担特殊风险，即卖出的证券可能变得出人意料得好，而买入的证券却出人意料的差。当替代证券不够理想时，套利就是有风险的。

(5) 模型风险。投资者总是凭借评估基本价值的模型来判断是否存在套利机会。但是由于投资者选择的模型本身可能存在不足，得出的基本价值就会出现偏差，所以投资者很难确定是否真的存在套利机会。

可见，现实中的套利存在一系列的风险，这些风险限制了套利的效果，使得套利者将证券价格拉平到其基本价值线的综合能力变得十分有限。另据一些学者的研究表明，在某些情况下，非理性投资者实际上可以获得比理性投资者高的收益；并且由于淘汰过程本身是较为缓慢的，即使非理性投资者的期望收益确实较低，仍然可以影响证券的价格。

第二节 行为金融理论的研究基础

一、行为金融理论的研究基础之一——心理学研究成果

心理学的研究成果为行为金融学提供了大量的依据。研究发现投资者在进行投资决策和行为时常常表现出以下一些心理特点。

1. 典型性启发

典型性启发是人们用来解决复杂问题的一种直觉推断或经验方法。当在错误的背景下用典型性启发时，启发式偏见就会导致人们的认知错误，具有代表性的有以下 7 个。

(1) 过分自信 (over confidence)。大量实证研究表明，人们在做出决策时显得过分自信，绝大多数人对他们的能力和期望抱有不切实际的乐观态度。这主要表现在两个方面：第一，人们在估计可能性时不够准确，但却很少去做校准工作；第二，人们赋予估计数据的置信区间过于狭窄。

(2) 停锚 (anchoring)。在做出估计时，人们总是从原始的主观判断出发，再对原始估计进行调整，这种调整往往是不充分的，即人们将“锚”过多的停留在原始估

计上。

(3) 框架化 (framing)。人们在处理特殊事件时，总倾向于根据事件的表面特征将其置于某一认知区间 (mental compartment)，即将特殊问题简单的框架化。研究发现，人们总是根据来源将他们的收入分为三大类：当前工资收入、资产收益以及未来收入，并在使用时，对不同种类的收入区别对待。例如，人们即使知道未来的收入是确定的，也不愿意提前消费掉这笔收入。

(4) 代表性 (representativeness)。"如果它看上去像只鸭子，叫起来也像只鸭子，那么它就是只鸭子。"这条谚语就来源于这种类型的典型性启发。在人们的经验中总有一些特征被认为与某些事物有比较紧密的联系。

(5) 显著性 (saliency)。对于不经常发生的事件，如果人们在近期观察到该类事件的发生，那么人们会倾向于高估这类事件在将来发生的可能性。

(6) 记忆偏见 (memory biases)。当人们判断一件事情或一类事件发生的可能性时，往往是以能够回想到的这类事件的多寡来决定。最近的记忆或者最突出的记忆会在判断中起到很大的作用，从而歪曲判断。

(7) 损失回避 (loss aversion)。个人对利得和风险的态度是不一样的，损失带来的影响是同样大小的利得的 2.5 倍。

例子：由于受市场变化的威胁，某 CEO 面对一个两难问题。他的财务顾问告诉他得采取行动，否则公司的 3 个制造厂就得倒闭，所有的 6000 雇员失业，并提交了两个计划。

计划 A：执行该计划必定可以保存 1 个工厂，保留 2000 雇员。

计划 B：执行该计划有 1/3 的概率可以保留全部 3 个工厂和 6000 员工，但是另外 2/3 概率则全部工厂倒闭以及全部雇员失业。

上述两个计划可以从损失的角度改写如下。

计划 C：执行该计划必定损失 2 个工厂，损失 4000 雇员。

计划 D：执行该计划则有 2/3 的概率损失全部 3 个工厂和 6000 员工，但是另外 1/3 概率则没有任何工厂倒闭任何雇员失业。

从客观的以及期望效用理论的观点来看，这四个计划可以导致相似的结果。

计划 A：1.0 的概率保留 1 个工厂和 2000 雇员＝损失 2 个工厂和 4000 雇员。

计划 B：1/3 的概率保留 3 个工厂和 6000 雇员＝1/3×3＝保留 1 个工厂和 2000 雇员＝损失 2 个工厂和 4000 雇员。

计划 C：1.0 的概率损失 2 个工厂和 4000 雇员＝损失 2 个工厂和 4000 雇员。

计划 D：2/3 的概率损失 3 个工厂和 6000 雇员＝2/3×3＝损失 2 个工厂和 4000 雇员。

但实验结果表明，在计划 A 和 B 中，大多数人倾向选 A，表现出为获益而回避风险 (risk aversion with gains)；而对于计划 C 和 D，大多数人倾向选 D，表现出为回避损失而冒风险 (risk seeking with losses)。可见，从收益和损失两种不同的角度提出问题，可以导致很不相同的结论。人们对损失更关注，以至于宁愿冒险去回避损失。

2. 保守主义倾向

保守主义倾向是指个人在面对新的现象时，改变自己信念的过程非常缓慢，往往对接收到的新信息反应不足。一旦心中形成了一个假设，就会忽略一些额外的证据，即使这些证据能有力地反驳他们的假设，他们仍然固执己见。这样就会产生确定性偏见(confirmation biases)，从而歪曲投资者的期望与决策。

3. 社会从众心理

当人们置身于群体中时，往往会放弃自己的感觉和观点，而以群体的价值取向和规则作为自己的行为标准，跟随群体中大多数人采取相同或相似的行为。虽然就个人而言，这种行为是合情合理的，但由此产生的一窝蜂似的跟风行为却是非理性的。

行为金融论者认为，投资者在进行投资决策时存在着上述种种心理背景，从而使他们的实际决策过程并非现代金融理论所描述的最优决策过程，进而导致了证券市场上证券价格的变化偏离了有效市场假说。

二、前景理论

前景理论（prospect theory）是行为金融学的重要理论基础，其思想最先由马柯维茨（Markowitz）于1952年提出，后经由行为经济学先驱卡格曼（Kahgleman）和崔斯凯（Tversky）于1979年研究得到了极大的发展。他们通过实验对比发现，大多数投资者并非标准的证券投资者，而是行为投资者，即他们的行为并不总是理性的，其效用不是单纯财富的函数，他们也并不总是风险规避的。

例子：让两组不同的被试分别回答下列两组问题。

第一组：假设你现在已经有1000美元，除了你所拥有的之外，现在你可以在下面两项中选择一项。

A：必定获得500美元。

B：50%的可能获得1000美元，50%一无所得。

第二组：假设你现在已经有2000美元，除了你所拥有的之外，现在你可以在下面两项中选择一项。

A：必定获得500美元。

B：50%的可能获得1000美元，50%一无所得。

在第一组中84%的被试选A。第二组中69%的被试选B。对于被试可以获得的净收益来说，两个问题都是一样的。然而由于两个组被试的参照点不同，被试的选择也会不同。第一组被试以已拥有的1000美元为参照，选择比较保守；而第二组被试以拥有2000美元为参照，倾向于选择冒险。可见，可以通过改变人们的参照点来改变其行为。政治竞选者可以通过降低公众对自己的期望及增高公众对其对手的期望来影响投票者的参照点，从而提高自己在投票者中的地位。

因而与传统的期望效用理论相比，前景理论主要有两点不同。

(1) 前景理论数学表现为加权价值函数（weighting function）的最大化，其权值不是一般意义上的概率，而是真实概率的函数。该权值函数具有以下特征："极不可能事件"概率的权值为0；"极可能事件"概率的权值为1；对不太可能发生的事件（概率大于“极不可能事件”）赋予大于真实概率的权值；对很可能发生的事件（概率小于“极可能事件”）赋予小于真实概率的权值；在“很可能”与“很不可能”之间，权值函数具有小于 1 的斜率，如图 10-2 所示。

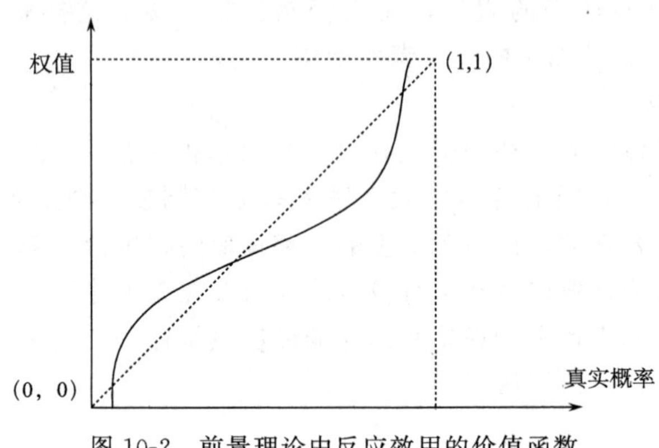

图 10-2　前景理论中反应效用的价值函数

可见，只需将期望效用函数中的真实概率改为修正过的权值，就能很容易地解释人们面对风险时一系列令人困惑的行为决策了。例如，权值函数有助于解释公众对高额彩票的狂热，航班保险费用的明显偏高以及期权定价中的“波动率微笑”等现象。

（2）前景理论中反应效用的价值函数的斜率是不连续的，是一条中间有一个拐点（称为参考点）的 S 形曲线（图 10-3）。正半轴价值函数通常是凹的；在负半轴通常是凸的，且曲线的斜度比在正半轴要陡。也就是说，根据前景理论，行为投资者在损失的情况下通常是风险偏好的，而在盈利时则往往是风险规避的，并且投资者损失时所感受到的痛苦通常又远大于盈利时所获得的愉悦。这种非连续性意味着人们在某一参考点左右对风险的态度有着巨大的转变，尽管影响决策的参数本身只有细微的变化，但恰恰与现实中的情况是基本一致的。

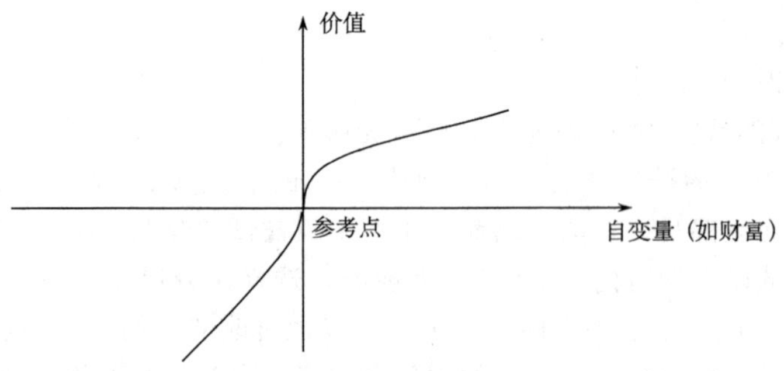

图 10-3　前景理论中反应效用的价值函数

但是，在期望理论中，由于权值函数“极可能发生事件”与“极不可能发生事件”的具体区间由人们的主观判断决定，所以该理论无法给出权值函数的具体形式；同时，关于如何确定价值函数中的参考点也无定论。所以前景理论在理论上仍存在很大的缺陷，有待进一步的研究和突破。

三、行为组合理论与行为资产定价模型

史特曼（Meir Statman）和歇伏林（Gersh Shefrin）把行为金融理论与现代金融理论结合起来，对现代金融理论和模型进行改进和完善，提出了行为组合理论和行为资产定价模型，引起了金融界的广泛关注。

1. 行为组合理论

行为组合理论（behavioral portfolio theory，BPT）是在马柯维茨的现代资产组合理论的基础上发展起来的。现代资产组合理论认为，投资者应把注意力集中在整个组合而非单个资产的风险和预期收益的分析上，而最优的组合配置处在均值方差有效前沿（mean variance efficient frontier）上，这就需要考虑不同资产之间的相关性。然而，在现实中大部分投资者无法做到这一点，他们实际构建的资产组合是基于对不同资产的风险程度的认识以及投资目的所形成的一种金字塔状的行为资产组合，位于金字塔各层的资产都与特定的目标和特定的风险态度相联系，这样各层之间的相关性就可以被忽略掉。

2. 行为资产定价模型

行为资产定价模型（behavior asset pricing model，BAPM）是对 CAPM 的扩展。与 CAPM 不同，在 BAPM 中，投资者并非都具有相同的理性信念，而是被分为两类：信息交易者和噪声交易者。信息交易者严格按 CAPM 行事，不会受到认知偏差（cognitive bias）的影响，只关注投资组合的均值和方差。而噪声交易者则不按 CAPM 行事，他们会犯各种认知偏差错误，且对均值方差无严格的偏好。这两类交易者互相影响，共同决定资产价格。当信息交易者是代表性交易者时，市场就表现为有效率；而当噪声交易者成为代表性交易者时，市场则表现为无效率。由于证券价格等受到噪声交易者的影响，在 BAPM 中，决定证券的预期收益的“行为 β”，是均值方有效组合（mean variance efficient portfolio）的切线斜率。

此外，BAPM 还对在噪声交易者存在的条件下，市场组合回报的分布、风险溢价、期限结构、期权定价等问题进行了全面研究。

但是无论是 CAPM 还是 BAPM，在估计 β 值时都会出现问题。在 CAPM 中，只知道市场组合的构建原则，在实际中并无可行的方法，只好用综合指数来代替市场组合，这造成 CAPM 实证检验的困难。而在 BAPM 中，市场组合的代表问题更加严重，因为均值方差有效组合会随时间而改变。

第三节　行为金融投资模型

一、BSV 模型与 DHS 模型

1. BSV 模型

BSV（Barberis，Shleifer，Vishny）模型是从人们进行投资决策时的两种心理判断偏差出发，解释投资的决策模式如何导致证券的市场价格变化偏离效率市场假说的，这

两种偏差是：一是选择性偏差（representative bias），即投资者过分重视近期数据的变化模式，而对产生这些数据的总体的特性重视不够；二是保守性偏差（conservatism bias），投资者不能及时根据变化了的情况修正自己的预测模型。BSV模型认为，收益是随机变动的，但上述两种判断偏差使投资者错误地以为收益有两种范式：范式A，投资者认为收益变化只是一种暂时的现象，因此他们并没有根据收益变化充分调整自身对股票未来收益状况的预期反应不足（under-reaction），而当后来的实际收益状况与投资者先前的预期不符时，他们才会重新做出调整，从而导致股价对于收益变化的滞后反应；范式B，投资者认为公司的收益变化是趋势性的，错误地将这一趋势外推，从而导致对股价的过度反应（over-reaction），由于收益变化是随机的，所以过度反应将导致长期收益降低。

2. DHS模型

DHS（Daniel，Hirsheifer，Subramanyam）模型将投资者分为有信息的和无信息的两类。无信息的投资者不容易受到判断偏差的影响。但是股票的价格是由有信息的投资者决定的，而他们却易于产生两种判断偏差：一是过度自信，这将导致有信息的投资者夸大自己对股票价值判断的准确性；二是有偏的自我归因，即对自己掌握的信息过分偏爱，这将使投资者在判断股票价格时对自己掌握的信息做出过度反应，而对公共信息却反应不足。在这种判断偏差指导下的投资行为导致市场对股票价格近期的过度反应和远期的回调，因此DHS模型较好地解释了股票价格过度反应的问题。

BSV模型和DHS模型虽然都能各自很好地解释一些异常回报现象，但由于这两个模型都是以心理学的部分研究成果作为假设投资者行为的基础，所以都不能独自解释所有的异常现象。

二、统一理论模型

哈里森（Harrison Hong）与史特恩（Jeremy CStein）从市场参与者的相互作用角度提出了统一理论模型，以解释证券市场上的过度反应和反应不足等现象。统一理论模型在基本方法上与BSV和DHS模型不同的是，它把研究重点放在不同作用者（heterogeneous agents）的相互作用机制上，而不是在代表性作用者（representative agents）的行为心理和认知偏差方面。该模型将作用者分为“观察消息者”和“动量交易者”两类，并有以下假设：第一，这两类作用者都不是完全理性的，即仅能以无偏的方式“处理”可得公共信息的某一子集，是有限理性的。“观察消息者”根据他们个人所观察和获得的关于未来基本价值的信息来进行预测，其局限是他们完全不依赖当前或过去的价格；而“动量交易者”则完全依赖于过去的价格变化，其局限是他们的预测必须是过去价格历史的“简单”（即单变量）函数。第二，私人信息在“观察消息者”群体中是逐步扩散的。

在上述假设基础上，统一理论模型将反应不足和过度反应现象统一归因为关于基本价值信息的逐渐扩散，而不包含其他的对投资者情感的刺激和流动性交易的需要。模型认为，最初由于“观察消息者”对私人信息反应不足的倾向，使得“动量交易者”力图利用这一点通过简单的套利策略获利。然而当他们这么做的时候，却往往不可避免地推动价格走向了另一个极端——过度反应。也就是说，正是由于反应不足现象的存在，为“动量交易者”提供了进入市场获利的机会，从而埋下了过度反应的隐患。

三、羊群效应模型

所谓羊群行为（herd behavior）是指由于受其他投资者采取某种投资策略的影响而采取相同的投资策略。由于社会从众心理的存在，羊群行为在生活中非常普遍。凯恩斯就曾提出过著名的“选美论”，他认为在选美比赛中，评委们做出评判的标准，不是选出他本人认为应该获胜的选手，而是选出他认为别人也会选中的选手。这就是典型的羊群效应现象。在证券市场上，羊群行为是多种多样的。例如，由于委托代理关系在基金经理中普遍存在的基于名誉和基于报酬的羊群行为（reputation-based and compensation-based herding）；由信息不充分而导致的基于信息的羊群行为（information-based herding）等。羊群效应的普遍存在很好地说明了投资者行为偏差的非随机性，这也使效率市场假说受到了挑战。

行为金融学者们采用不同的模型来刻画羊群效应，其中比较成功的有序列型羊群效应模型和非序列型羊群效应模型。

序列型羊群效应模型是由 Banerjee 于 1992 年最早提出的，也是最有影响的羊群效应模型。在该模型中，投资主体通过典型的贝叶斯过程从市场噪声以及其他个体的决策中获取自己决策的信息，这种依次决策的过程导致市场中的“信息流”。这类决策的最大特征是其决策的序列性，即投资者一次只做一种决策，在决策前将参考先于自己的其他个体的决策。序列型模塑其实是假定了投资者的决策次序，但这一假设在实际金融市场上缺乏支持。事实上，往往有无数的投资者同时涌入市场，他们之间相互作用最终决定了市场表现，要区分他们的顺序在操作上是不现实的。

第四节　行为金融理论应用

一、反向投资策略

反向投资策略是指选择那些最近表现不佳的股票，放弃那些近来表现优异的股票以取得超额的投资收益。行为金融理论认为，这种现象是由人们预测时的心理偏差造成的。在实际投资决策中，许多投资者往往过分注重证券发行者的近期表现，仅根据企业的近期表现对其未来做出预测，对近期业绩较差的企业的未来的预测过分悲观，对近期表现较好的企业的未来的预测过分乐观，从而造成预测的系统性偏差，为实行反向投资策略提供了可能。

二、成本平均策略和时间分散化策略

成本平均策略（dollar cost averaging strategy）是指投资者在将现金投资为股票时，通常总是按照预定的计划根据不同的价格分批地进行，以备不测时摊低成本，从而规避一次性投入可能带来的较大风险的策略。时间分散化策略（time diversification strategy）是指根据投资股票的风险将随着投资期限延长而降低的信念，建议投资者在

年轻时将其资产组合中的较大比例投资于股票，而随着年龄的增长将此比例不断减少的投资策略。

成本平均策略和时间分散化策略与现代金融理论的预期效用最大化原则明显相悖，被指责为收益较差的投资策略。但行为金融学者们则认为，不能单纯地平价这两种策略体现了投资者的感受和偏好对投资决策的影响，在行为金融理论中属于行为控制策略。史特曼（Statman）和费希尔（Fisher）利用行为金融理论中的前景理论、认知错误倾向、厌恶悔恨和不完善的自我控制等观点，分别对这两种策略进行了系统地解释，指出了其合理性并给出了实施中加强自我控制的改进建议。

三、公司股票报酬之谜

研究表明，美国 1926～1990 年，公司股票的总收益与无风险收益之差约为 7%，而同期公司长期债券的这一收益仅为 1%。公司股票的风险报酬与公司长期债券的风险报酬之间如此大的差异，是否真正反映了二者的风险程度的差异，行为金融学者对此表示怀疑，认为这是由于投资者对投资损失的回避心理（loss aversion）和对收益与损失的心理会计计量（mental accounting）的结果。回避损失的心理导致一单位投资损失带来的效用减少是同样一单位收益带来的效用增加的两倍；而心理会计导致投资者心目中一个风险投资项目的风险大小取决于其评估风险状况的频繁程度。因此，投资者过分频繁地评估手中股票的价值，使股票投资的心理风险大大增加，从而不能正确认识股票投资的真正风险的大小，对股票投资要求了过高的投资回报，或对企业债券投资要求了过低的投资回报。

四、封闭式基金之谜

封闭式基金是一种典型的由公开上市的证券组成的共同基金，其每股交易价格往往不同于基金所拥有资产的每股市场交易价，通常有 10%～20%的折价，这就是著名的封闭式基金之谜这个谜主要有三方面的内容：其一，封闭式基金开始以 10%溢价发行，而后投资者却又以折价来交易现存基金；其二，折价随事件波动剧烈；其三，当封闭式基金以清算形式结束或转为开放式基金时，基金的每股价格将上升，折价减少。

一直以来，学术界都是用代理成本、税务负担和资产的缺乏流动性来解释这个谜，但这些理论只说明了折价的存在，却无法解释如溢价出售、折价波动、清算时正的报酬率等问题。

行为金融理论从投资者的心理特征入手，通过大量实证研究，认为封闭式基金的折价反映了投资者的期望，对封闭式基金之谜三方面的内容分别解释如下。

（1）由于持有基金比直接持有基金的标定组合的风险要大，且这种风险是系统性的，所以平均而言，持有基金者会要求比直接持有标的资产更高的报酬率，即为了吸引投资者持有基金股份，基金应折价出售。但是由于市场中噪声交易者的存在，他们往往对报酬率持乐观态度，因而基金发起人就利用这种非理性心理，以溢价或较小的折价发售从而获利。而理性投资者在开始时往往不会购买基金，因为如果能够买到股票，他们会选择卖空基金从中套利。

（2）封闭式基金的折价是随着投资者对基金及其他证券未来报酬预期的变化而波动的。因为如果折价不变，那么即使对一个短期投资者来说也可以通过买入基金并卖空基金标定组合进行无风险套利，折扣就会消失。所以折价不可能是净资产价值的稳定组成部分，而是随机变化的。

（3）当基金清算或转为开放式基金时，买入基金并卖空其组合可以保证获利，所以噪声交易者的风险会降低，折价也就随之减少。所以投资者的心理预期其实就预言了基金所存在的折价最后会逐渐变小或最终消失的现实，从而使投资者获得正的报酬率。

行为金融理论对封闭式基金之谜的解释又进一步说明了噪声交易者风险的存在，证明了套利的有限性，从而使效率市场假说受到了质疑与挑战。

五、基于业绩的套利

基于业绩的套利是指投资者会根据套利交易商的历史收益分配资金，并且在套利交易商业绩欠佳时撤出资金。即当套利交易商要利用的价格对其基本价值的偏离越大时，他们所受到的资金限制反而就越大，从而对价格偏离的利用反应消极，降低了套利交易对充分实现市场效率的影响。因而基于业绩的套利所带来的将不是价格崩溃的改善，而是金融恐慌的加剧。

行为金融理论认为基于业绩的套利割裂了套利者对资产的需求与资产期望收益之间的联系，是典型的投资者非财富最大化行为。由于“停锚”的心理特点，投资者在委托专业套利交易商进行投资时，往往不会理性地分析投资项目的期望收益，而倾向于认为历史业绩优秀的套利交易商在未来也会有好的业绩。所以一旦价格偏离严重时，虽然面临的套利机会优化了，但是短期内对套利交易商的业绩有所影响，投资者就会做出抽回投资的非理性行为，使得市场无效，也说明了现实中套利的有限性。

➢案例 10-1　Facebook 的 IPO[①]

太平洋投资管理公司 CEO 莫海姆德·艾尔·伊利亚认为，Facebook IPO 是历史上最受关注的 IPO 之一，这也是可以理解的。Facebook 在全球拥有 9 亿多用户，不仅继续定义着全球社交网络，而且还影响着全球无数网民的互动方式。因此，承销商将 IPO 发行价定在预期发行范围的高位，远高于市场预期。此外，他们还增加了股票发行数量。所有这些都可能放大投资者所犯错误的风险，即以过高的价钱购买了 Facebook 股票。而对行为金融学文化一项敏感的投资者当然不会掉入陷阱。

Facebook 是一个社交网络服务网站，从 2006 年 9 月到 2007 年 9 月，在全美网站中的排名由第 60 名上升至第 7 名。

2012 年 2 月 1 日，Facebook 正式向美国证券交易委员会提出首次公开发行（initial public offering，IPO）申请，目标融资规模达 50 亿美元，并任命摩根士丹利、高盛和摩根大通为主要承销商。这将是硅谷有史以来规模最大的 IPO。上市前，Facebook 向美国证券交易会提交的修改后的招股文件，原先每股 28～35 美元的 IPO 目标区间将被提高到每股 34～38 美元，上调 21%；发行规模从原先的 3.374 亿股扩大至 4.212 亿

① 资料来源：http:// www.cf8.com.cn.

股，提高25%；加上可供超额配售的6320万股，总共可出售4.844亿股。

Facebook即将进行的首次公开募股在不顾一切想进行认购的普通投资者和华尔街投资者中引发了狂热的期待。该公司于上市前提高了IPO价格发行区间，使其相应的最高估值达到1040亿美元。这样的数字令个人投资者及专业投资者都充满了期望。

很多小投资者渴望以发行价买进Facebook股票，希望该股像很多IPO一样在交易首日大幅上涨。其中有一段关于Facebook上市的小插曲也说明了投资者对这次的IPO表示热烈的关注：在加州西南部城市艾尔卡洪，有报道称Facebook几天内就要申请IPO了，葛罗斯摩特高中三年级学生海特2012年1月30日在学校投资俱乐部的网上论坛里写下了一段热情洋溢的文字，标题是“买Facebook!!!!”。这段文字预示着科技课老师兼俱乐部辅导员班卢德即将看到随之而来的关于购买Facebook的热议。当俱乐部成员周三再次碰面时，班卢德发现，差不多有10个学生认为可以买Facebook的股票，即使他对学生说不能马上买到股票。由于俱乐部有规定，不得将超过10%的资金用来购买一只股票，所以他们也只能根据Facebook的定价买少量的股票。

几周过去了，没有听到更多关于Facebook具体上市日期的消息，学生们不免开始觉得灰心。2012年4月中旬，Facebook说要以10亿美元收购照片分享程序开发商Instagram时，有几个学生对这桩交易表示质疑。高中二年级学生罗布尔斯遗憾地说，Instagram根本就不盈利。他怀疑，投资者是否会觉得扎克伯格判断力很差。

不过学生们仍决定，应该投票表决是否要买Facebook的股票。高中二年级学生斯特金说，投资俱乐部里的每个人都有一个Facebook页面，我们与Facebook息息相关。对于业界对Facebook千亿美元估值的预期，Jinkyu Yoon毫不吝啬地乐观表示：“因为Facebook的业务相当具有垄断性，互联网上其他竞争对手要抢占其市场份额非常困难，所以这个估值预期并不是特别大，投资者愿意为Facebook的垄断属性业务付出溢价。”另有消息称，纳斯达克OMX集团2012年4月更改规定，上市4个月后的新股可被收录进以市值为权重的纳斯达克100指数。如果Facebook真的被纳斯达克100指数收录，市场预计，随着指数基金、共同基金等诸多衍生品入场增持，Facebook股价前景可能一片光明。而标普500指数也可能把Facebook招致麾下。“长期估值和发展的看好，并不能掩盖IPO首发当日的投机炒作。”一位美国基金投资人表示，申购行情火爆的侧面表现出市场短期投机气氛非常浓重，热炒之下，上市首日股价暴涨可能性很大，但也不排除暴跌的出现，“理智的投资者或许应该冷静地观望一阵子”。

从投资的角度看，Facebook的IPO风险过高，对在二级市场上首日买入的投资者而言更是如此。就算实际发行价相对最初的估价有所回落，Facebook的市值仍然偏高。在短期风险/回报方面，还有其他更好的选择。

5月18日，是Facebook上市的大日子。此次募资规模达160亿美元，创下美国历史上融资额第二高的纪录。但Facebook的IPO在首个交易日到来之时却成了一场灾难。由于定价过高，而且急于套现的人又多，和其他上市首日新股通常呈现大涨格局不同的是，Facebook的股价在第一天就开始下跌，有些最初在高位接盘的客户一夜之间就损失了超过25%，IPO不尽如人意。北京时间2012年5月21日，Facebook盘前股价下跌4.4%至每股36.55美元，低于每股38美元的发行价。《华尔街日报》：市场希望 Facebook 能在现今糟糕的市场环境中成为一例催化剂，但其表现令人失望。

案例解读

1. Facebook 上市中的注意力驱动交易

Facebook 是一个社交网络服务网站，在 2004 年上线。其后短短几年间，该网址在全美网站中的排名由第 60 名上升到第 7 名，领域扩展到照片分享站点和互联网搜索。在全球的用户量超过 8 亿，即使在中国还没推广 Facebook 的情况下，我们也能对其耳熟能详。对于 Facebook 的奇迹发展，以及其被人们冠以“盖茨第二”的创办人扎克伯格，人们普遍持惊叹积极的态度，再加上新闻杂志报道的一些数据，如 Facebook 正赶超雅虎将成为全球第三大网站，与微软谷歌领衔前三。所以大众对 Facebook 正式向美国证券交易委员会提出首次公开发行申请，表现出非常狂热看好的态度，把更多的注意力放在 Facebook 的排名和知名度上，认为其股价将来前景一片光明，而没有向一些业内人士那样冷静理智地分析 Facebook 将来面临的挑战和会计数据。在投资者不能知道金融市场上所有信息的情况下，只能投入有限的注意力在公司的某一信息上层面上，难免造成注意力驱动交易。在 Facebook 上市前，原先每股 28～35 美元的 IPO 目标区间将被提高到每股 34～38 美元，上调 21%，发行规模从原先的 3.374 亿股扩大至 4.212 亿股，提高 25%，这不得不与人们这种狂热抢购有关，注意力驱动了异常的交易量，也造成了 Facebook 的定价偏差。5 月 18 日，是 Facebook 上市的大日子。此次募资规模达 160 亿美元，创下美国历史上融资额第二高的纪录。但 Facebook 的 IPO 在首个交易日到来之时却成了一场灾难。由于定价过高，而且急于套现的人又多，和其他上市首日新股通常呈现大涨格局不同的是，Facebook 的股价在第一天就开始下跌，有些最初在高位接盘的客户一夜之间就损失了超过 25%，IPO 不尽人意。注意力与投资者的一些行为偏差（如过度乐观）相互作用，导致股价的过度反应，与市场真实价格偏离过多。

2. Facebook 上市中的熟悉偏好

人们对 Facebook 上市的狂热期待，不仅是因为人们对 Facebook 前景的看好，还来源于人们对它的熟悉偏好。熟悉效应是指一个人往往喜欢和习惯自己熟悉的东西，对自己不熟悉的东西却会有负面的评价，除非这个东西本身就具有天然的美感。心理学上往往认为对待熟悉的人和事物，人们更具有安全感，而采用现代心理测量学的测量工具，人们发现对比不熟悉的某类东西，人们更喜欢熟悉的一类，熟悉程度在对事物的喜欢程度中占重要作用。行为经济学家认为熟悉偏好是投资者在进行投资时，根据对风险事件的熟悉程度而改变个人风险认知的一种倾向或偏见。拥有 9 亿活跃用户的 Facebook，超过 70%的用户是在美国境外，使用 70 种不用的语言，即便在禁用 Facebook 的中国，依然有不少人对它非常了解，可见，人们对 Facebook 的熟悉程度不容小觑，这也促使了人们对 Facebook 上市狂热的期待。班卢德老师和他的俱乐部学生在听到 Facebook 以 10 亿美元收购根本不盈利的照片分享程序开发商 Instagram 时，依然坚持购买 Facebook 股票的决定，而没有放弃此举，去选择购买其他股票，和他们对日常生活中经常用到的 Facebook 的认识了解有着不可分割的联系。这和他们对 Facebook 的熟悉偏好有很大关系。

第五节 行为金融理论评述

尽管行为金融模型较好地解释了许多市场异常现象，但效率市场的支持者仍然对行为金融理论是否真正解释了市场异常现象、是否比效率市场假说更接近证券市场运行的实际提出了疑问。这些疑问主要表现在以下几个方面。

（1）解释的普适性问题。赞成效率市场假说者认为，尽管行为金融模型可以较好地解释某些市场异常现象，但这些解释都仅适用于某种或某几种市场异常现象，对不同的市场异常现象往往需要不同的行为假设和不同的模型进行解释，缺乏一种能够普遍解释各类市场异常现象的理论或模型。与此相反，效率市场假说通过股票价格的随机游走普遍地解释了各种异常现象[效率市场认为那些市场异常只不过是对价格变化的一处偶然偏离（chance），价格的过度反应和远期回调恰恰可以认为是围绕价格变化趋势的一种波动]。

（2）实证研究结果的支持问题。赞成效率市场假说者认为，尽管行为金融较好地解释了市场对股票价格的过度反应等现象，但综合考察所有实证研究结果后显示，某事件发生后股票市场上价格反应不足现象与反应过度现象的出现频率接近，正好说明价格变化是随机的。

（3）效率市场假说的赞成者认为有关异常收益事实上仍是对额外风险（尽管这种风险一时还难以确定）的补偿，因而风险与收益是对称的，市场效率假说是成立的。

（4）效率市场的支持者认为所谓“异常的超额收益”与对正常收益的计量方法有很大关系，不同的计量方法可以导致“超额收益”的出现与消失，因此，是否存在长期的超额收益本身也是不可靠的。在研究市场效率问题时面临的一个重大难题是所谓的“坏模型”（bad model）问题，包括两层含义：一是任何一个资产定价模型都仅仅是一个模型，它不一定能够完全准确地描述投资者的期望收益；二是即使存在一个能够完全描述投资者期望收益的资产定价模型，研究时所选择的样本也可能会与模型的预测产生系统偏差。这就使得人们难以真正测量出行为金融理论所解释的异常收益。

综上所述，行为金融理论的迅速崛起，对现代金融理论提出了强有力的挑战，已经成为金融理论领域最鼓舞人心的研究主题。但到目前为止，行为金融理论还没有一套统一完整的理论能够代替现代金融理论来全面解释所有证券金融问题，因此，未来尚有很长的路要走。

关键概念

行为金融　　前景理论
行为组合理论　　保守型偏差
行选择性偏差　　羊群行为
为资产定价模型

本章小结

(1) 行为金融理论以心理学对人类决策心理的研究成果为依据，以人们的实际决策心理为出发点，讨论投资者的投资决策对证券价格变化的影响。

(2) 大多数投资者并非标准的证券投资者，而是行为投资者，即他们的行为并不总是理性的，其效用不是单纯财富的函数，他们也并不总是风险规避的。

(3) 常见行为金融投资模型有BSV模型与DHS模型、统一理论模型和羊群效应模型。

(4) 所谓反向投资策略是指选择那些最近表现不佳的股票，放弃那些近来表现优异的股票以取得超额的投资收益。行为金融理论认为，这种现象是由人们预测时的心理偏差造成的。

复习思考

(1) 什么是行为金融学?

(2) 行为金融理论的研究基础包括几个方面?

(3) 行为金融投资模型有哪些?

案例分析

临沂企业新加坡“扎堆”上市①

临沂市是全国闻名的小商品城基地，这里的小企业、民营企业发展迅猛．为当地的经济发展做出了重要贡献，成为临沂经济发展的一大特色。面对中小及民营企业融资困境，临沂市民营企业更是另辟蹊径。2001年3月14日，以金锣集团大众食品控股有限公司（简称大众食品）在新加坡证券交易所（简称新交所）挂牌上市为标志，临沂市首家企业境外上市取得成功，同时也实现了山东省企业在新加坡上市零的突破。该公司上市募集资金约6000万新元，折合人民币3亿元，为企业的扩张、发展提供了宝贵的资金支持。其后，联合食品于当月26日也在新交所上市，成功融资1.67亿元人民币；2004年7月震元纸业在新交所首次公开募股1.64亿元人民币；2004年9月中国利达在新交所上市，IPO融资额近1亿元人民币；2005年12月罗欣药业于在香港创业板成功上市融资2860万人民币；2006年2月鲁洲集团在新交所上市后，IPO融资额达到了1.12亿元人民币。临沂市民营企业由此掀起了一场在境外上市融资的浪潮。截至2009年4月，临沂市上市企业累计达到21家，其中境内上市企业4家，境外上市企业17家；占山东省境外上市企业（62家）的27.4%。据统计，仅在新交所上市的企业中，临沂就有10家，占全省新交所上市企业总数的43，48%。占全国新交所上市企业总数的15%，成为山东省境内17个地市中境外上市企业最多的城市。2001年3月14日，大众食品在新加坡成功上市，融资近3亿元人民币，次年通过二次配售新股再次融资4.4亿人民币。与此同时，企业的影响力也明显的扩大。大众食品的“名利”双收示范

① 资料来源：祖洪涛．2009．民营企业境外上市中的羊群效应：临沂案例．金融发展研究，(7)：27-30.

效应在临沂迅速扩张，让苦苦寻求资金来源的企业看到了境外上市给继大众食品成功上市后，临沂许多企业也陆续选择了在新加坡、香港等境外资本市场上市。例如，2001 年在新交所上市的联合食品，2004 年在新交所上市的震元纸业、三禾永佳动力，2005 年在新交所上市的山松生物、在港交所上市的罗欣药业，2006 年在新交所上市的银光化工、中国轴承、久泰能源、在港交所上市的阜丰发酵、2007 年在马来西亚上市的烨华焦化，这些企业通过在境外募集外资，企业规模也日益壮大，上市企业的财富效应得到了充分体现，许多上市企业的创业者成为千万富翁、亿万富翁。这些企业发展非常迅速，引发当地经济持续稳定发展的示范效应，使得临沂市乃至山东省的民营企业看到了通过境外资本市场迅速扩张的效力，激发了民营企业通过境外上市实现股东财富最大化的欲望。临沂市许多企业相继尝试境外上市模式．在临沂辖区形成了“上市—示范效应—再上市”的良性循环。

这种自发选择到境外上市融资的行为不断被复制和模仿。据调查，临沂市企业在我国香港和新加坡扎堆上市，上市企业数量在山东省 17 地市中位居前列。在新加坡证券交易所还形成了一个独立的“新加坡市场临沂板块”。

思考：

（1）案例中出现的“扎堆”上市现象属于行为金融学中所表述的哪种效应？

（2）结合本章内容试分析该效应出现的原因？

第十一章　系统科学金融理论

本章提要

本章主要介绍了现代金融理论、行为金融理论的研究范式危机，系统科学金融理论的提出以及发展过程，系统科学金融理论的主要组成部分及其主要内容和研究特色，并将系统科学金融理论与现代金融理论、行为金融理论进行对比分析。

重点难点

- 理解现代金融理论、行为金融理论在当前复杂金融理论体系研究中的不足和局限性。
- 了解系统科学金融理论的产生背景及基础。
- 掌握系统科学金融理论的核心思想、框架体系及主要内容。
- 掌握系统科学金融学金融理论三大理论体系之间的逻辑关系。
- 能够对系统科学金融理论与现代金融理论、行为金融理论进行比较分析。

引导案例

随着金融系统的演化以及相关学科的发展，金融理论的研究范式也在不断革新。按照金融理论的研究范式不同可将金融理论划分为现代金融理论（modern finance theory）、行为金融理论（behavioral finance theory）和系统科学金融理论（financial theory of systems science）。

系统科学金融理论与现代金融理论、行为金融理论的研究范式有着本质的不同。现代金融理论也称为标准金融理论（standard finance），主要基于牛顿力学范式（线性、均衡、还原论），以20世纪中期的有效市场假说为基础，以现代资产组合理论和资本资产定价理论为基石，假定市场主体为具有同质性知识的先验信念的理性人，着重研究金融价格、金融风险发生机制和金融市场效率问题；而行为金融理论主要基于行为科学和心理学的研究范式，以有限理性假设、期望理论、行为组合理论和行为资产定价模型为基础，研究投资者的有限理性以及无效率市场等问题。二者都致力于研究如何在不确定的环境下实现对资金资源的跨时空最优配置，在金融风险的防范与控制、资本资产的结构和定价等理论上取得了重要的研究成果，促进了金融市场的发展。相比之下，系统科学金融理论基于系统科学研究范式，以系统科学的原理、理论、方法和技术研究金融系统的生成、演化和涌现等普遍规律，包括金融系统的非线性、动力学性、复杂性特征和风险规律、预测与防范金融风险、金融创新等问题。系统金融理论认为金融系统是个交叉开放的复杂性系统、整体秩序性与局部随机性的统一体，并通过对金融系统的结构、环境、功能分析与综合，包括对金融系统非线性、系统动力学、复杂性建模、仿真、分析、优化、控制、运行与评估，实现对金融系统的一般属性和演化规律、过程的认知，揭示金融风险、金融价格的形成机理，以此指导金融实践，优化金融系统进行资金资源的跨时间、空间的最优配置的功能，提高金融效率，最终实现对金融系统的协调控制。系统科学金融理论是一种全新的金融理论研究范式，是金融系统由简单向复杂演化与系统科学相关理论发展完善等因素交互推动的结果，代表未来金融理论研究创新的方向。

现代金融理论、行为金融理论已经不能有效表达金融系统的复杂性。金融系统由简单向复杂持续演化，非线性、动力学性、复杂性特征越来越强，同时由于金融系统的核心要素人的不确定性、金融系统环境的复杂性、研究成果的难以表述性，现代金融理论和行为金融理论的研究范式指导金融实践的有效性也随之减弱。金融系统处于动态变化中，且在不同的时间对应的不同的空间环境，而空间环境具有多维度（包括金融系统所处的政治环境、经济环境、制度环境等维度），这使得决定金融资产定价、金融风险的要素具有复杂性。因此，金融系统持续动态演化，具有多维时空复杂性，在不同时间、不同维度空间条件下，进行着不同的资源配置安排。随着经济系统的生产、交换、分配、消费等各经济环节高度金融化，金融环境也越来越复杂，增强了金融活动的不确定性，进而又强化了经济资源通过金融系统进行跨时空配置的要求。资金资源的多维度、跨时空配置需要金融系统进行同层次之间、不同层次之间、各层次与环境之间的复杂非线性交互作用，又进一步推动了金融系统演化，强化其非线性、动力学、复杂性机制。在这种交互推动的演化过程中，金融系统涌现出来一系列现象、机制，难以用现代金融理论和行为金融理论认知和揭示。例如，在有效市场假说基础上的现代金融理论，由于其假设基础的局限性研究结果与实证检验往往相背离，不能对“小市值效应、日历效应、新股谜团”等异常现象做有效解释；而行为金融理论尽管对现代金融学从基本假设提出质疑，能够解释部分异常现象，发展了现代金融理论，但也仅对“理性人”假设进行了有条件的放松，在许多模型的建立上仍然沿用了现代金融学的理论分析范式（线性、均衡、还原论等），同时又增添了现代金融理论所没有的缺陷，如运用心理偏差过于随意等。

除了改进以“理性人”假说基础上的标准金融理论之外，尝试引入新的范式推动金融理的发展。随着数学、信息科学、物理学、系统科学等相关学科的理论研究逐渐深入，被用于研究金融问题，取得了部分研究成果，但未能形成清晰的系统科学金融理论体系框架。例如，国外彼得斯（2007）的《复杂性风险与金融市场》将复杂性应用于金融风险管理；曼特尼亚（2007）的《经济物理学导论》将物理学应用于经济研究。国内周炜星（2007）的《金融物理学导论》将物理学应用于金融分析；郭金龙（2007）的《复杂系统范式下的金融演进与发展》将复杂性科学应用于金融系统的演化分析等。此外，不少金融系统工程领域的研究学者也认识到将系统科学理论应用于金融研究必要性，如汪寿阳（2011）认为金融市场是个交叉开放的复杂适应性系统，为此，应充分发挥系统科学、管理科学、金融学、经济学等多个学科交叉的综合优势，以建模为基础，广泛采用先进的计算技术和实验手段，从复杂系统科学的理论视角研究金融系统，有重要的理论与现实意义。尽管国内外相关学者已经认识到了以系统科学范式改造金融理论的必要性，并将物理学、系统科学的部分技术方法应用于金融学理论研究，做出了许多探索，取得了重要进展，但这些研究仅仅是将物理学中的物理统计技术或系统科学中的复杂性、非线性、混沌、分形等基本理论技术对金融市场的某些领域进行了实证研究。上述研究一方面将物理学和系统科学相混淆，另一方面缺乏理论层面上的探究，不具备系统性、完整性，没有形成较为完善的系统科学金融理论体系。

构建系统科学范式下的金融理论体系必要而迫切。一方面，现代金融理论和行为金融理论的研究范式已不能有效认知和揭示金融系统的非线性、动力学性、复杂性特征，不能够满足指导金融系统由简单向复杂持续演化的需要，而系统科学研究范式以及相关的非线性、动力学性、复杂性的技术与方法恰好可以适应金融系统作为非线性动力学复杂系统的要求，因而需要以系统科学研究范式来进行金融理论研究范式的革新。另一方面，虽然物理学、系统科学等学科的部分技术方法已应用于金融问题的研究，但相关理论归属不清晰，未能建立一个系统的理论体系，因而研究缺乏系统性和完整性。为此，建立清晰的系统科学金融理论框架以指导系统科学金融理论相关研究的深化可行且必要，有利于更系统地运用系统科学金融理论研究全球金融危机、全球金融体系、全球金融系统的特征、演化、风险规律、风险预测、金融安全与防范、金融创新与监管等方面的重要基础科学问题、关键技术与机制建设。在这种情况下，本书力求明确系统科学金融理论的理论体系的构成及其各组成部分的理论基础、核心思想、内涵、研究方法、适用的研究对象及其特点等，并初步应用该理论研究金融、经济领域的相关问题，提出相关建议，促进金融安全、高效、稳健运行，推动金融业的稳定健康持续发展。

案例思考：

结合以上材料，谈谈你对金融理论创新的认识。

第一节　现代金融理论、行为金融理论的研究范式危机

一、现代金融理论、行为金融理论研究范式缺陷

现代金融理论和行为金融理论采用线性、均衡的牛顿力学研究范式，已不能有效认知和揭示金融系统的非线性、动力学性、复杂性特征。现代金融理论建立在有效市场假说、资产组合理论、理性人等假设基础上，然而对金融系统的相关实证检验证明，其假设基础具有局限性，不能对如日历效应、新股谜团等“异常”金融现象作有效解释。此后，行为金融理论借助心理学、行为科学等研究范式，对“理性人”假设进行了有条件的放松，并解释了部分“异常”金融现象，但这一研究范式也存在不足（如运用心理偏差过于随意等），也没有摆脱牛顿力学研究范式，都不足以解决金融系统的非线性、复杂性等问题。

（一）现代金融理论研究范式的缺陷

在 19 世纪，自然科学的经典理论——牛顿力学占据了统治地位，经济学理论借鉴牛顿力学的思想提出了边际的概念，并将社会经济管理系统视为牛顿力学理论所设定的简单力学系统，做出了理性人假设，在这一基础上依靠严密的规范分析和数理推导，以

一般均衡理论为指导建立了经典的经济学框架，金融学为经济学的一个分支，也遵循这一研究范式。20 世纪 50 年代以来，直接融资迅速发展，金融市场创新不断，形成了以金融市场为研究对象的微观金融理论。1952 年，马柯维茨（Markowitz）发表的《证券组合选择》一文成为现代金融理论的开端。1970 年，法玛发表了题为《有效资本市场》的文章，市场被赋予三种不同的效率。20 世纪 70 年代中期，以有效市场假说为基础，以资本资产定价理论和现代组合理论为核心的金融理论确立了其在金融经济领域的正统地位。现代金融理论研究方法的思想基础仍然遵循牛顿力学范式，建立在有效市场假说基础上，但由于其假设基础的局限性，研究结果往往与实践相背离。现代金融理论假设与现实状况的不一致性主要表现在以下七个方面。

1. 人的非理性是经常化的

经济学中的理性被定义是基于对未来的预测所产生的行为与未来实际发生的结果完全吻合的行为。一方面对未来的预测准确与否只有等发生以后才能验证，而金融体系的难以预测性使得人们总是期望能够预测准确，然而事与愿违。另一方面，人具有天生的趋利避害性、偏好多样性、投机性等经济人行为，因此人的非理性就是经常化的。

2. 市场无摩擦、信息无成本是不现实的

市场在信息获得成本、资产买卖冲击成本的作用下，必然存在市场摩擦，具有明显的时滞性。

3. 金融资产不是可以无限分割的

由于现实的金融资产需要交易费用，而且金融资产并不是可以无限细分的，所以个人投资者无法以有限的投资资本在众多的金融资产上进行分散投资。即使部分金融中介可以汇总多个个人投资者的资本，有条件地进行分散投资并节约交易费用，也不能完全避免金融产品的非分割性和交易费用的外生因素的影响。

4. 交易不是连续的

随机游走模型对连续价格波动间的独立同分布是要求非常严格，但金融市场上的价格波动显然不是都连续的。

5. 收益率正态分布与实证的不相容性

传统资本市场理论有关资本市场价格变化遵循随机游动模型，其概率分布服从高斯型正态或对数正态分布的假设，从其提出之日起，就不断地受到实证研究的抵制。国内外学者如法玛（1965）、刘维奇和董晨昱（2008）、魏宇（2010）等都曾对证券市场收益率的分布做过实证研究，都得出了不同于正态分布假设的结论。

6. 金融市场的常态是非均衡

“均衡”一直是理论研究者的偏爱，西方主流经济学理论是建立在一般均衡假设之上的；计量经济学是以均衡理念为前提的；经典物理学也精雕细刻于均衡的物质世界。然而，一个物种或一个系统要想生存，它就必须进化，如普利高津（ Prigogine）所宣称的那样，它必须“远离均衡”。也就是说，一个充满生机的系统必然处在开放的状态下，不断地与外界交换物质、能量与信息，不断地进行新陈代谢，不断地进化。一个系统如果最终达到了均衡而不再有变化，那就意味着其生命的消失。因此，均衡是短暂的，非均衡是长期的，也是客观的，只有在非均衡中，金融才能获得发展。

7. 金融市场的不确定性归结为随机性

现代金融理论认为金融市场的价格运动的不确定性归结为随机性，建模是采用确定性方程加随机变量，将这种不确定性按照外部的随机冲击因素。而现实中的不确定性来源于金融市场的复杂性，是金融系统与各子系统之间，子系统与子系统之间，系统与外部环境之间交互作用的结果。

（二）行为金融理论的研究范式的缺陷

20 世纪 70 年代末，金融市场中的“异象”不断涌现出来，如股权溢价之谜、过度波动之谜、规模溢价、长期反转、动量效应、公告效应等。这些金融市场的“异象”意味着对于一些金融市场真实存在的宏观特性，现代金融理论已经无法做出解释。对现代金融理论体系提出了挑战，因而部分学者开始运用心理学及行为分析的理论方法研究金融市场中的决策等金融活动，构建了行为金融理论。行为金融理论放松了现代金融理论的一系列严格假定，同时选择了一种更加注重微观个体行为和微观市场因素对于宏观的市场动力学性质影响的视角。例如，张维等（2009）研究了行为金融理论框架下资产价格的形成过程，如图 11-1 所示。

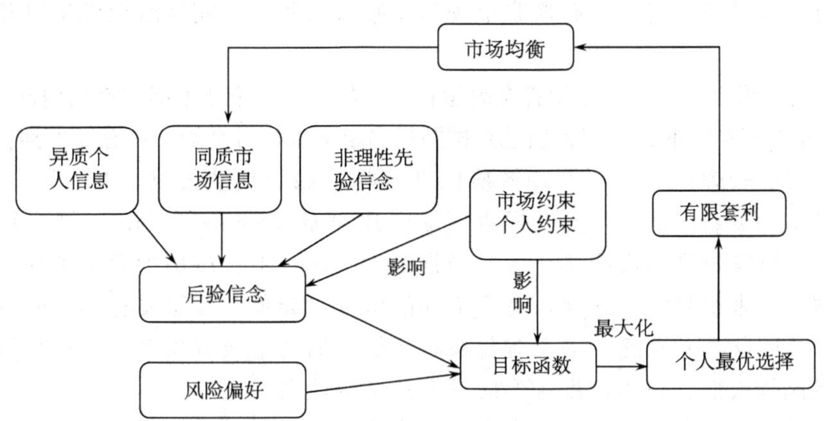

图 11-1　基于行为金融理论的资产价格形成过程图

图 11-1 总结了非理性先验信念、市场及个人约束以及有限套利因素对资产价格形成过程的影响，这些因素共同作用导致了资产价格偏离其基础价值，形成非理性泡沫。行为金融理论在研究资产价格泡沫时更为现实地考虑了交易者有限理性和市场摩擦等问题，放松了现代金融理论中对于理性和无摩擦市场的假设。

不同的行为金融学家提出的理论比较分散，尚未形成一个完整的理论体系，基本上以由丹尼尔·卡尼曼（Daniel Kahneman）和阿莫斯·特沃斯基（Amos Tversky）提出的预期理论为核心。“行为金融学理论分析了人的心理、行为以及情绪对人的金融决策、金融产品的价格以及金融市场发展趋势的影响，是心理学和行为理论与金融学结合的研究成果。”它通过实验手段，从对人类实际的认知和决策行为的研究出发，对现代金融理论进行了反思，但至今尚未形成一个完整的理论体系，仍然只是学者们的理论片断。

其主要研究成果可分为：①投资者的认知和决策偏差；②期望理论；③有限套利；④金融异象的解释。

总之，行为金融理论只是在对 EMH/CAPM 的检验中遇到的目前无法解释的现象之汇集：它自己没有独立的论据；它自己不是一个方法论；它已经被吸收同化了。因此，行为金融理论的批评者认为，迄今为止行为金融理论可以被称作“异象文献”(anormaly literatures)，其唯一的目的就是用来怀疑 EMH 及 CAPM。因此，行为金融理论在改进和完善现代金融理论的同时，也增添了现代金融理论所没有的缺陷，主要表现在以下 5 个方面。

(1) 行为金融理论的模型仍然依赖于现代金融理论的基础，只是对现代金融理论假设的少部分放松。例如，行为资产定价理论、行为资产组合理论分别是对 CAPM 理论、APT 理论放松了理性人的假设条件，仅仅考虑人的非理性行为。

(2) 行为金融理论尽管发展了现代金融理论，但本身又有现代金融理论所没有的缺陷。例如，行为金融理论所运用的心理偏差过于随意，运用的心理学偏差只是试验现象，对各种行为的解说只是“事后”对现象的说明，因此，在行为金融理论发展过程中，也受到来了自现代金融理论的批评。

(3) 行为金融理论仍然没有摆脱市场是无摩擦的假设、随机游走模型以及均衡传统分析方法。

(4) 行为金融理论仍然不能回答金融运行演化的机制和市场不确定性的内涵。金融市场的不确定性是客观存在的，然而人们总是试图想确定下来，可是始终没有寻求到答案。

(5) 行为金融理论是许多心理效应的调和物，如常见的过度自信、非贝叶斯预测 (Non-Bayesian forecasting)、损失规避、保守性偏差 (conservatism) 等，并且，一些心理效应，如反应过度和反应不足等，经常是矛盾的。不管市场中发生了什么，总是有对应的心理效应来解释它。这样，对于不同的市场“异象”就需要有不同的行为假设和模型来解释。因此，它缺乏一种具有普遍解释能力的理论或者模型，这使得行为金融理论研究显得比较松散、破碎，没有形成紧密的结构体系。

行为金融理论研究仍然以现代金融理论作为“标尺”或者“参照物”，它只是扩展了一部分标准金融理论的研究思路和研究方法，使其更加有效和完善的同时，又带来了诸多缺陷。

二、现代金融理论、行为金融理论的应用与研究出现危机

1. 现代金融理论、行为金融理论研究范式的缺陷对金融系统的复杂性研究无能为力

金融系统本身具有多层次性、非线性、动力学性、复杂性的特点，因此采用线性、均衡等研究范式的现代金融理论与行为金融理论不再适用于研究金融系统的上述特性，其简单的理性人假设（现代金融理论），或对理性人和有效市场假设条件进行简单的放松（行为金融理论），都无法真正揭示金融系统的演化规律。

2. 经济与金融系统运行产生重大现实问题，金融理论研究范式必须发生根本性变革

自 20 世纪 70 年代以来，经济全球化已经成为世界经济发展的主要趋势之一，随着

信息技术和金融衍生工具的不断发展，各类经济单元逐渐发展成为紧密关联的一体，而且虚拟经济的兴起使得风险在各个经济单元之间的传导效应大大增强，使得任何一处的金融事件都可能会瞬间传遍全球并产生严重的“蝴蝶效应”，全球经济与金融系统的非线性和复杂性程度大大地增强，金融系统内增加了大量不同种类的金融机构和个人投资者，风险在这些主体当中分担、转移、累积、演化；多个不同种类市场之间（国际市场之间、多层次资本市场之间）的价格联动、信息传递与风险扩散效应不断地扩大。金融系统的非线性和复杂性使得很多金融异象和金融风险事件特别是金融危机难以用某一市场或局部机构、投资者的行为解释，它是一系列因素相互影响而导致的整体结果。

然而，现代金融理论根据大数法则，认为通过不断丰富金融产品的种类、扩大金融交易的链条、增加参与金融交易的人数，金融风险就可以得到分散，而整体系统风险维持不变。但金融危机的多次爆发显示分散投资仍然存在风险。例如，2008 年金融危机中的信用违约掉期（CDS）的创新，本是为了降低或分散债券购买者的风险，凡是购买CDS合约的个人和企业，皆以为自己所持资产的风险显著下降，资产负债表质量显著改善，这种改善又刺激企业扩张业务或降低坏账损失拨备，整体金融体系的杠杆比例则急剧上升，系统性风险急剧扩大。也就是说，CDS合约表面上似乎降低了个别企业或投资者资产风险，实际上显著增加了金融体系的不确定性。引发不确定性的内外部因素具有多层次性和交互性，因而金融风险也具有非线性、复杂性特征，是一种系统涌现现象，采用线性思维的金融研究范式已不能有效认知这种系统性金融风险。由于这种研究范式上的制约，现代金融理论和行为金融理论都难以实现对金融危机的有效认知和预警。例如，自 1973 年布雷顿森林体系崩溃之后的近 40 年里，世界范围内先后发生了三次石油危机、1982～1983 年的拉美债务危机、1990 年开始的日本经济衰退、1992～1993 年欧洲货币体系危机、1994～1995 年墨西哥金融危机、1997 年东南亚金融危机、2008 年全球金融危机、主权债务危机等数次金融危机，如表 11-1 所示。

表 11-1 1973 年至今现代金融理论和行为金融理论对金融危机的解释与预警

<table>
<tr><th>年份</th><th>名称</th><th>类型</th><th>影响</th><th>应对</th><th>理论进展</th><th>预警</th></tr>
<tr><td>1973</td><td>第一次石油危机</td><td>混合型</td><td>严重冲击发达国家的经济，经济增长都明显放慢</td><td rowspan="3">调整经济结构，以减少石油危机的影响；积极开发油源，建立大量的战略性石油储备；增强防范石油危机的意识；石油期货等金融衍生品的发展</td><td rowspan="3">石油金融理论的发展</td><td rowspan="3">否</td></tr>
<tr><td>1978</td><td>第二次石油危机</td><td>混合型</td><td>引发 20 世纪 70 年代末西方经济全面衰退的一个主要原因</td></tr>
<tr><td>1990</td><td>第三次石油危机</td><td>混合型</td><td>美国、英国经济加速陷入衰退，全球 GDP 增长率跌破 2%</td></tr>
<tr><td>1982</td><td>拉美债务危机</td><td>货币</td><td>极大阻碍了拉美经济的发展</td><td>调整经济结构；实行紧缩政策，削减政府支出</td><td>第一代货币危机理论</td><td>否</td></tr>
</table>

续表

年份	名称	类型	影响	应对	理论进展	预警
1986	日本经济泡沫破裂	混合型	金融机构巨额不良债权；股票市场崩溃；房地产连续14年下跌；日本经济陷入20多年的衰退	20世纪90年代日本实施反危机政策和体制改革	改进金融监管理论	否
1987	黑色星期一	资本市场	道琼斯工业平均指数暴跌，引发金融市场恐慌	规定交易限制，注入大量资金，缓解市场恐慌情绪	政府对金融的干预理论	否
1992	英镑里拉危机	货币	英镑、里拉等面临巨大的贬值压力，英国、意大利暂时退出欧洲货币体系；斯堪的纳维亚国家陷入金融动荡	调整欧洲货币体系的汇率；建立欧盟	第二代货币金融危机理论	否
1994	墨西哥金融危机	货币	冲击了相关拉美国家，致使拉美股票下跌，欧洲股市和世界股市指数下跌	压缩经常项目赤字；紧急贷款援助		否
1997	亚洲金融危机	混合型	东南亚国家和地区的外汇市场和股票市场剧烈动荡，资本大量外逃；严重的区域性通货紧缩，世界经济增长放慢	银行冲销坏账，重组资本结构，强化审慎控制；企业整理资产负债状况，清理过度投资	第三代金融危机理论	否
2000	美国网络泡沫破裂	资本市场危机	许多网络公司倒闭，总计将近10万亿美元的资本从纳斯达克股票市场撤离	2001年1月至2003年6月，美联储连续13次下调联邦基准利率，降至1%的历史最低水平	金融管制理论；虚拟经济与实体经济的关系	否
2008	次贷危机	资本市场	次贷危机转变为全球金融危机，致使全球信贷紧缩，对世界经济和各个国家都产生了重要影响	大幅降低了利率，实行量化宽松货币政策，大规模刺激经济方案	金融监管理论的创新与发展	否
2009	欧洲主权债务危机	资本市场	影响欧盟内外贸易，加大全球金融系统性风险。欧元区经济陷入温和衰退，拖累世界经济复苏，打击市场信心	采取量化宽松货币政策，建立财政联盟，进行必要的财政整顿、制度变革和经济结构调整		否

显然，现代金融理论与行为金融理论从未能主动的预警金融危机的爆发，大多时候陷入被动的危机后的解释说明，且其对前一次危机爆发后的研究成果并不能为阻止下一次危机的爆发提供有效指导。这是因为现代金融理论和行为金融理论在指导金融系统发展的过程中采用线性、均衡的范式构建理论模型，使得一些对经济周期的扰动未被考虑在其理论模型之内，因而在这些理论、模型指导下制定的经济决策、金融决策也缺少预判性和先行性，不能兼顾短期目标和长期目标，难以处理好局部最优和整体最优的关系。金融系统本身具有多层次性、非线性、动力学性、复杂性的特点，并面临多重要素的扰动与制约。金融系统内同层次之间、不同层次之间、各层次与环境之间的交互复杂性与紧耦合程度的提高，才是金融波动的根源。因此，必须要用整体观和系统论的思想

来指导金融实践，实现从局部到整体、静态到动态、线性到非线性、均衡到非均衡、开环到闭环、国内到国际的转变。

综上所述，现代金融理论与行为金融理论的研究范式已不能有效指导金融风险的管理、控制，难以处理好金融资源配置的局部最优和整体最优的关系，已经不能匹配金融系统的多层次性、非线性、动力学性、复杂性等系统特性的研究，因而需要提出新的、与金融系统特性相匹配的研究范式和理论体系。

第二节　系统科学金融理论的诞生

一、系统科学金融理论构建的可行性与必要性

金融理论的作用是实现对金融系统的一般属性和演化规律的认知，揭示金融风险、金融价格的形成机理，以此指导金融实践，进行稀缺资源的跨时间、空间的最优配置，提高金融效率，最终实现对金融系统的优化与控制。而现代金融理论和行为金融理论均已不能够有效认识和揭示具有非线性、动力学性、复杂性的金融系统演化规律，更难以对金融系统进行优化控制，其研究范式出现了危机。相比之下，系统科学的相关理论、方法逐渐成熟，能够有效克服二者的不足。自 20 世纪 80 年代始，相关系统科学理论就已经逐步应用于金融系统的非线性、动力学性、复杂性等问题的研究中，并取得了有益的研究成果，为系统科学金融理论的诞生做了奠定了基础。

（1）系统科学研究范式已初步成熟，并具有很强的普适性，可以作为金融理论的研究范式。20 世纪中期以来，科学技术在计算机、航空、航天、信息、生物领域的成就促进了系统论、控制论、信息论和运筹论等系统科学的发展，并逐渐形成了非线性理论、系统动力学、复杂性理论等较为完善的理论体系。20 世纪 70 年代前后相继诞生了协同学、突变论、混沌理论以及分形理论等，它们无一不是跨学科的，也无一不是非线性的，共同研究系统的非线性和复杂性，所形成的学科具有普适性，被统称为非线性科学，是系统科学理论体系的重要组成部分。20 世纪 80 年代中期，随着对非线性科学研究的深入，在世界上又兴起了对复杂现象、复杂性、复杂系统的研究热潮，形成了一系列复杂系统理论，成为复杂性科学，在系统科学的发展中占据了重要地位。与此同时，自 20 世纪 80 年代开始，系统动力学也在理论研究和应用范围上都取得重大进展，研究对象日益广泛，几乎涉及各个领域，远远超过“工业动力学”的范畴，发展成为一门新的较为成熟的学科——系统动力学（system dynamics，SD）。系统动力学是系统科学理论与计算机仿真紧密结合、研究系统反馈结构与行为的一门科学，是系统科学与管理科学的一个重要分支。非线性理论、系统动力学、复杂性理论等系统科学理论逐步完善和相关领域研究的推进，系统科学研究进入到新的阶段，其研究范式更加清晰，并逐步拓展应用到社会和经济系统中。

系统科学以系统为研究对象，主要研究系统的一般属性和运动规律，研究系统演化、转化、协同与控制的一般规律，系统间复杂关系的形成法则，结构和功能的关系，有序和无序状态的形成规律等，包括非线性科学、系统动力学和复杂性科学。系统科学的研究范式可以从事物的整体与部分、局部与全局以及层次关系的角度研究客观世界，

能够把自然科学和社会科学领域研究的问题联系起来作为系统进行综合性整体研究，具有交叉性、普适性、综合性和横断性，属于一种方法论学科，不仅可以认识、揭示系统规律，而且还要在认识系统的基础上对系统进行优化和控制。因此，系统科学可以为金融学的发展和研究提供能够超越传统分析思维的研究范式，包括具有针对性的研究方法、技术、程序。

（2）金融系统的非线性、动力学、复杂性特征需要以系统科学的研究范式予以揭示、优化和控制。金融系统是一个以在空间和时间上优化配置社会的资金资源作为目标的开放复杂巨系统，这是因为：金融系统本身与外部环境有大量的资金和信息交换；金融系统是由大量的市场参与者组成的，而每一个参与者都可以看成是一个独立的决策子系统，其决策机制、决策目标是动态变化的，并与金融系统内的其他决策子系统以及金融系统的外部环境产生信息交换；作为市场的参与者，不仅投资者、交易所及其他中介机构、政府监管部门的特性各有差异，而且在同一类参与者中，每一个主体的决策行为都是异质的。因此，不能简单地通过直接观察金融资产价格的运动寻求其规律，而应利用非线性、系统动力学和复杂性科学的理论和方法，深入到每一个异质的市场参与者的个体行为及其相互作用和演化运动，从而通过涌现方式获得关于金融系统的整体动态行为的规律。现行的全球金融系统表现出系统脆弱性、系统间失衡、系统目标偏离、系统适应性以及系统的非线性和复杂性等系统性特征，所以有必要采用系统科学的研究范式，建立系统科学金融理论，从整个金融经济体系的角度把握金融创新与发展的脉络，全面地看待金融系统，分析其运行规律。

（3）系统科学已经应用于金融系统研究中，并取得了一定的成果。众多国内外学者已经应用系统科学视角进行了大量相关研究，并取得了部分研究成果。这些研究已经明确表明，金融系统是复杂非线性的，不仅投资者往往表现出非理性，出现反应过度或反应不足，而且市场也经常处于不稳定（非均衡）状态，实际价格分布呈现出尖峰、厚尾、跳跃性、非连续性。同时，金融系统也是一个复杂演化系统，金融系统的主体具有适应环境的能力，这些主体之间的适应活动和非线性交互作用使得金融系统涌现出一系列复杂的动态特性。而系统科学非线性、动力学性、复杂性的研究范式以及相关的技术与方法恰好可以为相关金融研究提供全新的方法，在研究全球金融危机、金融体系与实体经济的关系，经济全球化背景下金融系统的动态特征和风险规律、金融创新与监管的相互作用、风险预警与防范预测等重要基本科学问题上取得了丰富的成果。

可见，随着金融系统由简单不断地走向复杂，建立在线性、均衡的牛顿力学范式基础上的现代金融理论及行为金融理论已经不能充分揭示复杂金融系统的运行机制和不确定性，与此同时，系统科学的耗散结构、协同学、突变论、系统动力学、复杂自适应系统、开放复杂巨系统等理论，为人们重新认识金融系统的非线性和复杂性提供了新的研究范式和方法。因此，构建系统科学金融理论，对金融理论的研究范式进行彻底的改革不仅具有可行性，更具有必要性，如图 11-2 所示。

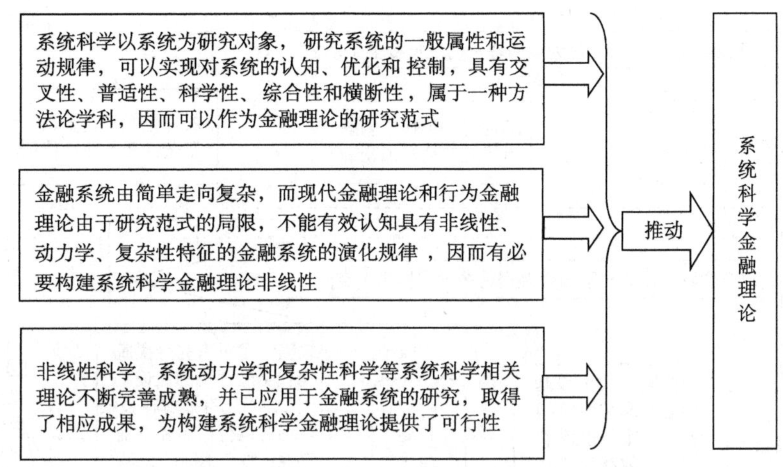

图 11-2　系统科学金融理论的诞生

二、系统科学金融理论范式符合金融理论范式的演化路径要求

金融理论研究范式的转换遵循一定的科学规律，有特定的路径可循，通过研究金融理论发展的历史，可以判断进行金融理论研究范式创新的条件是否已经成熟。金融理论的发展是一个不断更迭的、耗散的、非线性的过程，研究金融理论的变化发展可以使我们更好地把握未来金融理论的方向。纵观金融理论的更迭过程可以发现：金融环境的变化、原有金融理论的缺陷以及相关学科的产生与完善三者的共同作用促进了金融理论研究范式的不断革新，与此同时，金融理论的发展也带来了金融工具的不断创新，推动了金融市场的发展；而金融市场不断地由简单走向复杂，原有的金融理论已经不能指导复杂的金融环境，一些学者就开始了对新的金融理论的探索从而推动了新的金融理论的产生。所以金融理论的演化是有路径可循的，如图 11-3 所示。

17 世纪开始，在牛顿力学范式的影响下，欧洲理性主义盛行，在经济学的研究之中，现实的人都被约化为一个简单的孤立的数学模式中的理性人，人的情感、想象、实践行为等都约化成与人的经济行为不相关的东西；到了 20 世纪五六十年代，西方发达国家相继进入了直接融资高速发展阶段，金融对经济活动的作用急剧加大。金融环境的发展及其理性思维方式的盛行推动了现代金融理论的产生。

20 世纪 70 年代末，一方面，金融市场的波动性进一步加剧，出现了一些现代金融理论无法解释的异常现象，随着人们对金融市场的进一步认识，发现现代金融理论假设与实证检验的不一致，这主要表现在：人的非理性是经常化的；市场无摩擦是不现实的；正态分布与实证检验的不相容性；非均衡是市场常态等。因此，金融市场所具有的“有限理性、摩擦、非正态分布、非均衡”是客观的，而现代金融理论采用“理性、无摩擦、正态分布、均衡”的假设来研究、分析、揭示金融市场必然会出现偏差，甚至完全背离。另一方面，在这一时期心理学、社会学、行为科学得到了迅速的发展，尤其是实验心理学的一些理论。到了 20 世纪 90 年代，一些学者开始将其他学科应用于经济

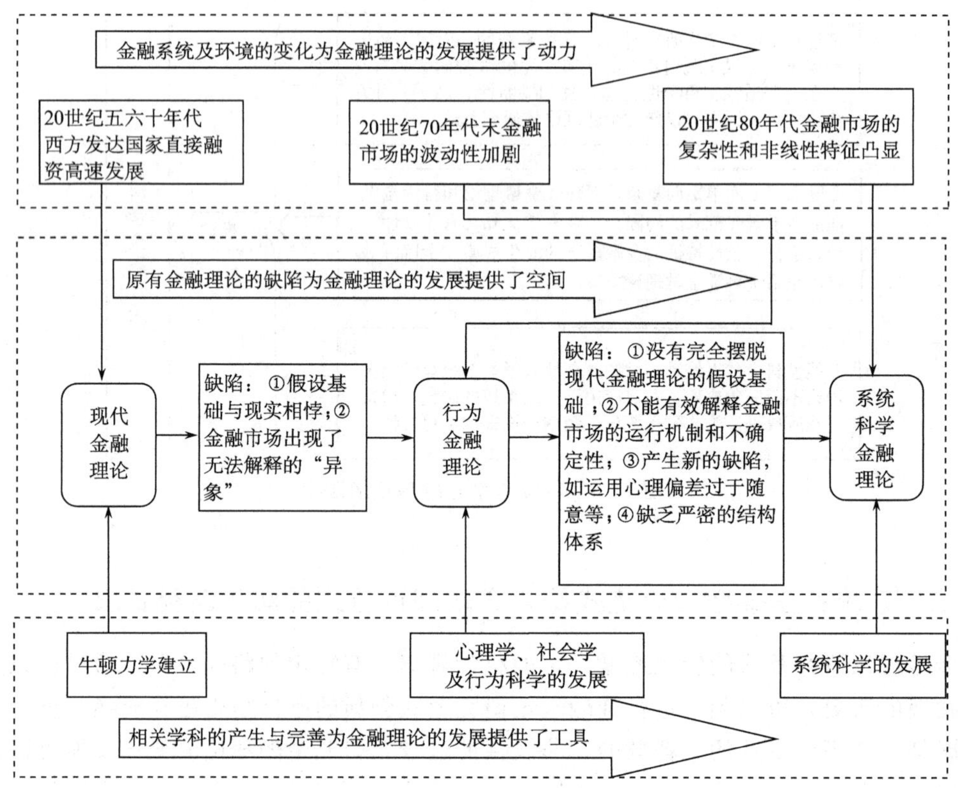

图 11-3 金融理论演化路径图

学，而主流经济学中的一些经济学大师也较早注意到心理学可能对经济学产生的影响，并致力于推动心理学理论在经济学中的应用。

金融市场“异象”的出现、现代金融理论的不足以及心理学等相关学科的发展使得更多的学者寻找理论上的突破，以建立更符合实际的金融理论。行为金融理论应运而生，成为金融理论领域的一次革命。

20 世纪 80 年代，金融市场各要素之间相互作用的复杂性以及运行机制的非线性特点越来越显现。各种形式的金融危机使人们对行为金融理论的指导性产生了怀疑。尽管行为金融理论从研究范式、论证方法等方面都对现代金融理论进行了创新，但是行为金融理论仍然存在着一些缺陷，如行为金融理论所运用的心理偏差过于随意，运用的心理学偏差只是试验现象，对各种行为的解说只是“事后”对现象的说明。因此，在行为金融理论的发展过程中，也受到了来自现代金融理论的批评，如表 11-2 所示。

表 11-2 “理性范式”与“行为范式”的争论

对行为范式的批评	对理性范式的批评
所运用的心理学偏差过于随意	金融市场的理性要求不切实际的计算能力
所运用的心理学偏差只是实验现象	“异常现象”的存在不支持理性假说

续表

对行为范式的批评	对理性范式的批评
各种行为解说只是“事后”对现象的说明	各种风险溢价和非完全市场解说只是“事实”对现象的说明
理性交易者“应当”通过套利将错误定价消除	非理性交易者“应当”通过套利将有效（理性）定价消除
理性投资者决策更正确因而将唯一地在市场中生存下来	非理性投资者承担更大的风险因而将唯一地在市场中生存下来
非理性投资者通过学习可以转变投资理念成为理性投资者	理性投资者通过学习可以转变投资理念成为行为投资者
回报的可预测性是“伪”的，行为解释是对理论的错误引导	

资料来源：Hirshleifer（2001）

与此同时，耗散结构理论、协同论、突变论、混沌理论、系统动力学以及复杂性理论的提出将系统科学推向了一个新的高度，随着系统科学的逐步完善和发展，其研究非线性和复杂性系统的优势逐步显现。

金融环境的变化、现代金融理论与行为金融理论的缺陷、系统科学的产生都是系统科学金融理论发展中不可忽视的推动力量，系统科学金融理论的出现带来了金融理论领域的又一次革命。尽管 20 世纪 90 年代就出现了系统科学金融理论的雏形，并且国内外学者已经在此领域做出了有益的探索，但是这些研究仅是将系统科学的某一部分内容用于解释金融系统中的部分现象或演化规律，总体来看研究仍然缺乏系统性和完整性。因此，现阶段构建一个完整的系统科学金融理论体系是非常有必要的。

第三节　系统科学金融理论体系的构建

一、系统科学金融理论的学科基础

系统科学金融理论整体上主要以系统科学为学科基础构建。系统科学以各类系统为研究对象，探索其生成、转化、演化、协同、控制和涌现等规律，广泛应用于工业、计算机、航空航天以及经济领域，具有交叉性、综合性、整体性和横断性等特性，能把自然科学和社会科学领域研究的问题联系起来作为系统进行综合性整体研究。系统科学与经典科学相比，在方法论和思维范式上有以下特点：与经典科学注重还原分析不同，系统科学把研究对象作为一个有机的相互联系的动态整体去看待，因而更强调整体把握的思维方式；与经典科学追求线性、简单性、必然性、决定论目标不同，系统科学着重探索非线性、动力学性、复杂性、偶然性、非决定性的问题；在对相关系统进行描述时，与经典科学以个体描述为主不同，系统科学以突出群体为主，采用动力学性、模型化的研究方法。非线性科学、系统动力学与复杂性科学均采用了以上系统科学的方法论和思维范式，分别在研究系统的非线性、复杂性、动力学方面发展起来一套理论方法，是系统科学的较为完善的理论。因此，本书以非线性科学、系统动力学和复杂性科学为学科基础构建系统科学金融理论。

(一) 非线性科学与系统科学金融理论

非线性科学，诞生于20世纪60年代，是一门涉及众多学科和工程技术的横断性交叉学科。50年来，非线性问题已经在自然科学、工程技术、社会科学各领域得到了广泛的应用，并成为当今世界科学的前沿和热点。它包括20世纪60年代美国麻省理工学院的气象学家爱德华·洛伦兹（Edward Lorenz）提出的混沌理论，20世纪70年代，美籍法国数学家伯怒瓦·曼德布罗特（M·Bonoit and Elbrot）提出的分形几何理论，伊利亚·普利高津（Ilya Prigogine）创立的耗散结构理论，赫尔曼·哈肯（Hermann Haken）提出的协同学理论，托姆提出的突变论等。混沌学、分形理论、耗散结构理论、协同学以及突变理论等非线性理论共同探索系统的非线性及复杂性的规律性，它们所共同形成的学科具有普适性、综合性，因此被统称非线性科学。非线性科学为认识系统的复杂性提供了新的思维方式和解决问题的新方法，作为一门交叉性学科，非线性科学所揭示的规律不仅对自然界，而且对社会系统及生命系统都具有普适性意义，因而在众多领域获得了广泛的应用。

系统科学金融理论以非线性科学为学科基础，构建非线性金融理论。现实的金融市场不是简单的、有序的，而是复杂非线性的，不仅投资者往往表现出非理性，出现反映过度或反映不足，而且市场也经常处于不稳定（非均衡）态，实际价格分布表现出尖峰、厚尾、跳跃性、非连续性。这些问题都是非线性科学所研究的对象，因此，系统科学金融理论以非线性科学为基础，研究金融系统的耗散、混沌、分形、协同、突变等非线性特征，并研究如何应用非线性建模仿真技术对多目标交互行为进行优化、控制，形成了非线性金融理论。

(二) 系统动力学与系统科学金融理论

系统动力学（system dynamics）是麻省理工学院的Jay W. Forrester教授于20世纪60年代创立的一门以系统反馈控制理论为基础，以计算机仿真技术为主要手段，研究系统发展的动态行为的一门应用学科，属于系统科学的一个分支。系统动力学用因果关系图（causal loop diagrams）和栈-流图（stock-and-flow diagrams）来描述互相关联的系统，并用仿真语言Dynamo来定量仿真系统的动态变化特性，在分析复杂系统的结构和行为方面有50多年的实践经验，其反馈分析的方法主要运用于社会和管理的研究分析中，用于了解社会和管理问题的结构特点，可以很快地抓住动态过程的原因。

系统科学金融理论以系统动力学为学科基础，构建系统动力学金融理论。系统动力学金融理论可以把系统动力学方法引入金融学领域，为研究金融系统的非线性和金融系统同层次之间、不同层次之间、各层次与环境之间的复杂交互反馈作用提供方法支持。通过建立系统动力学模型来研究金融系统中各要素、各子系统之间如何相互作用，分析研究金融系统的政策反馈、作用平台和关键点，探寻金融系统的演化规律，并通过仿真预测来预测金融系统未来的演化方向。

(三) 复杂性科学与系统科学金融理论

兴起于20世纪80年代的复杂性科学是系统科学发展的新阶段，也是当代科学发展的前沿之一。复杂性科学是探究复杂系统的复杂性（来源、表现），研究构成复杂系统的众多组分或子系统之间及其与环境之间相互作用下，系统演化产生整体涌现性（特性、特征、行为、功能）的机理和一般规律的科学。复杂性系统理论的研究范围极广，涉及数理科学、生命科学、环境科学、信息科学、经济科学、管理科学等众多领域，因此复杂性科学是一门多学科交叉的新兴科学。

系统科学金融理论以复杂性科学为学科基础，构建复杂性金融理论。复杂性金融理论主要把复杂适应性系统理论、复杂自组织临界性金融理论、复杂网络理论以及综合集成理论应用到金融领域的中，研究金融系统的复杂性、交互行为、协调控制等问题。该理论作为方法论为金融理论提供了研究路径和内容，可以研究金融主体的适应性规则及交互作用、金融系统的宏观涌现过程等问题，主要包括以下内容。

（1）研究金融系统的多样性、聚集、流、标识、内部模型、积木等特征和机制；分析系统的层次性，识别系统中各类自适应主体 Agent，从而达到对金融系统的复杂性认知。

（2）运用复杂适应系统的 MAS 建模仿真、复杂自组织临界和复杂网络建模仿真等复杂性技术手段构建金融系统多 Agent 交互仿真模型。

（3）运用 Swarm 等复杂性仿真平台研究各子系统间的交互行为及协调机制，基于复杂性理论的协调控制策略，研究使金融系统多目标协调运作的控制环路。

（4）运用综合集成研讨厅的理论体系对非线性金融理论、系统动力学金融理论、复杂性金融理论的相关研究成果进行从定性到定量的综合集成，实现人机、人网研究的结合，最终实现对金融系统这一开放复杂局系统的全面认知、优化和控制。

二、系统科学金融理论的核心内容与框架

系统科学以各类系统为研究对象，探索其生成、转化、演化、协同、控制和涌现等规律，具有交叉性、综合性、整体性和横断性等特性，采用整体论、非决定论的方法论和非线性、动力学性、复杂性的思维范式，属于一种方法论学科，不仅可以认识、揭示系统规律，而且还要在认识系统的基础上对系统进行优化和控制。非线性科学、系统动力学与复杂性科学是以系统科学的方法论和思维范式为基础，研究如何以非线性、动力学性、复杂性理论、方法和技术来正确认知、优化、控制系统，隶属于系统科学，是系统科学的较为完善的理论。因此，本书以非线性科学、系统动力学和复杂性科学等系统科学理论为系统科学金融理论的学科基础，构建系统科学金融理论，形成了非线性金融理论、系统动力学金融理论、复杂性金融理论三大系统科学金融理论支柱，明确界定了系统科学金融理论的概念、研究对象，阐述了其核心内容、研究方法，构建了较为完善的系统科学金融理论体系框架。

（一）系统科学金融理论的内涵与研究对象

1. 系统科学金融理论的内涵

系统科学金融理论（financial theory of systems science）是以系统科学研究范式为指导，以系统科学的原理、理论、方法和技术为手段，并与金融学、经济学等领域的知识融合，运用综合集成、系统建模、计算机仿真技术、系统控制等方法，分析金融系统的非线性、系统动力学、复杂性特性，揭示金融系统的演化、转化、协同与控制的一般

规律，从而实现对金融系统的认知、预测、优化和控制的理论体系。系统科学金融理论不仅要以揭示系统规律认知系统，更重要的是在认知系统的基础上控制系统。

2. 系统科学金融理论的研究对象

系统科学金融理论的研究对象主要有：以金融系统与各子系统之间，子系统内部各层次之间、金融系统与金融环境之间复杂关系的作用机制；金融系统生成、演化、转化、涌现、协同、优化与机制的动态特征；金融系统的非线性、系统动力学性、复杂性以及金融有序与无序状态的形成规律；金融系统的评价与决策；优化金融系统的稀缺性资源跨时间、空间配置功能，预测与防范金融风险，提高金融效率，最终实现对金融系统的协调控制等问题。

（二）系统科学金融理论的核心思想和观点

系统科学金融理论认为，金融系统是一个高度开放、多层次的非线性动力学复杂系统，具有非线性、系统动力学性、复杂性。因此，应当将金融问题放回到复杂的金融系统及其环境中，应用非线性、系统动力学、复杂性等理论、技术和方法对其进行研究。其核心观点有以下三个。

（1）金融系统具有耗散结构、混沌、分形、协同、突变等非线性机制。金融系统的耗散活动是其有序运作的基础，也是其演化的动力源泉；金融系统的相体积在耗散因素的作用下会随着时间的增长而不断地收缩，产生混沌吸引子，并对初始条件具有敏感的依赖性，呈现出混沌状态；耗散性破坏了宏观运动规律的时间反演不变性，导致无规则运动的混沌吸引子产生，因而具有相空间的分形结构；金融系统以混沌和分形的方式不断演化，在吸收足够多的负熵流后，就到达系统宏观状态发生质的改变的转折点附近，必然通过协同作用走向高级有序态；而金融系统从无序走向有序、从低级有序态走向高级有序态，主要是通过突变的形式实现。

（2）金融系统具有多重反馈特性、时滞性等系统动力学特性，是动力学系统。金融系统的各要素、各子系统之间具有复杂的正负反馈作用。金融系统的金融监管、金融政策、金融参与者等各系统或要素之间存在不同的因果反馈环路。

（3）金融系统是一个开放复杂巨系统，具有多样性、非线性、流、聚集、标识、内部模型、积木等特性和机制，具有自组织临界性，金融系统组分、子系统具有自适应性，系统的各要素之间通过复杂网络相连，进行了非线性复杂交互作用，推动了金融系统的演化。因此，可以采用基于自适应主体（agent）的复杂系统建模技术、复杂自组织临界沙堆模型、复杂网络模型等复杂性理论，研究金融系统从微观行为到宏观行为的演进规律。

（三）系统科学金融理论的框架体系及主要内容

依据系统科学的发展以及在金融研究中的应用情况划分，与系统科学理论体系相对应，可以形成系统科学金融理论体系的三大支柱理论——非线性金融理论、系统动力学金融理论、复杂性金融理论。三大理论都隶属于系统科学金融理论，但不是简单的叠加，相互之间具有密切的联系。系统科学金融理论的相关体系内容也不会仅仅停留在三大理论的框架，还会随着系统科学的发展和相关研究的深入而更加丰富，具有极强的可塑性，因此其本身就是一个不断发展完善的系统。本书构建的系统科学金融理论的框架体系如图 11-4 所示。

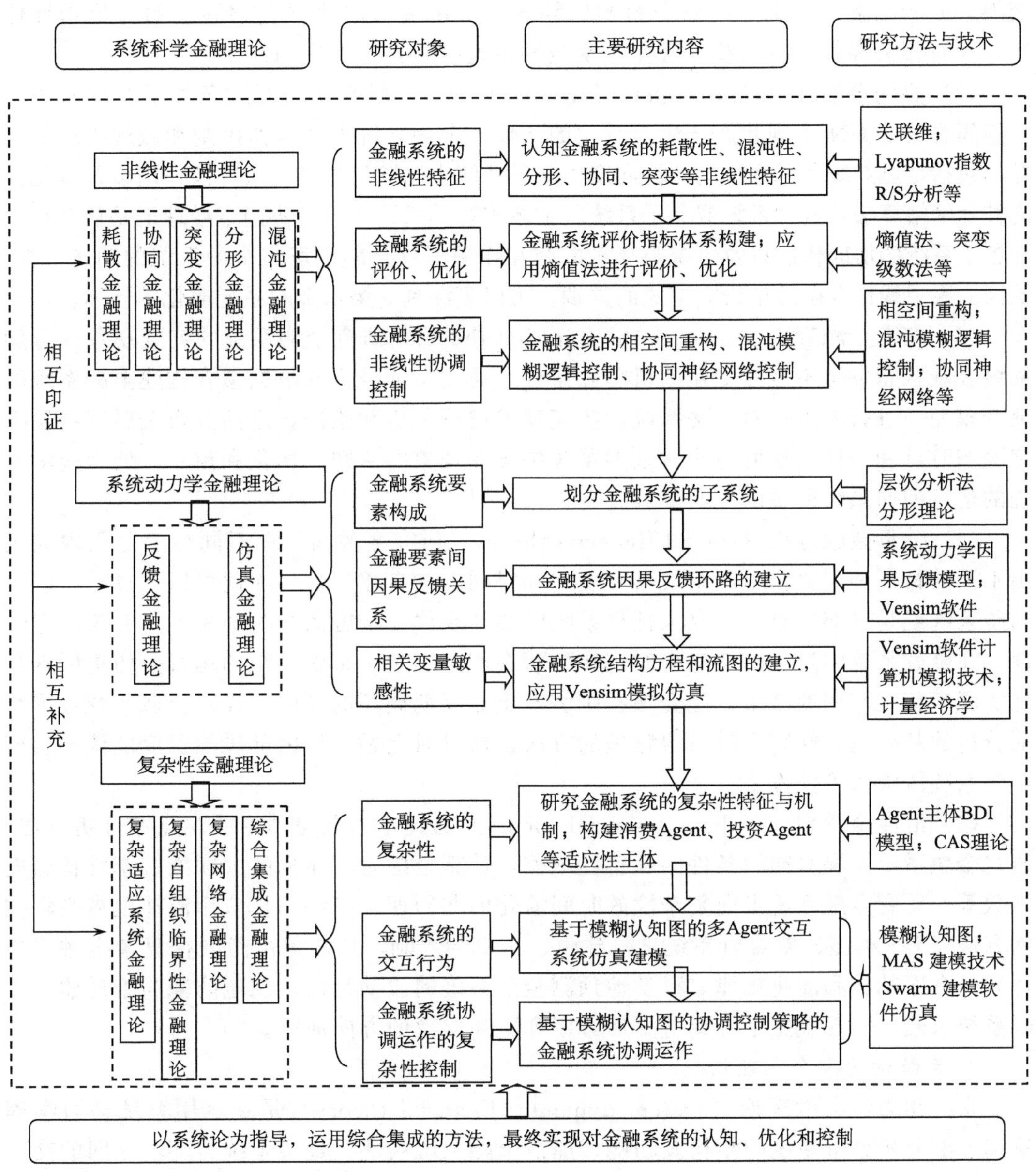

图 11-4　系统科学金融理论体系构成图

1. 线性金融理论

线性金融理论（nonlinear financial theory）主要采用从定性到定量综合集成的方法来研究金融系统的耗散、混沌、分形、协同等非线性特征，并研究如何应用非线性建模仿真技术对多目标交互行为进行优化、控制。

(1) 耗散金融理论（dissipation financial theory）研究金融系统由无序转变为有序的条件、相干行为和机制，探讨金融耗散结构的形成和生长的动力学机制，研究如何通过“涨落”运动使金融系统有序化。具体包括分析金融系统的开放性及其与环境的熵流交换，分析金融信息交互过程中的熵值耗散，应用熵值法建立金融系统的评价指标体系，并对相关参数进行调控，进而实现金融系统的仿真、优化和控制。

（2）协同金融理论（synergistic financial theory）研究不同开放条件下金融系统的自组织行为、系统宏观状态产生及转化的条件、金融系统内部运作机制和微观机理等问题，包括金融系统各子系统间的协同度、金融系统中序参量的产生条件及作用以及运用协同神经网络算法对金融系统或其子系统、主体进行模式识别等。协同金融理论是从系统内部各子系统的协同作用以及系统与环境的交互作用考察金融市场与金融系统的动态特性，从而克服了线性金融理论研究范式的弊端，可以更深刻的揭示金融系统演化的规律。

（3）突变金融理论（catastrophe financial theory）研究金融系统的突变现象、金融系统宏观状态发生不连续变化的机理和条件，通过特征分析或数据拟合构建金融系统的突变模型并进行求解，对金融系统的突变现象进行分析和验证，进而分析金融系统发生突变的时点和条件，从而达到对金融系统中突变现象的认知、优化和控制，使得金融系统的运行朝向系统期望的方向发展。

（4）分形金融理论（fractal financial theory）研究金融系统在不同标度范围内表现出不同的特征和现象。金融系统具有空间和时间上的自相似性，因此可以通过对系统中的子系统或是局部信息的研究来把握系统的整体规律。金融系统时间序列具有长期记忆性，在金融系统中过去的信息会对现在的状态产生影响，金融系统的运行是历史因素和现实因素相互作用的结果，是金融系统表现出非周期循环的原因。在对金融系统分形特征分析的基础上，探究金融风险管理的方法，通过对金融系统内部风险程度的认知实现金融系统风险的可控性。

（5）混沌金融理论（chaos financial theory）通过运用混沌理论的观点和分析方法，研究金融系统发展对初始条件的敏感性依赖，计算金融时间序列的关联维、李雅普诺夫指数等，研究金融系统走向复杂性的时间演化的非周期性等特征，应用混沌模糊逻辑控制方法（T-S 模型）对金融系统进行建模、仿真与控制，从而揭示隐匿在复杂金融现象背后的有序结构和演化规律，科学地预测金融系统的波动特征，规避防范与管理监控金融系统风险，实现金融系统朝着更加有序和更高层次的方向演进。

2. 系统动力学金融理论

系统动力学金融理论（system dynamics financial theory）是指运用系统动力学理论和方法分析金融系统的结构及功能，厘清金融系统内部、金融系统与环境之间的交互反馈关系，揭示金融系统的运行机制，构建金融系统的仿真模型、预测金融系统未来发展状况的理论。金融系统是复杂的非线性动态反馈系统，必须运用系统的方法，从系统整体的角度认识金融系统的运行规律。系统动力学认为系统的行为模式和特性取决于系统内部以及与环境之间的动态结构和反馈机制。系统动力学金融理论的理论体系，不仅包括系统动力学金融理论的理论基础、研究方法、系统观和方法论，而且在研究对象、指导思想和建模步骤方面也给出了详细的阐述。

系统动力学金融理论的研究对象是金融系统及金融系统的运行规律。金融系统是具有复杂、多层次、高阶非线性、动力学性、自组织性等典型特征的系统，传统的数学与统计方法难以对其进行量化描述和分析。系统动力学金融理论建立在系统论、控制论、信息论等理论基础上，主要研究金融系统内部、金融系统与环境之间信息的反馈，它以计算机为辅助工具，通过建立金融系统的系统动力学模型对现实系统进行仿真实验和分析，并根据所获得的信息来分析和研究金融系统的结构和行为，以便为决策知道提供科学依据。因此，在现代金融理论已经不能很好地指导实践的情况下，运用系统动力学的方法对金融理论进行深入研究是未来金融理论研究发展的主导方向。

3. 复杂性金融理论

复杂性金融理论（complexity financial theory）以复杂性科学研究范式为指导，以复杂性科学的理论方法和技术手段，结合金融学和经济学的基本知识和理论探究金融系统的复杂性（来源、表现），研究构成复杂金融系统的众多金融 Agent 或金融子系统之间及其与经济环境之间交互作用下，金融系统演化产生整体涌现性的机理和一般经济规律，并在既定的市场结构下，运用计算机智能信息技术对金融系统进行建模仿真，来揭示金融系统宏观动态特性及其成因的控制变量，实现对金融系统（价格、风险等）的运行仿真，从而达到对金融系统的全面认识、优化与控制。

复杂性金融理论将金融市场视为由众多存在复杂交互作用的金融 Agent 组成的复杂系统，由这些组分之间的强非线性作用涌现出复杂金融系统所有个体金融 Agent 不具有的整体行为（特征）。因此，复杂性金融理论将研究的侧重点转移到金融系统主体的适应性规则以及金融系统主体之间的交互、影响与传染等行为导致的金融系统（金融整体）变量的演化效果。以金融系统中的资产价格形成过程为例，其各金融机构、交易者、金融工具之间相互交互作用的结果，如图 11-5 所示。

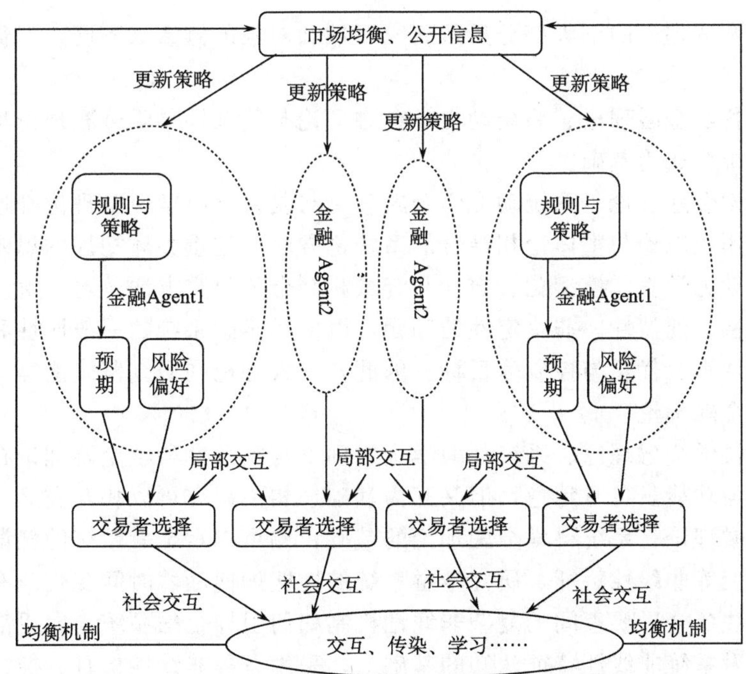

图 11-5　系统科学金融理论框架下资产价格的形成过程图

复杂性金融理论主要由复杂适应系统金融理论、复杂自组织临界性金融理论、复杂网络金融理论、综合集成金融理论构成。

（1）从秩序和规则演化、进化的角度构建了复杂适应系统金融理论。复杂适应系统金融理论是研究金融系统复杂性机制的科学，强调金融主体复杂的应变能力以及与之相应的复杂结构，有效的揭示金融系统的复杂性特征，理清金融系统主体间以及与外部环境间复杂的作用关系，找到影响金融系统持续健康发展的因素，提出优化金融系统的策略选择。

（2）从复杂金融系统的能量、结构和自组织的角度构建了复杂自组织临界性金融理论。复杂自组织临界性金融理论认为，金融系统包含着众多的发生短程相互作用的组元，而且自发地向着一种临界状态进化。根据复杂自组织临界金融理论，可以解释金融危机是金融系统自组织过程中系统发生突变的结果。

（3）从连接金融系统各要素间的复杂网络拓扑结构角度构建复杂网络金融理论。复杂网络金融理论刻画了金融系统中微观个体之间存在的相互联系与相互作用的关系结构，突出强调了金融系统结构的拓扑特征。

（4）从系统整体论和还原论相结合，以及从定性到定量综合集成的角度构建了综合集成金融理论。综合集成金融理论通过构建一个以综合集成为基础可以进行群体决策的信息平台，将专家体系、知识体系以及计算机体系有机结合起来，构成一个高度智能化的人机结合、人网结合的复杂金融系统。金融系统综合集成研讨厅是辅助专家群体求解金融市场发展这一复杂巨系统问题的工作环境。

三、系统科学金融理论体系间的逻辑关系及比较

系统科学金融理论的三大部分虽然研究领域和对象的侧重点不同，但彼此间有着严密的逻辑关系。

（1）线性科学金融理论、系统动力学金融理论与复杂性科学金融理论均以系统科学的方法论和思维范式为基础。

非线性科学金融理论、系统动力学金融理论与复杂性科学金融理论都遵循系统科学研究范式，采用还原论与整体论相结合的系统论方法，注重整体把握的思维方式，运用以群体为主、动力学性、模型化、定性与定量相结合的研究方法，着力解决非线性、动力学性、复杂性、偶然性、非决定性的问题，以揭示金融系统的一般属性和规律，实现对金融系统的认知、优化与控制为目标。因此，三大理论在研究范式上是一致的，都隶属于系统科学金融理论。

（2）线性科学金融理论、系统动力学金融理论与复杂性科学金融理论在系统金融理论体系中定位与功能虽各有特色，但又互为基础，相关研究可以相互交叉、相互印证。

非线性金融理论是系统科学金融理论的基础，侧重揭示金融系统的耗散、混沌、分形、协同、突变等非线性特征，研究金融系统的性能如何随着时间变化及有没有稳定状态等问题，关注各金融要素间的复杂非线性机制如何引导金融系统走向更高有序态，力求在达到对金融系统非线性特征认知的基础上，采用各种非线性仿真调控技术，实现对金融系统的优化、控制。而系统动力学金融理论则是在对金融系统非线性充分认知的基

础上，着重对金融系统要素、金融系统与外部环境之间的交互反馈机制进行研究，回答这种反馈机制的因果关系、关键环链等问题，从而实现对金融系统结构和功能更深层次的认知，并在此基础上模拟和仿真金融系统的运行流程，优化金融系统的运作机制；复杂性金融理论则需要以前两种理论研究的结果为依据，基于金融系统中个体的主动适应性，构建金融主体的行为规则，自下而上的研究金融系统的适应性演化和金融系统的层次涌现性问题。

(3) 从定性到定量的综合集成方法，将相关专家群体、数据和各种信息与计算机技术有机结合起来，把各种学科的科学理论和人的经验知识结合起来，达到对金融系统的认知、优化和控制。它们的逻辑关系如图 11-6 所示。

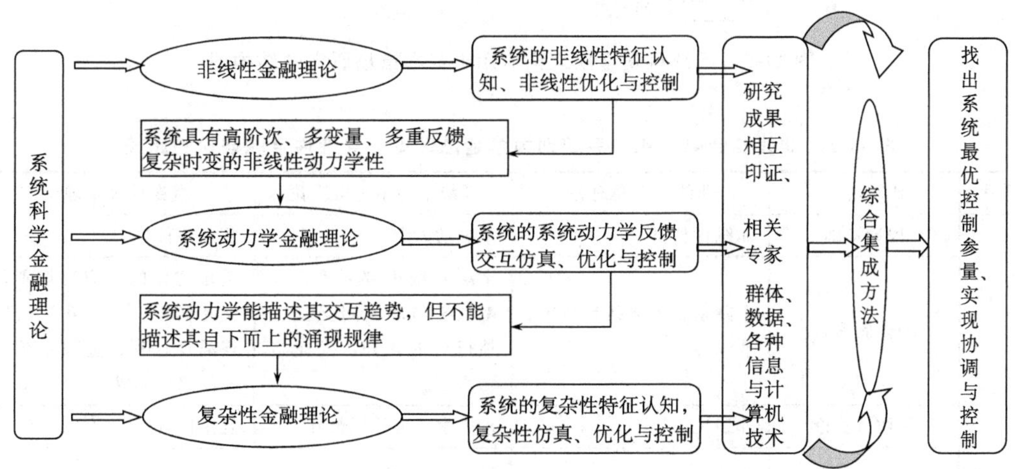

图 11-6　非线性金融理论、系统动力学金融理论、复杂性金融理论三者之间的逻辑关系

以资本市场为例，耗散金融理论主要研究资本市场体系内部机制转化和创造条件问题，即开放系统创造了与外界进行物质、能量和信息交换的条件，使系统远离平衡态，激励系统内部子系统的非线性作用，通过竞争、合作推动产生整体新的模式和功能，而协同金融理论正是研究金融系统宏观质变和源动力问题，突变金融理论则可以提供金融系统演化的可能路径。分形金融理论研究金融系统走向复杂性的空间特性和结构，而混沌金融理论研究金融系统走向复杂性的时间演化特性，两者均可用于确定资本市场受哪些要素影响，进而开展市场预测及度量风险模型方面的研究。复杂性金融理论主要研究资本市场与外部相互关系的复杂性以及总体与部分之间的非线性、多样性。系统动力学金融理论主要研究内部各要素之间的相互作用、反馈回路并通过仿真预测市场发展方向。各个理论虽然所研究领域和对象的侧重点不同，但彼此间有着相互联系，如图 11-7 所示。

可见，三大理论在系统科学整体研究范式的统领下从不同的角度、方法研究金融系统，相互印证与支撑，共同形成对金融系统的全方位多维度研究，是在逻辑上紧密相关的理论体系。三大理论间的比较研究如表 11-3 所示。

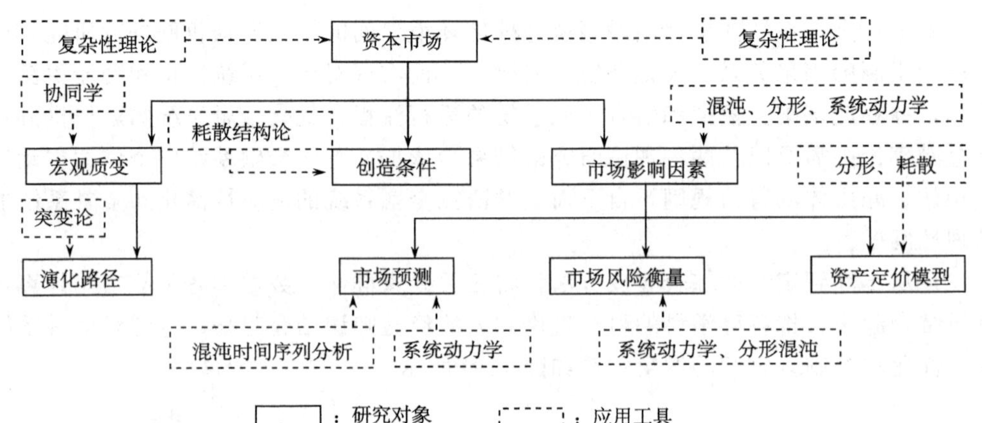

图 11-7 系统科学金融理论应用于资本市场研究的结构图

表 11-3 非线性金融理论、系统动力学金融理论、复杂性金融理论的比较

项目	比较内容	非线性金融理论	系统动力学金融理论	复杂性金融理论
不同点	理论基础	非线性科学	系统动力学	复杂性科学
	理论侧重点	金融系统的非线性特征、非线性仿真	金融系统内部要素、金融系统与环境间交互反馈行为的认知、优化与仿真控制	金融主体的适应性规则及交互作用、金融系统的宏观涌现过程、金融系统研究的综合集成
	采用方法论	非线性	动力学、因果反馈环	复杂性方法
	仿真软件平台	Matlab、Eviews 等	Vensim、Ithink、Stella、Powersim、Dynamo 等	Swarm、Repast、Netlogo 等
	在体系中的作用	金融系统的基础性研究，把握金融系统宏观整体非线性特性和基本微观作用机制	基于非线性金融理论，并通过因果关系图和流图更直观的展现金融系统的非线性作用	综合集成非线性、系统动力学的研究成果，融入到对金融主体的适应性规则研究中，实现对金融系统的自下而上的仿真
共同点	研究对象	金融系统		
	研究范式	都遵循系统科学研究范式 均采用还原论与整体论相结合的系统论方法，注重整体把握的思维方式，运用以群体为主、动力学性、模型化、定性与定量相结合的研究方法		
	研究目标	均是以认知金融系统的生成、转化、演化、涌现等一般属性和运动规律，以深刻认识金融系统的动态特征和风险规律，在此基础上结合金融学和经济学等领域的知识和实证/实验数据，实现对金融功能系统的优化与控制		

四、系统科学金融理论的研究范式与方法

现代金融理论和行为金融理论以还原论方法为基础研究金融系统的演化过程，但是

还原论不能解决金融系统的整体性问题和金融系统功能的涌现问题。系统科学金融理论以系统论方法为指导，系统论方法是既从整体到部分由上而下，又自下而上由部分到整体的研究与思维方法论。即从系统整体出发将系统进行分解，在分解后研究的基础上，再综合集成到系统整体，实现 1＋1＞2 的整体涌现性，最终从整体上研究和解决问题。由此可见，系统论方法吸收了还原论方法和整体论方法各自的长处，同时也弥补了各自的局限性，既超越了还原论方法，又发展了整体论方法。具体表现为以下六个方面。

1. 强调采用系统科学综合集成方法，注重采用科学理论、经验知识和专家判断力的结合的半经验半理论的定量方法

综合集成方法本质上是用来处理跨学科、跨领域和跨层次问题的方法论和方法。因此，系统科学金融理论运用综合集成方法把与系统有关的科学理论方法与技术综合集成起来，运用系统建模、仿真、分析、优化、设计和评估等方法对金融系统的结构、环境和功能进行总体分析、论证、设计、协调、控制，并采用将金融理论与专家群体的个人行为和判断相结合，将人的思维、思维的成果、人的经验、知识、智慧以及各种情报、资料和信息等综合集成起来，将对金融系统的多方面的定性认识上升到定量认识。

2. 注重定性判断与定量描述的综合以及不同理论方法研究的集成

金融系统的有定性特性和定量特性两个方面，定性特性决定定量特性、定量特性表现定性特性。定性描述固不可少，现代金融理论和行为金融理论过于偏重于定量研究，而系统科学金融理论认为，对金融系统的定量研究固然重要，但也不应忽视对金融系统的定性研究。系统科学理论采用定量研究技术（如耗散结构的吸引子方程、李雅普诺夫指数、混沌时间数列的相重构、相关函数等非线性方法、复杂性建模仿真、系统动力学仿真预测等），也注重以定性研究方法研究金融系统的非线性、动力学性和复杂性行为，认为只有二者有机结合才能达到对金融系统的正确而全面的认知。

3. 采用系统建模和计算机仿真技术

认知论、系统论的基本方法为仿真的发展提供了强有力的指导。特别是系统论思想、使得仿真研究产生了质的飞跃。仿真中采用系统论的方法分析系统、建立系统模型、通过在仿真环境中的运行达到反映整体用线性的目的，这是系统论思想的突出应用。

非线性金融理论认为金融系统具有耗散性、混沌性、分形、协同、突变等特性，因此，可以应用混沌系统的模糊逻辑控制、基于分形测度的非线性系统模型切换控制策略等仿真控制方法对金融系统进行协调控制；复杂性金融理论设计金融系统的 Agent 模型，应用 MAS 建模技术建立 MAS 复杂系统仿真模型，借助 Swarm 等仿真平台进行主体模拟仿真等；系统动力学着重分析系统间的因果反馈关系，并进行仿真预测，因而主要通过 Vensim 等系统动力学软件构建金融系统的系统动力学因果反馈模型和结构流图进行实证研究。

4. 物理、事理、人理分析相结合

物理-事理-人理（WSR）既是一种方法论，又是一种有效解决复杂非线性问题的有效工具。物理主要是通过定量分析，严密逻辑推理、精确科学实验而揭示出的物质的运动机理，主要回答是什么。事理是指运用科学的管理方法解决如何全排人、财、物，

主要回答是怎样去做。人理是做人的道理，运用人文和社会科学解决最好怎样做。金融系统有其固有的机理，同时人也是金融系统重要的要素，金融系统的研究离不开 WSR，应该遵循综合性原则、集成原则、参与原则、可操作原则、反复迭代原则、整体优化原则。

5. 科学推理与哲学思辨相结合

系统科学金融理论的研究对象金融系统是具有思维能力、高度复杂的人介入其中的社会经济组织，人的不确定性、金融环境的复杂多层次性、成果的那与表述性，决定了对金融系统的研究要科学推理与哲学思辨相结合。

6. 系统控制与计算金融相结合

系统科学不仅要揭示系统规律认知系统，而且还要在认知系统的基础上控制系统。金融系统的动态性、开放性、交互性、复杂性等特点决定了在传统的解析方法和经验方法下无法实现对金融系统的重复试验和准确预测。为有效解决复杂社会系统的实验问题，利用人工社会中计算试验的可设计性和可重复性，对人工系统设计不同的实验方案，按照不同的指标体系对复杂社会系统进行量化的实验分析。同时对人工系统与实际系统的相互对比和参照，完成对相关行为和决策的试验评估，实现对系统的管理和控制。

第四节　系统科学金融理论与现代金融理论、行为金融理论的比较

系统科学金融理论是未来金融理论研究的新范式，它提供了认知金融系统规律的全新思维方式，其理论、技术和方法可以更准确地揭示金融市场的演化规律，是实现对金融系统认知、优化和控制的有力工具。它与现代金融理论和行为金融理论有着本质的不同，如表 11-4 所示。

表 11-4　现代金融理论、行为金融理论、系统科学金融理论的比较

比较内容	现代金融理论	行为金融理论	系统科学金融理论
研究范式	牛顿力学	心理学、行为科学	系统科学（非线性、系统动力学、复杂性）
线性与非线性	金融系统是线性的，资本市场价格变化的概率分布服从正态分布	从人类心理与行为的角度出发研究金融系统的非线性	金融系统具有高阶非线性的特征
简单性与复杂性	金融系统是许多小的单元的简单组合	金融系统是一个复杂系统，其运行机制受人的心理因素的影响	金融系统是一个复杂的系统，其内部各个简单要素之间相互联系，相互制约
静态与动态	金融市场处于均衡的静态中	人的心理因素影响其投资决策，进而引起金融市场的变动	金融系统是一个耗散结构，具有自组织、多重反馈的动态特性

续表

比较内容	现代金融理论	行为金融理论	系统科学金融理论
均衡与非均衡	建立在一般均衡假设基础之上	行为主体的心理差异带来了金融系统的非均衡性	金融系统是一个开放系统，非均衡是常态，均衡是特例
整体与部分	整体是部分的简单加总	整体现象受个体心理因素的影响	整体大于部分之和
有序与无序	处于均衡状态下的金融市场是无序的	非均衡状态引起了各种有序运动	涨落导致有序
还原论	采用还原论的方法进行金融研究，认为个体线性加总后即可得出整体现象	注重分析个人心理行为，基本上仍然是还原论的方法	采用整体论和还原论相结合的系统论方法
决定论	以决定论为指导，给定初始条件就可以推演出确定状态	影响因素随人的主观意志变化	金融市场具有长期记忆性，呈现混沌状态，对初始条件具有敏感依赖性
理性	假设资本市场上的投资者都是理性的，其目标是自身效用的最大化	资本市场上的投资者是有限理性的，其投资行为较多的受心理因素的影响	资本市场上的投资者是复杂的，多样性的，理性取决于其认知度
基本假设	理性人假设；资本市场无摩擦假设；随机游走模型及均衡假设	有限理性假设；资本市场无摩擦假设的有条件放松；随机游走模型及均衡假设的有条件放松	基于金融系统运行的复杂动态演化机理
研究对象	线性的、理性的、无摩擦的、均衡的、静态的	有限理性的、“异象的”、非均衡的、心理性的	非线性的、动态的、复杂的
可预测性	建立了随机游走模型，认为金融市场是不可预测的	侧重对金融现象的事后解释，金融市场的可预测性较差	认为金融市场具有长期记忆性，短期可以预测，但是长期很难预测
结论的可靠性	建立在有效市场假说、资本市场无摩擦假说、随机游走模型及均衡基础上的结论与金融市场必然会出现偏差	只是部分放松了现代金融理论的假说基础，因此其结论与实际的金融市场运行机制也存在些许偏差	其结论更科学的揭示了金融市场的运行机制，更符合现实世界

从表 11-4 可知，系统科学金融理论直接采用非线性、系统动力学和复杂性的分析方法研究金融系统问题，达到对金融系统的认知、优化与控制；强调采用系统科学综合集成方法，注重定性与定量研究的综合以及不同理论方法研究的集成，致力于实现建模人员、决策者和专家群体的融合；借助系统建模和计算机仿真技术，直接以现实金融行为作为研究对象，无需作任何线性化、无摩擦化假设。系统科学金融理论是用一个全新的范式来研究金融系统的运作机制，它完全摆脱了现代金融理论和行为金融理论的假设基础，与现代金融理论和行为金融理论相比具有后两者不具备的特性，主要表现在以下四个方面。

（1）系统科学金融理论直接采用非线性、系统动力学和复杂性的系统分析方法研究金融系统问题，因而相对于现代金融理论和行为金融理论来说更接近于实际情况，其结论也就更有意义。

（2）系统科学金融理论能够揭示金融体系内部存在着的复杂的非线性作用机制。非线性迭代产生复杂的混沌现象，使金融市场系统进入混沌均衡状态，金融市场运行处于非均衡常态，系统内的各种梯度推动着整个系统不断地寻找新的耗散途径，导致系统的剧烈波动，直到形成新的稳定有序结构。那么，我们就可以利用混沌系统的特点，以科学、有效的制度及政策安排使金融系统向期望的状态演化。这是现代金融理论、行为金融理论所不能触及的。

（3）系统科学金融理论能够采用定性与定量相结合的方式来研究，并且可以借助计算机进行仿真检验，预测金融系统未来的演化规律，与现代金融理论、行为金融理论相比具有更高的可靠性。

（4）系统科学金融理论中所运用的系统动力学是一门可用于研究处理社会、经济、生态和生物等一类高度非线性、高阶次、多变量、多重反馈、复杂时变大系统问题的学科；研究对象也主要是开放系统，其建模过程便于实现建模人员、决策者和专家群体的融合。

关键概念

现代金融理论	行为金融理论
研究范式	系统科学
非线性科学	系统动力学
复杂性科学	系统科学金融理论
耗散	分型
突变	协同
混沌	

本章小结

（1）金融系统具有耗散结构、混沌、分形、协同、突变等非线性机制；金融系统具有多重反馈特性、时滞性等系统动力学特性，是动力学系统；金融系统是一个开放复杂巨系统，具有多样性、非线性、流、聚集、标识、内部模型、积木等特性和机制，具有自组织临界性。

（2）系统科学金融理论的三大部分虽然研究领域和对象的侧重点不同，但彼此间有着严密的逻辑关系：线性科学金融理论、系统动力学金融理论与复杂性科学金融理论均以系统科学的方法论和思维范式为基础；线性科学金融理论、系统动力学金融理论与复杂性科学金融理论在系统金融理论体系中定位与功能虽各有特色，但又互为基础，相关研究可以相互交叉、相互印证；从定性到定量的综合集成方法，将相关专家群体、数据和各种信息与计算机技术有机结合起来，把各种学科的科学理论和人的经验知识结合起来，达到对金融系统的认知、优化和控制。

（3）统科学金融理论的研究范式与方法：强调采用系统科学综合集成方法，注重采用科学理论、经验知识和专家判断力的结合的半经验半理论的定量方法；注重定性判断与定量描述的综合以及不同理论方法研究的集成；采用系统建模和计算机仿真技术；物理、事理、人理分析相结合；科学推理与哲学思辨相结合；系统控制与计算金融相结合。

复习思考

（1）现代金融理论研究范式的缺陷有哪些？

（2）行为金融理论的研究范式的缺陷有哪些？

（3）系统科学金融理论构建的可行性与必要性是什么？

（4）系统科学金融理论的学科基础是什么？

案例分析

分形市场假说与有效市场假说

1. 分形市场假说的提出及其主要内容

20世纪70年代有效市场假说提出以来，以此为基础的线性范式下的现代金融理论不断完善和发展，并得到理论界的广泛认可。但与此同时，金融领域却出现了种种无法用现代金融理论所解释的异常现象。例如，实际金融资产的收益率并非有效市场假说中的那样服从正态分布，而是呈现出胖尾的特征；金融资产价格的变动在一定程度上具有可预测性；股市存在的“周末效应”“一月效应”以及价格波动的自相似性等特征都对现代金融理论提出了严峻的挑战。有效市场假说已经不能作为指导现代金融发展的理论基础，新范式下的金融理论的探究成为必然趋势。

美国金融学家埃德加·E. 彼得斯通过大量的事实研究，证明金融市场大都不符合有效市场理论的假定，其行为不能用EMH进行描述。他将分形几何学的分析方法运用于金融市场的分析，把市场看成是一个复杂的、交互作用的和适应性的系统进行研究，提出了著名的分形市场假说①。其主要内容归纳如下。

（1）市场由众多的投资者组成。不同的投资者具有不同的投资尺度。投资尺度的不同使他们具有不同的投资行为。

（2）市场的稳定性在于市场流动性的保持。众多具有不同投资尺度的投资者的存在是市场流动性保持的关键。当所有投资者的投资时间尺度都趋于一致时，市场的流动缓慢或停滞，必定致使市场失去稳定性。

（3）信息集对不同投资时间尺度的投资者来说具有不同的意义。短期投资者更关注技术分析信息，而长期投资者认为市场在技术分析层面上所表现出来的趋势并不能用于长期投资决策，基本层面的分析更加重要。因此，资本价格的变化只是反映信息对相应投资期限的影响。

（4）价格反映了短期技术分析和长期基础分析的结合。一般来说，短期价格变化的

① 资料来源：Peters E E. 1994. Fractal Market Analysis：Applying Chaos Theory to Investment and Economics. New York：John Wiley & Sons，Inc.

波动性比长期价格的大，即具有易变性。市场的内在趋势是对经济环境变化所预期的收益变化的反应，而短期倾向更多的是从众行为的结果。

(5) 如果某种金融产品与经济周期无关，那么它本身就不存在长期趋势。此时，交易行为、市场流动性和短期信息将起决定性作用。

2. 分形市场假说与有效市场假说的比较

(1) 对信息和投资期限的假定不同。在有效市场假说中信息是公开的，每个投资者所拥有的信息都是同质的且投资者都是理性的，从而同一信息对所有投资者产生的影响也是相同的。但现实市场并非如此，投资者也并不是完全理性的，不同投资者的个人偏好或厌恶风险程度不同，他们的理性程度也是千差万别的。分形市场假说正是基于这些现实的条件对市场中的信息和投资者的行为进行分析。分形市场假说认为投资者是有限理性和在一定的模糊逻辑下进行决策的，这就使不同的投资者对市场中的信息的反应不同，短期投资者会更重视与技术分析有关的信息，而长期投资者则更倚重于基础分析。

(2) 资产流动性来源不同。有效市场假说中，资产的流动性是由市场自发产生的，市场总是处于均衡状态，所以资产的流动性是一直存在的。资产价格总是公平地反映资产的内在价值的。分形市场假说认为，资产流动性并非是市场自发产生的，它的存在受到投资者差异性的影响，特别的，投资者投资期限的差异性是资产流动性存在的关键影响因素。

(3) 资产价格运动的独立性与长期相关性。有效市场假说设定市场价格变动是相互独立的，当前资产价格的变动不会对未来价格的变动产生影响。价格变动遵循随机游走模型，运动轨迹无规律、无趋势可循。分形市场假说却认为资产价格的变动具有持久性和长期记忆性，当前的价格变动会对未来价格的形成产生一定的影响，而且在一定程度上运动趋势具有自相似性。资产价格在短期内可预测，但长期不可测。

(4) 风险测度方法的不同。有效市场假说中用标准差来度量资本市场中资产的风险，认为资产价格变动的标准差越大，它的风险就越大。这是因为标准差实际上是度量观测值距离平均数的离散程度，标准差越大，数据的离散程度就越高，数据的波动性就越大，因而隐藏的风险也就越大。但是，这些都是在系统服从随机分布时，才能成立。现实资本市场中，资产价格并不是服从随机分布的，而是具有非线性分布特征，分形市场假说，正是基于分形结构的特点，对资产价格的数据进行分析，测度市场风险的。

思考：

为什么说分形市场假说更能科学地对现代金融系统做出解释？

参考文献

埃德加·E. 彼得斯. 2007. 复杂性风险与金融市场. 北京：中国人民大学出版社.

蔡明超. 2005. 证券投资基金绩效评价理论与实务. 上海：上海财经大学出版社.

曹凤岐. 1995. 证券投资学. 北京：北京大学出版社.

陈建忠. 2009. 证券投资学. 北京：中国电力出版社.

陈信华. 2002. 证券投资学讲义. 上海：立信会计出版社.

陈永新，刘用明. 2005. 证券投资学. 成都：四川大学出版社.

陈志军. 2005. 证券投资学. 济南：山东人民出版社.

董继华，崔美. 2002. 证券投资学概论. 北京：经济科学出版社.

范从来，夏江. 2000. 证券投资通论. 南京：南京大学出版社.

傅学良. 2002. 现代证券投资. 上海：上海交通大学出版社.

傅一江. 2003. 证券投资学. 北京：中国人民大学出版社.

高伟. 2003. 证券监管模式的国际比较与启示. 国家行政学院学报，(2)：77-81.

郭金龙. 2007. 复杂系统范式视角下的金融演进与发展. 北京：中国金融出版社.

国家证券从业资格考试研究组. 2007. 证券投资. 北京：中国民主法治出版社.

黄运成. 2001. 证券市场监管. 北京：中国金融出版社.

刘继奇，董晨昱. 2008. 人民币汇率与股票价格关系的实证研究. 经济管理，(16)：62-67.

罗萨里奥·N. 曼特尼亚. 2006. 经济物理学导论. 北京：中国人民大学出版社.

普林格. 2003. 技术分析. 任若恩，译. 北京：中国财政经济出版社.

斯通曼，舒尔茨. 2002. 经纪业欺诈：华尔街黑幕. 潘宁，译. 上海：上海译文出版社.

孙可娜. 2003. 证券投资. 北京：高等教育出版社.

谭中明，侯青，黄正清. 2004. 证券投资学. 合肥：中国科技大学出版社.

天时投资公司市场研发部. 1993. 期货市场. 上海：远东出版社.

汪寿阳. 2011. 复杂金融关系工程与风险管理研究的新进展. 系统工程理论与实践，31 (4)：1-4.

王明涛. 2003. 证券投资风险计量、预测与控制. 上海：上海财经大学出版社.

王明涛. 2004. 证券投资分析. 上海：上海财经大学出版社.

王铁锋. 2005. 中国债券市场投资分析及组合管理. 北京：经济科学出版社.

魏雅华. 2003. 中国股市保卫战. 北京：机械工业出版社.

魏宇. 2010. 沪深 300 股指期货的波动率预测模型研究. 管理科学学报，13 (2)：66-76.

吴晓求. 2000. 证券投资学. 北京：中国人民大学出版社.

吴晓求，季冬生. 2004. 证券投资学. 北京：中国金融出版社.

夏普. 1998. 投资学. 北京：中国人民大学出版社.

谢百三. 2005. 证券投资学. 北京：清华大学出版社.

邢天才，王玉霞. 2003. 证券投资学. 大连：东北财经大学出版社.

胥朝阳，周灏，陈子彤，等. 2004. 证券投资. 武汉：武汉大学出版社.

徐晓鹰. 2005. 证券投资心理和行为分析. 北京：中国物资出版社.

闫圻，喻大学. 2002. 社会保障基金与证券投资基金. 上海：复旦大学出版社.

尤金·法玛. 1965. 股票市场价格走势. 商业杂志，

张兵．2008．巴菲特教你学投资．北京：京华出版社．

中国证券业协会．2008．证券市场基础知识．北京：中国财政经济出版社．

周炜星．2007．金融物理学导论．上海：上海财经大学出版社．

Hirshleifer D. 2001. Investor psychology and asset pricing. Journal of Abnormal and Social Psychology，(49)：129-134.